나 혼자 음악 만들기

BandLab 밴드랩

Reaper(리퍼), Chrome Music Lab(크롬 뮤직랩),
Goldwave(골드웨이브), Dolby On(돌비 온)

송택동 저

송택동 Song Taick Dong

서울교육대학교 외래교수 역임

교육인적자원부 음악교과서 집필위원 역임

서울시맑고밝은노래부르기 합창대회 1등

전국교육자료전 1등급 교육인적자원부장관 수상(푸른기장상: ICT음악교실)

ICT 활용 교구학습과정안 개발 최우수상(한국교원대학교 총장)

조선일보소년소녀합창단 지휘자 역임

한국어린이음악연구회 대표

자유기독학교(대안학교) 강사

저서: 〈나혼자 영상 만들기–베가스프로(Vegas Pro)〉, 〈나혼자 영상 만들기–다빈치리졸브(DaVinci Resolve)〉,

〈나혼자 악보 만들기–뮤즈스코어(MuseScore)〉, 〈뮤즈스코어 뮤직메이킹(MuseScore Music Making)〉,

〈Finale와 ICT음악〉, 〈MuseScore 작곡 쉽게 따라하기〉, 〈시벨리우스7&뮤즈스코어(송택동 컴퓨터음악 따라하기)〉

음악교과서 수록곡: 우주자전거, 이슬열매, 고운꿈, 날개의씨앗, 대장간소리, 어여쁜친구, 나의친구에게, 소방차가족

Http://cs79.com (소리둥지), YouTube(유튜브) 채널: 소리둥지song79, 다음카페: 아름다운노래교실

밴드랩(BandLab)은 무료 음악 작곡 프로그램으로 설치할 필요 없이 온라인에서 바로 이용하여 음악 작업이 쉽다. 구글, 네이버, 핸드폰 번호를 입력해서 바로 접속하거나 플레이스토어에서 앱으로 사용 가능하다.

밴드랩(BandLab)은 악기를 바꾸어 녹음하고, 컴퓨터와 연동하여 추가 작업이 가능하다. 가락에 드럼 패턴을 만들고 기존의 음악을 불러와 적용하면 AI가 반주음악(MR)을 자동으로 만들고,노래를 더빙 하여 나만의 음악을 쉽게 만들어 유튜브에 올릴수 있다.

돌비 온(Dloby On)은 고음질로 실황 녹음하여 유튜브로 생방송하고, 리퍼는 영상에 음악 편집 더빙 하여 스트림방송하고, 크롬뮤직랩(Chrome Music Lab:송메이커)은 보이는 음악을 만들고, 골드웨이브 (Gold Wave)는 사운드 볼륨 일괄 적용이 수월하다.

BandLab is a free music composition program that makes it easy to use music online without installation. You can access it directly by entering your Google, Naver, or mobile phone number, or use it as an app on the Play Store.

Band Lab allows you to change instruments, record, and do additional work by linking with a computer. If you create a drum pattern to the tune, load and apply existing music, AI automatically creates accompaniment music (MR), and you can easily create your own music by dubbing the song and upload it to YouTube.

Dolby On records live recordings in high-quality sound and broadcasts them live on YouTube, Ripper edits and dubs music to videos and streams them, Chrome Music Lab (Song Maker) creates visible music, and Gold Wave makes it easy to apply sound volume at once.

CONTENTS

밴드랩(BandLab)

크롬 뮤직랩(Chrome Music Lab)

골드웨이브(GoldWave)

돌비 온(Dolby On)

리퍼(Reaper)

찾아보기(Index)

나
혼자
음악
만들기

BandLab 밴드랩
Reaper(리퍼), Chrome Music Lab(크롬 뮤직랩),
Goldwave(골드웨이브), Dolby On(돌비 온)

[1] 밴드랩(BandLab) 다운 설치

밴드랩(BandLab)은 컴퓨터와 스마트폰에 앱을 설치하고 로그인하여 사용한다.

〈스마트폰에 다운 설치하기〉

1. 구글에서 '밴드랩' 검색하고 BandLab-Make Music Online 터치하고 앱을 다운로드한다.

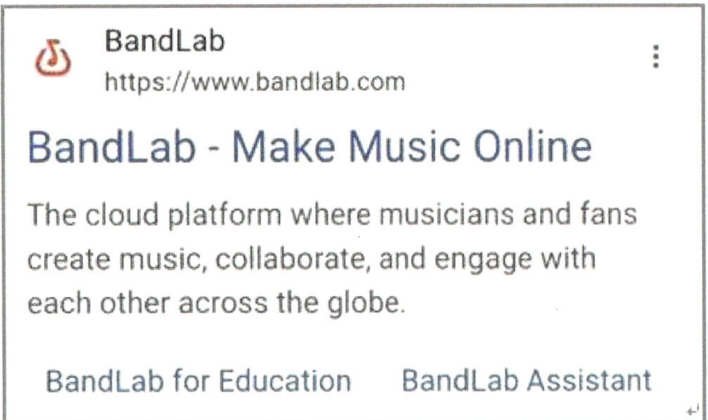

2. [Download] 누른다.

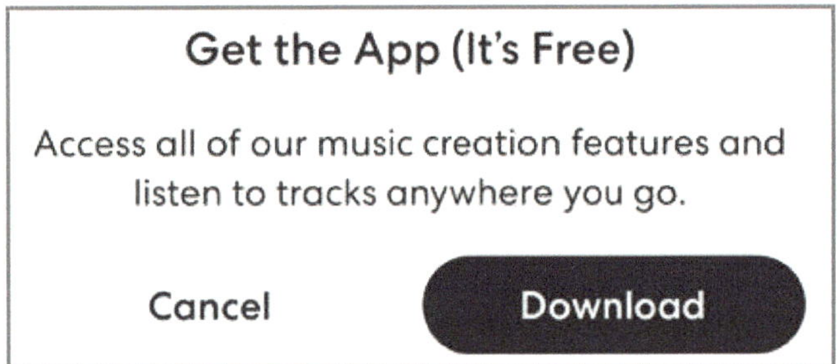

3. [설치] 누른다.

4. 열기한다.

〈플레이스토어에서 앱 설치하기〉

1. '밴드랩' 검색하여 [설치]를 터치한다.

2. [열기]를 누른다.

3. 구글 계정으로 가입하고 로그인한다.

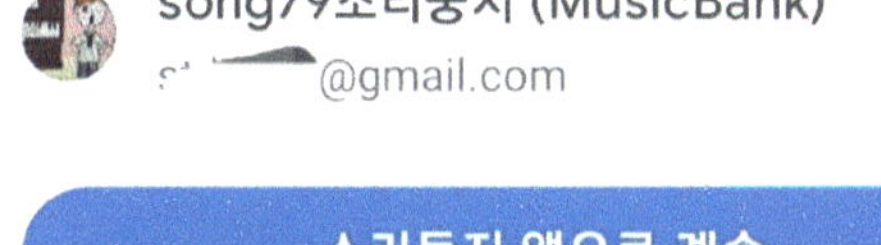

Google 계정으로 BandLab 에 다시 로그인

Google 계정에서 'Google 계정으로 로그인'을 관리하세요.

song79소리둥지 (MusicBank)
⁣⁣⁣@gmail.com

소리둥지 앱으로 계속

4. 첫 화면에 **내피드** 탭이 처음 열린다.

[2] 무료다운 설치

PC에 밴드랩 어시스턴트(Bandlab Assistant) 설치하기
무료 버전을 다운로드하기 위해 먼저 **밴드랩 어시스턴트** 소프트웨어를 다운받아 설치한다.

1. 밴드랩 어시스턴트 다운받기
   1) 구글에서 '밴드랩 어시스턴트' 검색하고,
   Bandlab Assistant I Bandlab Products 클릭한다.

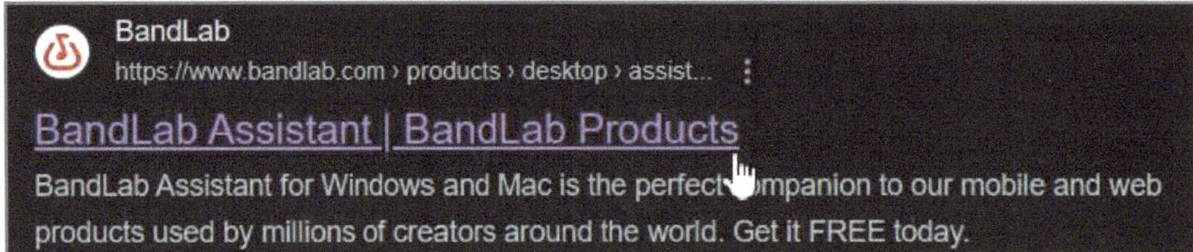

   2) [Download] 클릭한다.

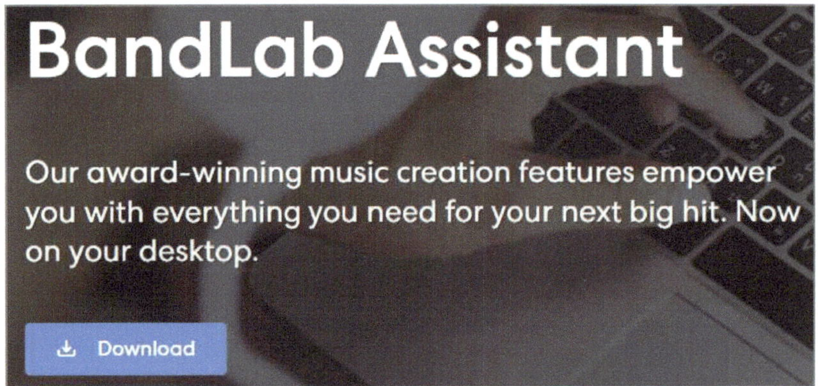

   3) [Download for Windows] 클릭한다.

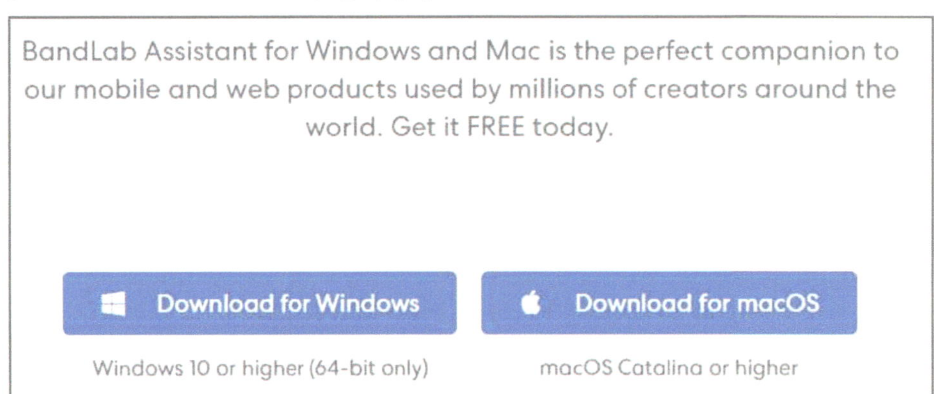

4) [Log in] 클릭하고 Google 클릭하여 로그인한다.

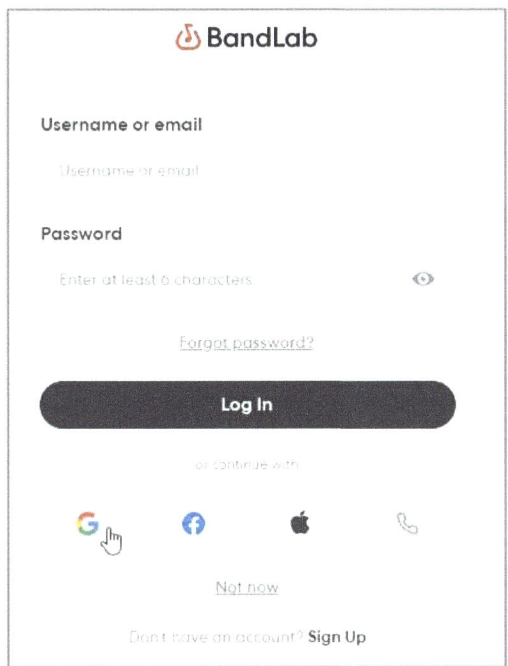

2. 밴드랩 어시스턴트 실행하기
   1) Start a new project의 [Mix Editor] 클릭한다.

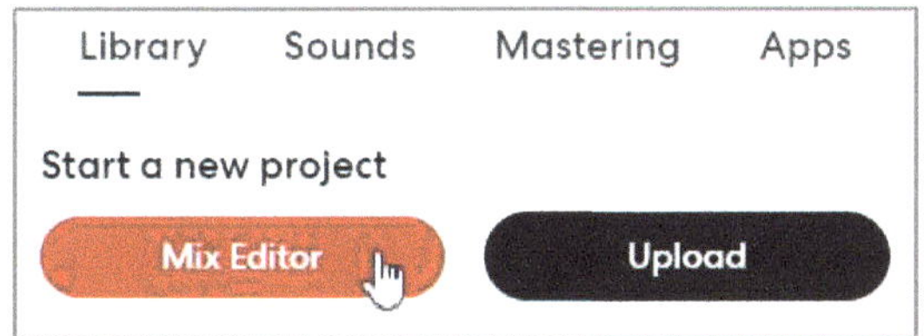

   2) New Track의 [Instrument] 클릭한다.

3. 밴드랩 어시스턴트(Bandlab Assistant) 바로 열기
케이크워크 바이 밴드랩(cakewalk by bandlab) 설치를 도와주는 **밴드랩 어시스턴트**(Bandlab
Assistant)를 다운 받는다.

BandLab Assistant | BandLab Products

BandLab Assistant | BandLab Products

Your central hub for your musical creative process on Windows and Mac.

www.bandlab.com

 4. 설치하면서 인터넷브라우저의 광고 차단 기능을 쓰고 있으면서 에러 나올 때는 밴드랩 홈페이
지는 해제한다.

[3] Instruments 메뉴

PC에 BandLab Assistant 설치하고, 인스트루먼트(Instruments)의 화면 메뉴 기능 알기

1. BandLab Assistant의, [Library]의 [Mix Editor] 클릭하고, New Track의 [Instruments] 클릭하면,

2. New Project 인스트루먼트(Instruments) 화면 메뉴 창이 보인다.

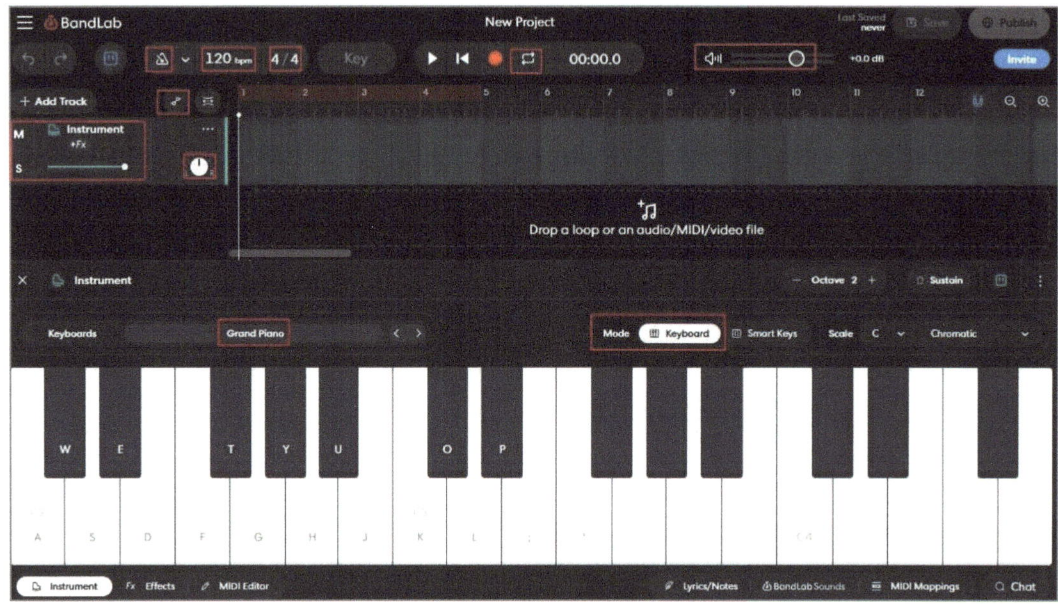

1) 루프(Cyle) : 지정한 만큼만 계속 구간 반복
2) 키(조) : 곡의 키
3) BPM : 곡의 속도(120bpm)
4) 박자 : 곡의 박자 4/4박자
5) 메트로놈 : 박자에 맞게 소리가 난다.
6) 마스터볼륨 : 전체 트랙의 볼륨
7) 악기 창(Instruments) : 악기의 볼륨 및 팬(왼쪽 오른쪽 조절), M:뮤트, S:솔로
8) Grand Piano: 다양한 악기들 선택
9) 피아노롤(Piano) : 버튼을 눌러도 소리가 나고 컴퓨터 키보드로도 칠 수도 있다.
10) 인스트루먼트(Instruments), 이펙트(Fx) 클릭하여 창을 바꿀 수 있다.
11) BandLab Sounds: 클릭하여 샘플 음악을 불러온다.

[4] 시작 라이브러리 탭 메뉴

밴드랩(BandLab)은 스마트폰, 컴퓨터, 노트북 등 기기에서 각 트랙에 보컬이나 악기를 녹음하거나, 악기 소리를 불러와서 직접 연주하고 미디노트를 찍을 수 있는 프로그램이다. PC에서 밴드랩 어시스터트(BandLab Assistant) 실행한다.

〈탭의 종류〉
밴드랩을 열면, 시작화면 하단에 탭이 있고, **내피드(홈)** 탭이 처음 열린다.
좌측에서부터 내피드(Feed), 탐색(Explore), 만들기, 알림, 라이브러리(Library) 탭이 있다.

〈라이브러리〉
1. 라이브러리(Library) 탭 열기
  1) 스마트폰에서 밴드랩 앱을 열고, 하단의 **라이브러리** 탭 누르고 [프로젝트] 메뉴를 연다.

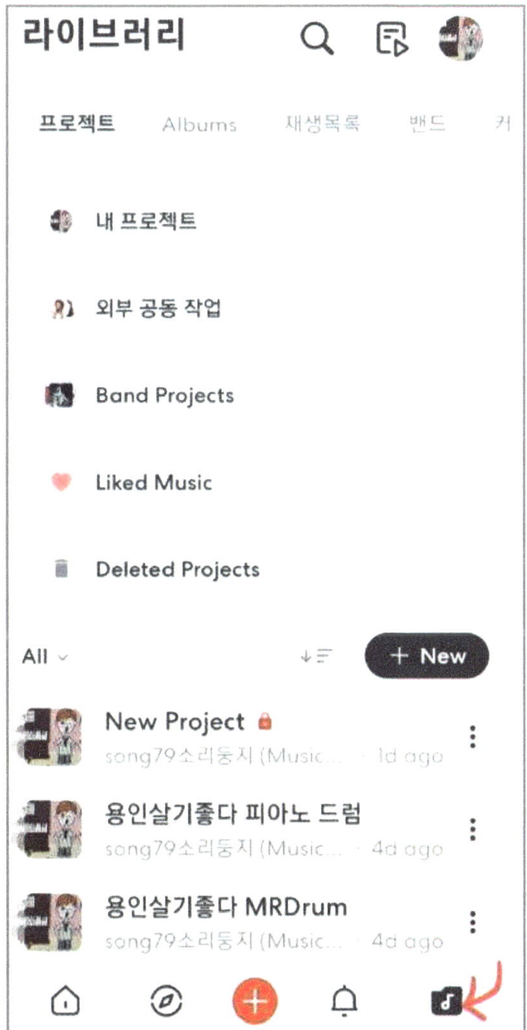

2) PC에서 [밴드랩 어시스터트: BandLab Assistant] 실행하고, [BandLap – Apps] 열기(Open) 한다.

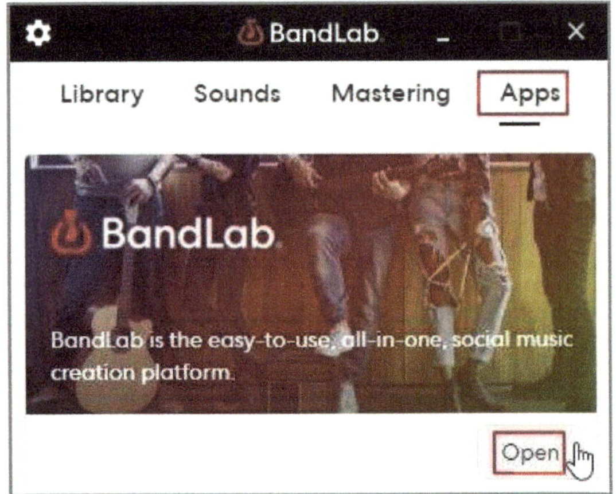

3) BandLab Assistant 홈 메뉴 탭이 보인다.

4) 무설치 웹사이트에서 밴드랩을 검색하여 열면, 초기화면이 아래와 같이 보인다.

2. 라이브러리 열어 프로젝트 수정하기
1) [라이브러리] 탭 클릭하고,

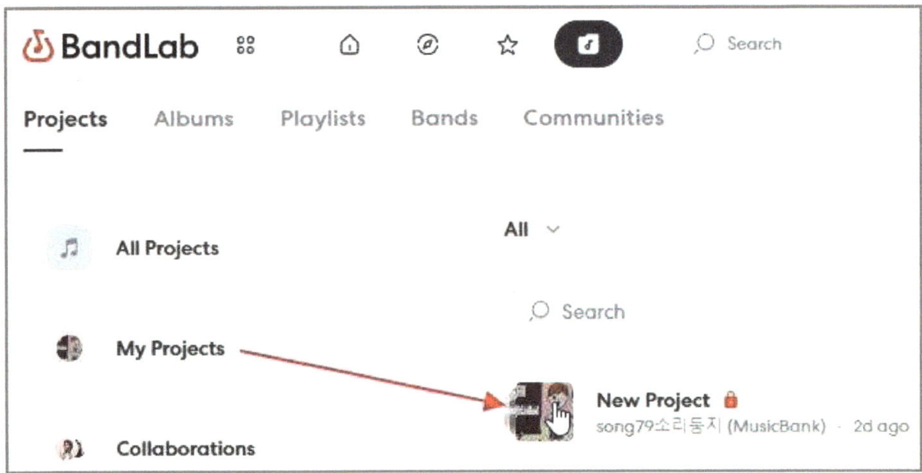

2) [Studio] 클릭한다.

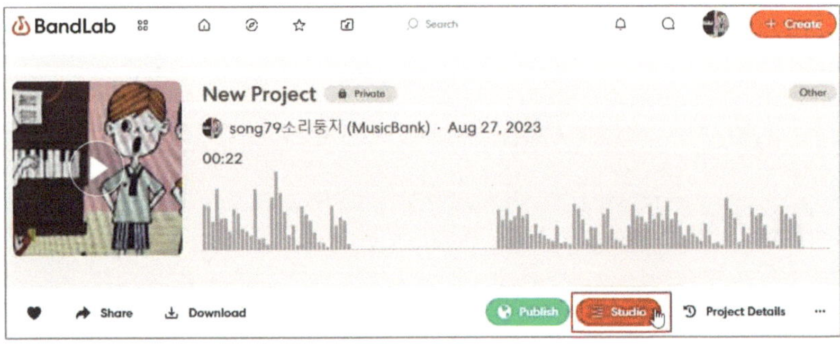

3) 프로젝트의 멀티트랙 창이 열린다.

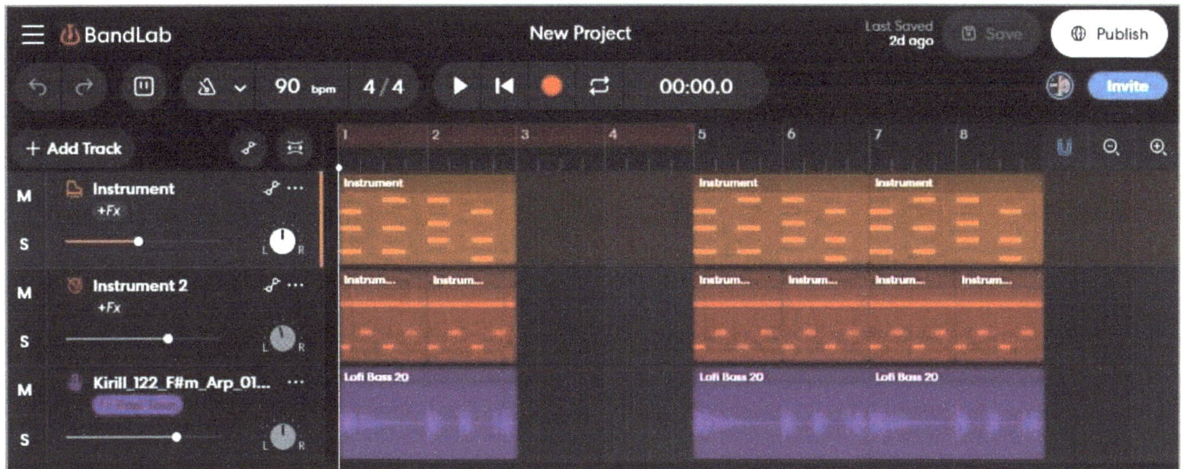

3. Bands(밴드)로 협업하기
   1) 라이브러리 탭의 [밴드: Bands] 클릭하고
   2) [+New] 클릭하여 Band Name을 '동요편곡'으로 적는다.

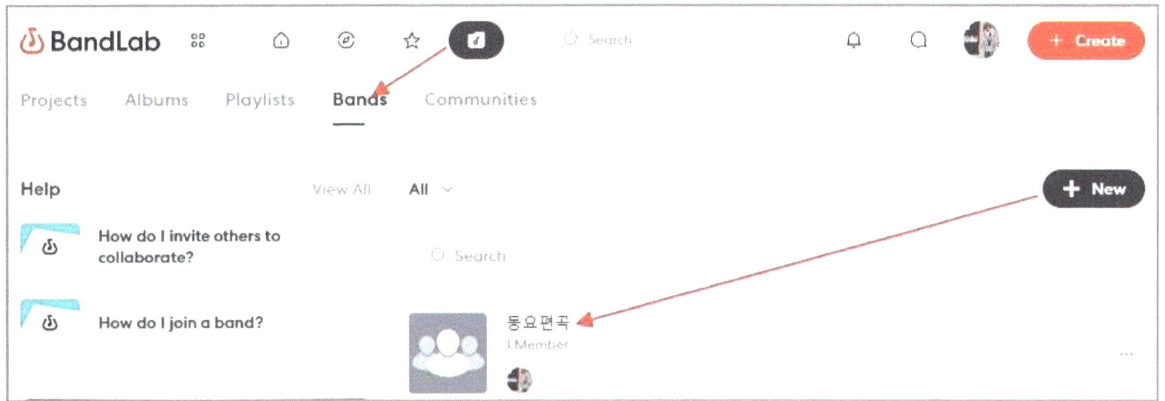

3) 협업자 순서 터치하여 프로젝트 수정한다.

[5] 구조 기능과 BandLab Sounds

밴드랩(BandLab)은 핸드폰 어플리케이션으로 컴퓨터의 웹 페이지 방식과 연동한다. BandLab Sounds는 음악 샘플이 있는 곳이다.

〈밴드랩 구조와 버튼 기능〉
1. Feed : 사용자의 음악 정보가 있어 작품을 감상하는 곳으로 프로그램 실행하면 내피드가 처음 열린다.

2. Explore : 다른 사용자의 음악을 검색

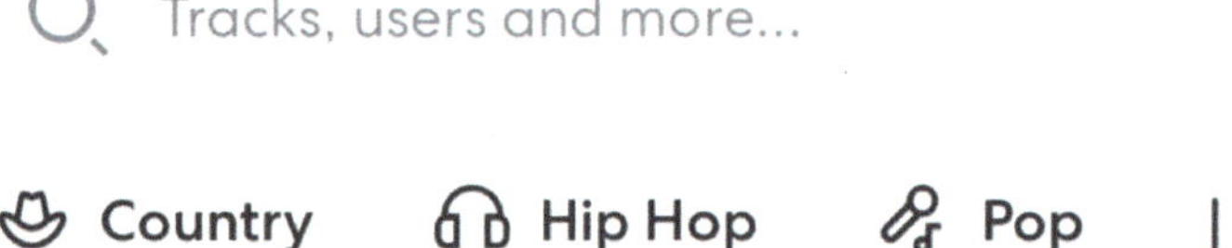

3. Create(+) : Track Type 선택하고 프로젝트 만들기

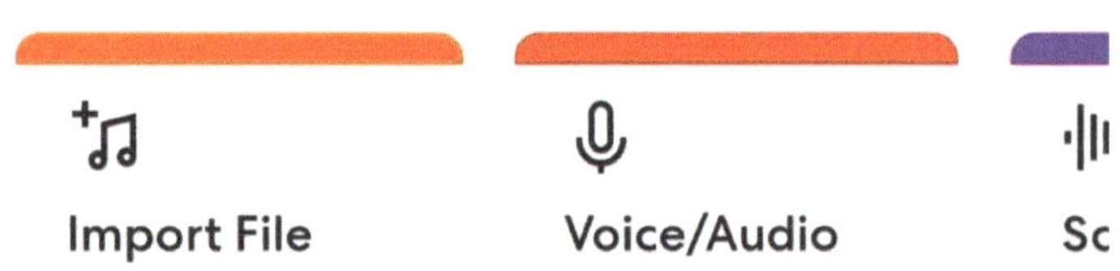

4. Notifications : 팔로워, 좋아요 알림을 넣기

5. Library : 프로젝트, 앨범, 플레이리스트, 밴드, 커뮤니티를 저장한 곳

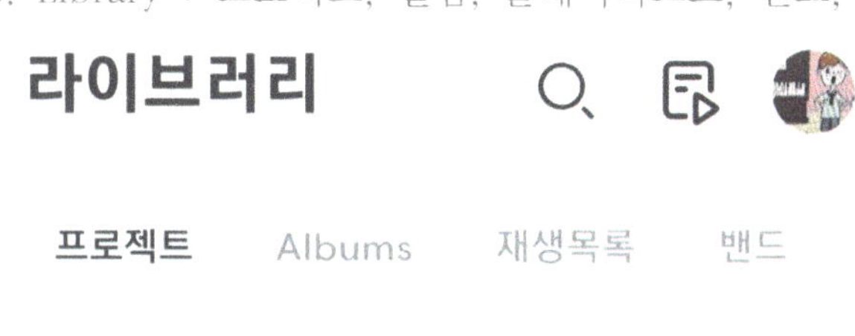

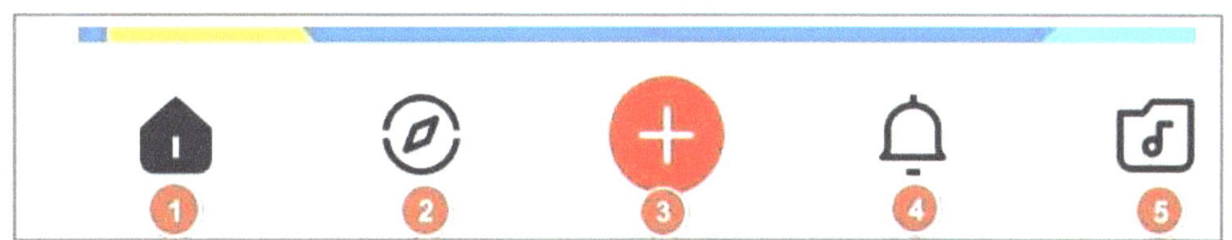

⟨BandLab Sounds 열기⟩

1. Track 창 우측 하단의 BandLab Sounds 버튼 누른다.

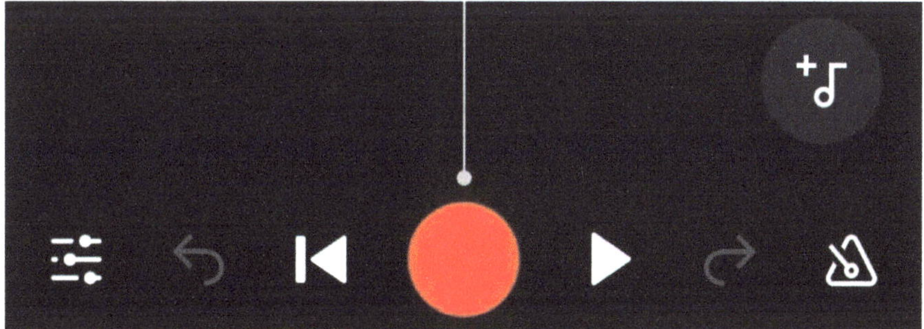

2. BandLab Sounds 검색창이 열린다.

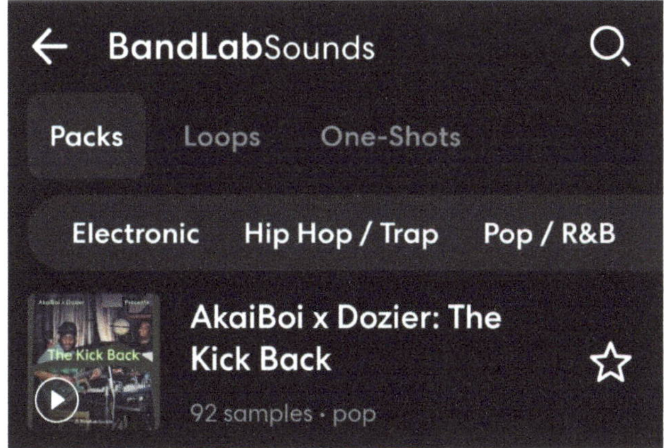

[6] 노래 더빙과 디스코드 모델

엠알(MR) 반주음악에 노래를 입히는 더빙과 기존 학습 모델 디스코드(Discord) 활용하기

〈밴드랩〉
1. 우측 상단에 있는 Create 버튼을 클릭 후 [New Project] 버튼을 클릭한다.

2. MR을 가운데에 드래그해서 업로드 후, 트랙을 추가하고 보컬을 녹음한다.

〈디스코드 보컬 파일 모음〉
보컬 파일을 학습하는 데 많은 시간이 소요되지만, 디스코드 채널을 이용하면 다른 사람들이
학습해 놓은 모델을 사용할 수 있다.

1. 디스코드 채널 바로가기를 클릭하고
https://discord.com/invite/aihub

디스코드 아이디가 없으면 회원가입을 하고, 아이디가 있는 분들은 [초대 수락하기] 버튼을 클릭한다.

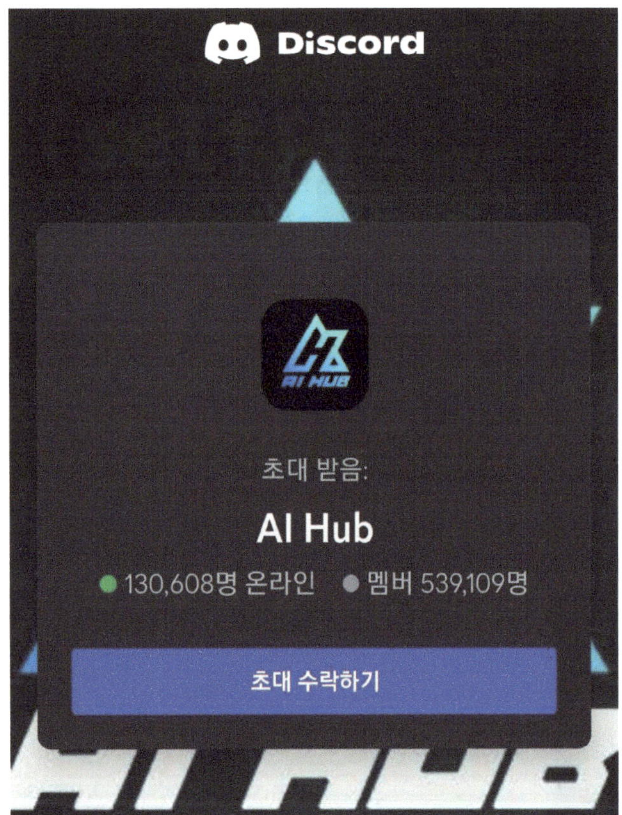

2. 디스코드 채널로 이동 후 왼쪽에 있는 MODELS 탭에서 Voice-models로 이동하고 사진과 같이
여러 가지 모델들을 찾는다. 모델들을 보면 에포크가 표시되어 있는데 높을수록 퀄리티가 좋다.

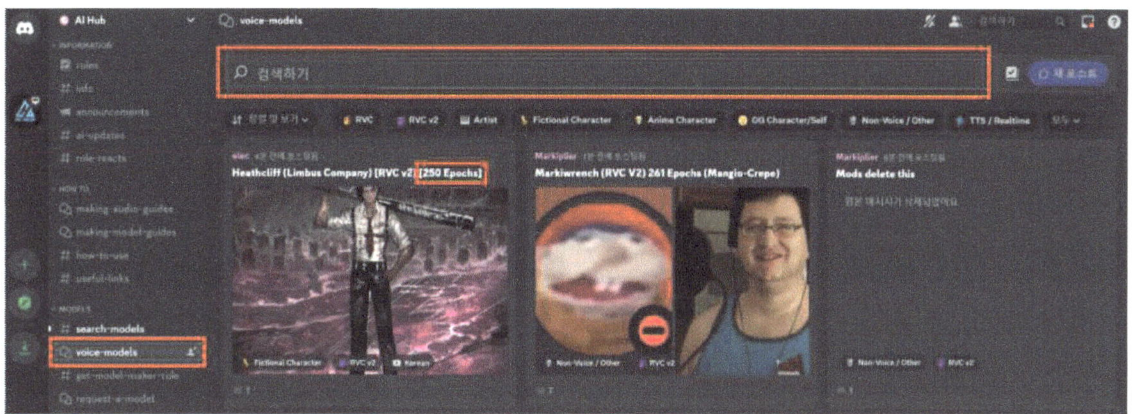

3. 모델을 찾아서 들어가 다운로드 받아서 사용한다.

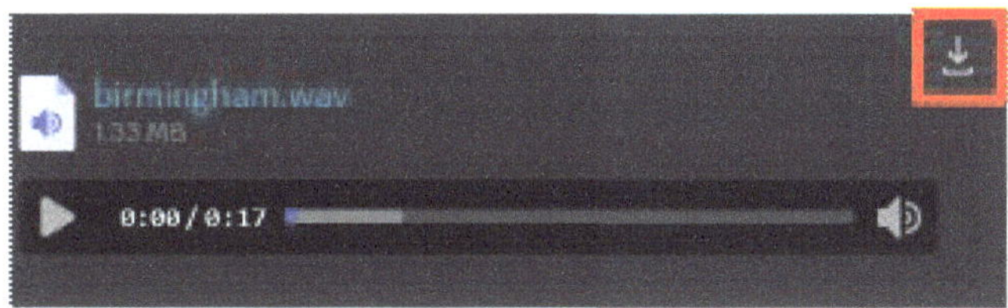

〈디스코드 사용방법〉

1. 3개의 선이 있는 메뉴 버튼[≡] 누른다.

2. 화면의 좌측 상단 코너에 있는 이 버튼을 누르면 네비게이션 메뉴가 열린다.

[7] Spliter(스플리터) 음원 추출

스플리터(Spliter)는 인공지능 구동 도구로 음원을 보컬, 베이스, 드럼, 기타 악기의 네 개의 트랙으로 나누고, 효율적으로 연습할 수 있도록 분리하고 저장한다. PC에서 스플리터의 드럼 추출기를 사용하여 하나의 트랙으로 모든 타악기를 걸러내고, 키 파인더를 이용해 음정과 키를 조절한다.

〈스마트폰에서 Spliter 시작하기〉

1. BandLab 앱을 실행하고

2. 하단 메뉴의 [+] 눌러 만들기 창을 열고, 보조기능 아래 [Splitter] 누른다.
 * SongStarter는 AI 추천 음악을 편집한다.

3. [Import new track] 누른다.

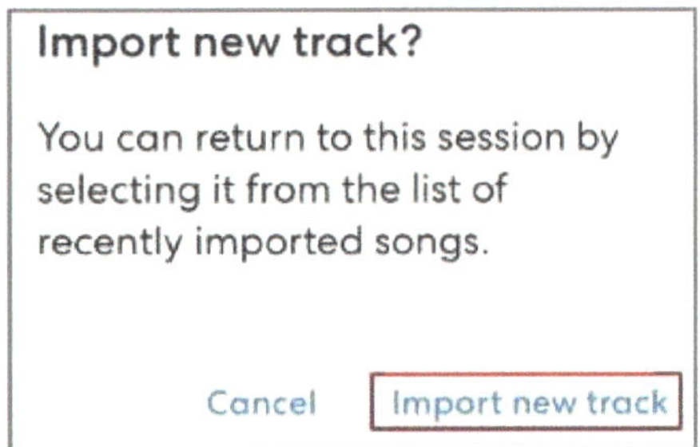

4. [Import a Song :+] 클릭하여 파일 불러온다.

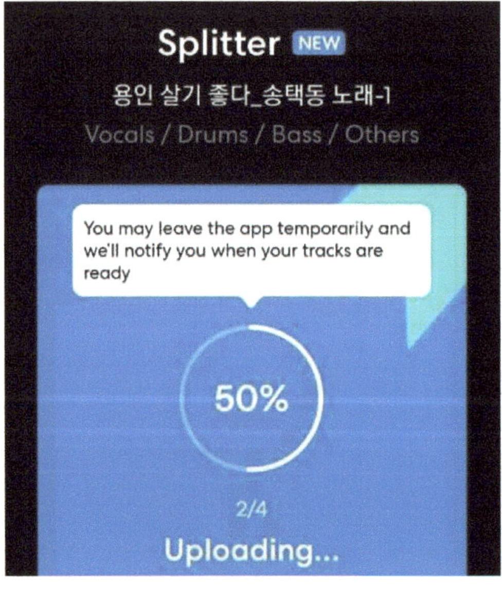

5. Vocals 선택하고 재생한다.

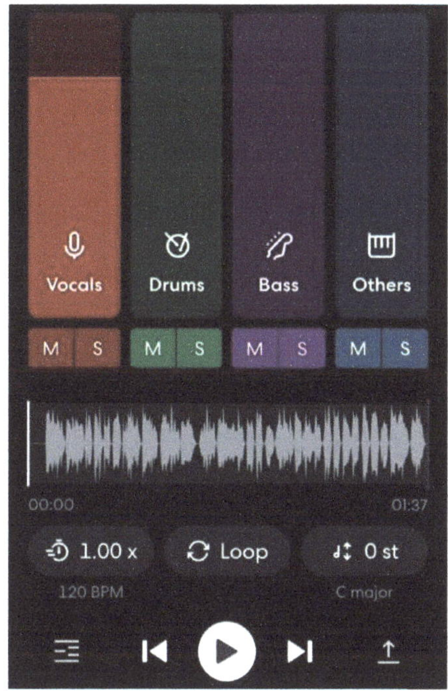

〈PC에서 Splitter 시작하기〉

1. Splitter 열기

   1) 구글에서 'bandlab splitter' 검색하여 [Splitter Free Vocal Remover Tool] 클릭하거나

   2) 아래 사이트 누른다.

      https://www.bandlab.com/splitter

2. [Import a Song] 클릭하여 반주음악 파일을 불러온다.

3. Vocals, Drums, Bass, Others의 4개 트랙이 생기면 트랙별로 재생하고 원하는 트랙만 분리할 수 있고, [Download stems] 클릭하면 음원이 저장된다.

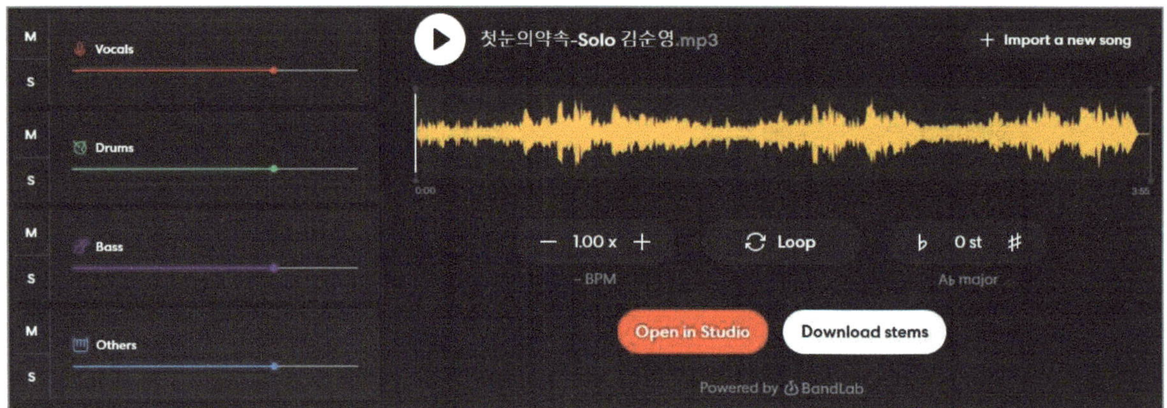

4. Vocals의 볼륨을 줄이고, Others의 볼륨을 크게하면 반주음악만 들린다.

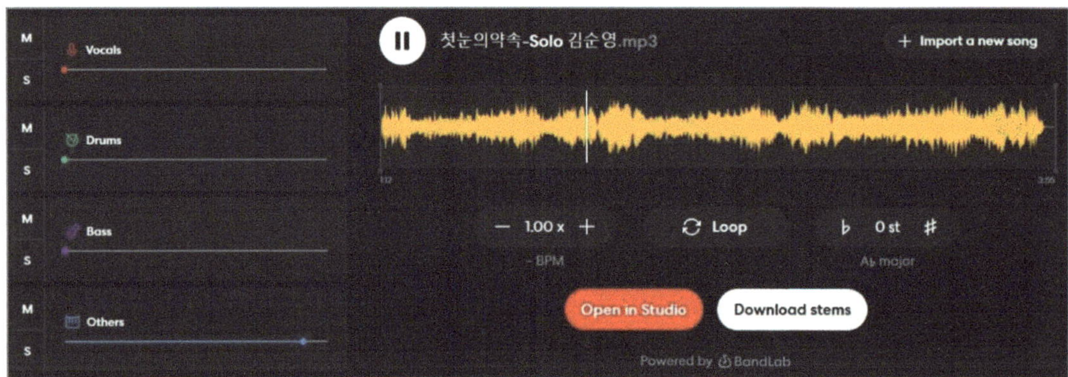

5. [S] 클릭하면 Others의 소리만 들린다.

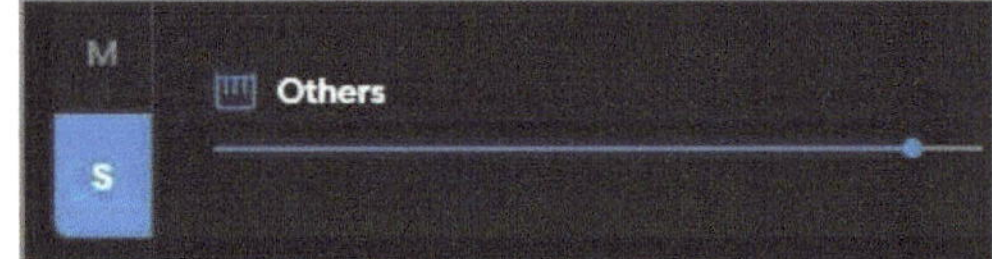

[8] 샘플러 국악기로 음악 제작

국악기 다운 받아 샘플러에 넣어 국악 만들기

1. '국악기 디지털음원' 검색하고, 사이트에서 다운 받는다.
 (https://www.gugak.go.kr/digitaleum/front/phrase/list.do)
https://naver.me/GZAJHSfH

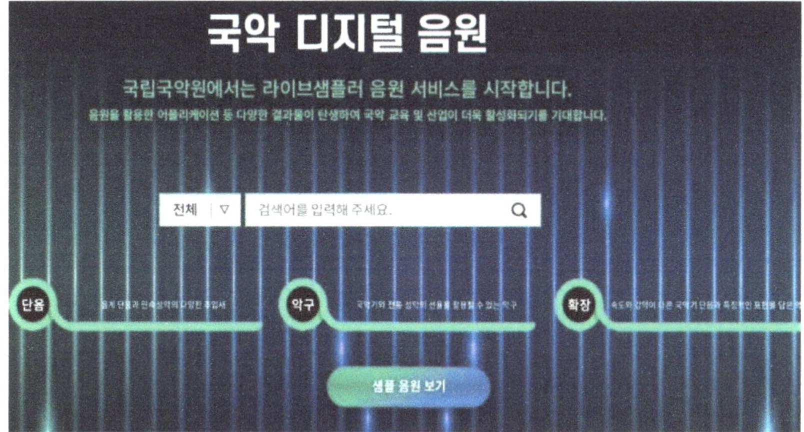

2. [단음] 선택한다.

2. [현악기- 해금- 강] 선택하고 [선택다운로드] 누른다.

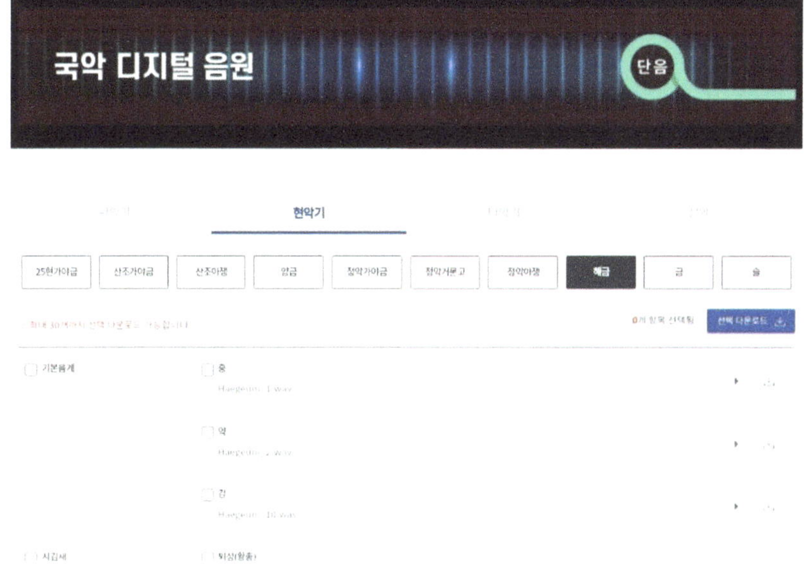

3. 밴드랩 실행하고 샘플러 트랙 열고, 스마트폰의 [내파일]에서 불러온다.

[9] Editor(에디터) 기능

Editor(에디터)는 곡에 맞게 오디오 파일을 편집하는 것으로 음정을 바꾸고, 재생 속도를 조절하고, 소리 크기를 조절한다.

1. BandLab Assistant 실행하고 [Voice/ Audio] 클릭하여 녹음하고, 리전을 선택하고 더블클릭하면, 트랙 하단에 [Editor] 보인다.

2. Editor 기능
트랙 하단에서 [Editor] 클릭한다.
 1) Pitch Shift : 음정을 바꾸는 기능으로 + 누르면 반음이 올라가고 – 누르면 반음이 내려간다.
 2) Playback Rate(Speed) : 재생 속도를 조절한다.
 3) Region Gain : 소리 크기 조절한다.
 4) Reset : 초기 상태로 되돌린다.
 5) Reverse : 거꾸로 재생한다.

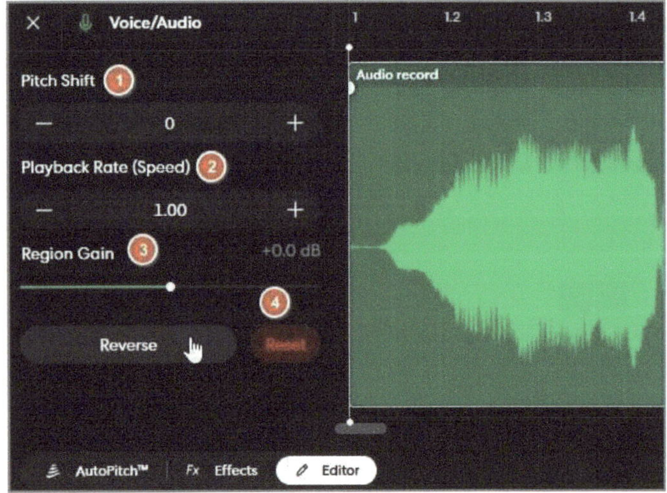

3. PC에서 샘플을 조합하여 사용할 때 키를 조절하여 활용하기
 1) New Track의 [Sampler] 클릭한다.

2) 샘플을 불러오기 위해 [Browse One-Shots] 클릭한다.

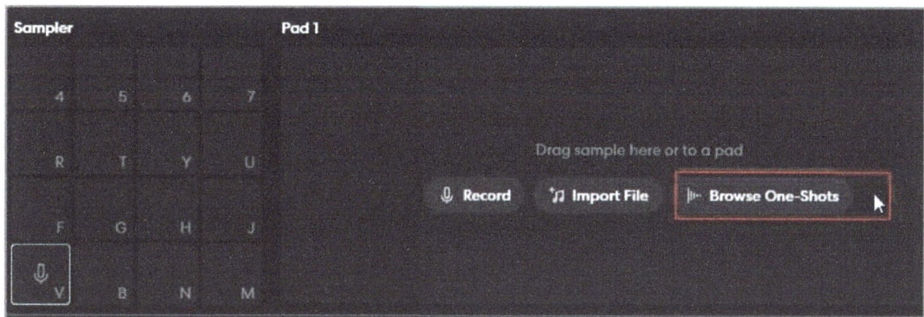

3) Packs의 음악을 클릭한다.

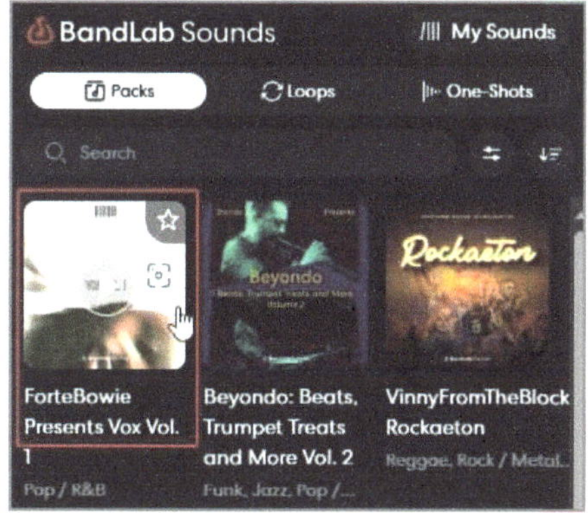

4) 샘플을 클릭하여 Drop 칸에 드래그한다.

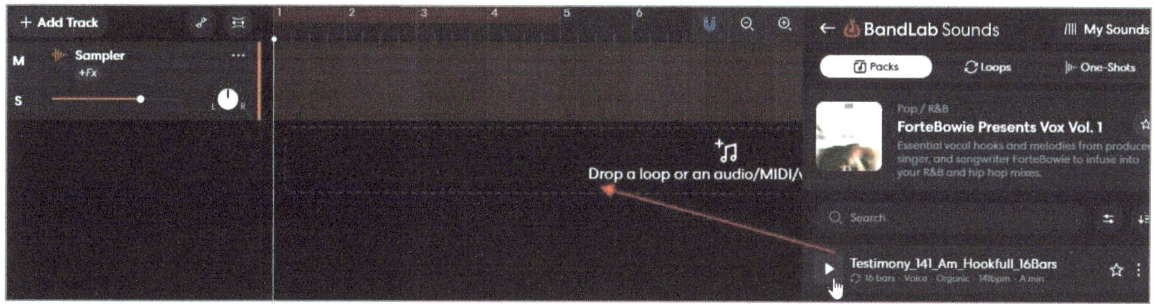

5) Set 클릭한다.

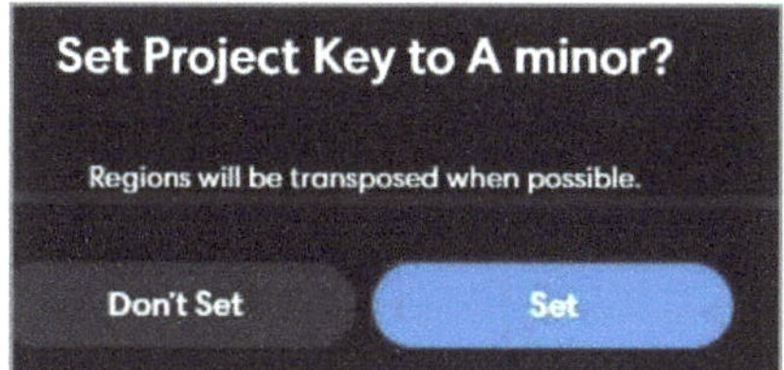

6) [Editor] 메뉴 클릭하고, 리전을 드래그하여 필요 없는 곳 삭제하고 음정과 속도를 조절한다.

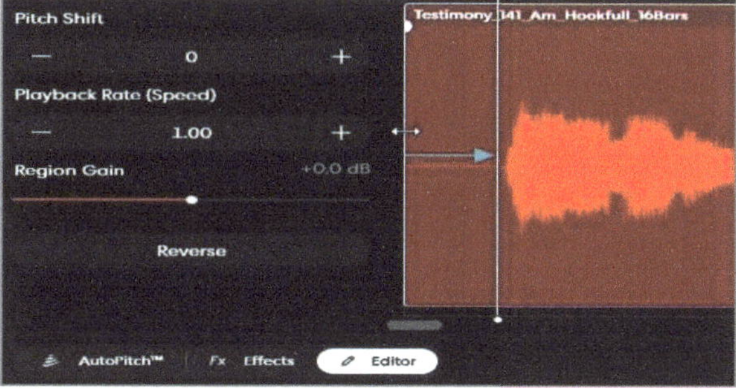

[10] FX Effects(효과) Presets(프리셋) 종류

1. BandLab Sounds 실행하고 [Voice/ Audio] 클릭하고,

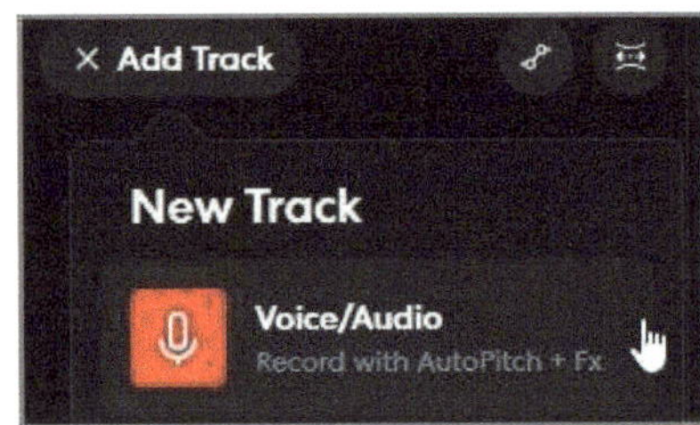

2. 목소리를 녹음하고 [+Fx] 클릭하면 하단에 [FX Effects]가 선택이 된다.

3. [Add Effects] 클릭하면 효과를 선택하는 창이 보인다.

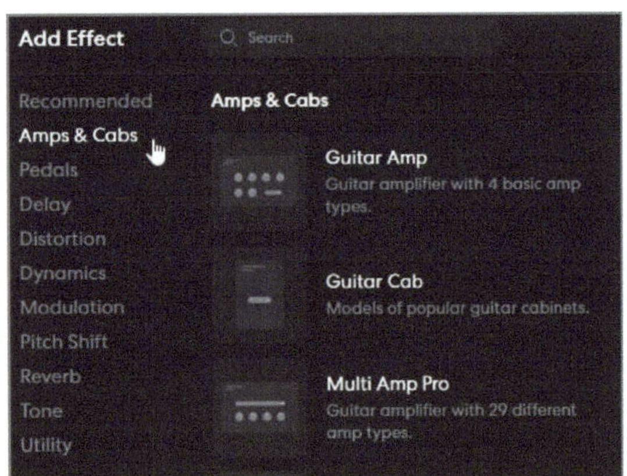

  1) Amps & cabs : 기타에 사용하는 효과

  2) Pedals : 기타에 사용하는 페달

  3) Delay : 소리를 지연하고 내보내기

  4) Distortion : 일그러진 소리 변형

  5) Dynamics : 소리의 양

  6) Modulation : 소리 변조

  7) Pitch Shift : 음의 높이를 올리거나 내려 떨리는 효과

  8) Reverb : 울리는 소리

  9) Tone : 높고 낮은 소리

  10) Utility : 피드백 소리 시그널, 스테레오 확산 효과 등

4. [Fx Presets] 클릭하면 프리셋을 선택하는 창이 보인다.
None 옆의 [Select an Fx Presets] 클릭하여 프리셋을 선택하기도 한다.

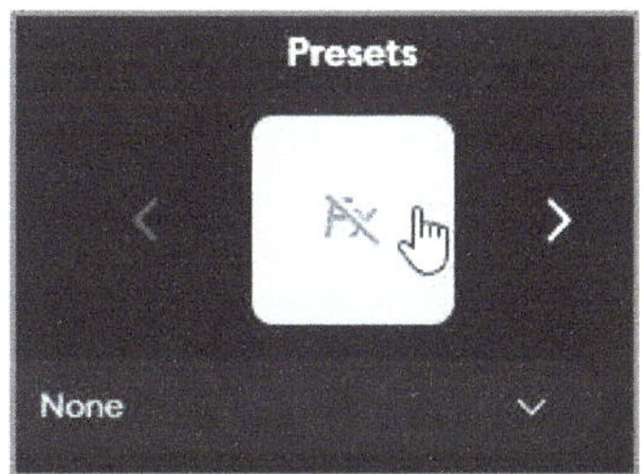

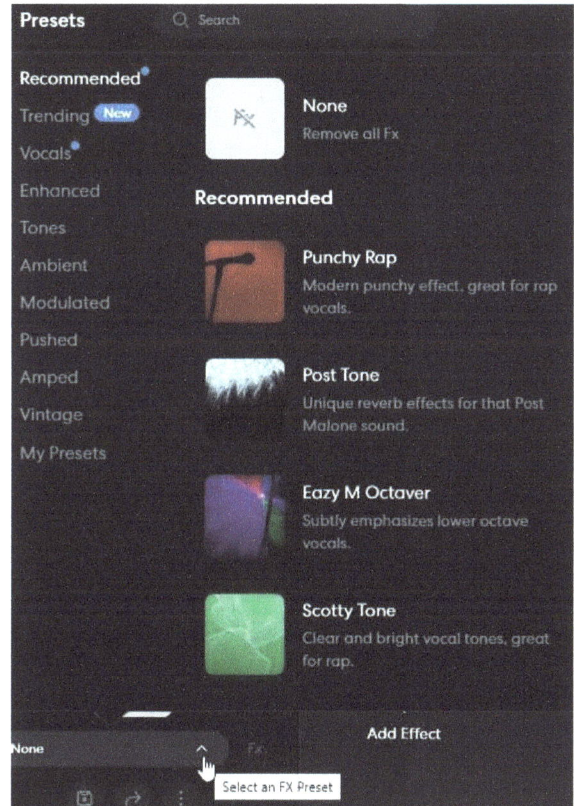

5. Presets 옆의 방향키(〉) 눌러 효과를 적용한다.

1) 효과를 추가하고 싶은 트랙을 선택한다. 프리셋을 선택하거나 화면 왼쪽 하단의 효과를 클릭한다.
2) 효과를 추가하여 나만의 사용자 정의 사전 설정 만들기

[11] 리전(Region) 편집

〈스마트폰에서 리전(Region) 편집하기〉
스마트폰에서 오디오나 MIDI 파일을 가져오거나 직접 녹음을 하는 경우 리전의 메뉴를 사용하여
쉽게 편집할 수 있다.
1. 오디오 녹음하고 트랙의 오디오 리전을 선택하고 더보기(...) 누른다.

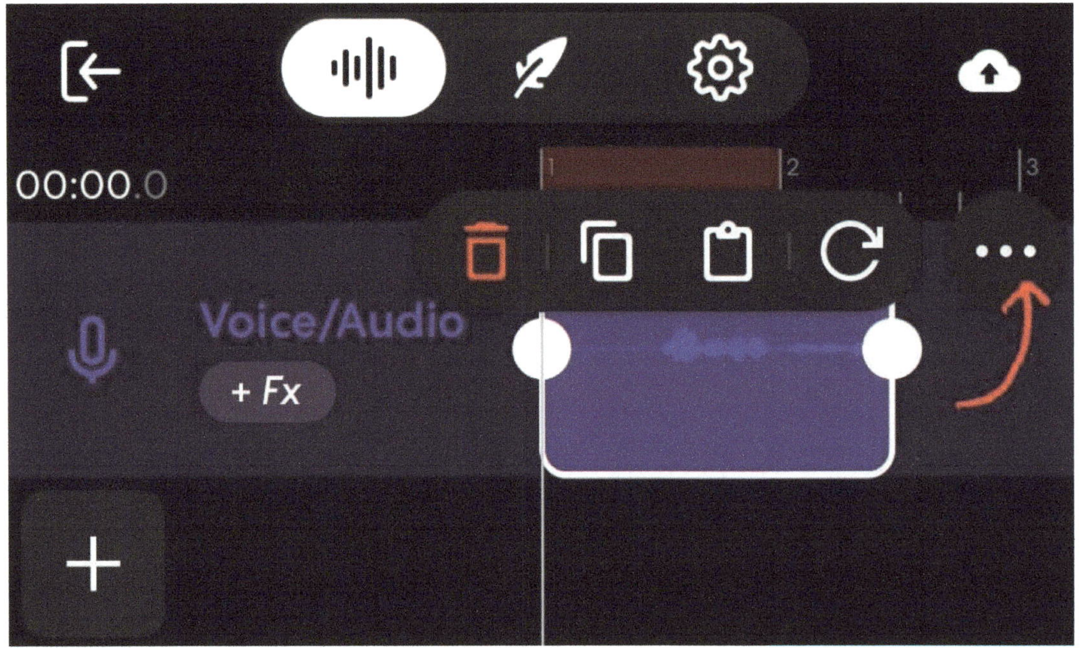

2. 리전 메뉴가 아래로 보인다.

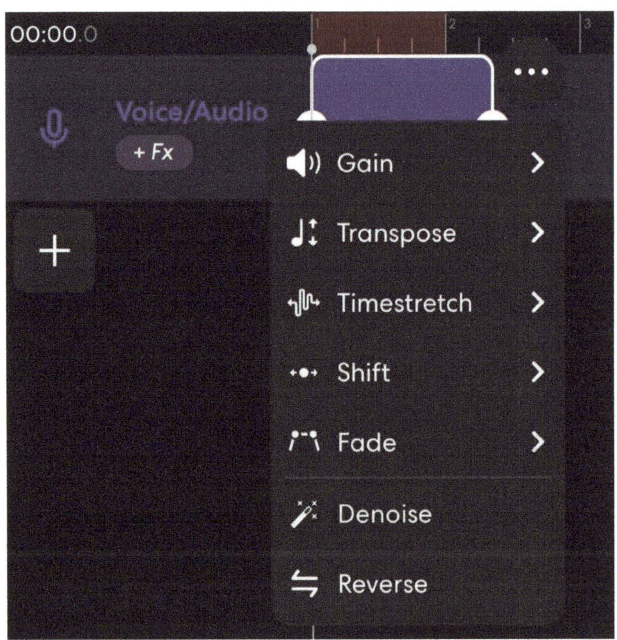

〈PC에서 리전(Region) 편집하기〉

PC에서 BandLab Assistant 실행하고 오디오 녹음하고 리전의 더보기를 누른다.

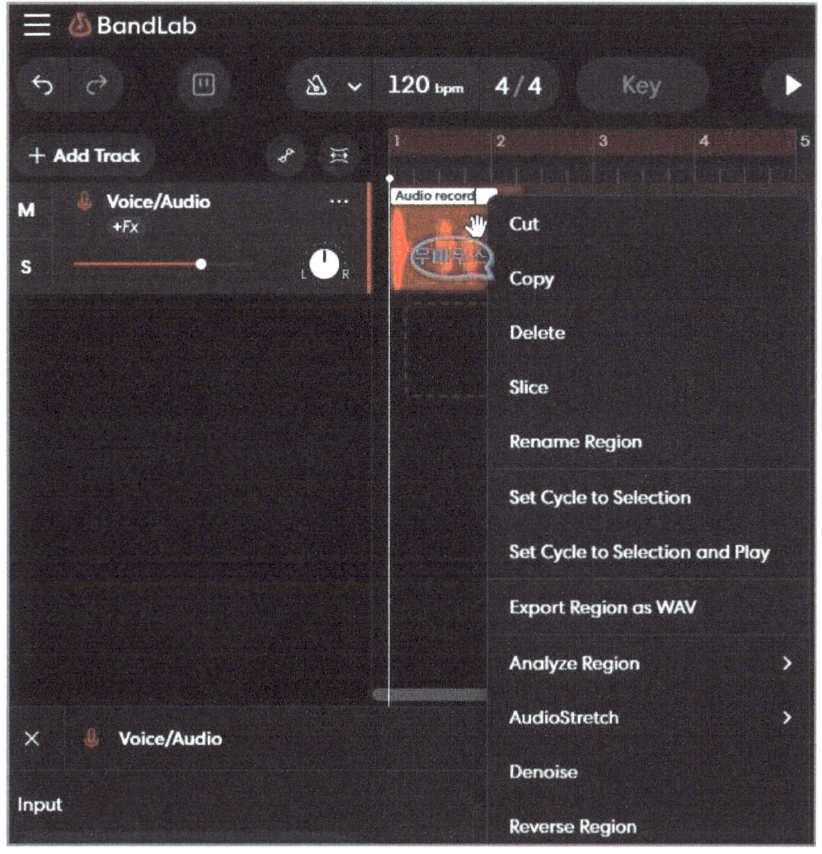

1. Cut : 선택한 리전 자르기
2. Copy : 선택한 오디오, MIDI 영역을 복사
3. Delete : 선택한 오디오 MIDI 영역을 삭제
3. Loop : 선택한 영역을 루프
4. Slice : 중앙 마커에서 영역을 절단
5. Edit : MIDI Editor로 MIDI 영역 편집
6. More Options : 더 많은 편집 기능을 표시할 수 있는 추가 옵션
7. Shift : 지연시간을 보상하는 Shift 영역
8. Gain : 영역의 볼륨을 조정
9. Pitch, Shift : 반음을 위아래로 바꿈
10. Times stretch : 영역의 속도를 조정
12. Fade : 오디오 영역을 안팎으로 페이드
13. Denoise : 낮은 볼륨의 배경 잡음을 제거
14. Reverse : 선택한 영역을 반전

〈스튜디오에 영역이 없는 공간을 누르면 다음 옵션이 나타난다〉
1. Paste : 오디오 MIDI 영역을 마커에 붙여넣기
2. Sample : 선택한 트랙에 무료 루프 라이브러리의 루프를 추가

[12] 리전(Region) 미디노트 편집

리전(Region)은 트랙에 음을 입력하는 곳이다.
트랙에 미디악기 입력하기 위해 리전(Region)을 생성하고 미디노트 입력하고 편집하기

〈PC에서 밴드랩 어시스턴트 실행하기〉
1. [Mix Editor] 클릭하고, [Instruments] 클릭하고, 트랙의 [+Add Track] 클릭 후 [Virtual Instruments] 클릭한다.

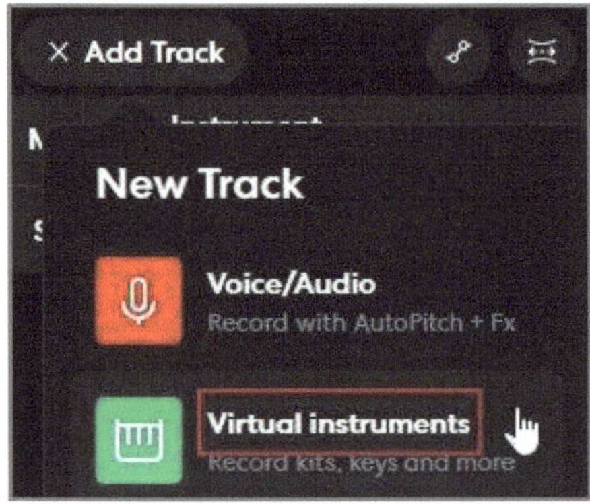

2. 빈 트랙에서 마우스 우클릭하고 **크리에이트 리전(Create Region)** 클릭한다.

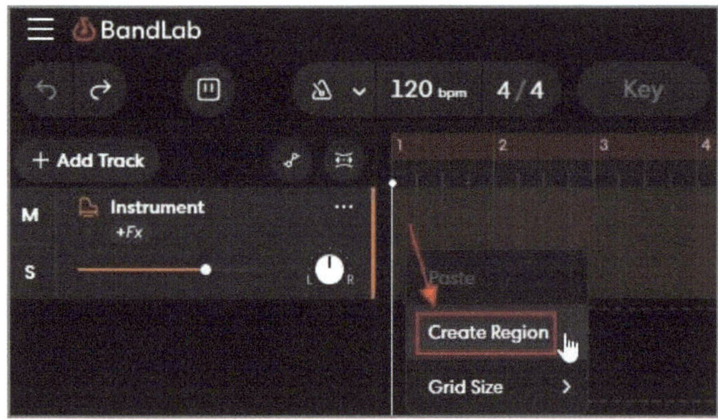

3. Region이 생기면 미디노트를 입력한다.

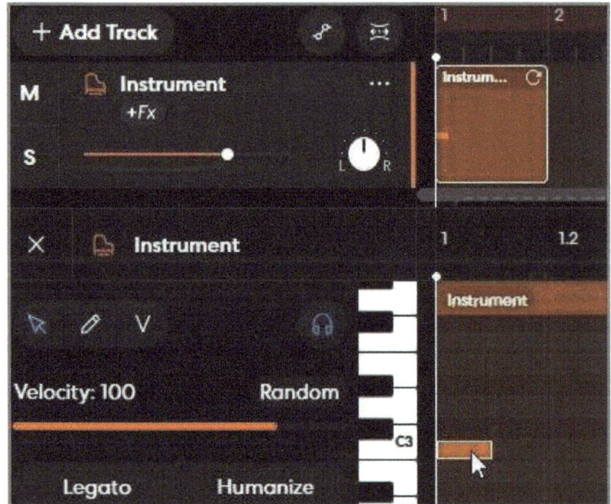

4. 리전 편집하기

리전에서 우 마우스 클릭하여 Quantize를 1/4 로 선택하면 미디노트가 정렬된다.

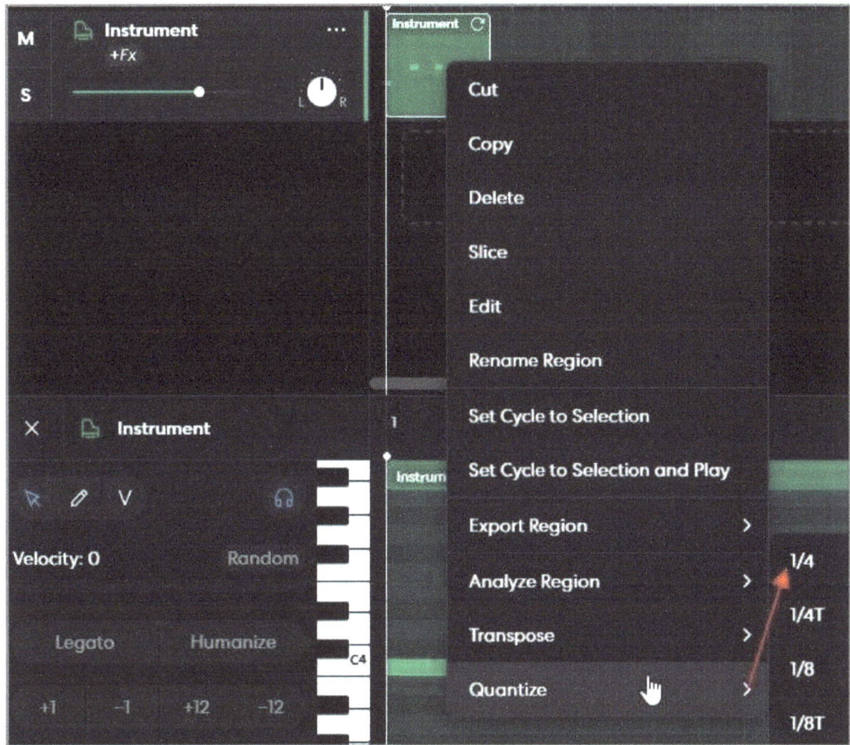

5. 우측 상단의 Loop를 잡고 좌우로 드래그하여 리전을 늘리고 줄인다.

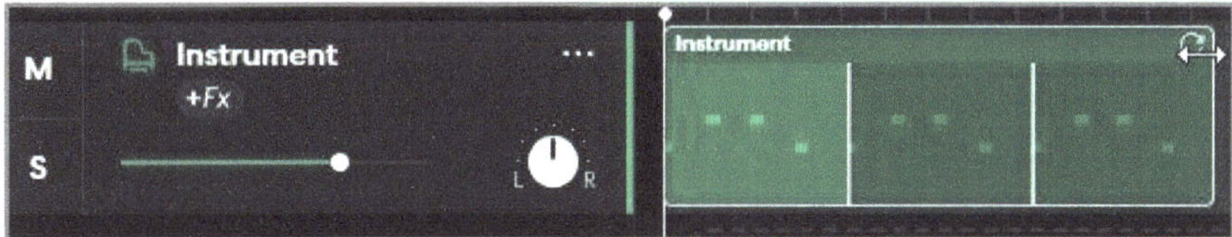

[13] 프로젝트 설정(project Settings)

스마트폰에서 밴드랩 앱 실행하고, 상단의 설정 누르고,
프로젝트 설정(project Settings)하기

1. 템포 : 빠르기 박자: 4/4 Project Key: 조성 예비박:
   녹음하기 전 1마디 박 듣기

2. MIDI Overdub Audio Safe mode 실시간 입력 모니터링: MR에
마이크로 노래 녹음 시 비활성 오디오 지연시간 보정 :
마이크 녹음 타이밍을 조절

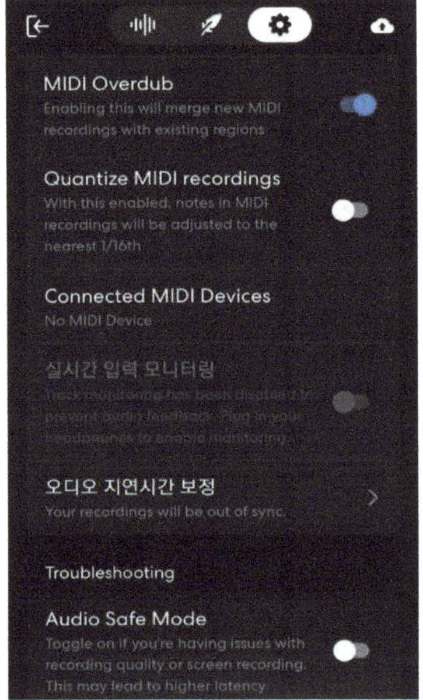

〈PC에서 프로젝트 설정(Settings)〉

1. 프로젝트 – Settings 클릭한다.

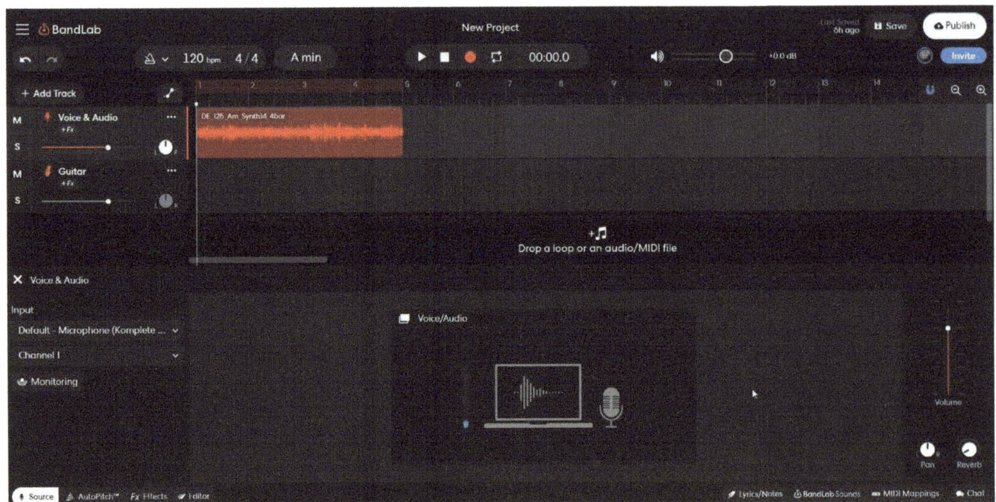

2. 트랙 이름 아래에서 [+Fx]를 선택하여 효과를 빠르게 열 수도 있다.

[14] 타임스트레치(Time Stretch), 트랜스포즈(Transpose)

타임스트레치(Time Stretch)는 오디오 파일의 길이를 늘여서 오디오의 속도를 늘린다. 트랜스포즈(Transpose)로 음정을 조절한다.

1. 스마트폰에서 밴드랩 앱 실행하여 Open Studio 누르고, [Voice/Audio] 누르고 녹음한다.

2. 사운드 파일 생기면 우측의 [×] 눌러 닫는다.

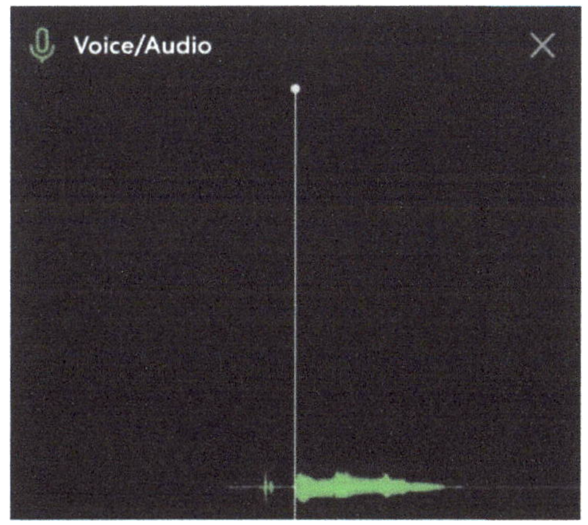

3. [더보기] 누르고, Gain 눌러서 음량을 키우고, [Time Stretch] 누른다.

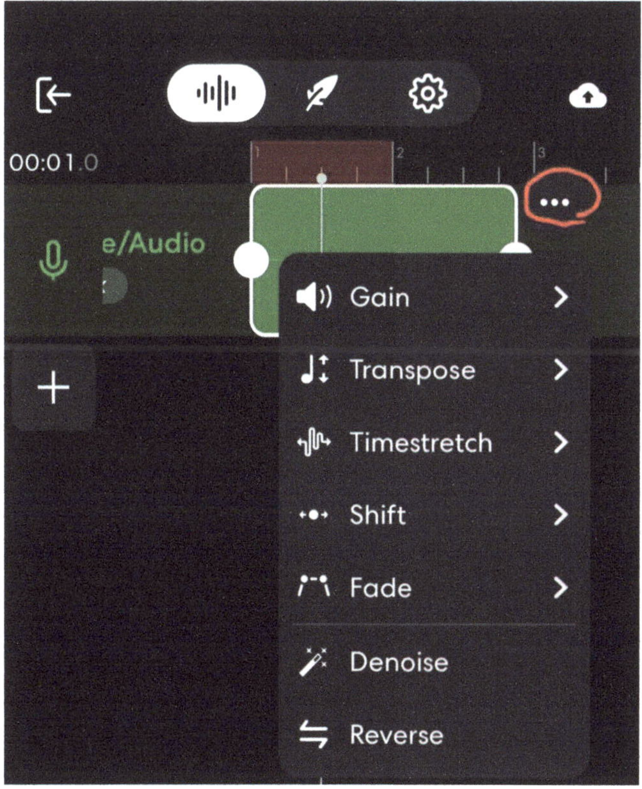

4. 우로 드래그하여 사운드 속도를 늘린다.

5. Transpose로 음정을 올리거나 내린다.
트랙의 [더보기]에서 [Transpose] 눌러 +1하고, 적용하면 음정이 올라간다.

6. 디노이즈(Denoise)는 잡음을 제거한다.
7. Shift는 트랙의 타이밍을 앞뒤로 조절한다.

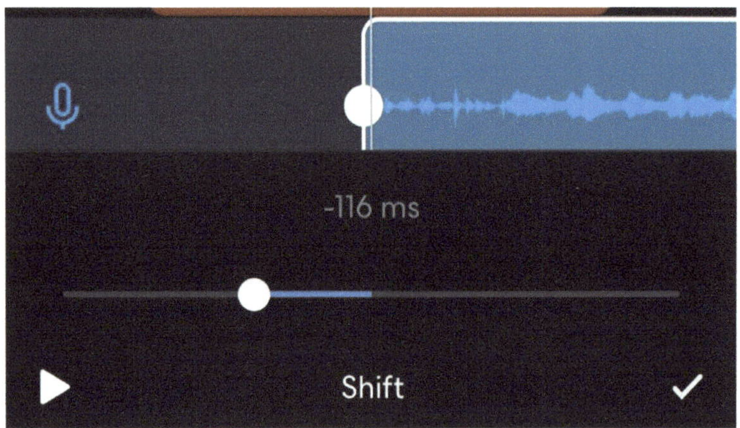

8. Fade
Fade In은 볼륨이 커지고 Fade Out은 볼륨이 작아진다.
 1) Fade 선택하고 우에서 좌로 드래그하면

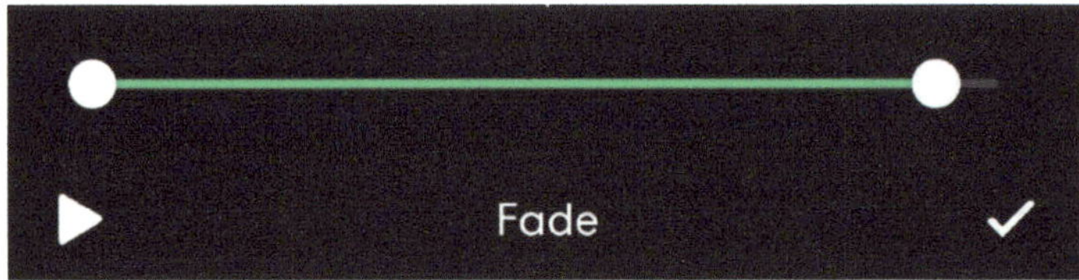

 2) Fade Out이 되어 음량이 작아진다.

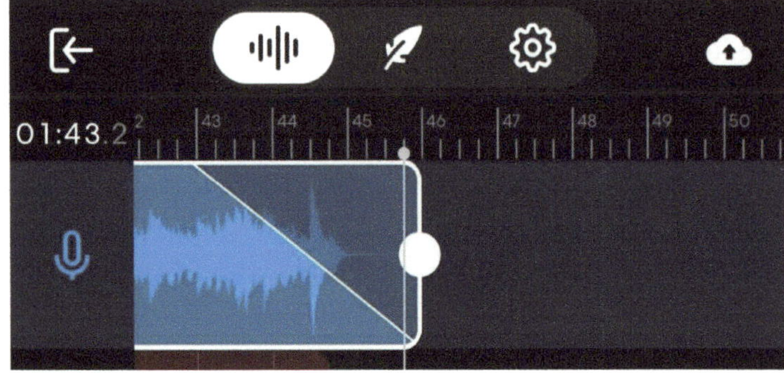

[15] 루퍼로 녹음하여 스마트폰과 PC 교환하기

스마트폰에서 루퍼(Looper)를 활용하여 음악을 만들고 저장한 프로젝트를 PC에서 불러와 수정하여 상호 호환하고 협업한다. 루퍼는 반복되는 샘플 소리들을 이용해서 리듬을 만들고 배경음악을 만들어서 랩 만들기를 할 수 있다.

〈스마트폰에서 루퍼로 음악 만들기〉

1. 스마트폰에서 밴드랩 앱을 처음 실행 시 녹음 허용을 묻는 메시지(녹음 허용하시겠습니까?) 나오면, [앱 사용 중에만 허용]을 누른다.

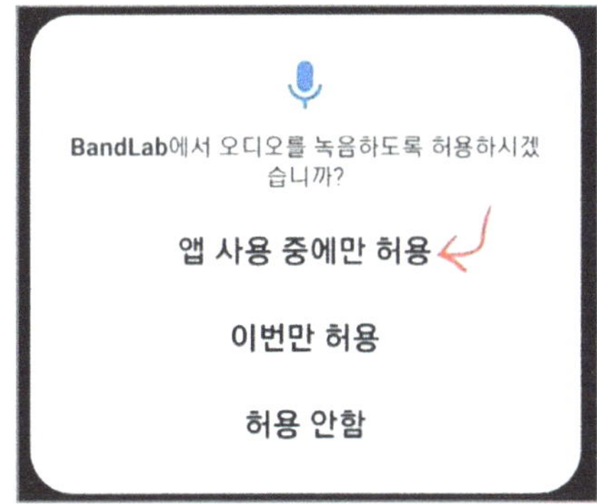

2. 하단의 [+ 만들기] 누르고, Track Type에서 [Looper] 선택한다.

3. 루퍼 팩(Looper Packs)

 1) Looper Packs 창이 보이면 (장르Bass)를 선택하고, [Explore] 누르고

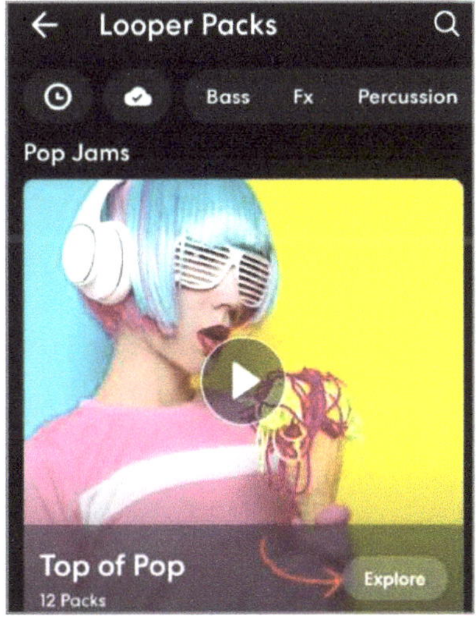

2) K-Pop Mobile의 [+] 누른다.

3) 다른 루퍼 팩(Heavy Disco) 앨범을 들어보고, [+] 누르면 트랙에 사운드가 생긴다.

4. 루퍼 화면에 샘플 녹음하기

 1) 샘플 악기(Drum)를 누르면 반복해서 재생된다.

 2) 녹음 버튼을 누르고 샘플 누르면 녹음이 되고, 녹음 정지 버튼 누르고,

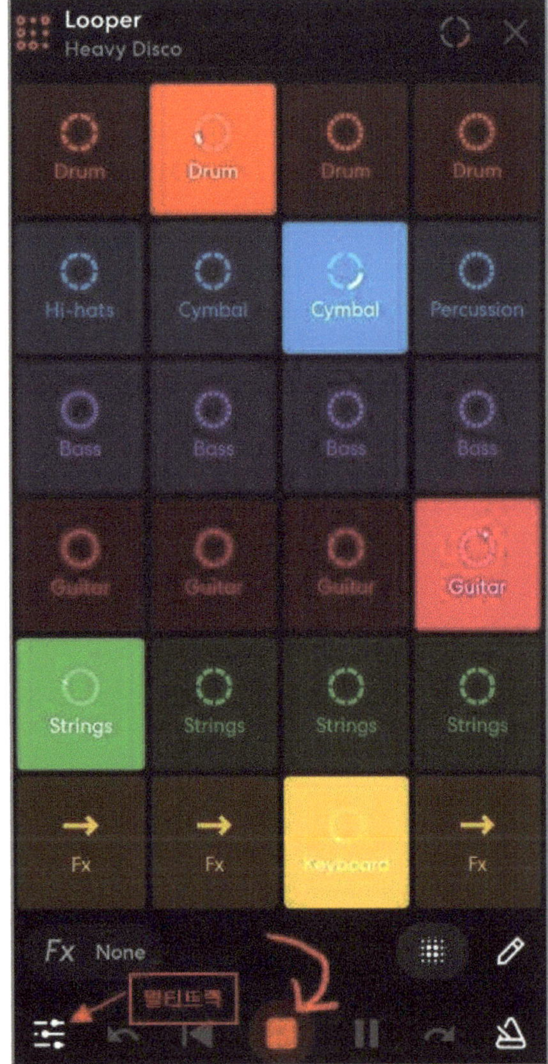

5. [×] 눌러 화면을 닫으면, 루퍼 트랙에 오디오 클립이 생긴다.

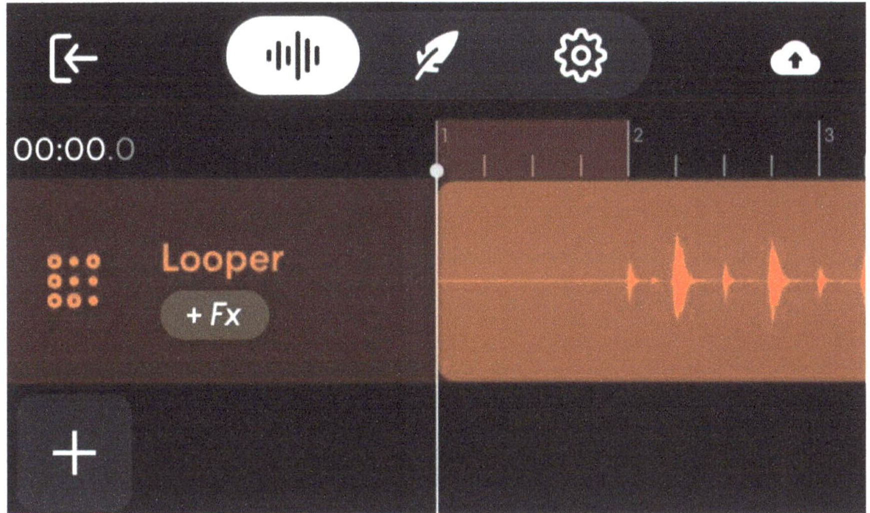

6. 루퍼 팩 상단의 [설정] 누르고 설정한다.
 1) 템포 100
 2) 박자 4/4
 3) 조성(Key) C minor

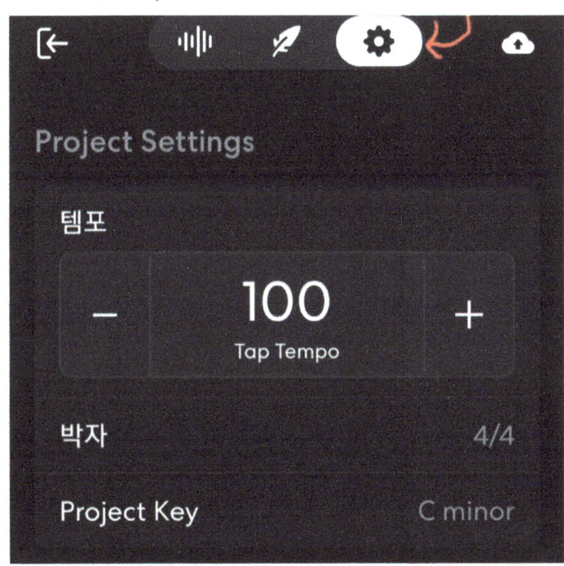

7. 왼쪽 하단의 멀티트랙 누른다.

8. 스마트폰에서 우측 상단의 업로드(Upload) 버튼 누르고, 프로젝트 저장(P1)을 한다.

〈PC에서 프로젝트 불러오기〉

1. PC에서 크롬을 열고 같은 계정으로 로그인하고, BandLab Assistant 실행하면, Projects에 P1 클릭한다.

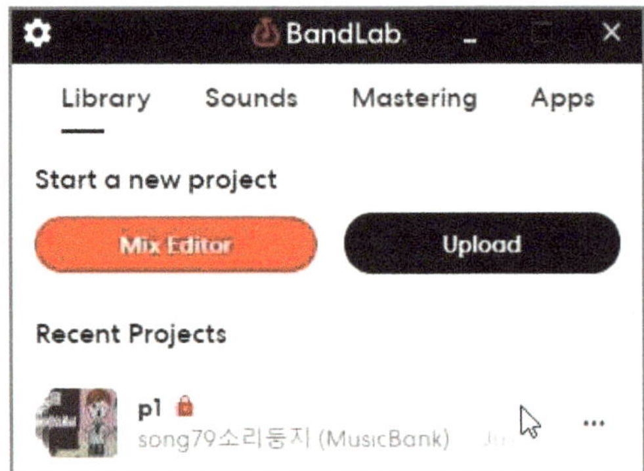

2. [Studio] 클릭한다.

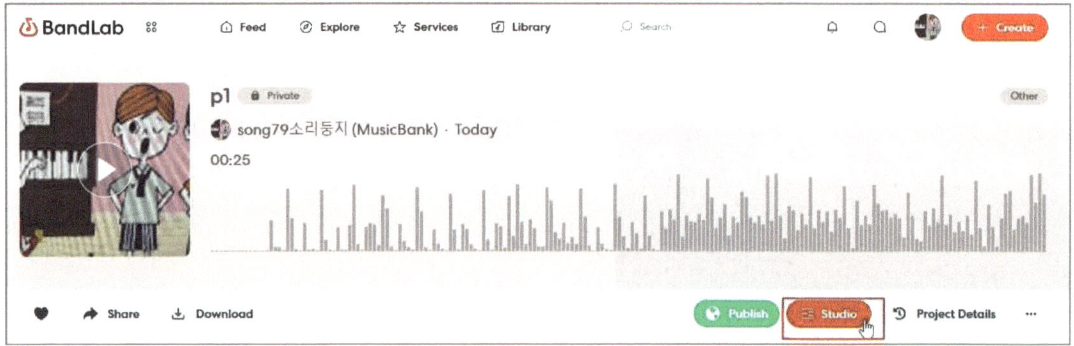

3. 프로젝트의 루퍼 트랙이 보인다. 수정이 가능하다.

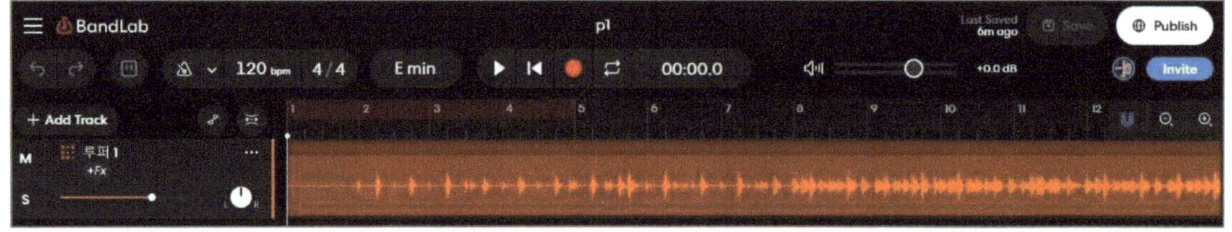

4. 스마트폰에서 저장한 프로젝트가 보이지않으면, [라이브러리] 열고 스마트폰에서 저장한 프로젝트 (P1)를 불러온다.

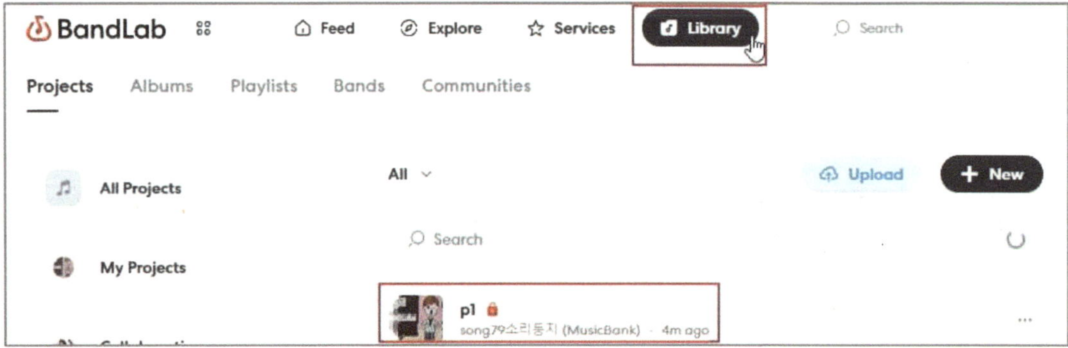

〈밴드랩 앱의 루프 재생 방식 설정〉
1. 스마트폰에서 밴드랩 열고, Looper 누르고, [Loop Properties] 누른다.

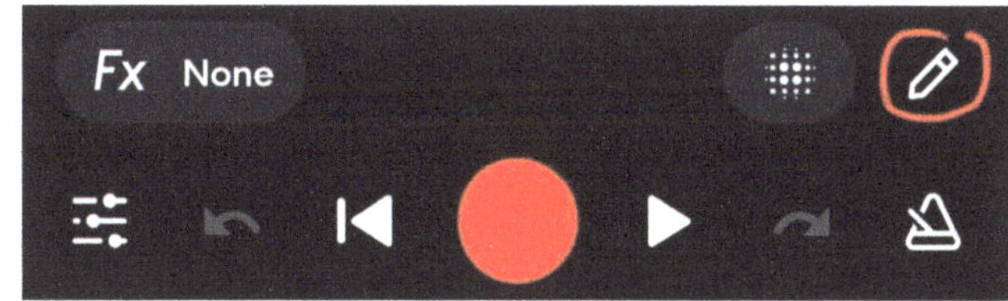

2. 루프 재생 세부적 설정
 1) Loop : 반복 재생
 2) One Shot : 사운드 소스의 길이만큼 한번 재생
 3) Gate : 누르고 있는 동안 재생
 4) Retrigger : 누를 때마다 재생

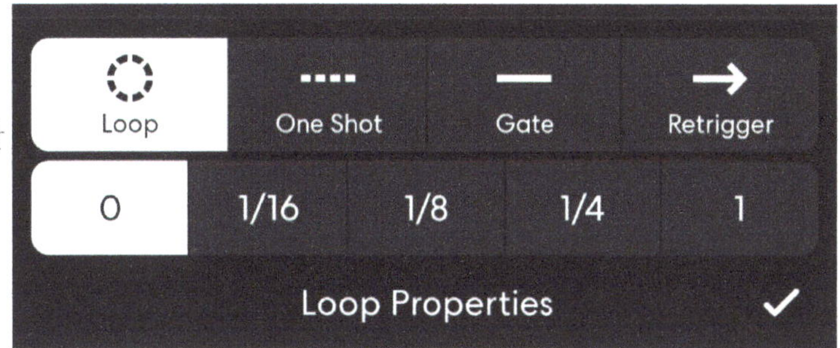

〈필터와 게이터〉
1. 루퍼 팩 하단의 [필터와 게이터] 누른다.

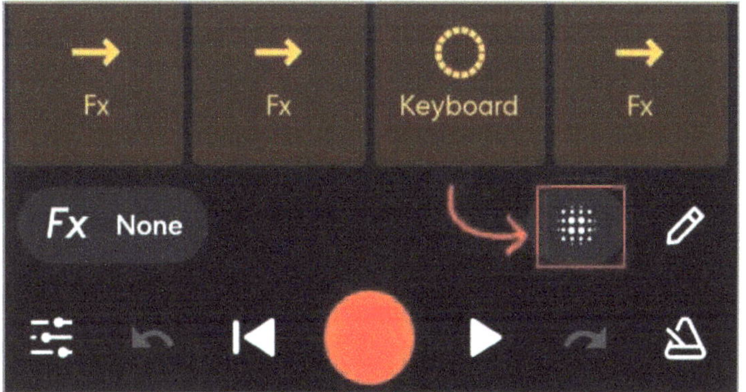

2. 필터(Filter)와 게이터(Gater)에서 사운드 믹싱을 한다.

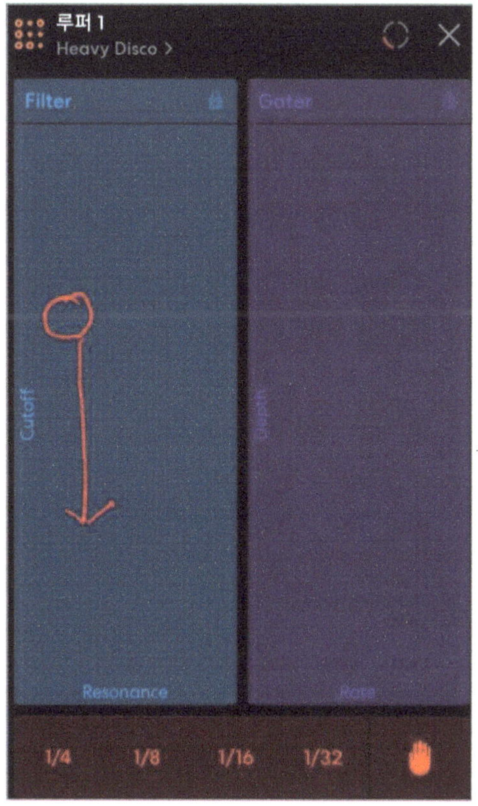

[16] Select Note, Add Note, Edit Note, Velocity

PC에서 **BandLab Assistant** 실행한다.
Instruments 트랙을 열고, 미디 에디터(MIDI Editor)에서 노트를 입력하고 편집한다.

1. BandLab Assistant 실행하고, **Create** 클릭하고, [Instruments] 클릭한다.

2. 하단의 [MIDI Editor]를 클릭하고,
Select Note(1), Add Note(2), Edit Note Velocity(3) 툴로 노트를 입력한다.

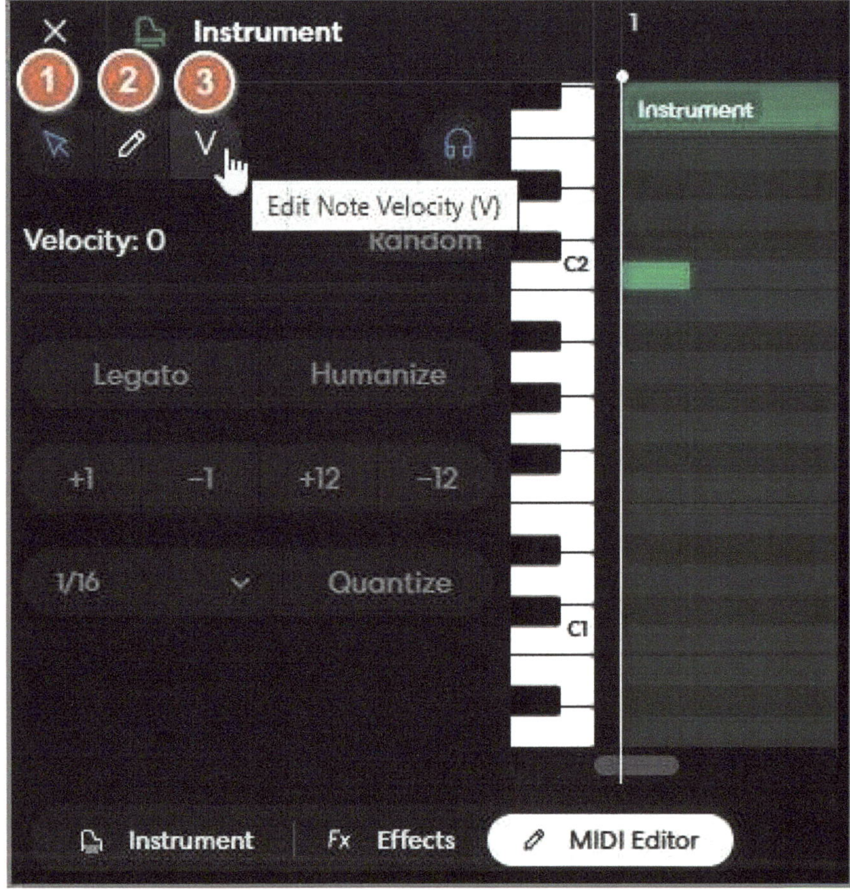

3. 셀렉트 노트(Select note)는 노트를 입력하고 삭제하고, 중복 선택하여 복사, 이동한다.
Select Note를 선택하고 빈공간을 더블클릭하여 노트를 입력한다.

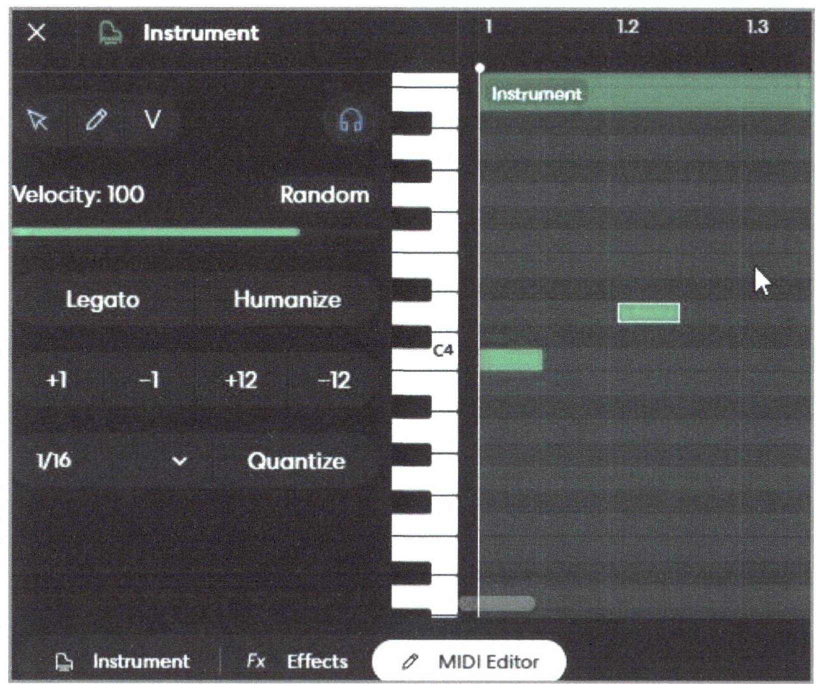

4. 애드 노트(Add note: 연필) 툴은 한번 클릭으로 노트를 입력한다.
셀렉트 노트(Add note) 상태에서 Ctrl 누르고 있으면, 애드 노트 툴로 바뀐다.

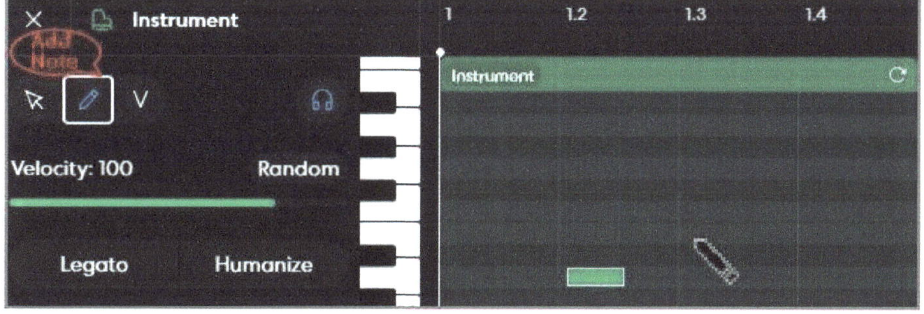

5. Edit Note Velocity는 음의 강약을 나타내는 노트를 입력한다.
  1) [Edit Note Velocity] 클릭하고,

  2) 노트를 선택하면 노트 안에 흰줄이 생기고, Velocity를 드래그하여 85로 하면 흰 줄이 늘어난다.

[17] New Track Type 버튼

〈PC에서 밴드랩 어시스턴트 실행〉
1. 상단의 [+Create] 누르고,
2. [New Project] 누르면,
3. New Track에 Track Type가 있다.

〈스마트폰에서 밴드랩 앱 실행〉
1. [+] 만들기 추가하고, [Open Studio] 열면,

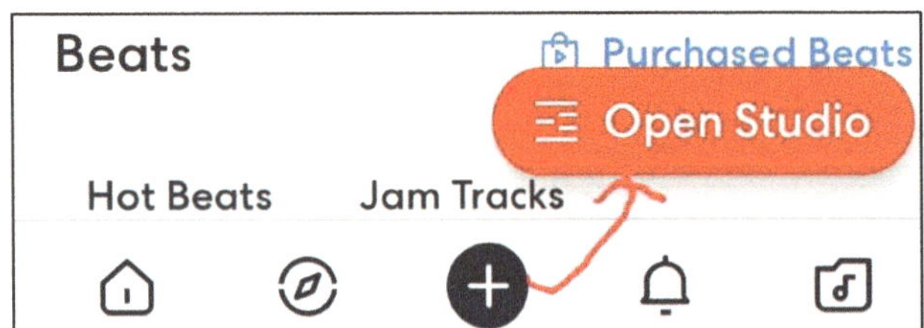

2. New Track에 Track Type 버튼이 있다.

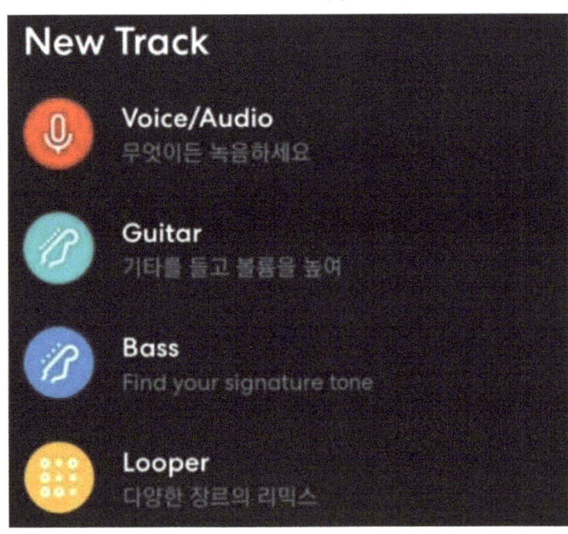

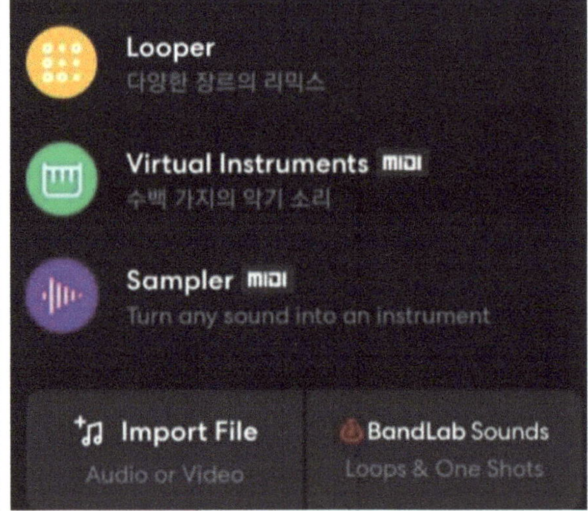

〈Track Type〉
1. Voice/Audio
2. Instruments
3. Drum Machine
4. Sampler
5. Guitar
6. Bass
7. Import Audio/MIDI
8. BandLab Sounds
9. Looper

[18] 무 설치 더빙(Dubbing)

음악 제작 프로그램인 BandLab(밴드랩)은 무료 사용으로 녹음, 믹스를 공동으로 파일을 공유하고 작업이 가능하다. 스마트폰에서 앱을 설치하거나, 설치하지 않고 사이트에서 바로 음성과 오디오를 녹음하고, PC에서 엠알(MR) 넣고 노래(보컬)를 녹음하는 더빙(Dubbing) 작업을 한다.

〈무설치하고 노래 녹음하기〉

1. 구글에서 '밴드랩' 검색하고
  1) 아래 사이트 클릭하고 온라인으로 접속한다.

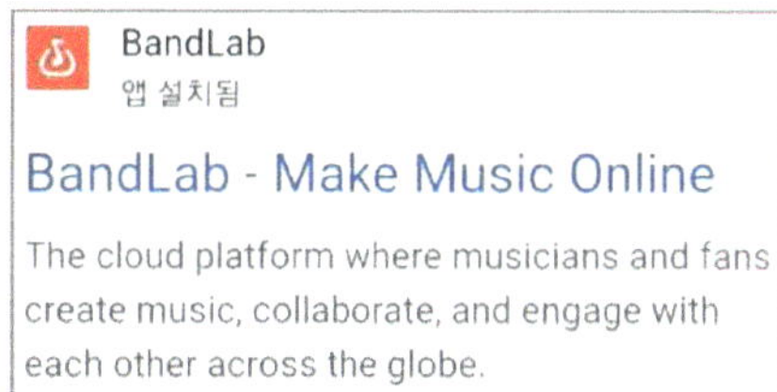

  2) [Download] 클릭하여 설치하고 가입한다.

2. 스마트폰 앱 BandLab-Music Making Studio로 노래 녹음하기
  1) [+] 버튼을 누르면, 만들기 창이 나온다.

  2) 만들기 창의 Track Type에서 [Import File] 눌러서 반주 음원을 불러온다.

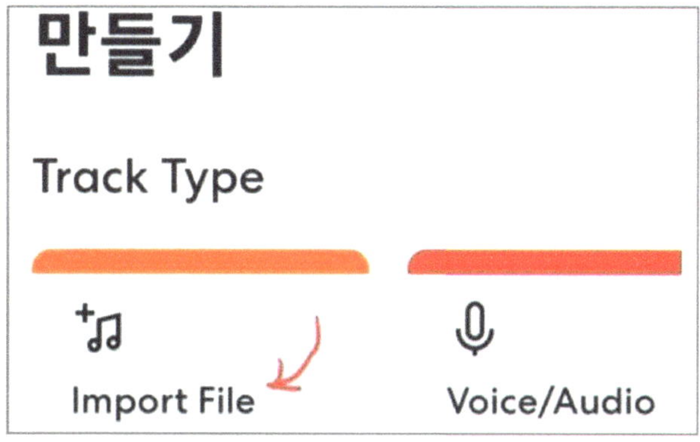

  3) 반주 트랙이 생기고, 노래 녹음하기 위해 트랙에서 [+] 버튼을 누르고 오디오 트랙 추가한다.

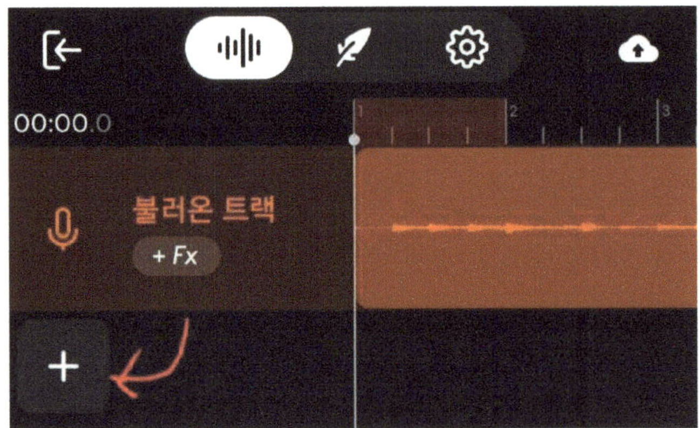

4) [Voice/Audio] 누르고 목소리를 녹음한다.

5) 음성 녹음 파일이 생긴다.

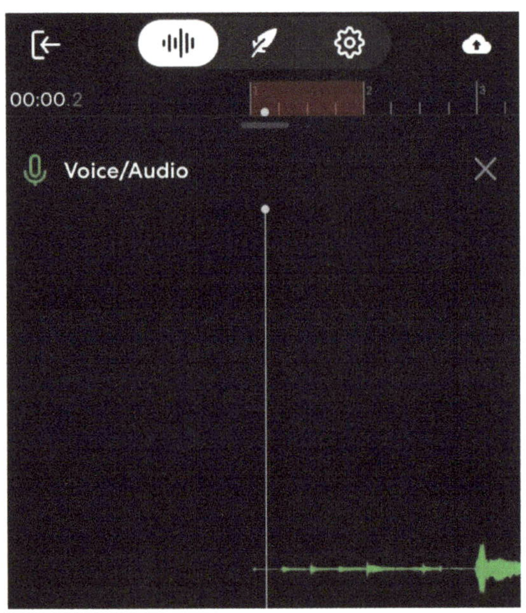

3. 오디오 녹음하기

 1) 설정

   설정 버튼을 눌러서 '실시간 입력 모니터링'을 비활성화 한다.

   메트로놈 기능을 꺼 놓고, 메트로놈 볼륨도 0%로한다.

 2) 만들기 창의 [Track Type]에서 [Voice/Audio] 누른다

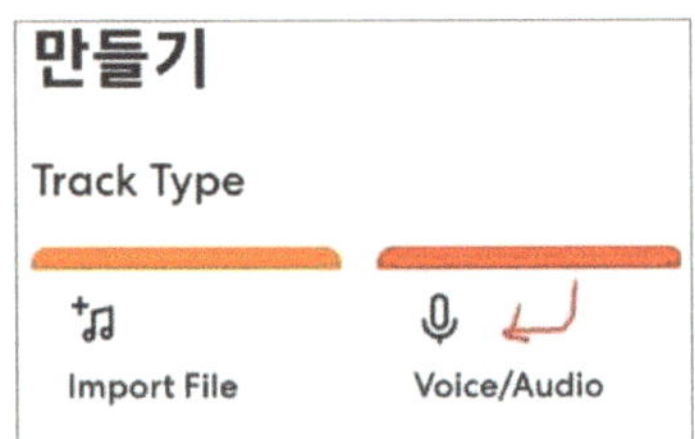

3) 녹음 버튼을 누르고 음성과 악기 소리를 녹음한다.

4) 녹음 클립에서 [Fx] 누르고, 효과를 넣는다.

〈PC에서 보컬 녹음하기〉

1. PC에서 설치하기: 밴드랩 실행한다.

2. 녹음 설정
  1) [실시간 입력 모니터링]을 비활성화한다.
  2) [메트로놈] 기능을 꺼 놓고, 동시에 메트로놈 볼륨도 0%로 해놓고 녹음한다.

3. 녹음하기
  1) [Import Track] 눌러 반주 음원을 가져온다.
  2) [+] 버튼 누르면, 새로운 트랙 종류가 나오는데 그중에서 [Voice/Mic]을 선택한다.
  3) 기존의 반주 트랙(불러온 트랙) 외에 하단에 트랙2 라고 보컬 트랙이 생기면, 트랙2(보컬트랙)을 선택해서 녹음한다.
  4) 트랙 수정하기 위해 [이름변경]을 클릭한다.
  5) 더보기 기능
   ⦿ Move Up : 해당 트랙의 위치를 위로 이동
   ⦿ 다운로드 : 해당 트랙의 사운드만 다운로드
   ⦿ 사본 만들기 : 같은 트랙을 하나 더 만든다.
   ⦿ 삭제 : 해당 트랙을 삭제한다.
  6) 녹음할 때는 녹음 기능이 있는 헤드셋, 이어폰, 블루투스 이어폰을 이용한다.

4. 음악 효과 넣기
플레이버튼(▶) 위쪽에 Fx 버튼 누르고, [70s Ballad] 선택한다.

5. 저장
Publish 클릭하고, 저장 과 공개하기 중 하나 선택하라고 대화창이 뜨는데, 웹상에 밴드랩 플랫폼을 통해 공개하길 원하지 않는다면, [저장] 눌러서 저장한다.

[19] 오디오 녹음 편집 AudioStretch, BandLab Sounds

PC에서는 BandLab Assistant로, 스마트폰에서는 **밴드랩** 앱으로 반주에 노래 녹음하고, AudioStretch로 음정을 올리거나 낮추고, BandLab Sounds에서 샘플 추가하여 저장하기

〈PC에서 반주음악 음정 조절하기〉
1. BandLab Assistant 열고, [Mix Editor] 클릭하고, New Track의 [Import Audio/MIDI] 클릭하고 오디오 파일을 불러온다.

2. 오디오 트랙의 클립을 선택하고 우 마우스로 [AudioStretch] 클릭하고, [-1Semitone] 클릭하면 반음이 내려간다.

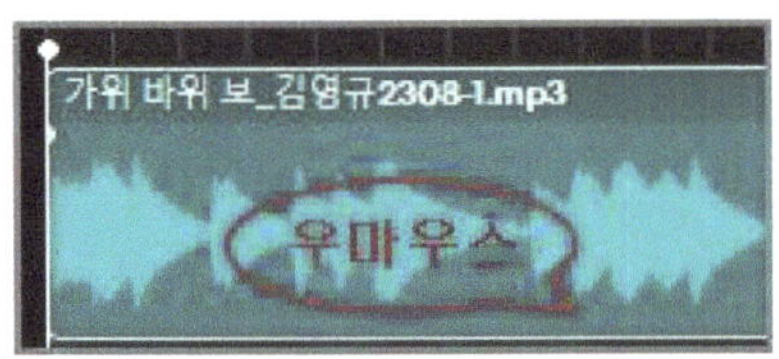

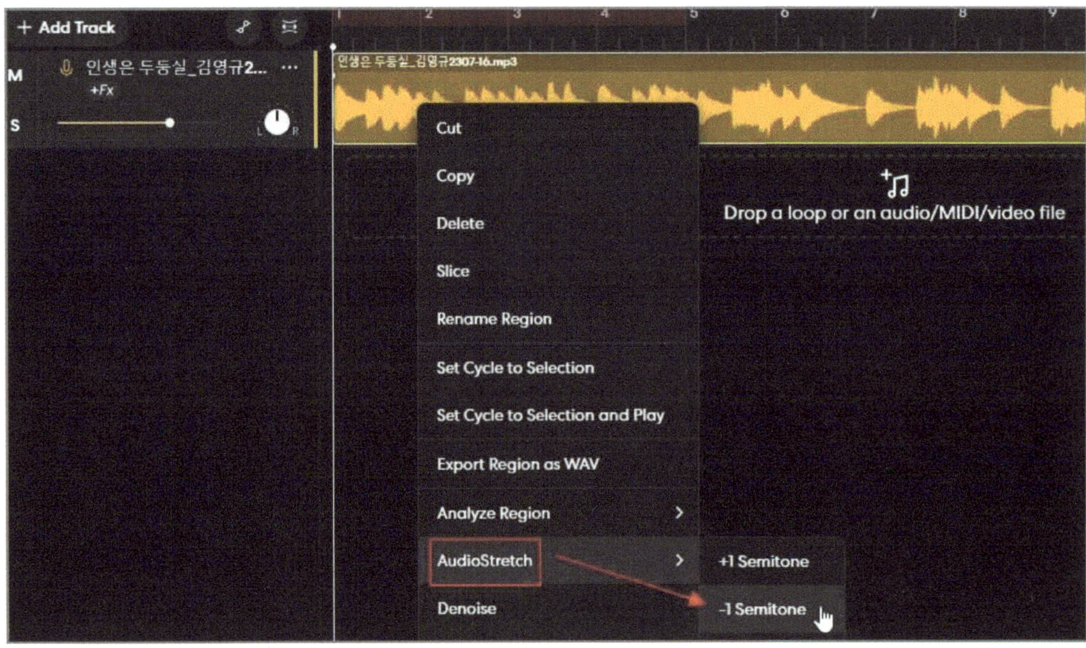

〈스마트폰 앱에서 반주음악에 노래 녹음하기〉
1. BandLab 앱 실행하고, 하단의 [+] 버튼을 누른다.

2. Track Type의 [Import File] 누른다.

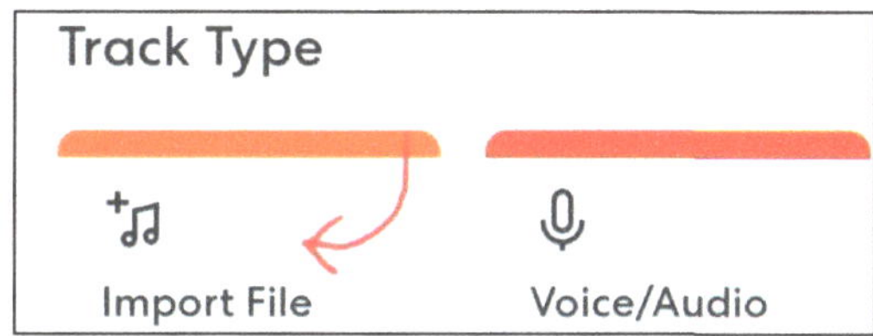

3. '용인살기좋다' 선택한다.

4. 불러온 트랙에 사운드 클립이 생기면, [+] 눌러 트랙을 추가한다.

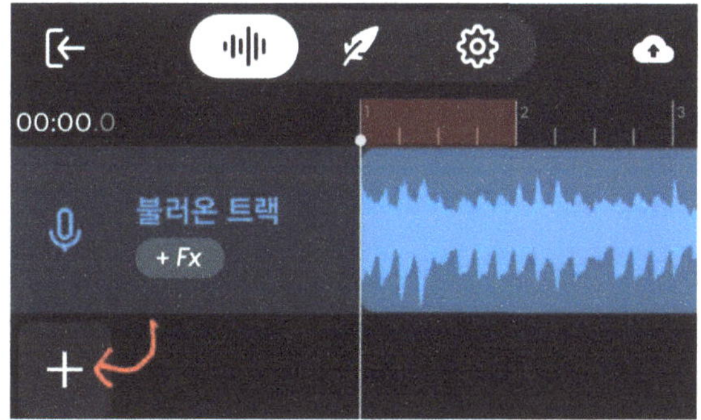

5. 샘플 음악(드럼)을 불러오기 위해 [BandLab Sounds] 누른다.

6. 'Hip Hot Percussion' 선택한다.

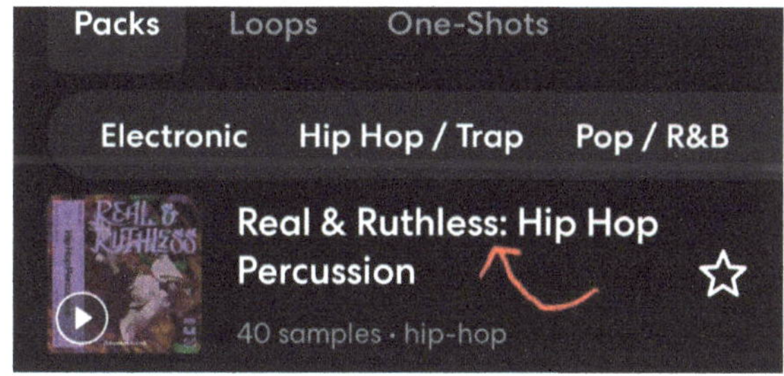

7. 'Percs...'의 [+] 누른다.

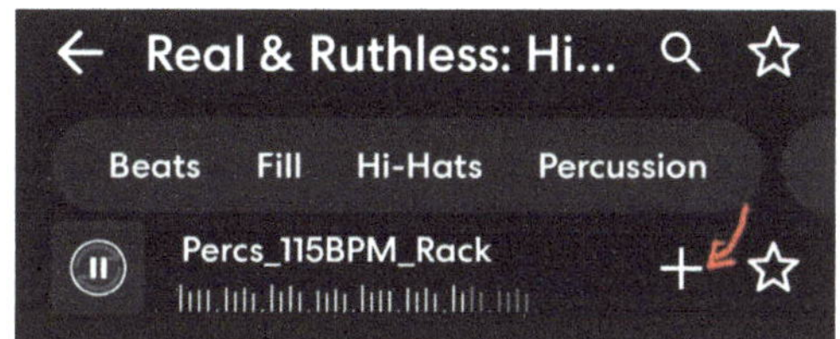

8. [Voice/Audio] 트랙에 사운드 클립이 생긴다.

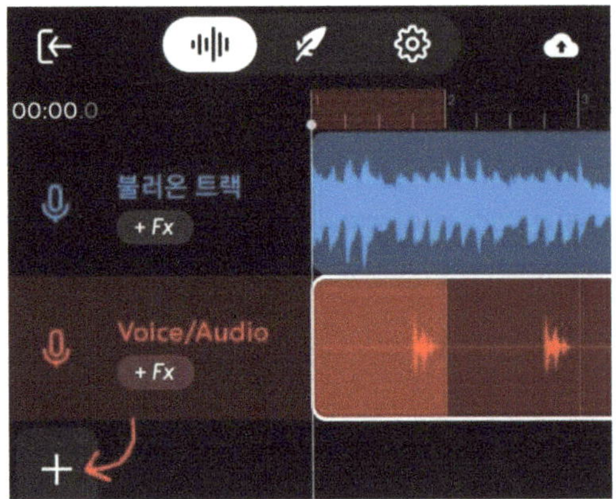

9. [+] 눌러 트랙을 추가하고, [더보기] 눌러 설정하고, 왼쪽 아래 [멀티트랙] 클릭한다.

◉ Move Up : 해당 트랙의 위치를 위로 이동

◉ 다운로드 : 해당 트랙의 사운드만 다운로드

◉ 사본 만들기 : 같은 내용의 트랙을 추가하기

◉ 삭제 : 해당 트랙을 삭제

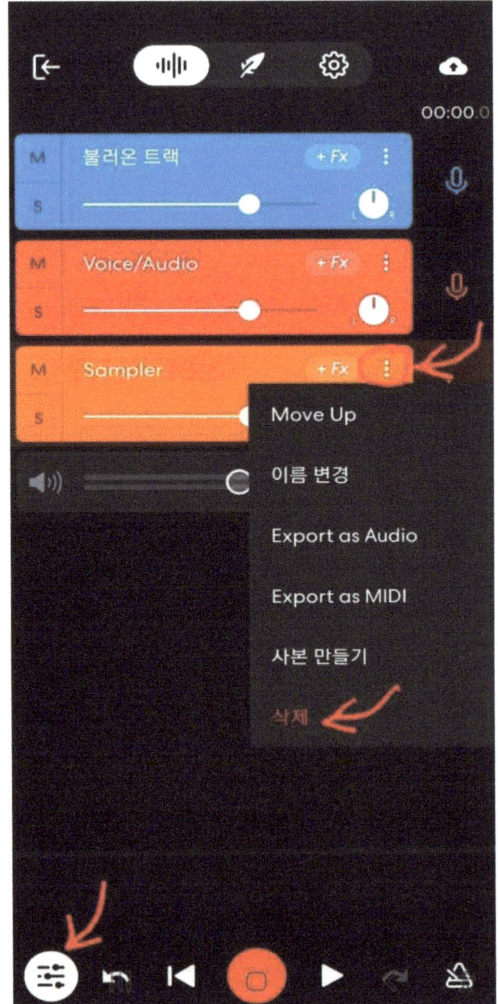

10. 드럼 악기 추가하기 위해 'Top_90BPM+Dap'의 [+] 누른다.

11. 트랙의 사운드 클립을 선택하고 루프를 우측으로 드래그하여 반복한다.
트랙을 눌러서 나온 메뉴 중 빨간색 픽토그램 부분을 눌러 지우고 다시 녹음한다.
녹음할 때는 [설정] 클릭하여 Project Settings에서 '**실시간 입력 모니터링**'이란 기능을 반드시
비활성화한다.

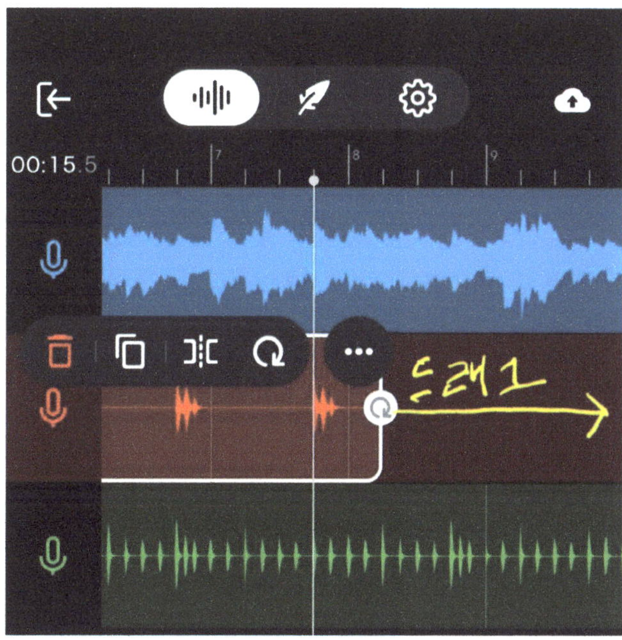

12. Publish 저장
  1) Publish 누르고, Project Saved의 [보기]를 누른다.

  2) 화살표 클릭하고,

용인살기좋다 피아노 드럼

song79소리둥지 (MusicBank)

Just now · Pop

3) 공유에서 [다운로드] 클릭하고,

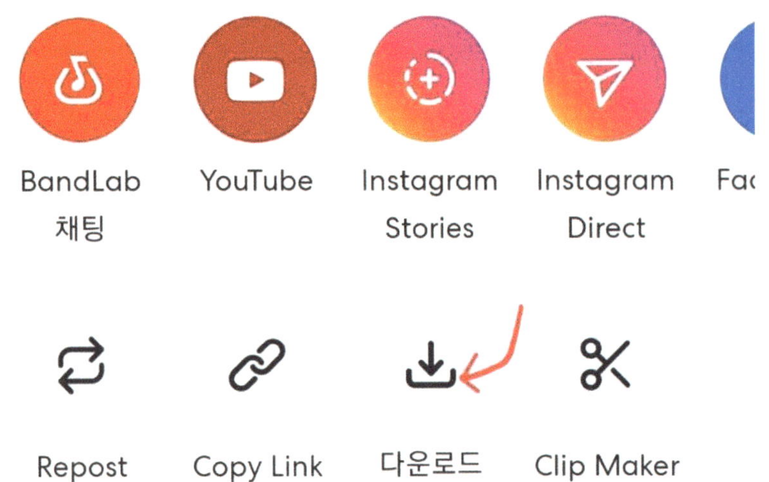

4) [Audio] 선택하면, 스마트폰의 내파일에 저장된다.

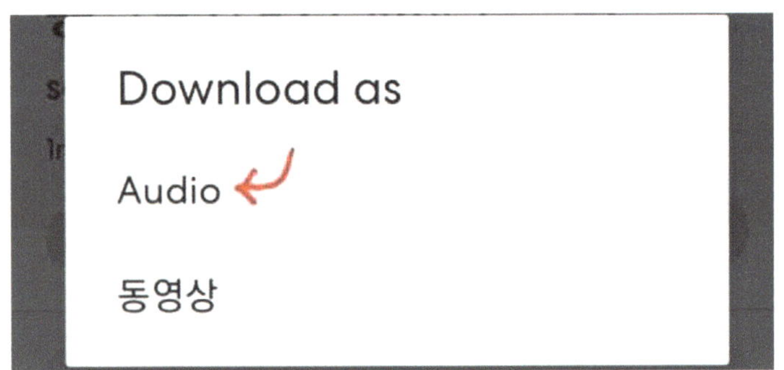

5) 다운 받은 파일을 선택하고 우 마우스로 [이름 변경] 누른다.

6) '용인살기좋다_피아노드럼'으로 수정한다.

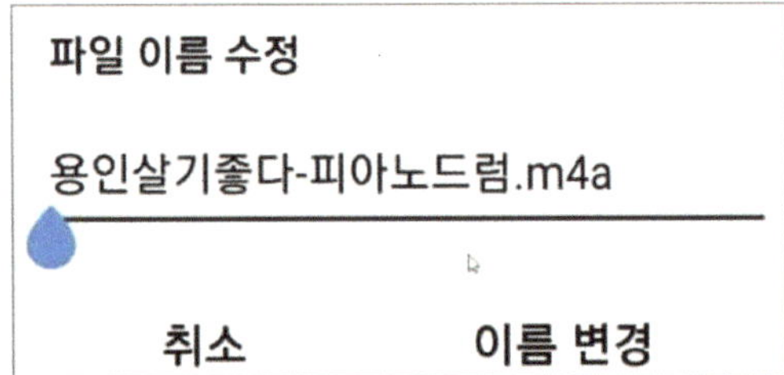

[20] 미디 시퀀싱, 효과 녹음, 퀀타이즈로 미디노트 정렬

PC의 온라인에서 미디파일을 불러와 효과를 주고, 악기를 변경하고, 메트로놈 설정하여 녹음하고
퀀타이즈로 미디노트 정렬하기

1. 구글에서 '밴드랩' 검색하여
BandLab-Make Music Online 클릭하고, 첫 화면 우측 상단의 [Create] 클릭하고, [New Project]
클릭한다. 혹은 Bandlab Assistant 클릭하여 실행한다.

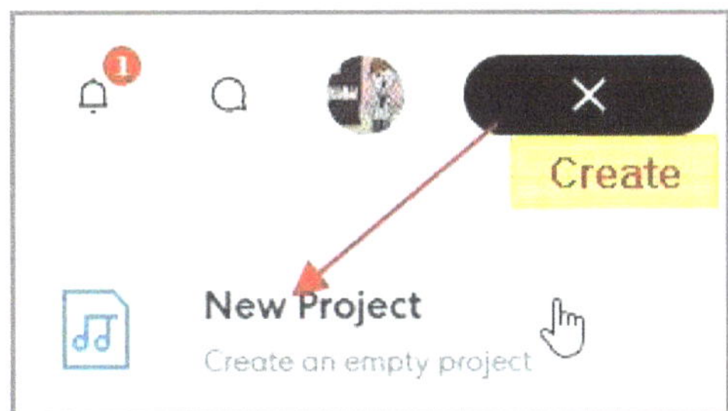

2. [Import Audio/MIDI] 클릭하여 미디파일을 불러온다.

3. 악기(Instruments) 변경하기
 1) 트랙의 Synth Voice 악기 모양 클릭하고,
 2) 아래 'Ahh Synth' 클릭한다.

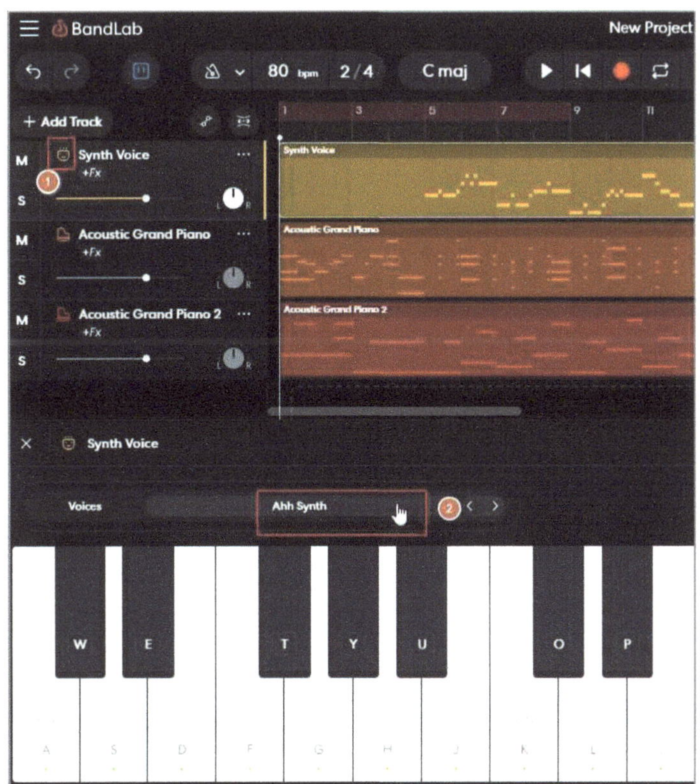

3) Harpsichord 선택한다.

4. 효과(Effect) 주기

1) [Fx] 클릭하고 [Add Effect] 클릭하면,

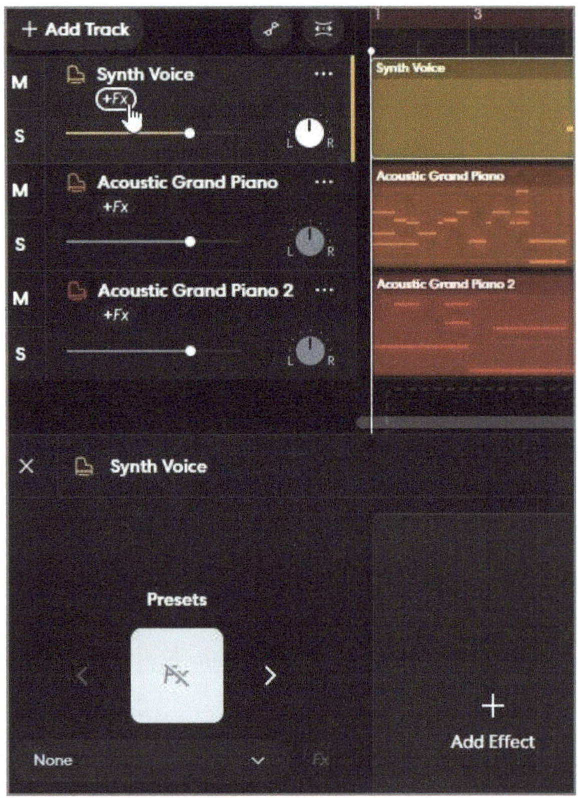

2) Effect 설정 창이 나온다.

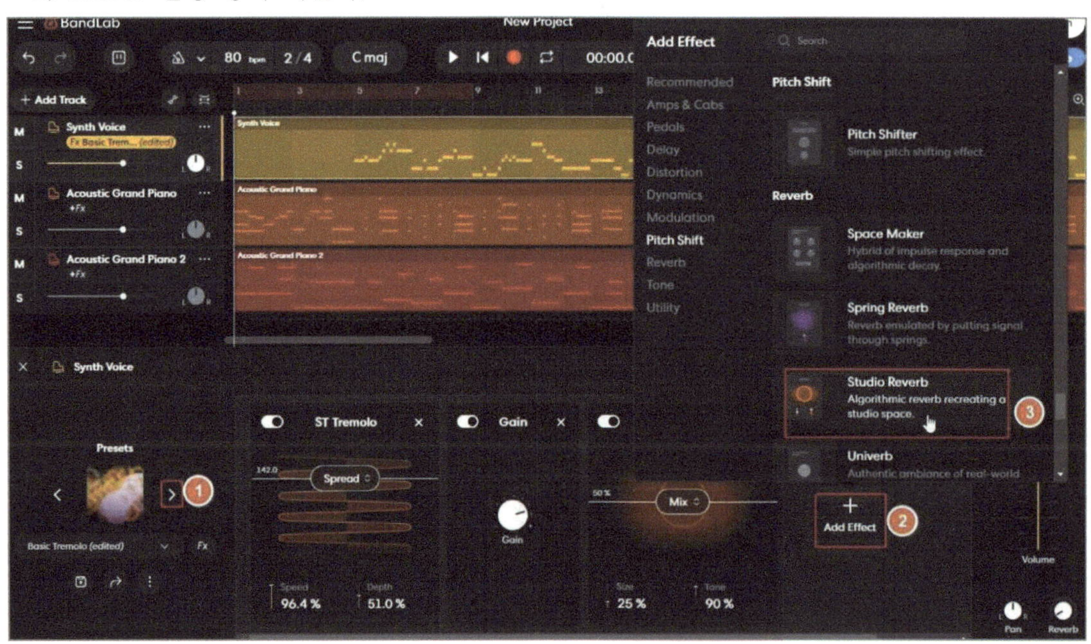

5. 미디악기 입력하기

1) New Track에서 [Virtual Instruments] 클릭한다.

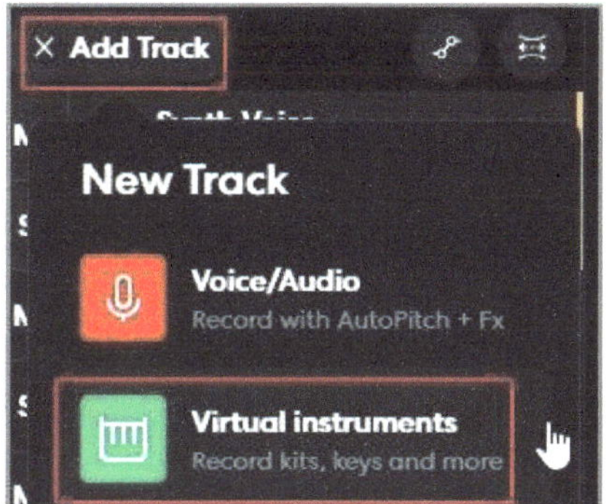

2) Strings의 [Cello Section] 선택한다.

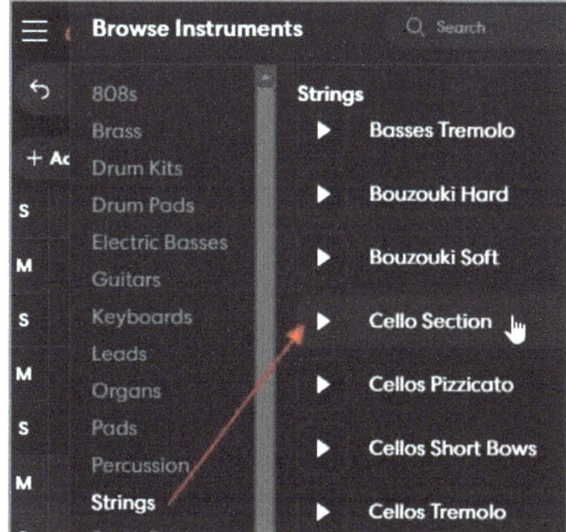

3) Metronome Settings 클릭하여 Tempo, Count-in을 1Bar로 설정한다.

4) 녹음 버튼 누르고 악기를 입력한다.

5) 오디오 클립을 더블클릭하고, 입력된 미디노트를 선택하고 [Quantize(퀀타이즈)] 눌러 박자에 맞춰 노트를 정렬한다.

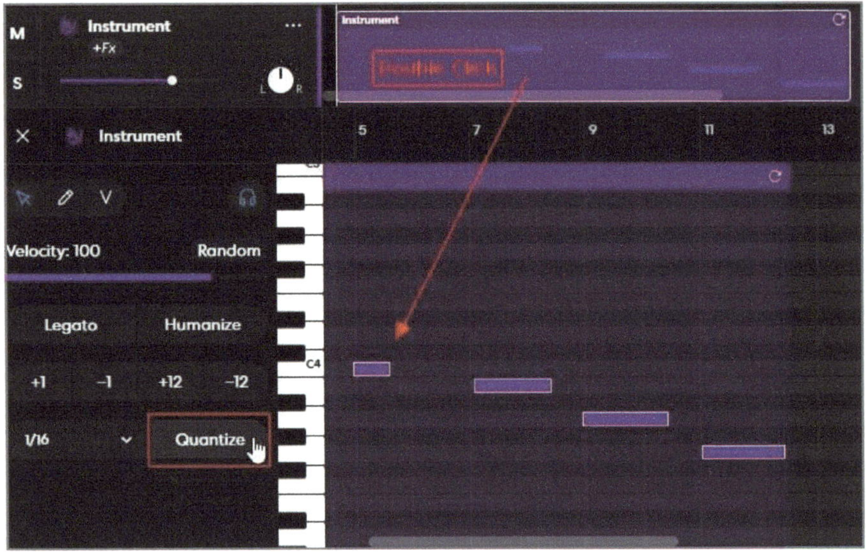

6) Humanize(휴머나이즈) : 노트의 시작점 위치를 바꾸어 자연스러운 느낌이 들게 한다.

7) Snap to Grid(스냅투 그리드 : N) 누르면, 미디노트가 박자에 맞춰 입력되고 정렬된다.

6. 내보내기(Publish)

1) [ProjectNew] 클릭하여 프로젝트 이름을 바꾸고, [Publish] 클릭한다.

2) Bandlab 사이트에서 Download 클릭한다.

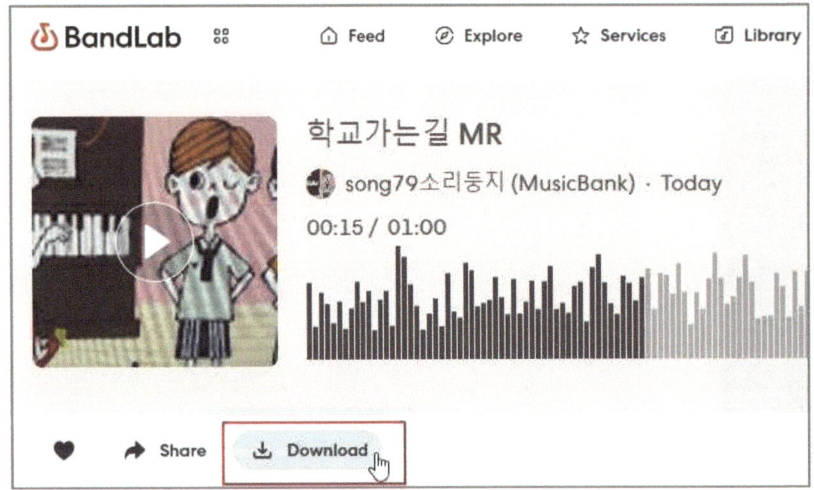

3) MP3로 저장한다.

[21] BandLap Sounds(밴드랩사운드) Loops 검색

PC에서 밴드랩 어시스턴트(BandLap Assistant)열고 밴드랩에 내장되어 오디오 샘플이 있는
BandLap Sounds(밴드랩사운드)의 Loops 샘플을 검색하고 오디오 기능을 알고 활용하기

1. BandLap Assistant 실행하고, [Mix Editor] 클릭한다.

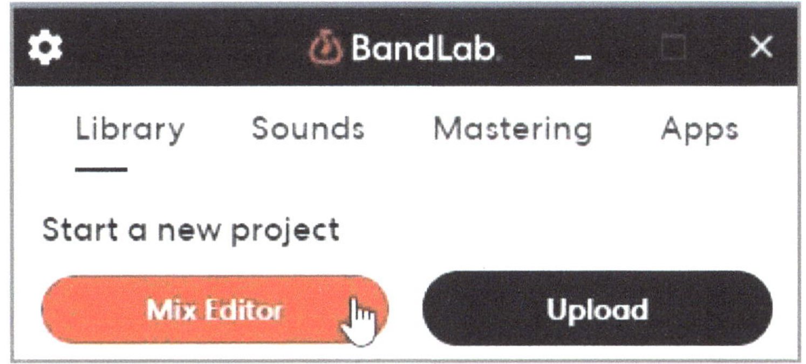

2. New Track 하단의 [BandLap Sounds] 클릭한다.

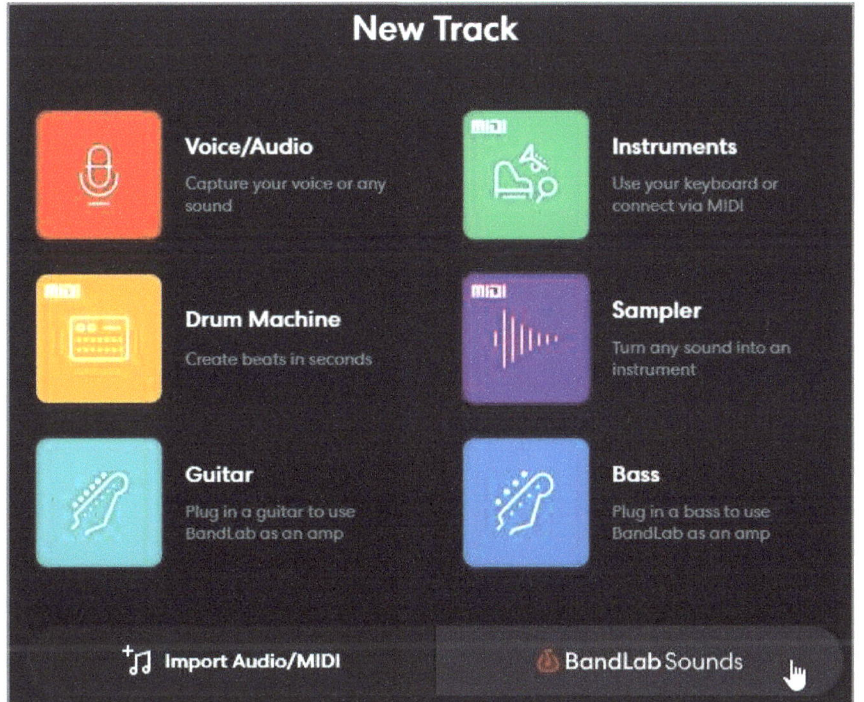

3. [Loops] 장르 선택하고 Search의 세부 검색을 클릭하고, Key 클릭하여 조성을 [Major, C]로
선택한다. Packs에는 앨범에 포함된 사운드가 들어있고, Loops에는 반복된 사운드가 있고,
One-Shots에는 일회성 사운드가 있다.
  1) Instrument : 조성
  2) Genre : 장르
  3) Character : 특성
  4) BPM : 빠르기

5) Key: 조성

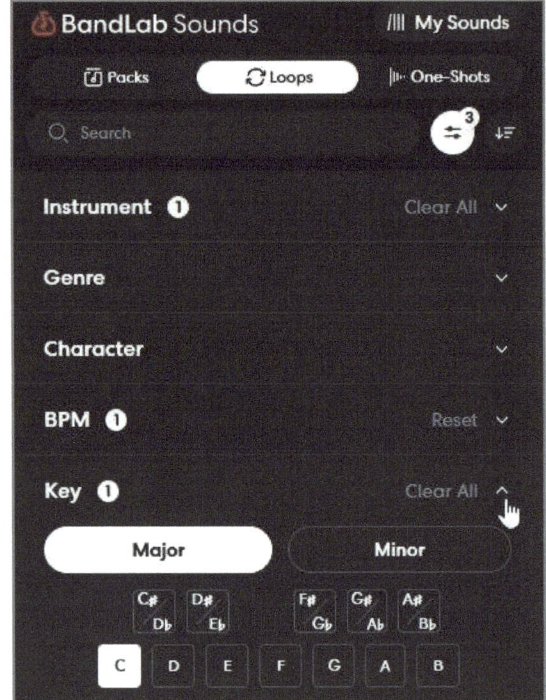

4. 트랙에 샘플 사운드를 불러오고 트랙에 샘플 추가하여 아래와 같이 [Set]가 보이면, 프로젝트 키에 맞춰 샘플도 음정 변화를 물어보는 것이다. [Set] 클릭해서 모든 악기의 조성을 같게 한다.

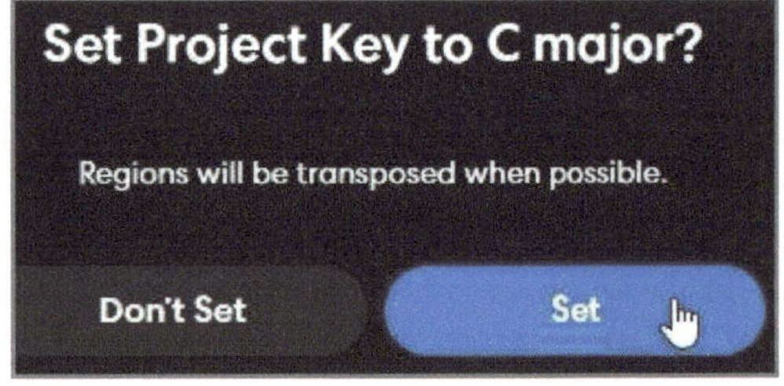

5. [C maj] 클릭하여 조성을 변경한다.

[22] 미디파일에 샘플러 키트 넣어 녹음 믹싱하기

스마트폰에 여러 소리를 녹음하여 샘플러(Sampler)에 넣고 키트(Kit) 만들고, 미디파일에 샘플러 키트를 넣어 녹음하고 편집하고 믹싱하기

〈스마트폰에서 샘플러 키트 만들기〉
1. 밴드랩 실행하고, 만들기에서 Track Type의 [Sampler] 누른다.

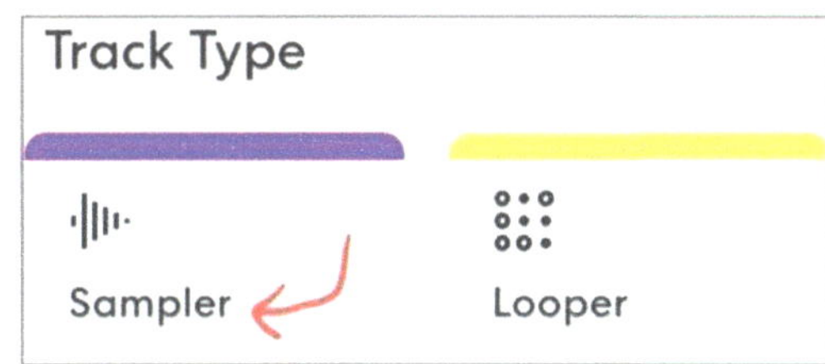

2. Sampler Kits Pad 창에 패드가 생긴다.
'Tap and hold a pad to start recording'(패드를 길게 눌러 녹음을 시작한다)

3. Pad에 목소리 녹음하기
   1) [Pad1]을 꾹 누르고,

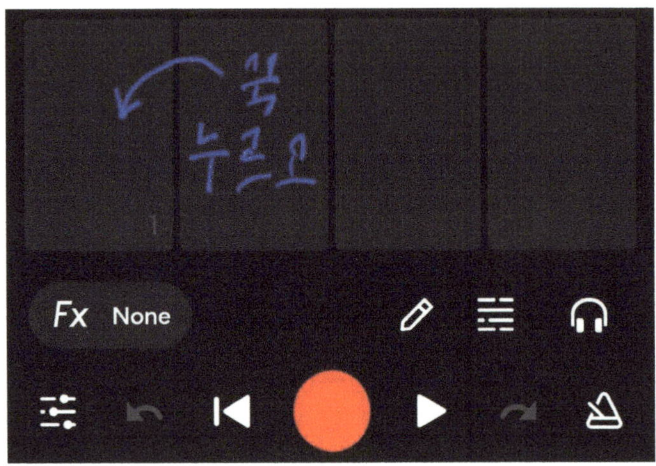

   2) 패드가 붉게 변하여 녹음 상태로 보일 때 녹음하면 녹음한 것이 Pad에 생긴다.
녹음 패드를 길게 누르면 재생이 된다.

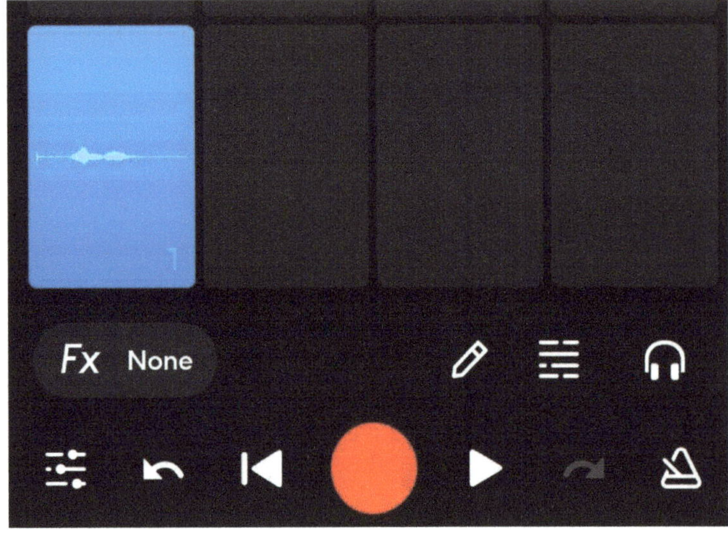

〈편집 믹싱하기〉
1. 연필모양 [Edit] 누른다.

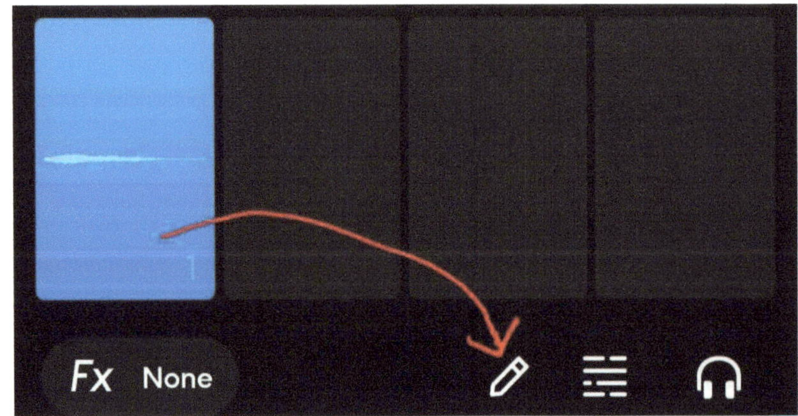

2. [편집] 누른다.

3. Normalize 눌러 음량을 키우고, 인디케이터 이동하고 Crop 눌러 자르고 Done 누른다.

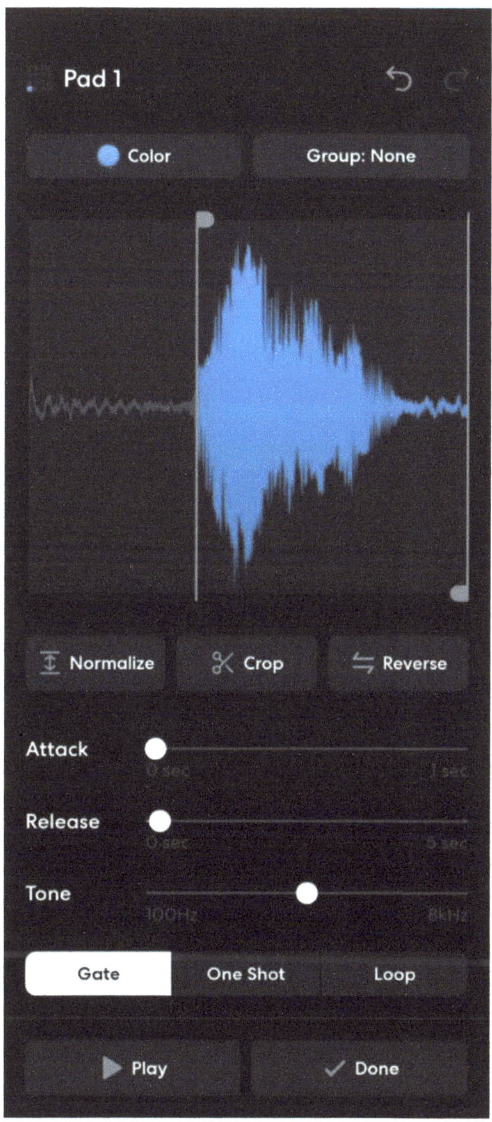

4. 오디오를 편집하기 위해 연필 모양의 [Edit] 누른다.

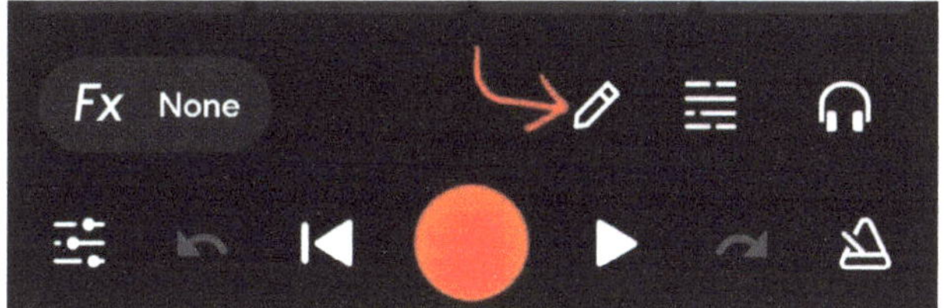

〈오디오 추출하여 키트 만들기〉

1. 패드 선택하고, 연필 모양의 Edit를 선택하고, 불필요한 것은 휴지통 눌러 삭제한다.

2. [Import Audio or Video] 누른다.

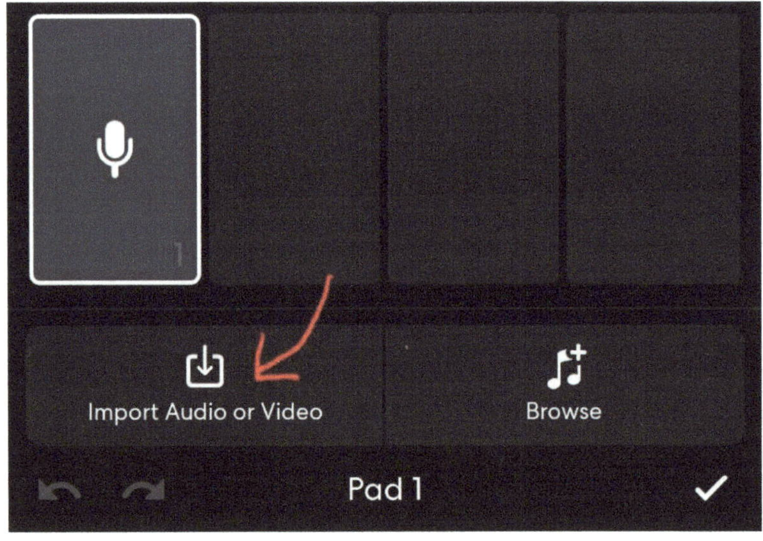

3. 오디오나 비디오 파일 불러와서 누르고,

4. 오디오가 Pad에 추출되면, Edit 누른다.

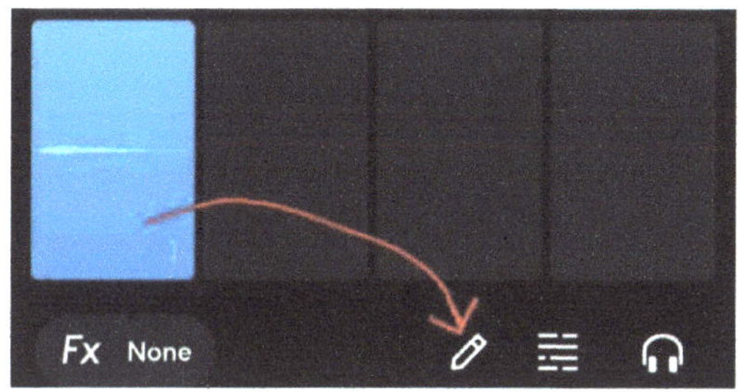

5. Volume, Pan, Pitch 주고, [편집] 누르고 믹싱한다.

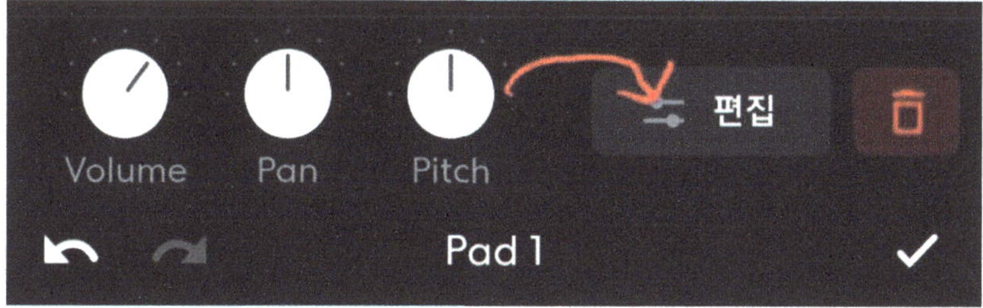

〈샘플 음악 넣기〉

1. [Browse] 누른다.

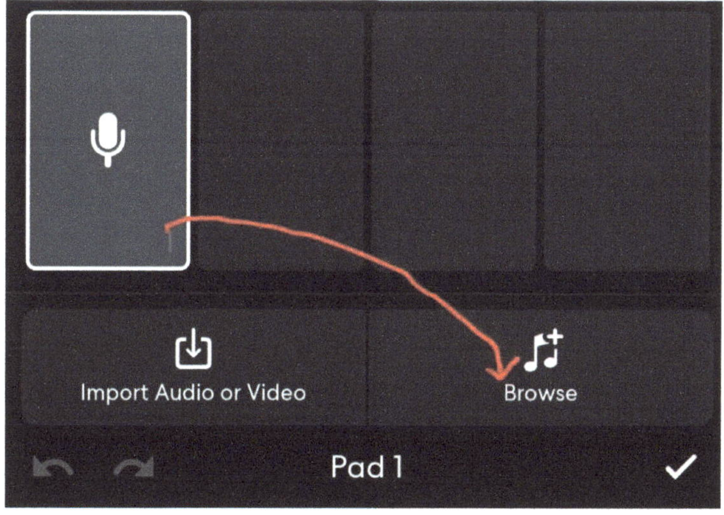

2. 'Real & Ruthless' 선택하면 My Sounds에 저장이된다.

3. 'Top _115BPM_Block'의 [+] 누르면 트랙에 추가된다.

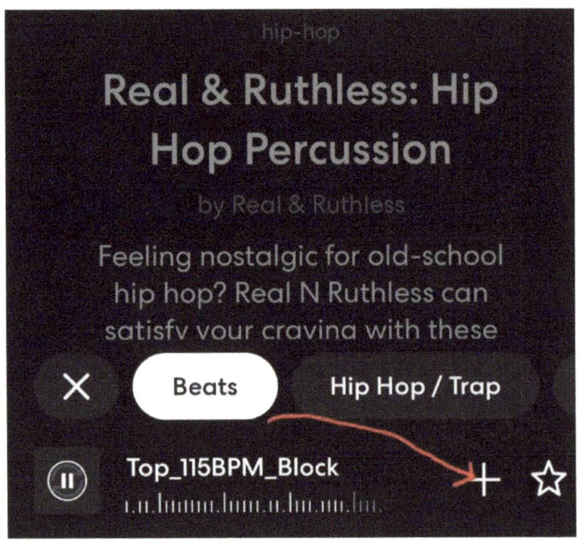

〈미디파일 불러와서 샘플러 키트 넣기〉

1. 만들기 창에서 Track Type의 [Import File] 누르거나

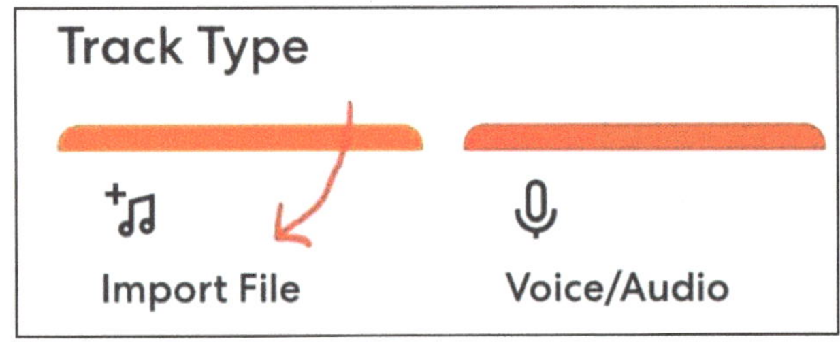

2. 하단의 만들기 추가(+) 누르고 [Open Studio] 누른다.

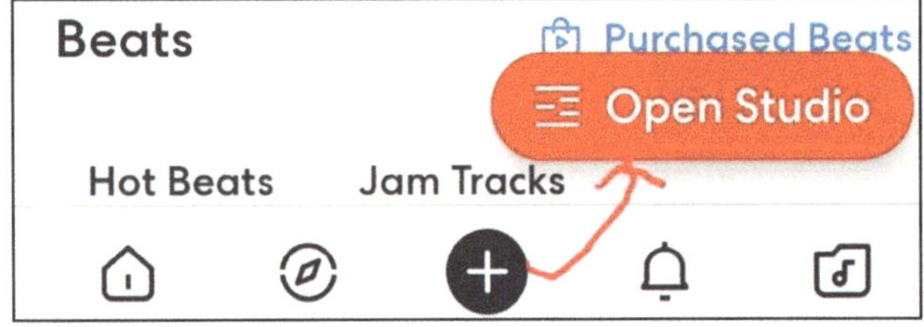

3. [Import File] 눌러서 미디파일을 불러온다.

4. 미디파일(.mid) 선택하고,

5. [Grand Piano] 선택하면 트랙에 미디파일이 추가된다.

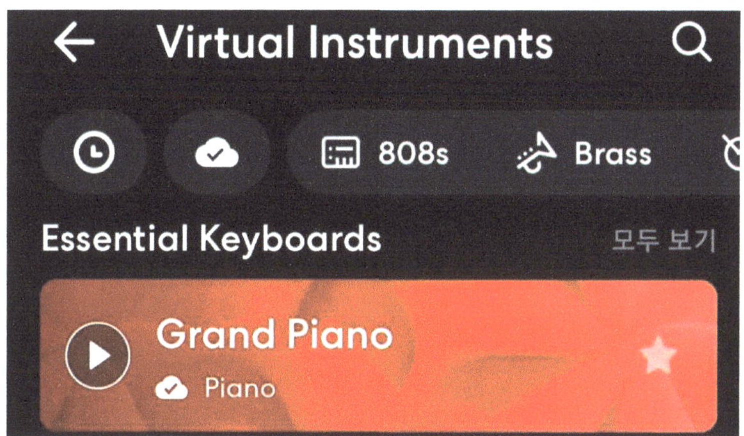

〈샘플 추가하기〉

1. 미디파일 추가되면 우측 하단의 **샘플추가**(+음표)를 누른다.

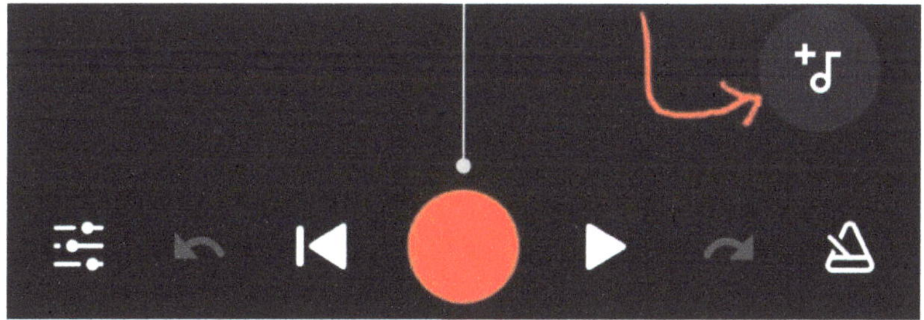

2. 'Renagade...' 샘플을 재생하여 들어보고 누른다.

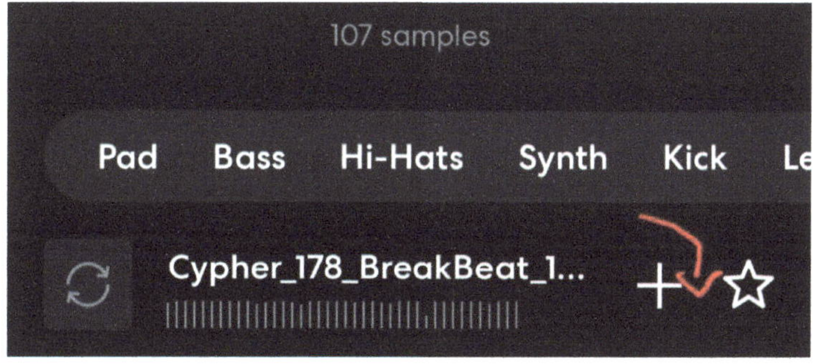

3. 미디트랙 아래에 샘플파일이 추가된다.

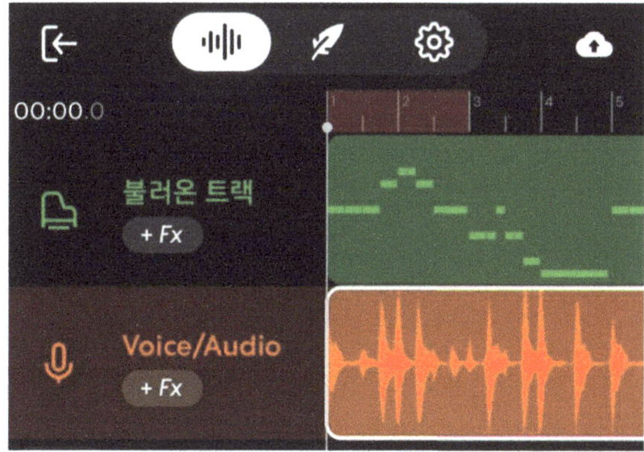

〈녹음 파일 반복하기〉

소리 녹음하여 패드에 넣고 [loop]에 체크한다.

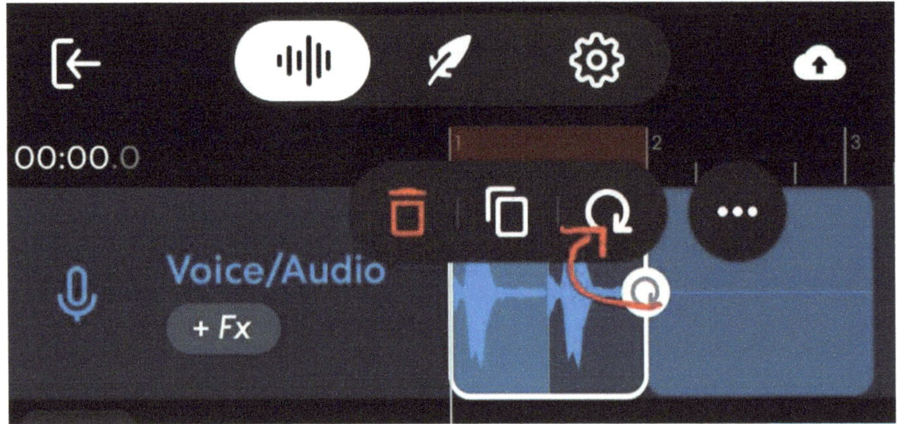

〈사본 만들기: Duplicate〉

1. 녹음 버튼을 누르고 Sampler Kids의 Pad를 눌러 녹음하고,

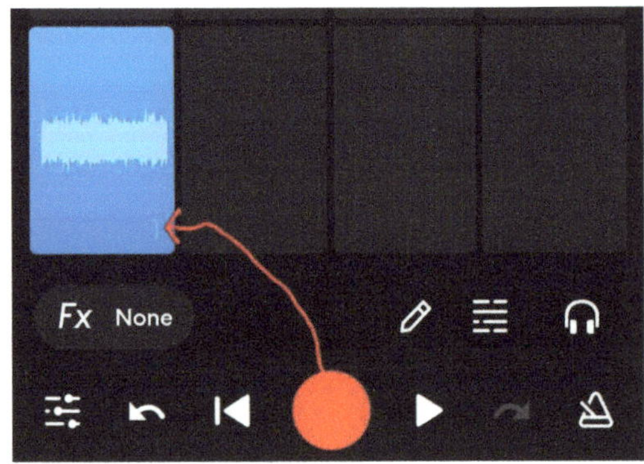

2. 트랙으로 이동하여 트랙의 [더보기] 누르고,

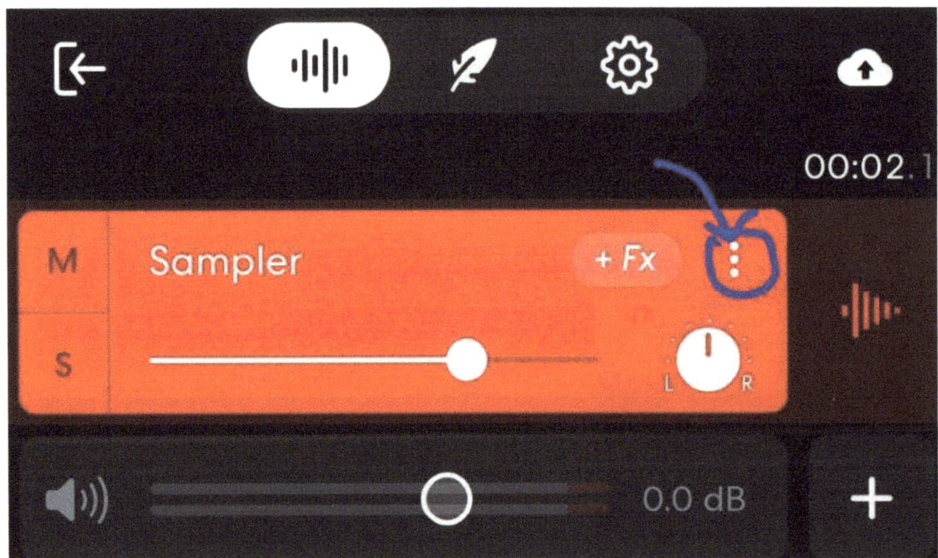

3. [더보기] 탭하고 [사본 만들기: Duplicate] 누르면,

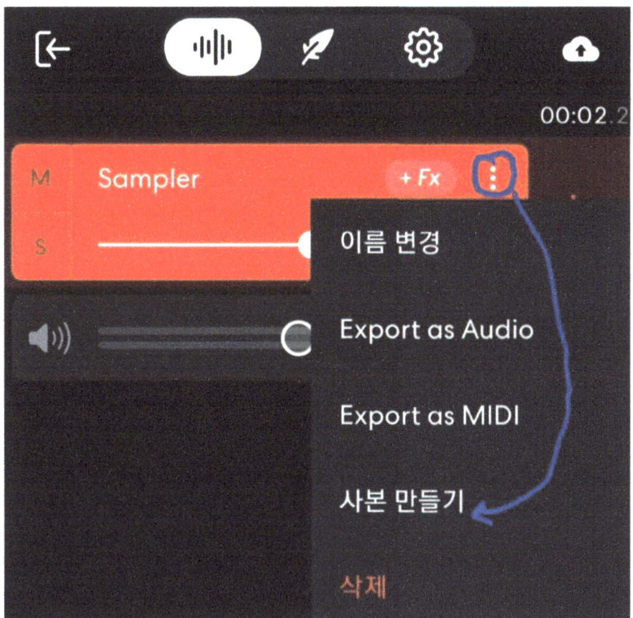

4. 트랙에 사본이 복사된다.

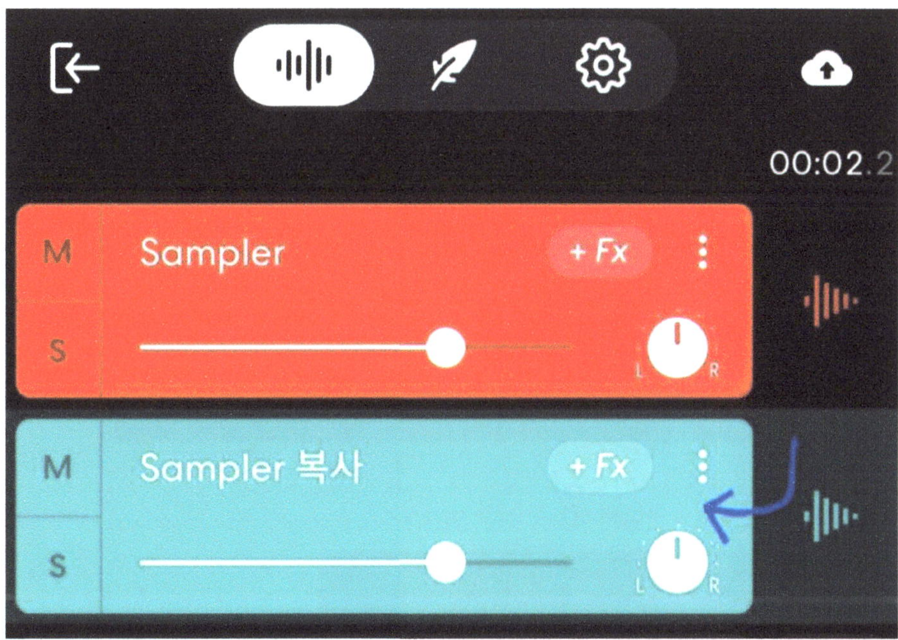

5. 사본 트랙에 샘플러 키트 녹음한다.

[23] 미디파일 녹음 Publish Download 저장

PC에서 밴드랩 어시스턴트(Bandlab Assistant)를 실행하고, 미디파일 불러와 악기 음색 바꾸어 프로젝트 저장하고, Publish하여 내보내기하고 Download로 저장하기

1. 밴드랩 어시스턴트 실행하고, [Mix Editor] 클릭한다.

2. New Track에서 [Instruments] 클릭한다.

3. [Drop...] 클릭하여 미디파일을 불러온다.

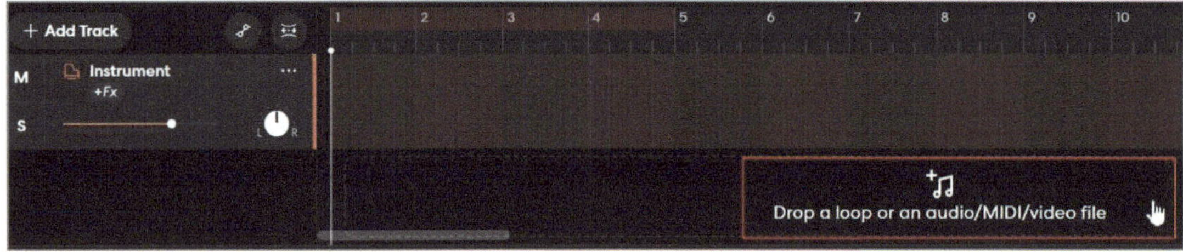

4. S 트랙 선택하고 악기 음색(Ahh Synth) 클릭하여 악기를 변경한다.

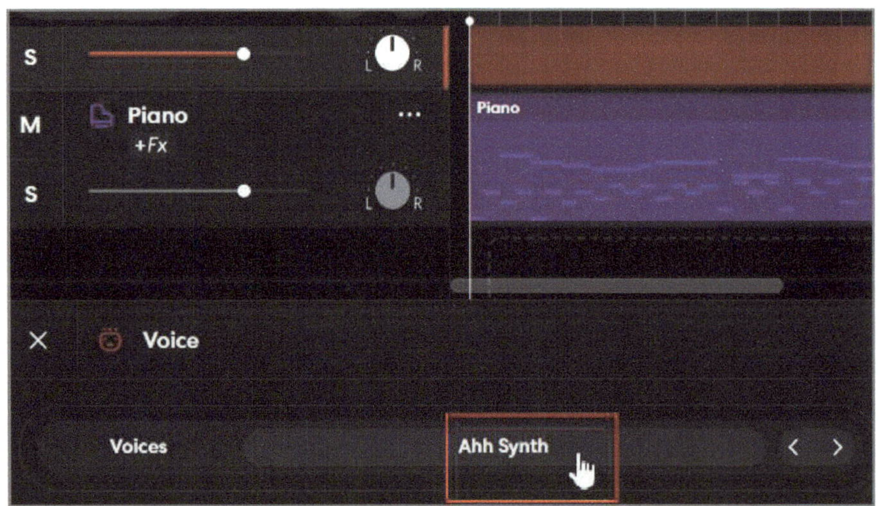

5. New Project 클릭하여 프로젝트 이름 바꾸고, Save 눌러 저장하고, [Publish] 클릭한다.

6. Project name을 '첫눈 MR'로 수정하고, [Publish] 클릭한다.

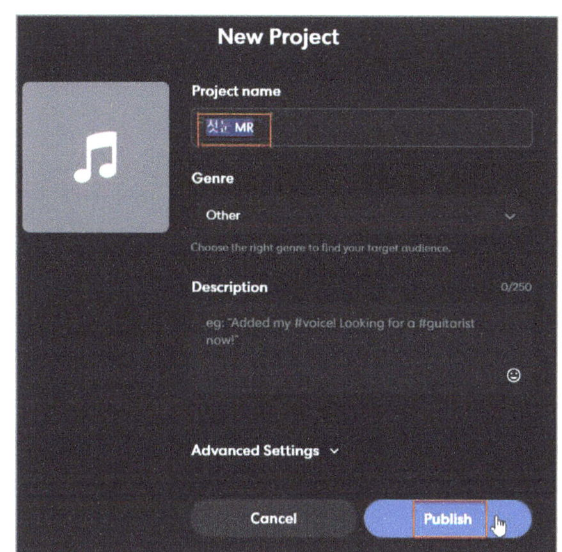

7. Revision published 옆 방향키 누르면, 밴드랩 사이트로 이동한다.

8. 밴드랩 사이트에서 [Download] 클릭한다.

9. [MP3] 누르면 PC의 다운로드에 저장된다.

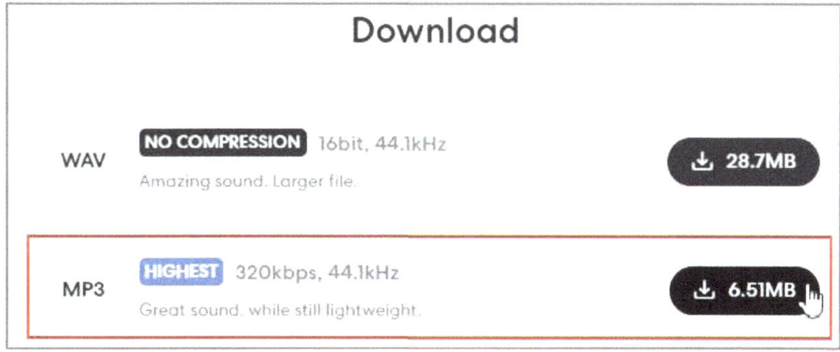

10. PC에서 불러와 음악파일 저장하기

  1) 프로젝트(Project)-다운로드(Download) 선택한다.

  2) Tracks : 트랙 소리를 개별적으로 저장한다.

Download Stems에서 WAV와 M4A를 선택하고 트랙별로 다운 받는다.

* 스템(Stems)은 음악을 구성하는 트랙으로 미디 트랙을 오디오 파일로 변환한 스템 파일로 믹싱한다.

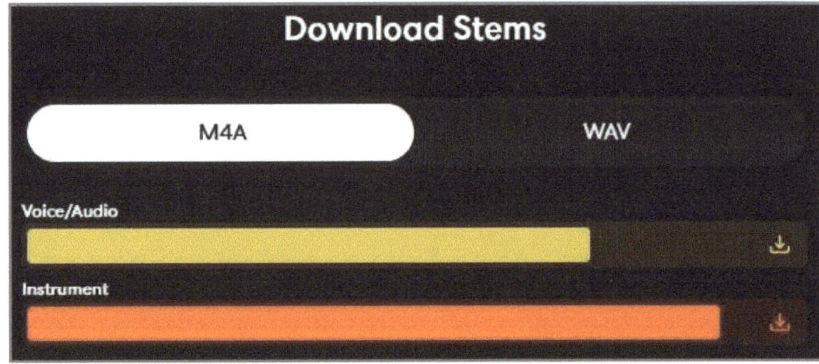

  3) Mixdown As : WAV, MP3, M4A

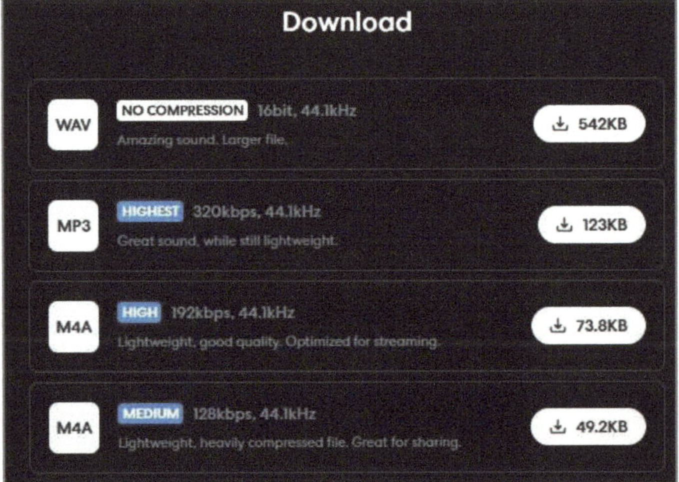

[24] 마스터링(Mastering)

밴드랩 마스터링(BandLab Mastering)은 사용 편의성에 염두를 두고 인공 지능(AI) 기술을 활용한 온라인 마스터링 도구이다.
인터페이스와 효율적인 프로세스로 음악의 퀄리티를 간편하게 향상할 수 있는 플랫폼은 AI 알고리즘은 획일적인 전략을 넘어 다양한 마스터링 접근 방식과 커스터마이징을 제공한다.
빈티지한 사운드를 원하든, 현대적이고 강렬한 사운드를 원하든, 사용자는 자신의 취향에 맞게 마스터링 프로세스를 커스터마이징 할 수 있어 창의적인 느낌을 살린다.

1. BandLab Assistant 실행하고, [Mastering] 클릭한다.

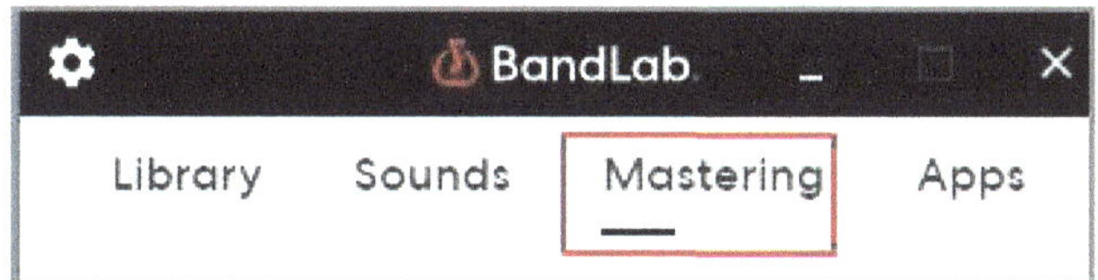

2. [Import Track] 클릭하고 음원을 불러온다.

3. [Mastering] 메뉴 선택하고 [CD Quality] 클릭하여 들어보고 [Next] 클릭한다.

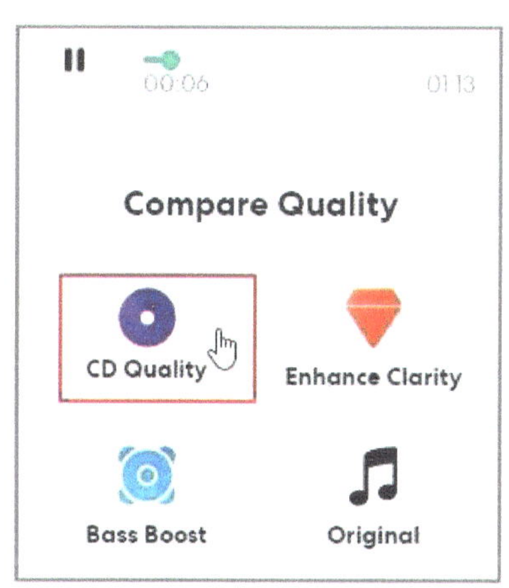

4. 마스터링이 진행된다.

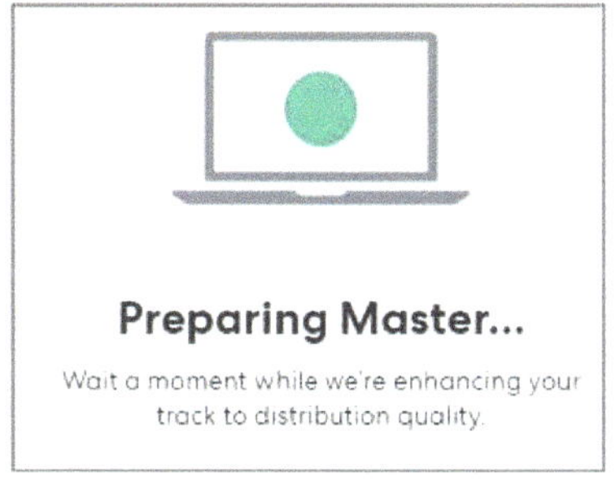

5. [Download] 클릭한다.

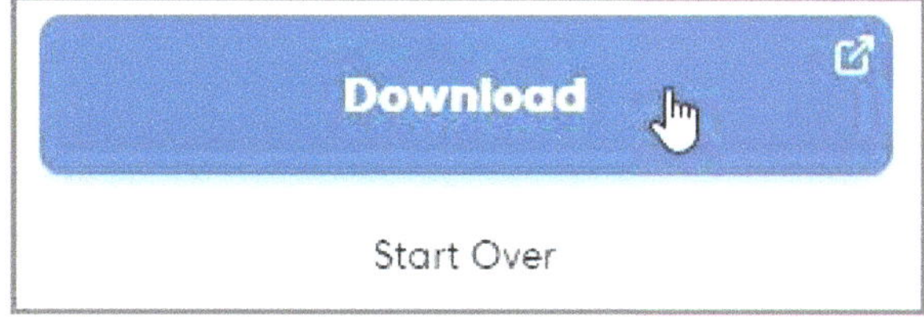

6. BandLab 사이트에서 [Download] 클릭한다.

7. MP3 누르고 PC에 저장한다.

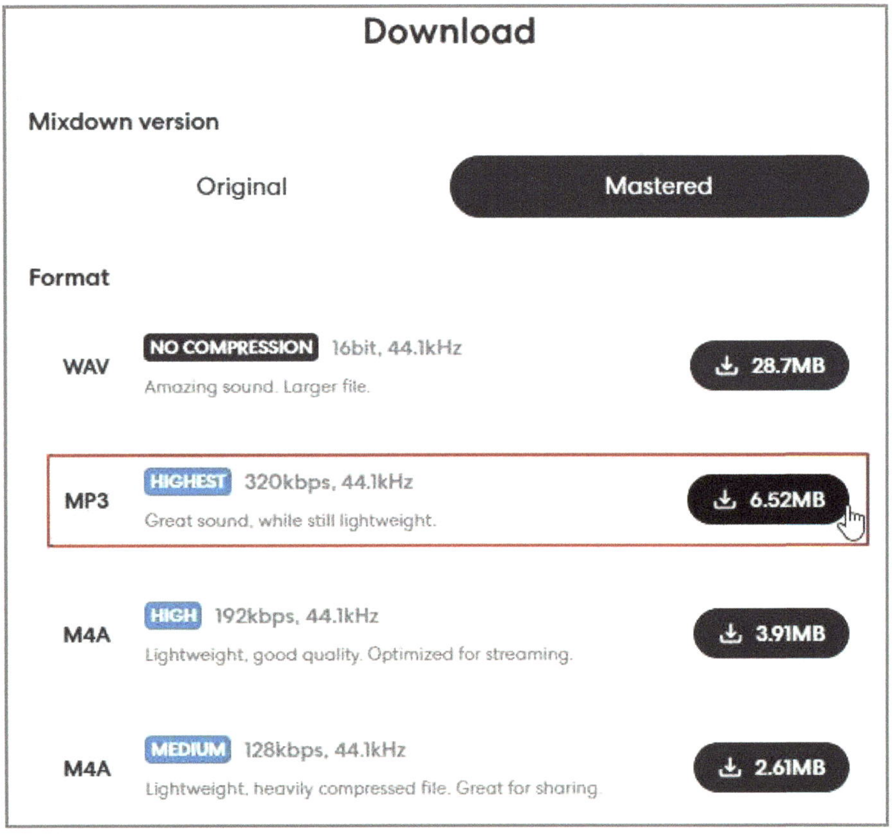

8. 마스터링한 음원 들어보기

[25] Instruments 메뉴

PC에 BandLab Assistant 설치하고, 인스트루먼트(Instruments)의 화면 메뉴 기능 알기

1. BandLab Assistant 실행하고, [Library]의 [Mix Editor] 클릭하고

2. [New Track에서 [Instruments] 클릭하면,

3. New Project 인스트루먼트(Instruments) 화면 메뉴 창이 보인다.

1) 루프(Roop) : 지정한 만큼만 계속 구간 반복
2) 키(조) : 곡의 키
3) BPM : 곡의 속도(120bpm)
4) 박자 : 곡의 박자 4/4박자
6) 메트로놈 : 박자에 맞게 소리가 난다.
6) 마스터볼륨 : 전체 트랙의 볼륨
7) 악기 창(Instruments) : 악기의 볼륨 및 팬(왼쪽 오른쪽 조절), M: 뮤트, S: 솔로
8) Grand Piano: 다양한 악기들 선택
9) 피아노롤(Piano) : 버튼을 눌러도 소리가 나고 컴퓨터 키보드로도 칠 수도 있다.
10) 인스트루먼트(Instruments), 이펙트(Fx) 클릭하여 창을 바꿀 수 있다.
11) BandLab Sounds : 클릭하여 샘플 음악을 불러온다.

[26] 미디노트 정렬, 머니코드, 미디에디터 기능

PC에서 BandLab Assistant(밴드랩 어시스턴트) 실행하고, 미디노트에 머니코드 1625(CM7 Am7 Dm7 G7) 코드를 넣고, 가락 녹음하기

1. [Mix Editor] 누르고, New Track의 [Instruments] 클릭한다.

2. 미디에디터 기능
녹음하고 미디노트 정렬하기
 1) bpm을 90으로 정하고, 메트로놈을 활성화하고, 녹음 버튼을 눌러 머니코드 1625코드로 화음을 입력한다.
 2) 녹음한 클립을 더블 클릭하여 MIDI Editor(미디에디터) 창을 연다.
 3) 미디노트를 선택하고 [Quantize(퀀타이즈)] 클릭하여 어긋난 박자를 정박에 맞춘다.

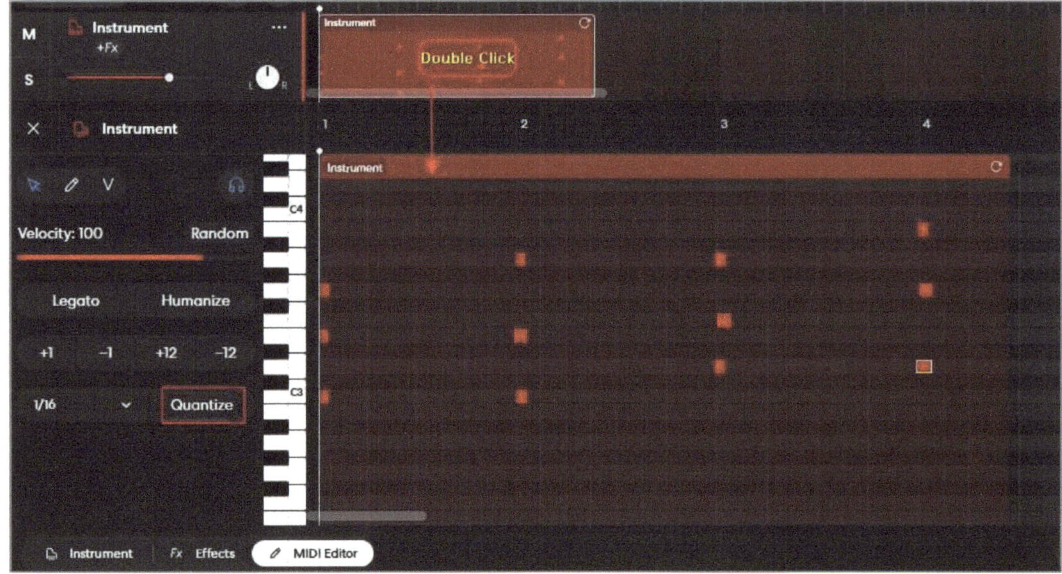

 4) [Legato(레가토)] 눌러 음과 음을 잇는다.

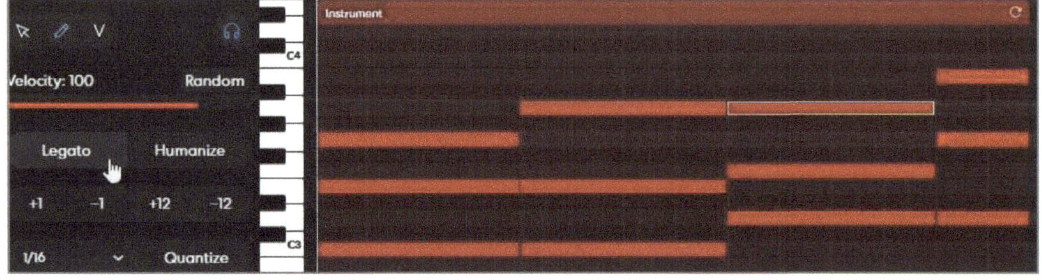

5) 셋잇단음표 설정 : Quantize 박자 설정에서 18T는 8분음표 3개를 1박자에서 사용하는 셋잇단음표이고, 1/4T는 4분음표 3개를 2박자에서 사용하는 셋잇단음표이다.

(1) 1/4박에 미디노트 3개를 입력하고 [Ctrl+A] 클릭하여 노트를 다 선택한다.

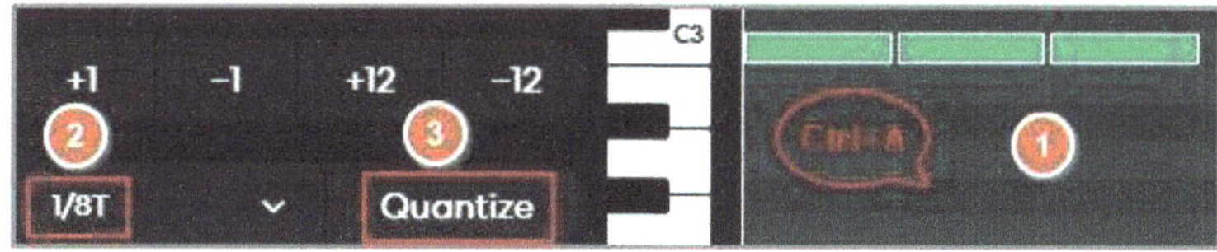

(2) [Quantize] 클릭하면 셋잇단음표가 만들어진다.

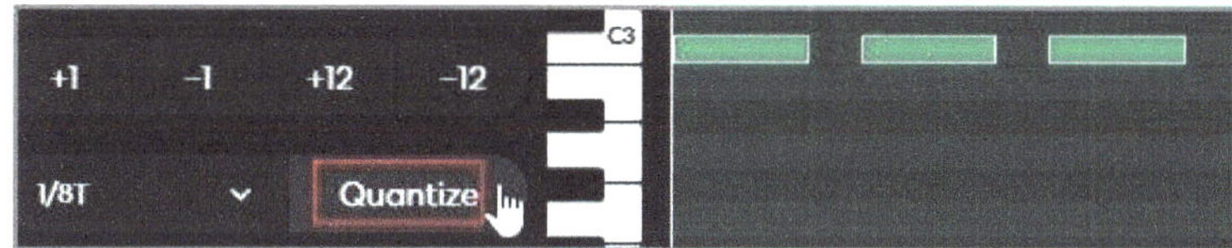

3. 트랙 추가하고 가락 입력하기
1) [Add Track] 눌러 Instruments 클릭한다.
2) 녹음 버튼 클릭한다.
3) 머니코드에 맞추어 키보드로 입력한다.

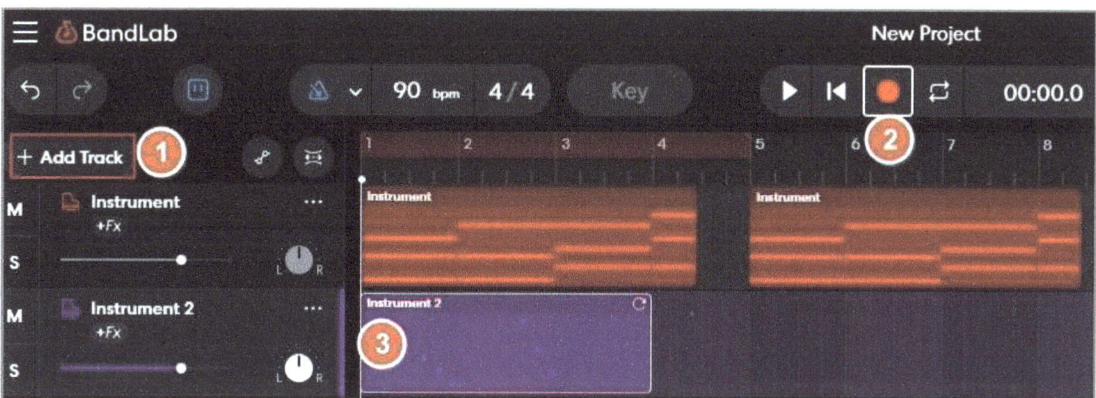

[27] AutoPitch(오토피치)

AutoPitch(오토피치) Vocal Effects는 녹음된 보컬을 음정 전환하여 올바른 음을 맞추고 성능을 향상 시키거나, 튜닝 또는 음정 밖의 소리를 내도록 설계되었다.
스튜디오는 다섯 가지 개별 오토피치 보컬 효과를 제공한다.

〈음성/오디오 트랙 만들기〉
1. 사이트에서 밴드랩 열고, [Sign Up] 클릭하여 로그인하고,

2. [Create] 클릭하고 [New Project] 클릭한다.

3. New Track에서 [Voice/Audio] 클릭한다.

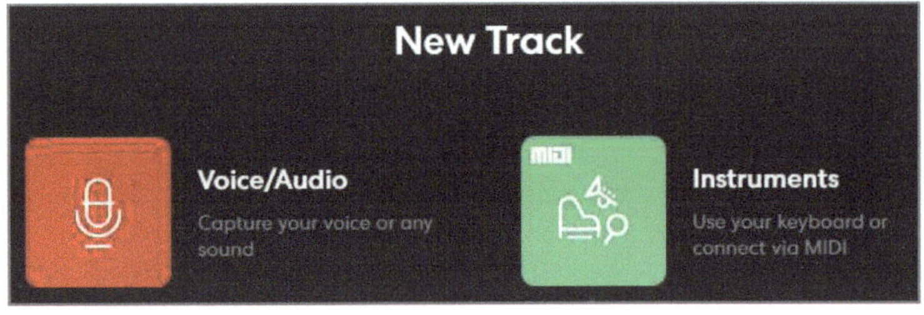

4. AutoPitch

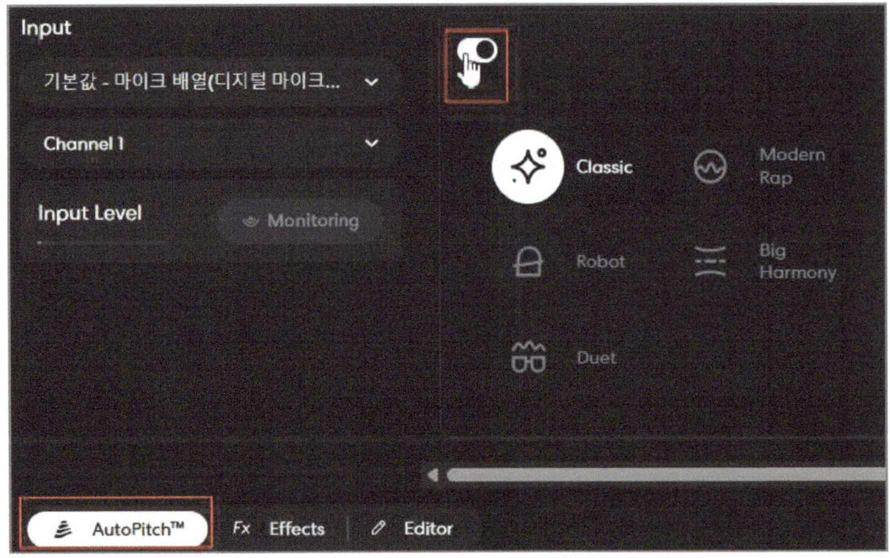

1) 왼쪽 하단의 AutoPitch(자동피치) 선택하고 Enable(활성화) 아이콘을 클릭하고,
2) 옵션에서 효과(Vocal Effects)를 선택하고,

3) 레벨 노브로 효과의 강도를 조정한다.
4) 음정을 조정할 키와 스케일을 선택한다.

〈오토피치 설정 메뉴〉

1. [Vocal/Audio] 트랙에 목소리를 녹음하고 [S] 클릭하고,
2. AutoPitch를 활성화하면
3. 하단에 AutoPitch가 선택된다.
4. [Classic] 모드를 선택하고
5. 강도를 조절한다.
6. Scale에서 조성을 선택한다.

〈다장조로 녹음하고 음정 맞추기〉

1. 다장조로 녹음하고, [S] 눌러 AutoPitch를 활성화한다.

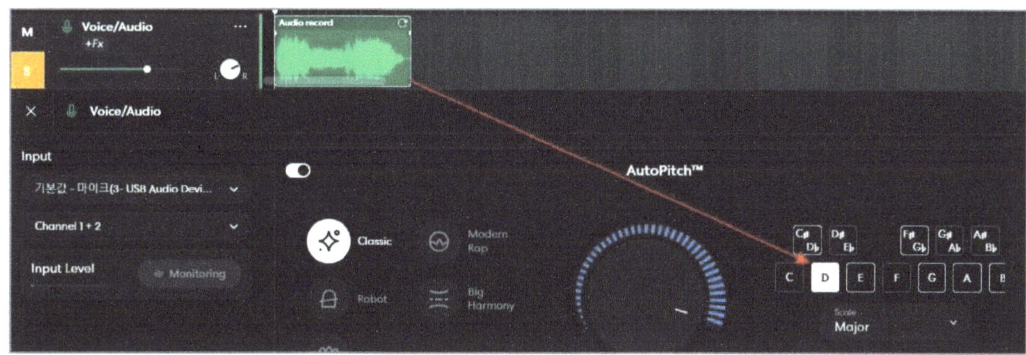

2. C조로 음정을 보정하는 오토튠이 된다.

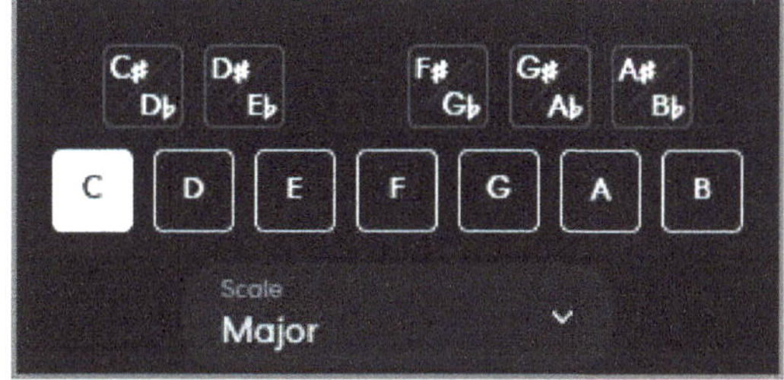

〈AutoPitch Vocal Effects〉

1. Classic : Classic is modeled on the classic automated pitch correction found in countless popular songs
2. Modern_Rap : Modern Rap combines deep pitch with a vocoder, sandwiching your vocals
3. Robot : Robot is a vocoder effect that takes your vocals and synthesizes them into a robotic voice
4. Big_Harmony : Big Harmony harmonizes your vocals in any given key, giving you the large chorus effect popular
 in so much modern music
5. Duet : Duet offers pitch correction with a precise two-tone harmony

[28] 오토메이션과 효과(Effects), Mixdown As

오토메이션(Automation)은 노래가 재생되면서 효과가 자동으로 적용되는 기능이다.
오디오를 자동화하려면 트랙 일부분을 클릭하여 점을 표시한다. 점 사이에 기울기를 만들어 트랙이
재생될 때 볼륨을 자동으로 조정하여 볼륨이 부풀어 오르거나 줄일 수 있다. 팬도 좌우 자동으로
조절된다.

1. PC에서 웹사이트(구글, 네이버)에서 '밴드랩' 검색하여 [BandLab-Make Music Online] 클릭하
거나, 밴드랩 어시스턴트를 실행한다.

2. [Create] 클릭하고,

3. [New Project] 더블클릭하여 프로젝트 이름을 수정한다.

4. New Track의 가상악기를 넣기 위해 New Track의 [Instruments] 클릭한다.

5. [MIDI Editor] 선택하고, 빈공간을 더블클릭하여 미디노트를 입력한다.

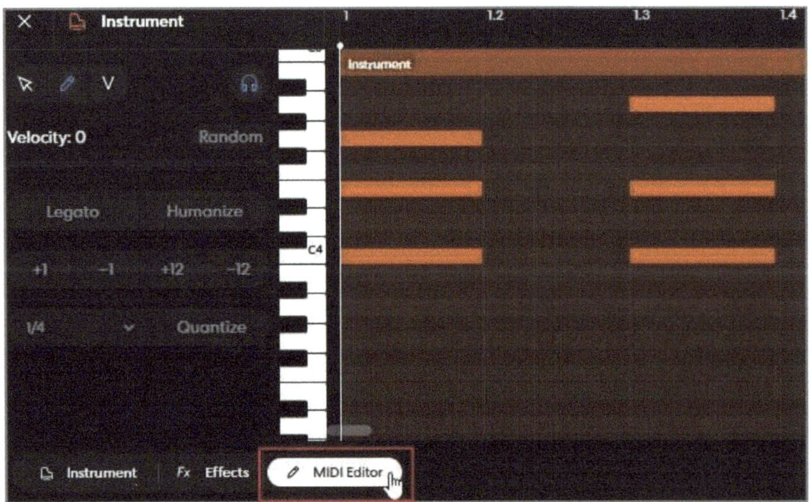

6. bpm을 90, 조성을 C maj으로 정하고, 미디노트를 입력하기 위해 트랙의 클립을 더블클릭하면
미디노트가 보인다.

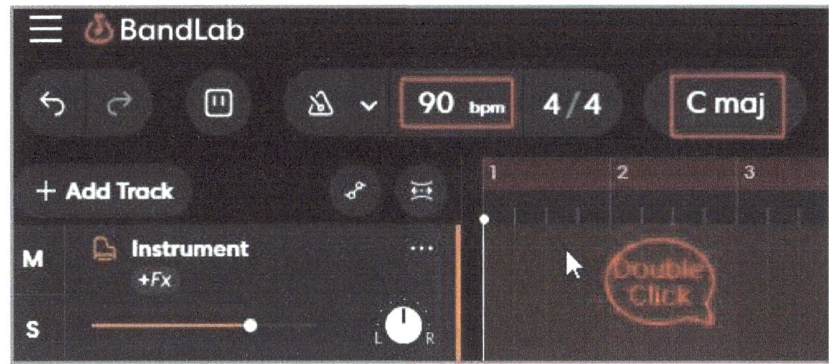

7. 악기를 드럼(Drum)으로 선택하여 베이스 파트에 입력하고, Alt+ Drag하여 마디를 복사한다.
다른 드럼 악기도 입력한다.

8. 우측 하단의 [BandLap Sounds] 클릭하여 [Loop] 클릭하여 'LoFi'를 검색하여 [LoFi_128]을
트랙 Clips에 드래그하여 넣으면, 프로젝트 키에 맞게 음정과 BPM이 바뀐다.

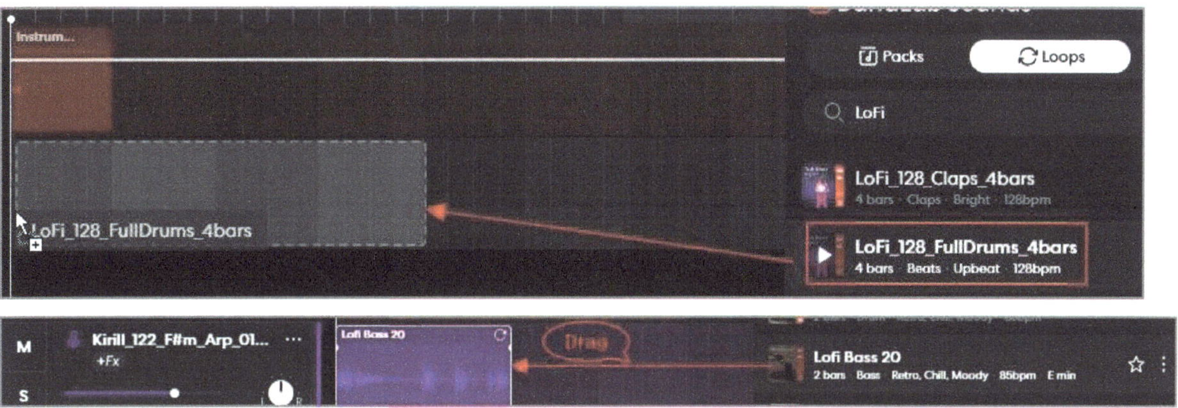

9. [Lo-Fi Drumsets] 트랙에서 왼쪽 아래의 이펙트 클릭하고 EQ를 열어서 Low를 줄인다.

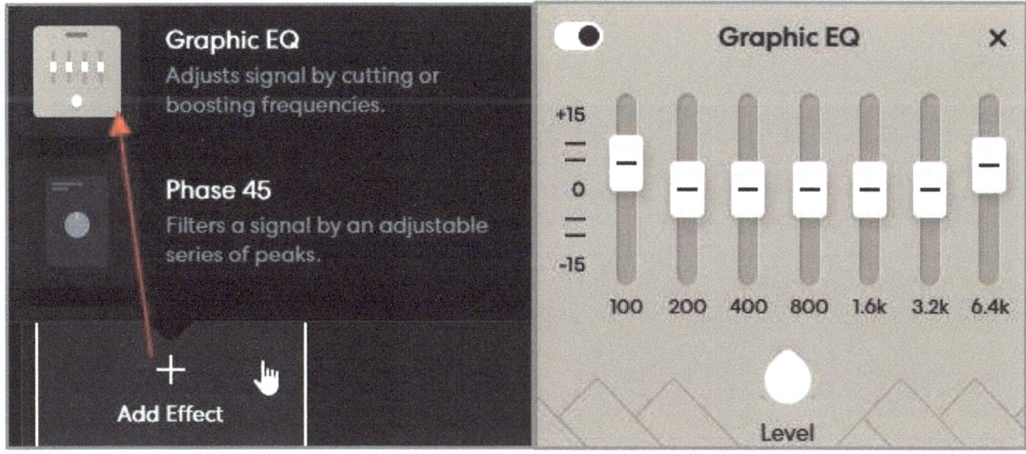

10. 클립을 선택한 후 Alt 누르고 드래그하여 복사한다.

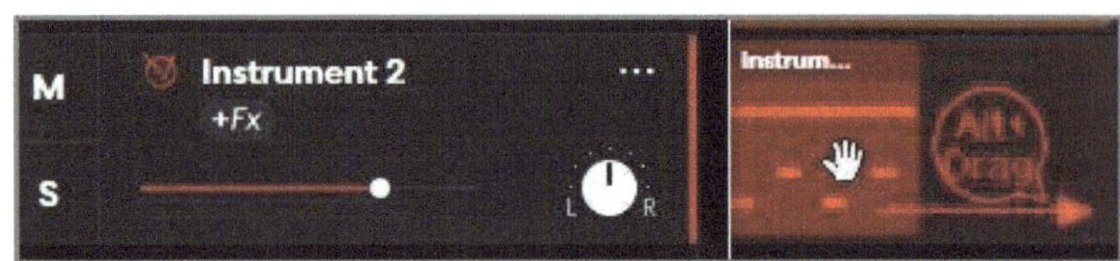

11. 클립을 우측으로 이동한 후 Alt 누르고 드래그하여 좌측으로 이동하여 트랙별로 배치한다.

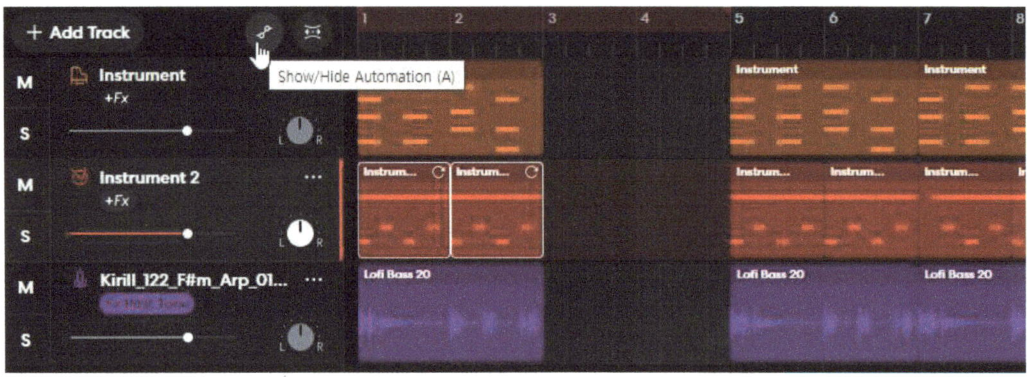

12. 오토메이션 클릭하거나 트랙에서 패닝에서 단축키 A 클릭하고 재생하면서, 이펙트에서 볼륨, 팬을 트랙에 넣고, 트랙에서 점을 찍으면 효과가 자동으로 적용된다.

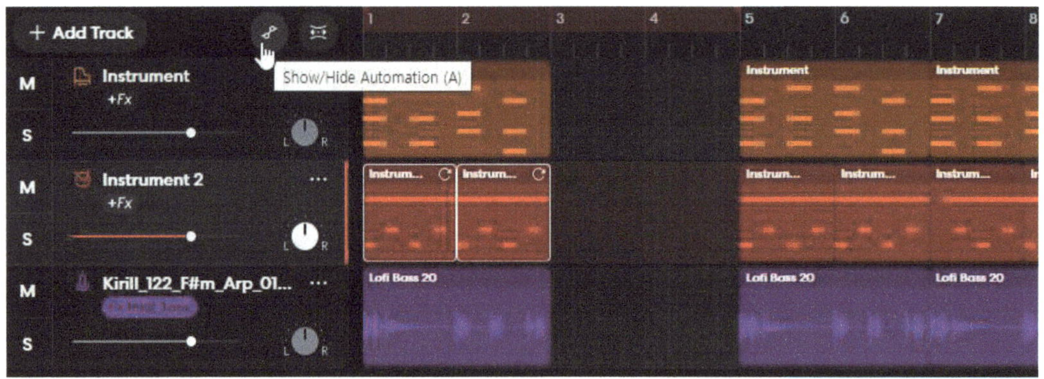

13. [Lo-Fi Drumsets] 트랙에서 패닝에서 단축키 A 클릭하고 재생하면서, 이펙트에서 볼륨, 팬을 트랙에 넣고, 트랙에서 점을 찍으면 효과가 자동으로 적용된다.

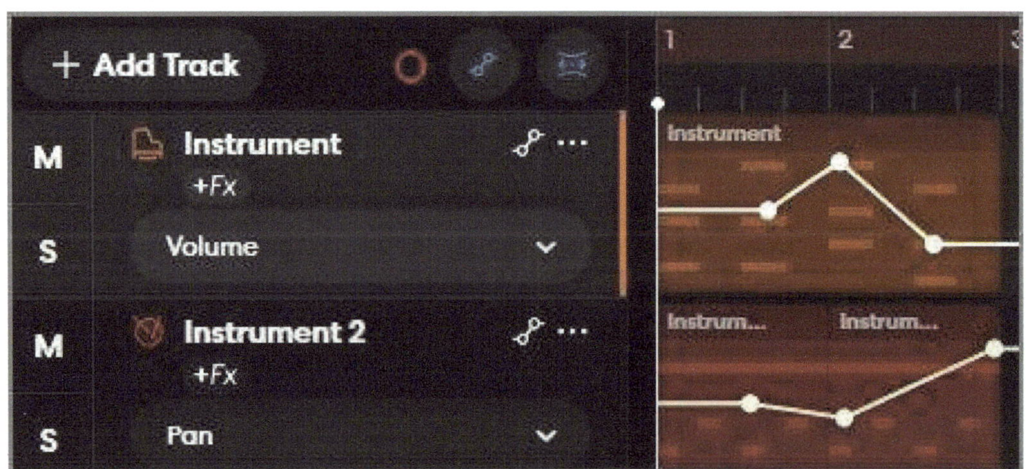

14. 음원 추출하기 위해서 [Project/Download/Mixdown As] 클릭한다.
 * [Tracks] 선택하면 트랙별로 다운이 된다.
 * 믹스다운이 오래 걸리면, 밴드랩 어시스턴트를 실행한다.

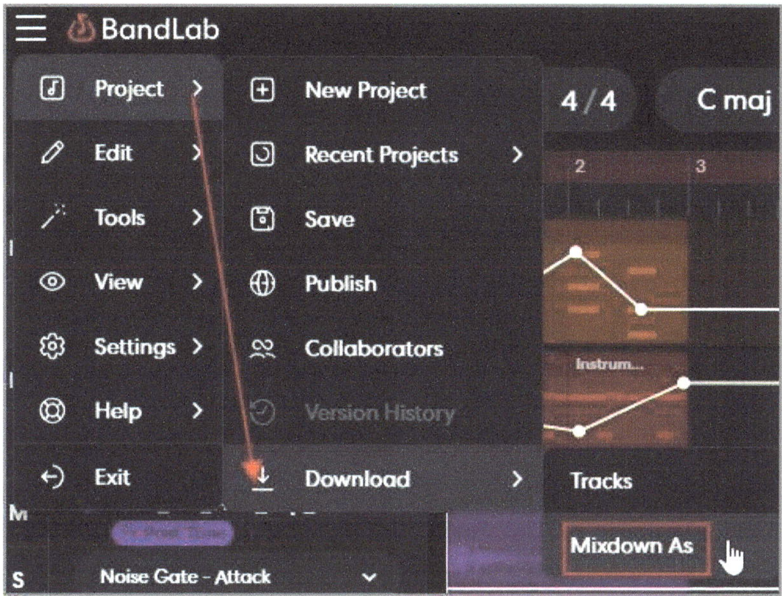

15. MP3로 저장한다.

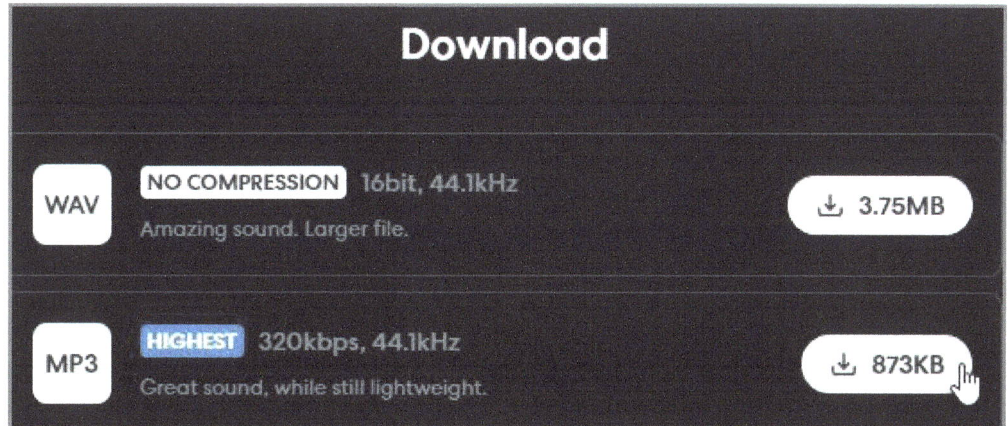

[29] 미디시퀀싱 사운드 효과(Fx)

미디파일을 불러와서 사운드에 효과(Fx) 넣기
미디시퀀싱은 미디 데이터를 편집하는 과정으로 DAW를 시퀀서라고도 한다.

〈스마트폰에서 미디 시퀀싱 하기〉
1. 메인화면 밑에서 [+] 누르고, 만들기 창에서 [Import File] 누르고

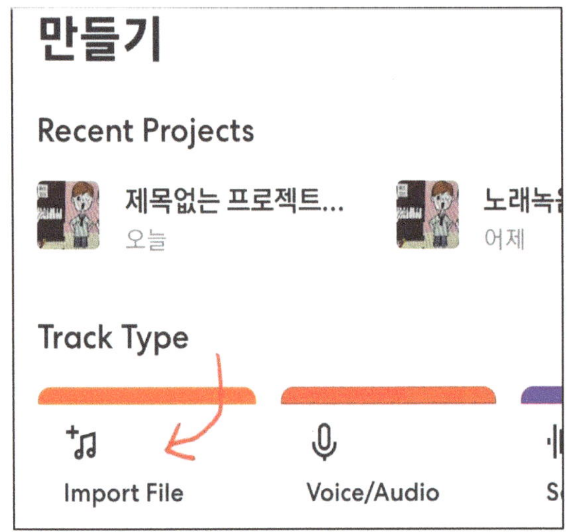

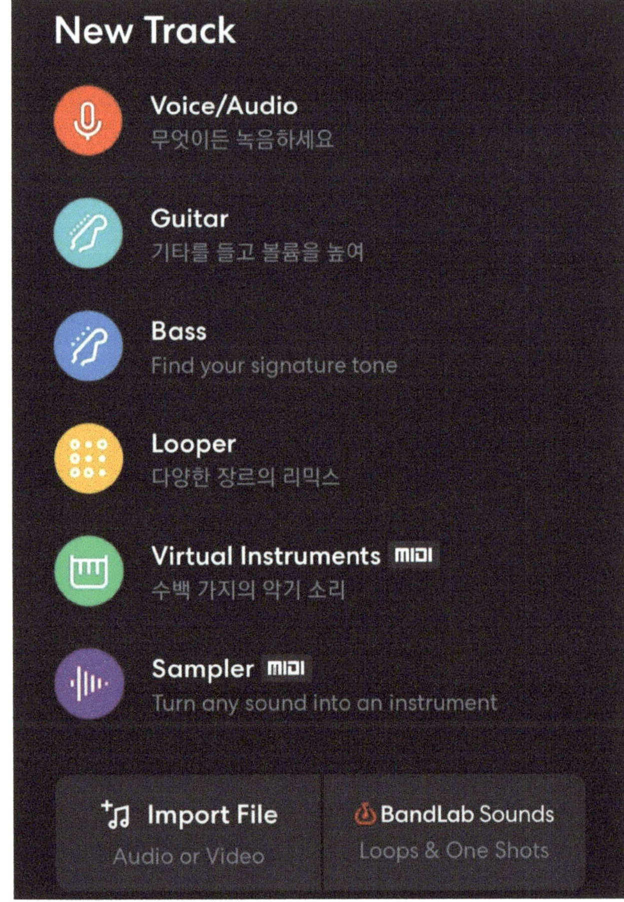

2. 스마트폰에서 미디파일을 불러온다.

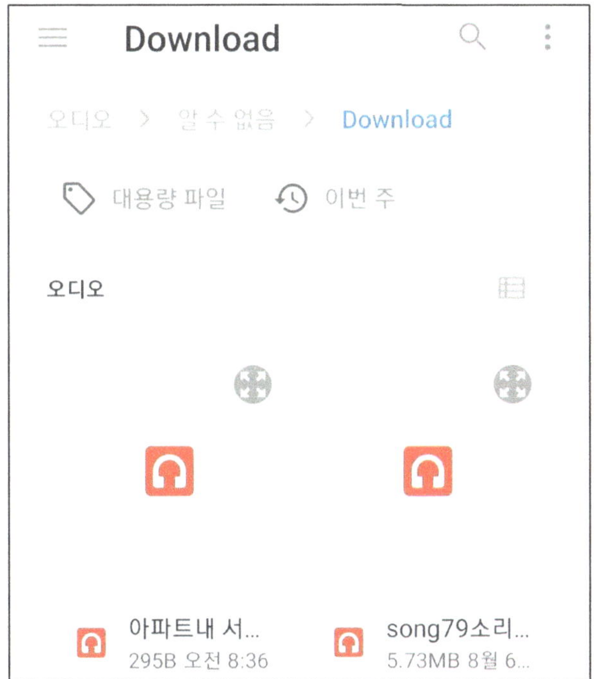

3. [Grand Piano] 선택한다.

4. 불러온 트랙에서 [+Fx] 누른다.

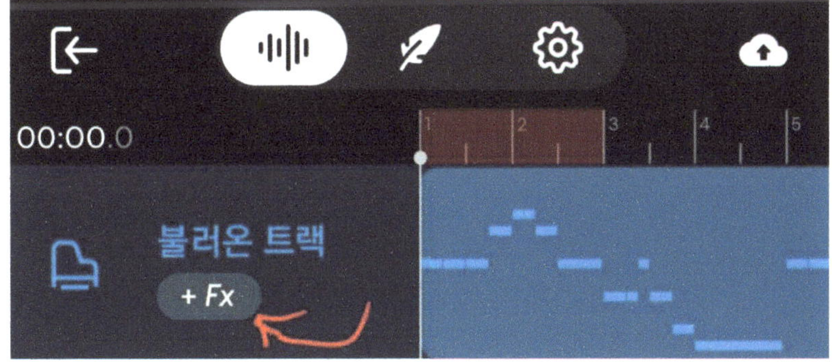

5. [Classic Chamber] 선택한다.

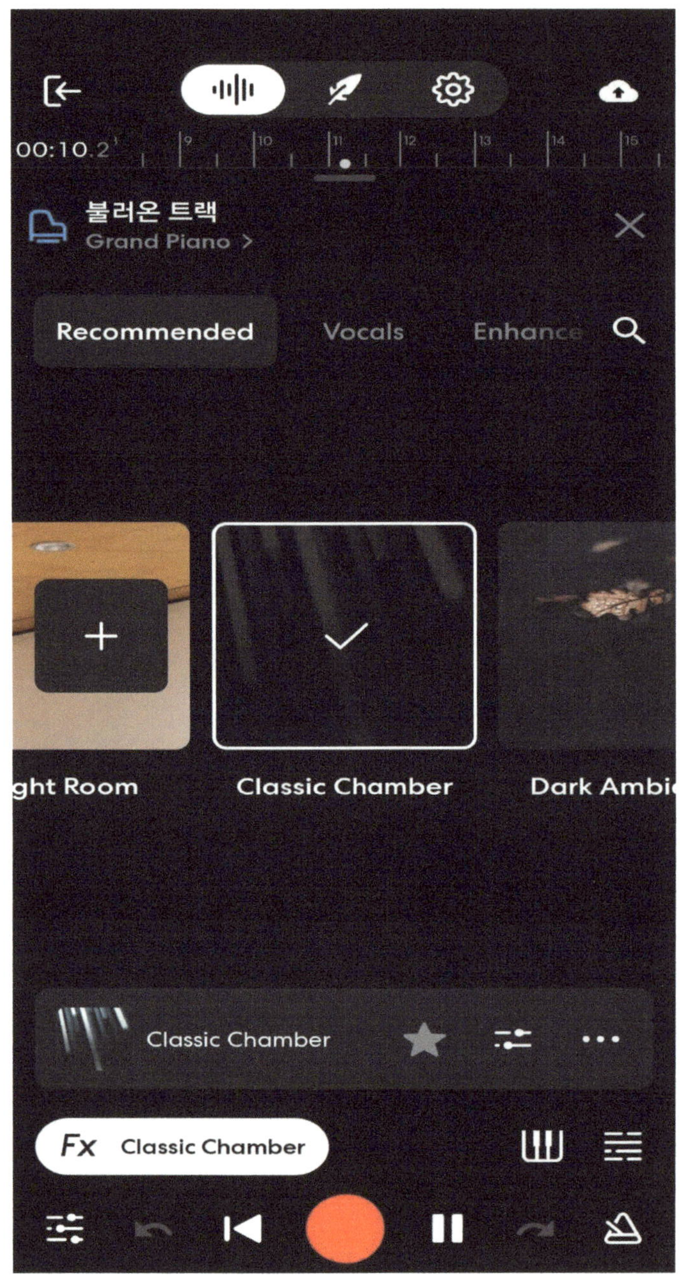

6. 효과가 적용된다.

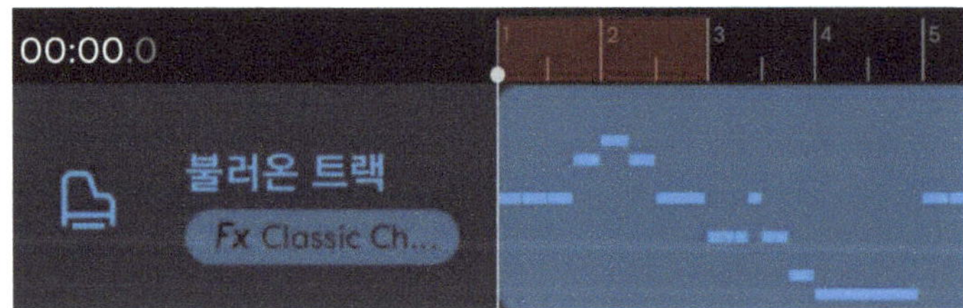

[30] 가상악기(Instruments) 녹음과 공동작업

PC에서 온라인으로 BandLab Assistant 실행하고, 가상악기(Instruments)를 변경하여 녹음하고, 샘플 음악 넣고, 친구 추가하여 공동작업하기

〈가상악기 녹음하고 샘플 음악 넣기〉

1. BandLab Assistant 실행하고 [Library] 탭의 [Mix Editor] 클릭한다.

2. 새트랙(New Track)에서 [악기: Instruments] 누른다.

3. [New Project] 클릭하고 프로젝트 이름을 '작은별' 이라고 적고, 하단에 [Instruments] 선택이 되고, Instruments 트랙 선택을 확인하고, 녹음(Record) 버튼을 누르고, 피아노 건반으로 가락을 넣는다.

4. 미디노트를 더블클릭하면 MIDI Editor의 노트 앞에 공간이 생긴다.

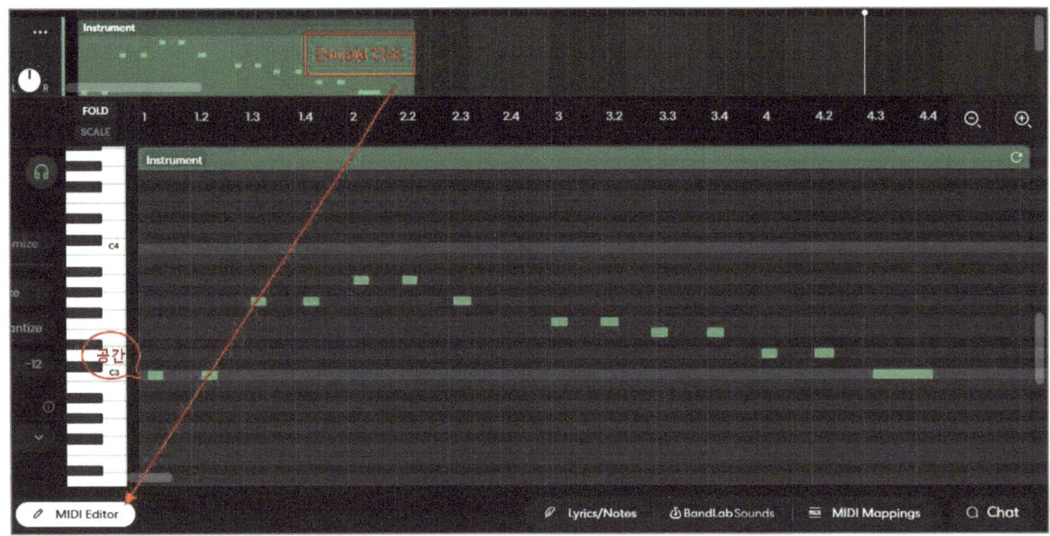

5. 피아노 미디노트 선택하고 우 마우스로 [Quantize] 눌러 [1/4] 클릭하면,

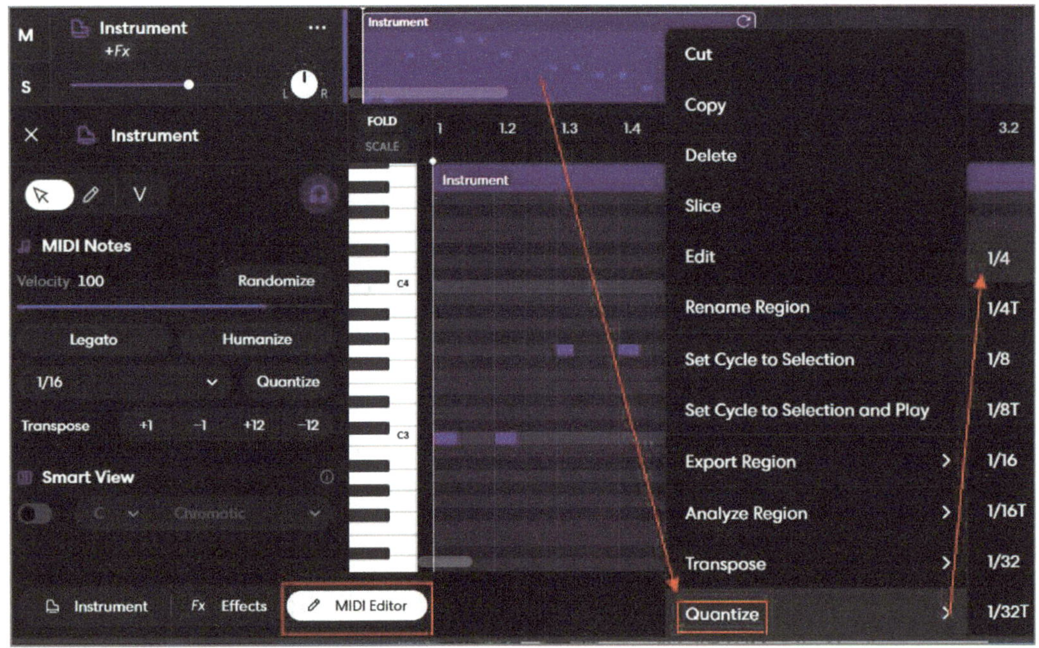

6. 미디노트 앞에 공간이 없어지고 정렬이 된다.

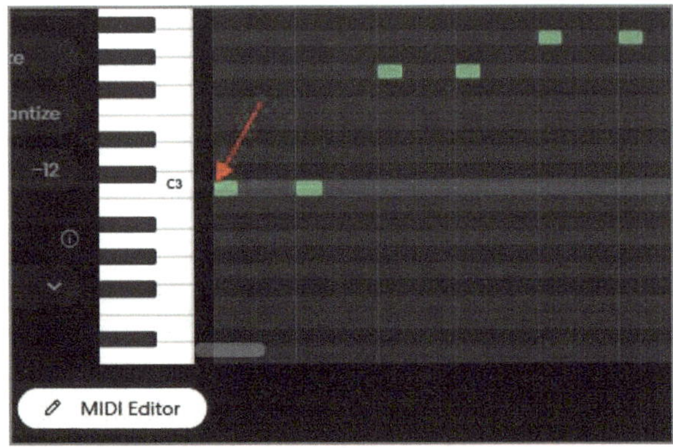

7. 미니노트를 드래그하여 이동한다.

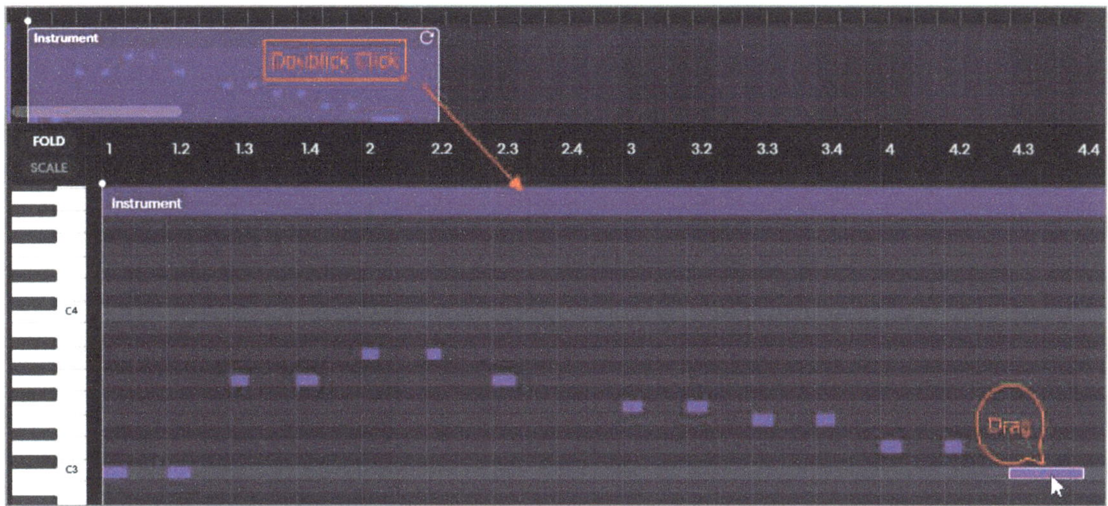

8. 트랙 추가하고 드럼머신으로 드럼 입력하기 위해 [Add Track] 눌러서 [Drum Machine] 클릭한다.

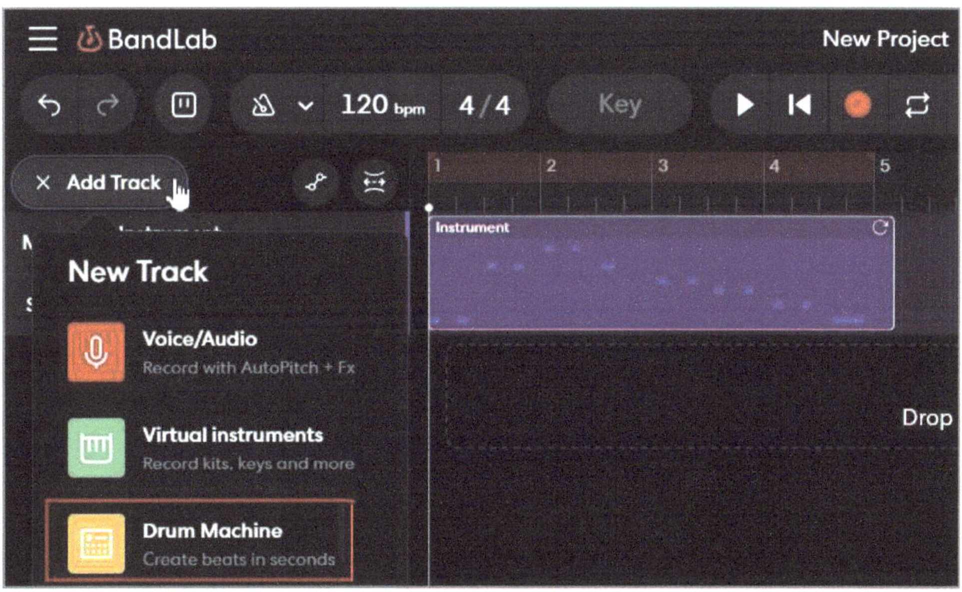

9. PATTERNS B 들어보고 [Add B] 누르면 트랙에 들어간다.

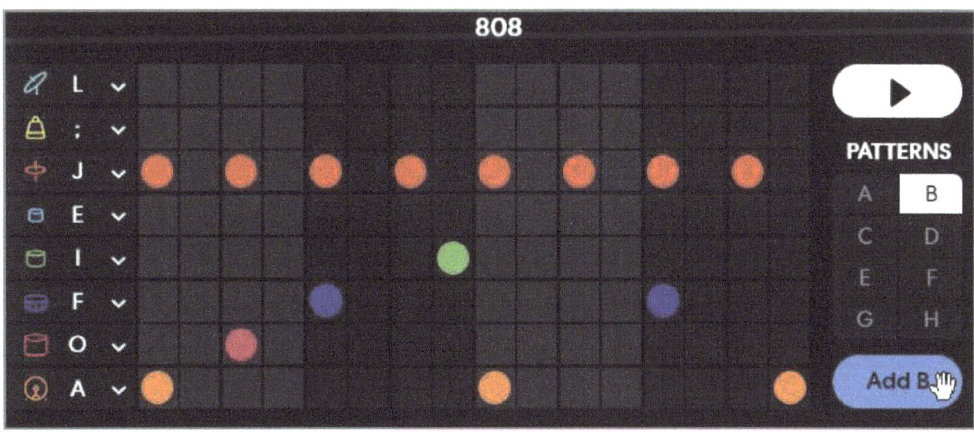

10. 밴드랩 사운드로 샘플 음악 넣기

   [BandLab Sounds] 클릭하여 샘플 음악을 드래그하여 트랙에 넣는다.

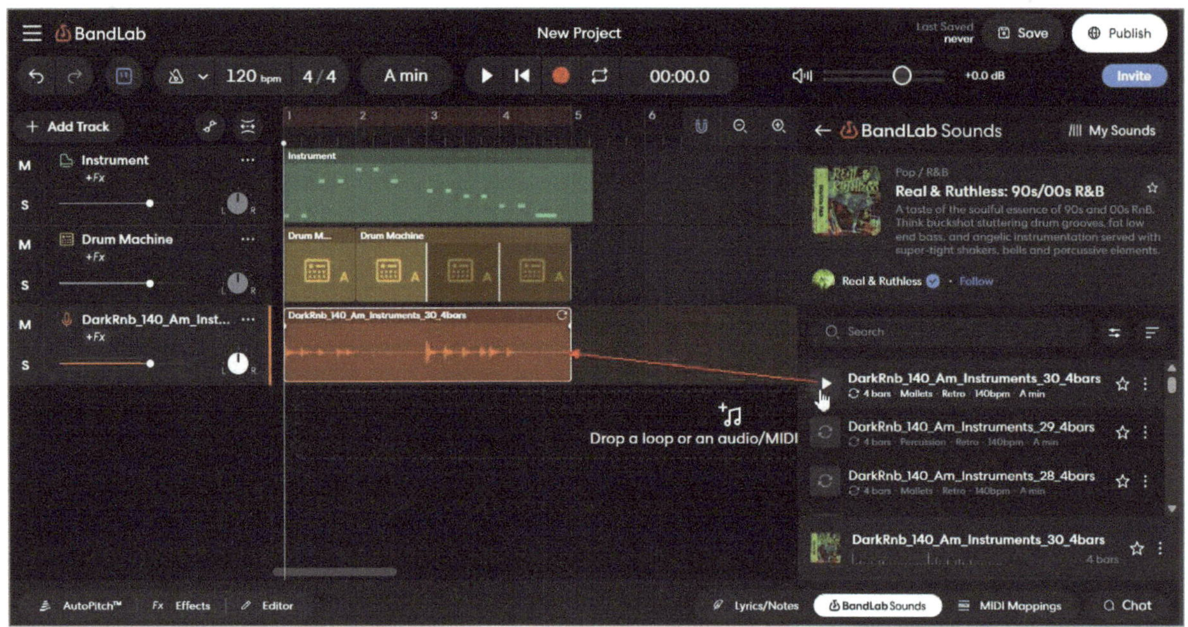

11. [Save] 클릭하여 프로젝트를 저장하고 Project saved 클릭한다.

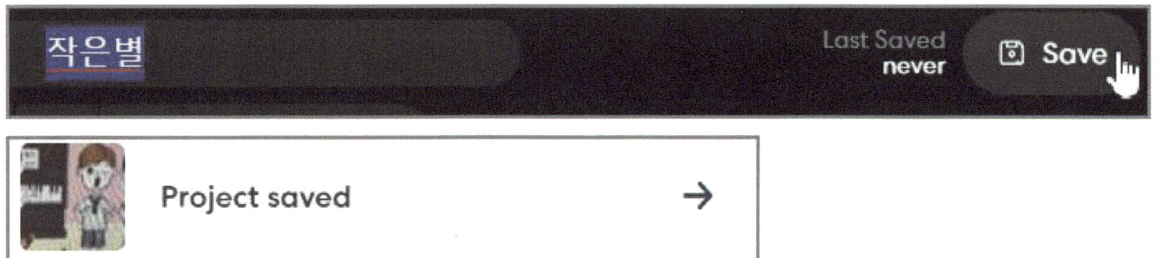

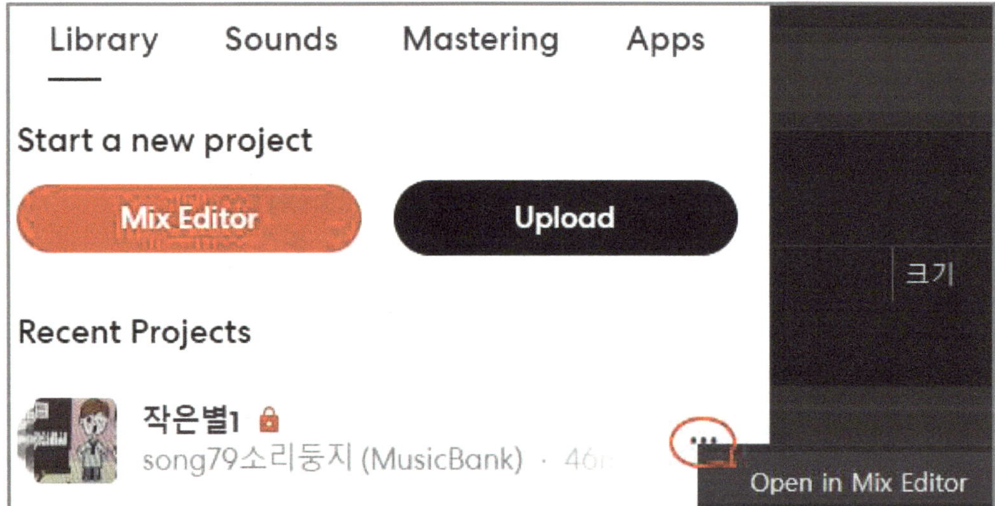

12. Recent Projects에서 작은별 더 보기의 [Open in Mix Editor] 클릭하면

13. 트랙이 열리고 수정한다.

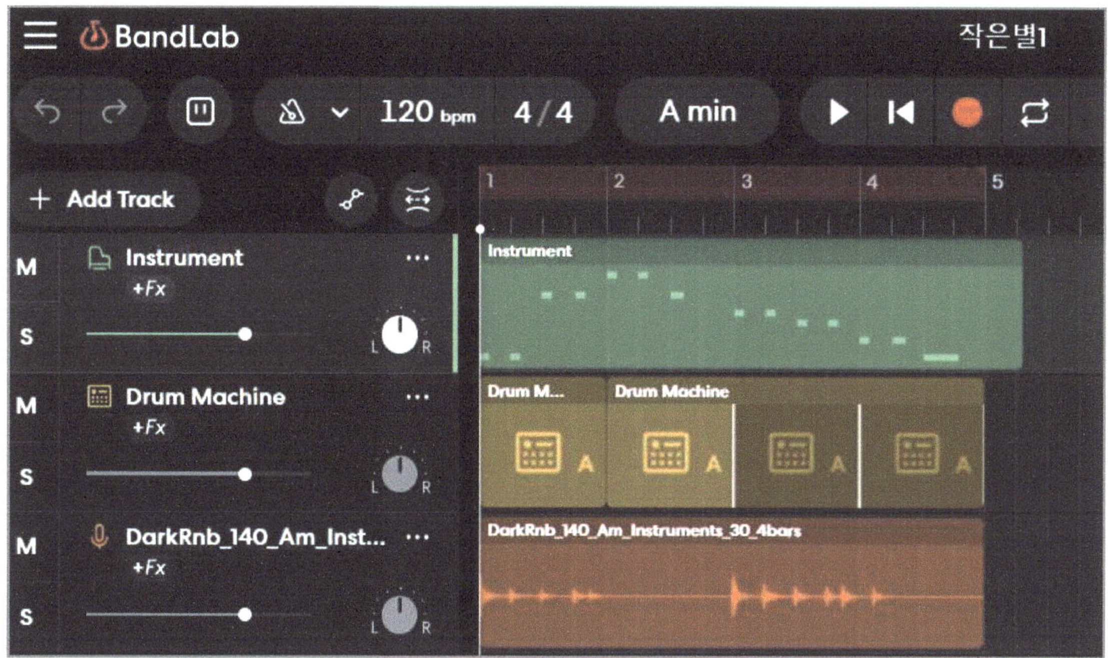

〈친구 추가 공동작업〉

1. [친구 추가] 버튼을 누른다.

2. 이메일 주소를 넣어 Send 누르고,

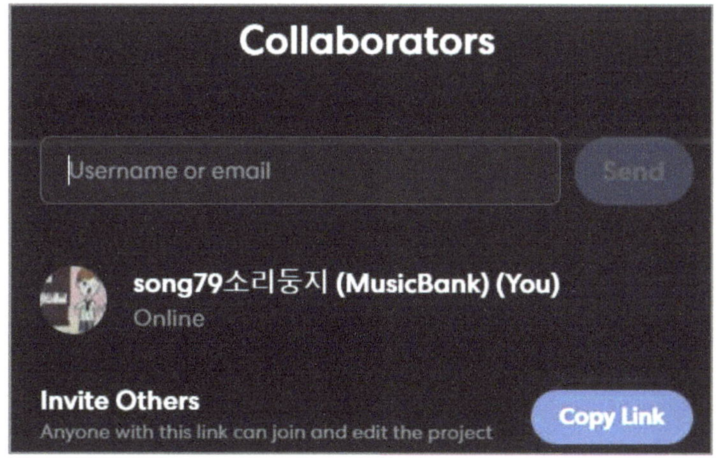

3. [Invite: 세션 작업] 누르고 공동작업을 한다.

[31] BandLap Sounds의 Samples 악기추가

BandLap Sounds의 Samples에서 음악을 만들기 위해 기존 작업한 프로젝트를 불러와 악기를 추가하고 효과음을 넣기

1. PC에서 BandLab Assistant를 사용하려면 Log in을 먼저 한다. 미가입이면 [Sign up] 클릭한다. 가입을 하면 차후 밴드랩 새프로젝트가 바로 열린다.

2. [Log in] 클릭하고,

3. Log in되면 [Create] 클릭한다.

4. BandLab 처음화면에서 [Library] 메뉴의 새프로젝트(New project)를 열기위해 [Mix Editor] 클릭한다.

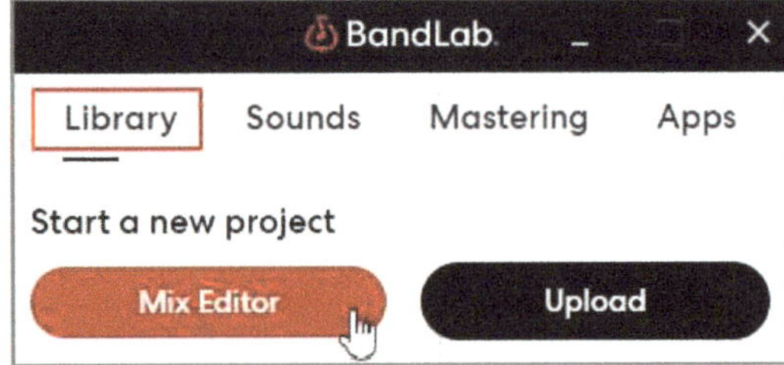

5. New Track 우측 하단의 [BandLap Sounds 밴드랩 사운드] 클릭한다.

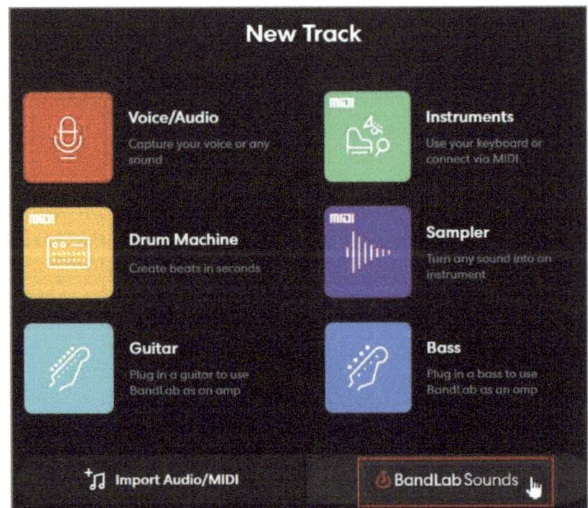

6. BandLap Sounds 창이 열리면 [Packs] 탭에서 선택하여 더블클릭하면 트랙에 삽입된다.

7. New Project 더블클릭하여 프로젝트 이름을 수정하고, bpm(빠르기), 박자(4/4), 조성에서 [G]조로 정한다.

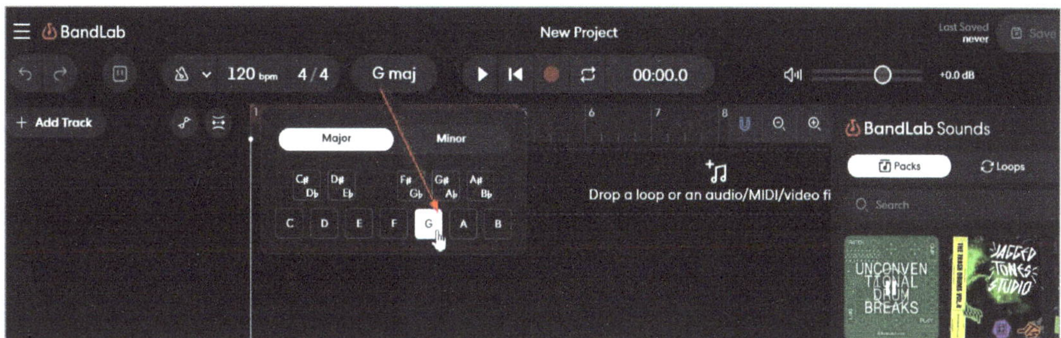

8. BandLap Sounds의Samples 골라 열고 드럼을 검색하여 트랙에 드래그하여 넣는다.

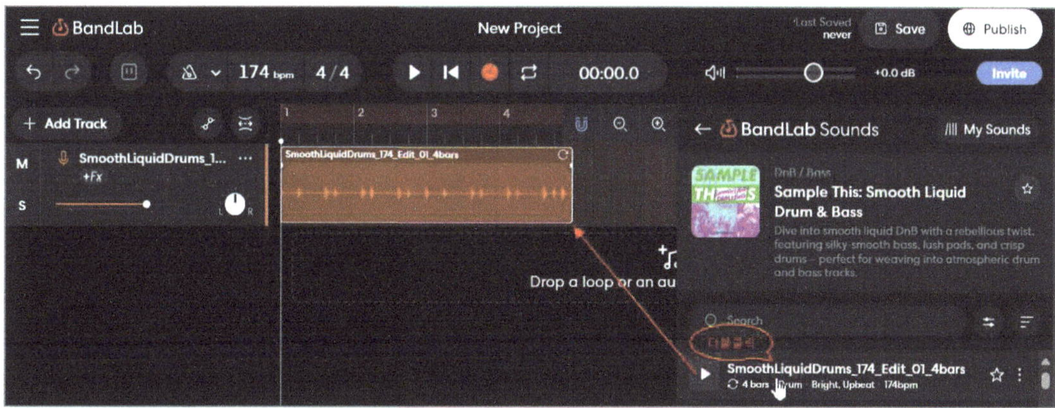

9. 작업하고 나서 다시 밴드랩을 실행하여 Recent Projects에서 작업 중인 프로젝트를 불러온다.

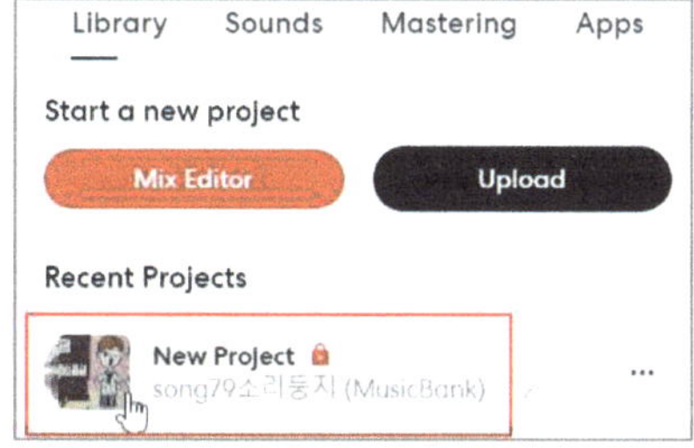

10. 기존 파일을 이어서 작업하려면 [Studio] 클릭한다.

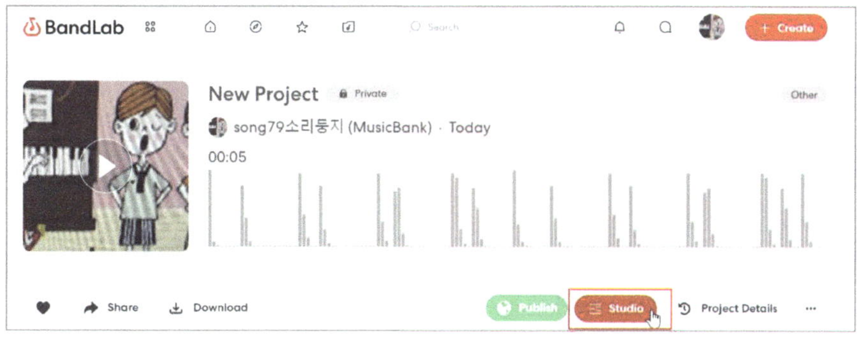

11. BandLap Sounds에서 [Loops] 탭 클릭하고 검색에서 'piano' 검색하여 샘플을 트랙에 드래그
한다.

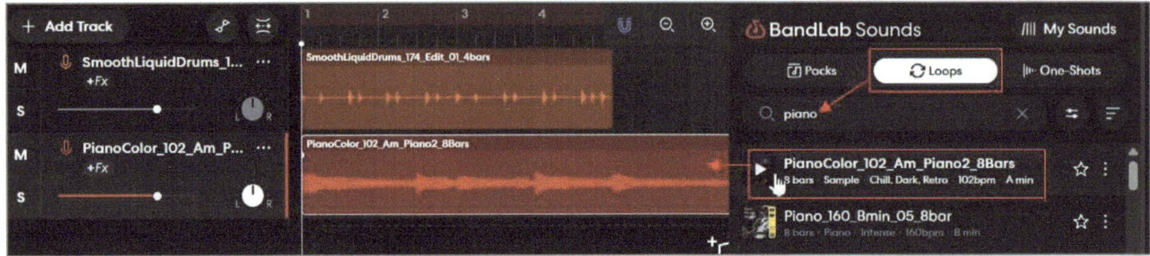

12. 검색 창에서 'fx' 검색하여

13. 효과음을 드래그하여 넣는다.

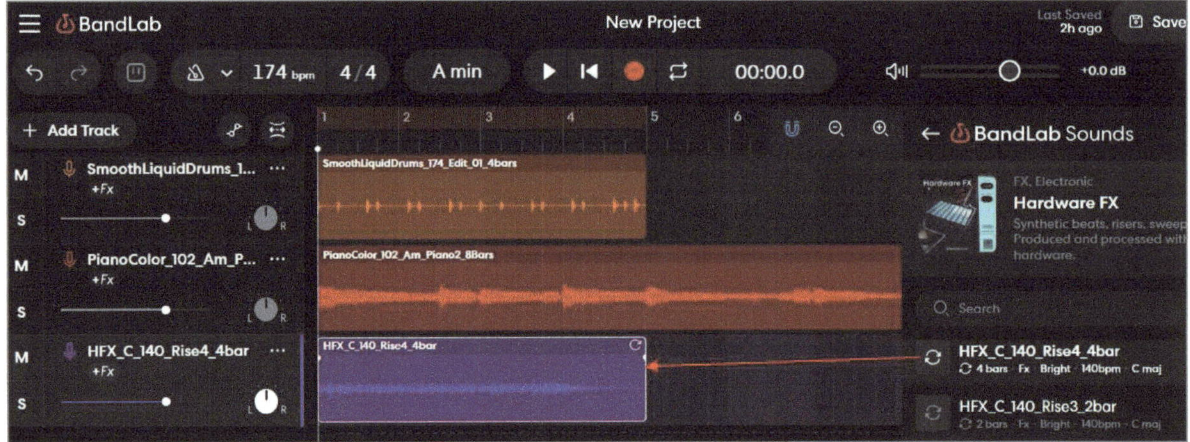

[32] 무설치 처음 열기, New Project, 메뉴

 밴드랩은 음악을 창작하는 과정을 공유하는 소셜 음악 저작 프로그램이다.
PC에서 밴드랩을 설치하지 않고 처음 사용하려면 로그인하고, 새 프로젝트 열고 메뉴 알기

〈밴드랩 처음 열기 New Project 〉
1. PC에서 구글에서 '밴드랩' 검색하고, [BandLab - Make Music Online] 클릭한다.
2. [Sign Up] 클릭하고 로그인한다.

3. 로그인하고 생긴 [+ Create] 클릭한다.

4. [New Project] 클릭한다.

〈메인화면 메뉴〉

〈편집창 메뉴〉

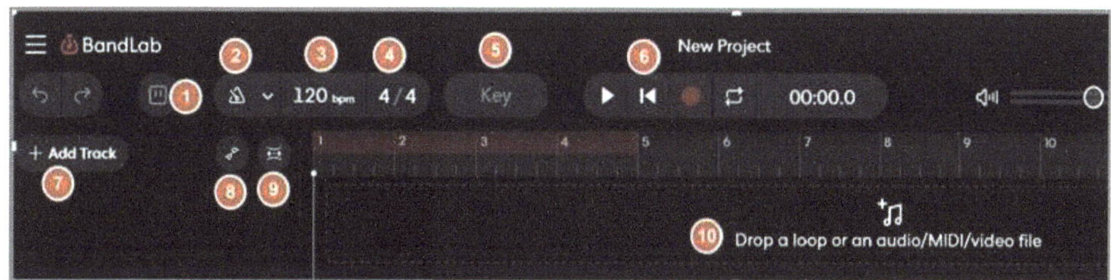

1. 루프 : 클릭하면 지정한 만큼만 계속 구간 반복된다.
2. 메트로놈 : 박자에 맞게 소리가 난다.
3. BPM : 곡의 속도
4. 박자 : 곡의 박자 화면엔 지금 4/4박자
5. 키(조) : 곡의 키를 정하는 것이다.
6. 마스터볼륨 : 전체 트랙의 볼륨을 조절한다.
7. + Add Track : 미디와 오디오 트랙을 추가한다.
8. 8번을 클릭하면 다양한 악기 선택해서 사용할 수 있다.
9. 피아노롤 : 버튼을 눌러도 소리가 나고 컴퓨터 키보드로도 칠 수도 있다.
10. Drop a loop or an audio/MIDI/video file : 오디오, 미디, 비디오 파일을 불러온다.
11. 악기 창 : 악기의 볼륨 및 팬(왼쪽 오른쪽 조절), M:뮤트(소리안남), S:솔로(혼자만 소리남)

[33] 음원 노래 녹음, Fx 이펙트(Effects) 종류

스마트폰에서 목소리 녹음하고 이펙트 주기

〈음원 불러와 노래 녹음하기〉
1. 하단의 '+' 버튼을 눌러 만들기 창에서 프로젝트 시작하고, [Import File] 눌러 오디오나 미디 파일을 불러온다.

2. Track Type에서 [Voice/Audio] 눌러 목소리 녹음한다.

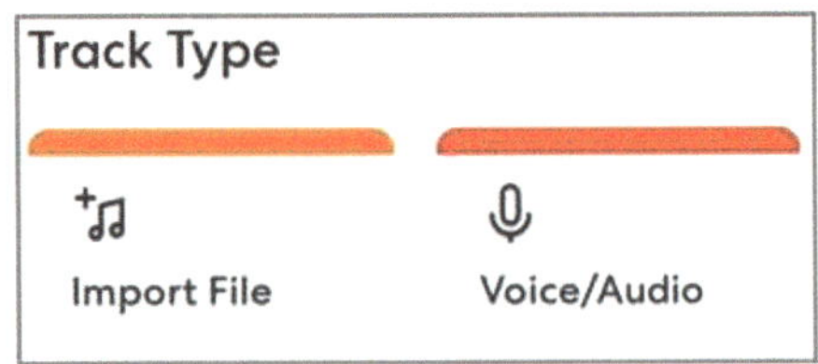

3. 우측 상단의 구름 모양의 [내보내기] 클릭하여 프로젝트를 저장한다.

〈EQ Fx 이펙트 주기〉
1. 하단 우측의 [라이브러리] 버튼 누르고, 프로젝트(노래녹음) 클릭하고, [Studio] 클릭한다.

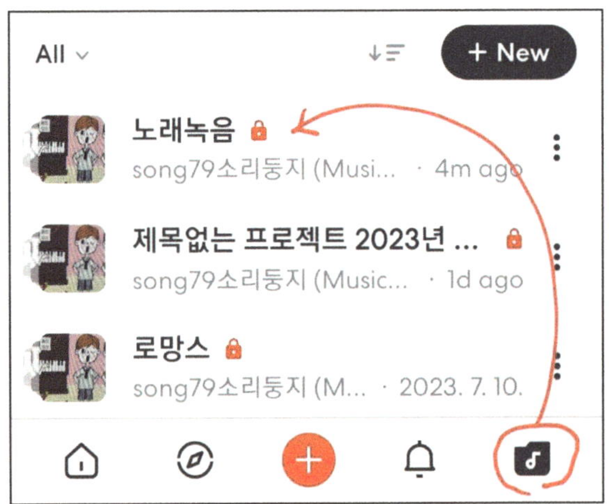

2. Voice/Audio 트랙이 보이면, 좌측 하단의 [Fx Custom] 버튼을 누른다.

3. Effects 창에서 검색 클릭하고,

4. [Graphic EQ] 클릭한다.

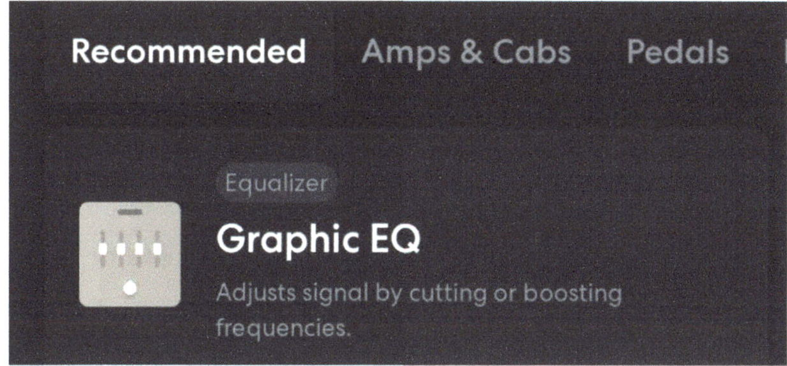

5. EQ 레벨을 설정한다.

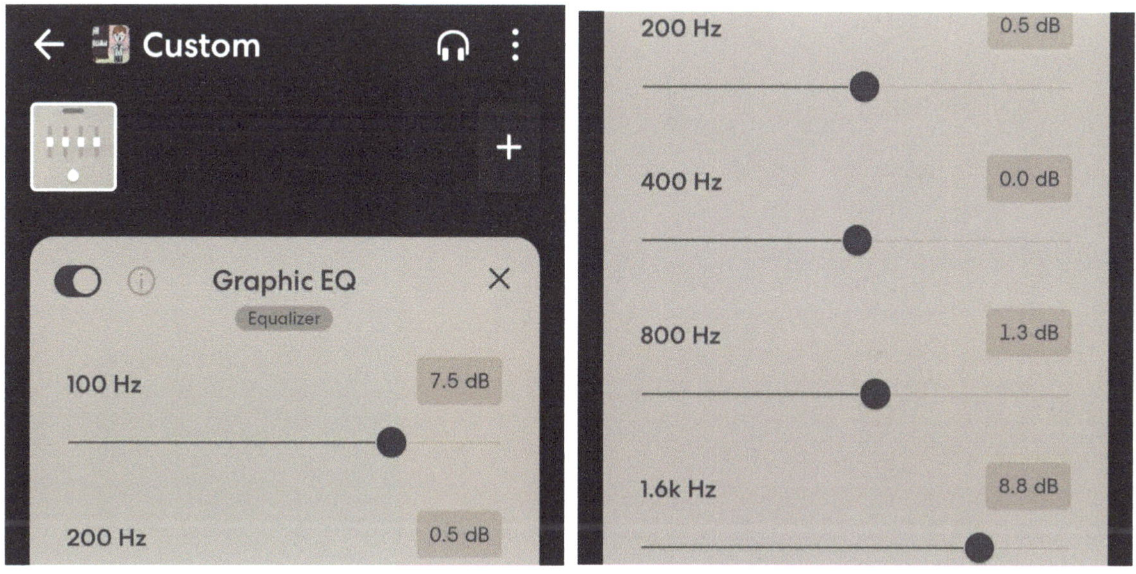

6. 오디오 트랙의 [+Fx] 눌러 Reverb 이펙트를 추가한다.

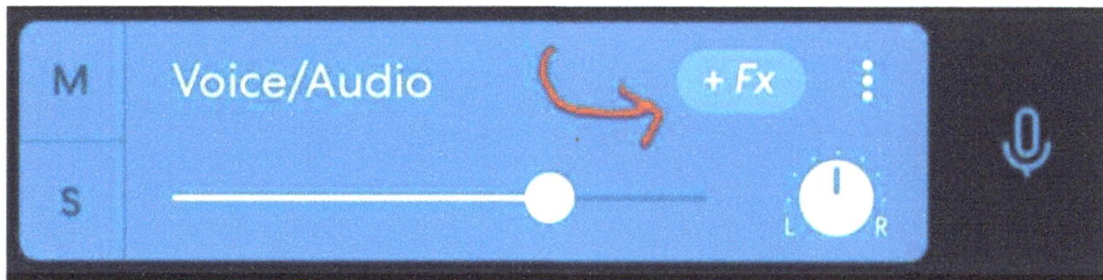

1) EQ 이펙트 준 트랙에 이펙트 추가하기 위해 [+] 누른다.

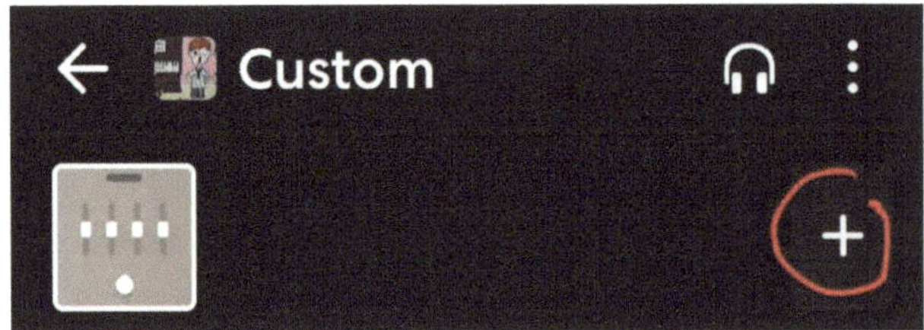

2) [Studio Reverb] 누른다.

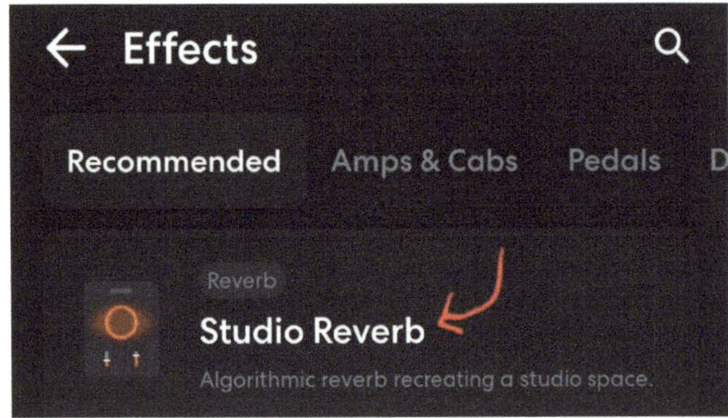

7. Compressor 이펙트 넣기

1) 'digi' 검색하고, Dynamics의 [DIGI Comp.] 클릭하고

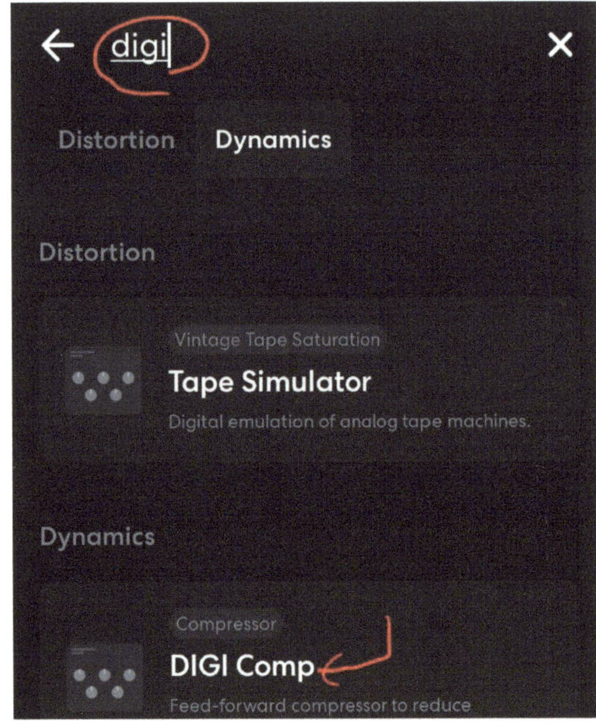

2) 레벨을 움직여 설정한다.

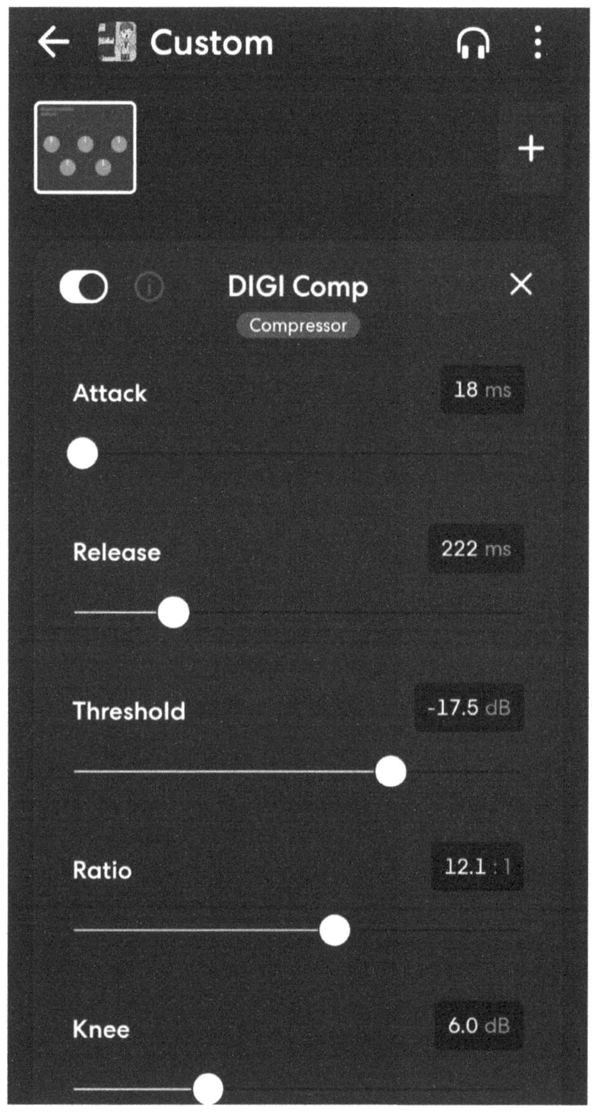

⟨이펙트(Effects) 종류⟩

1. 이퀄라이저(EQ) 이펙터는 음성 신호의 주파수 특성을 보정하여 알맞게 음역을 유지시키는 음향 장치로, 이퀄라이저를 사용하여 음성 신호의 특정 주파수 대역을 강조하거나 반대로 감소하여,전반 적인 음질의 보정에 사용한다.

2. 리버브(Reverb)는 음원에 잔향을 주고, 잔향 공간의 크기, 길이, 질감 등을 조율하고 음색 보정 하고 잔향을 준다.

3. 컴프레서(Comp)는 음을 압축시켜서 불필요한 소리를 없애고, 음원에서 나오는 군더더기 없는 소리들은 대부분 컴프레서로 조절한다.

[34] 설치, 녹음, 믹싱, 마스터링, 다운로드(Download)

밴드랩(bandlab)을 설치하고, 스마트폰에 엠알(반주파일)을 넣어 목소리를 녹음하여 믹싱하고 마스터링하고 효과를 적용한다.

〈밴드랩 스마트폰에 설치하기〉

1. 네이버나 구글에서 '밴드랩' 검색해서 어플을 다운받아 설치하거나, 플레이스토어에서 다운받아 설치한다.

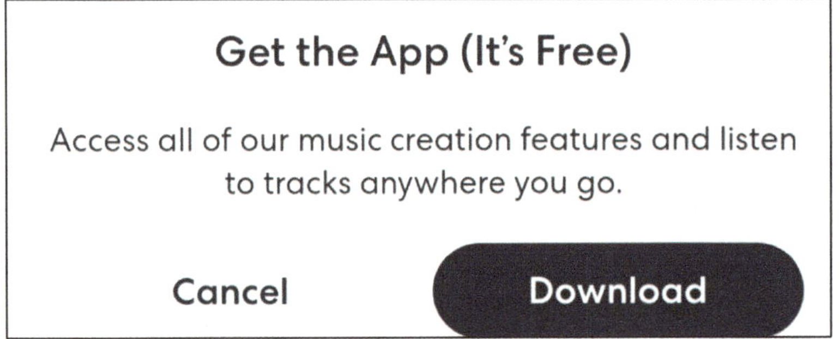

2. [Download] 눌러 스마트폰에 설치한다.

3. 플레이스토어에서 '밴드랩' 검색 설치한다.

https://play.google.com/store/apps/details?id=com.bandlab.bandlab

〈반주파일에 노래녹음하기〉

1. 첫 화면에서 하단의 만들기 [+] 버튼 누른다.

2. [Open Studio] 누른다.

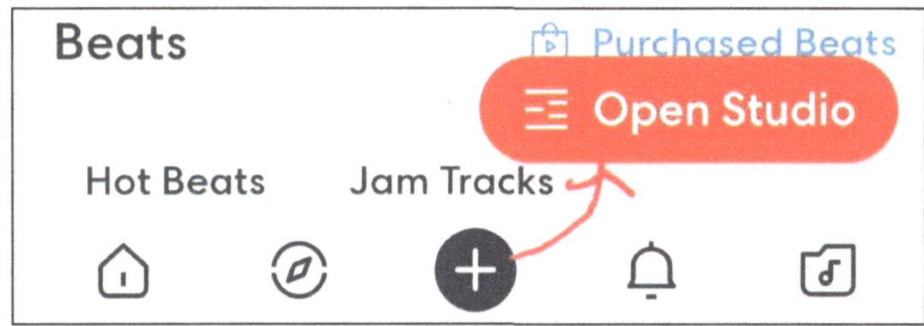

3. New Track에서 [Voice/Audio] 누른다.

4. 'Import File'을 눌러 반주파일 가져온다.

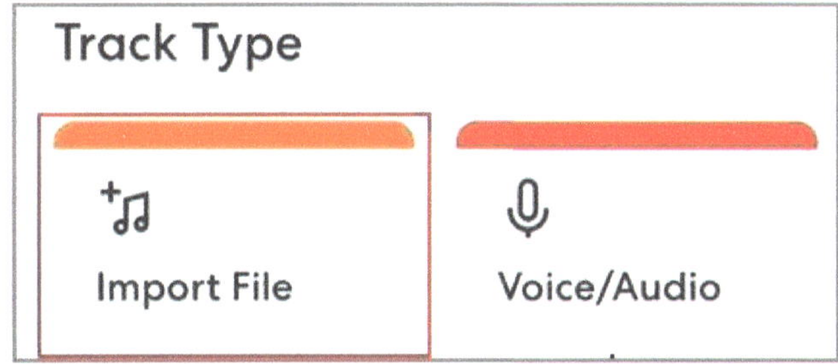

5. 왼쪽 아래 [+] 눌러 트랙을 추가한다.

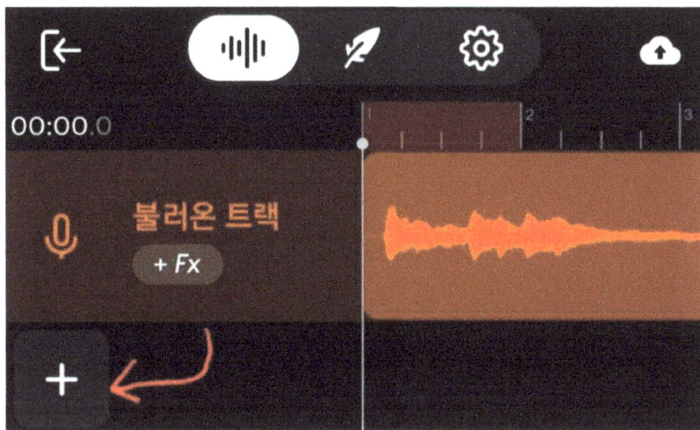

6. [+] 버튼 누르고, 아래 멀티트랙 누르고,

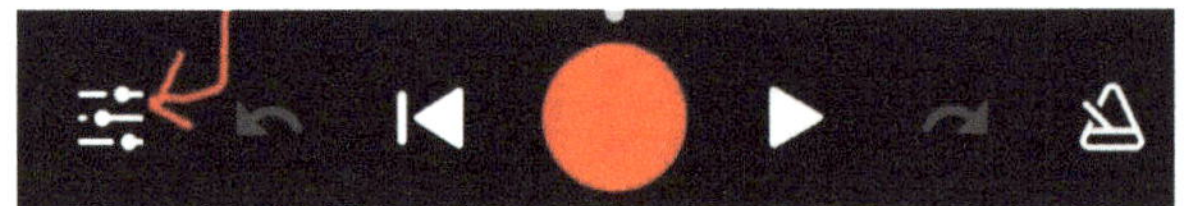

7. Track Type에서 'Voice/Audio' 선택한다.

8. [더보기] 눌러서 [이름 변경] 눌러서 트랙 이름을 '반주'로 정한다.

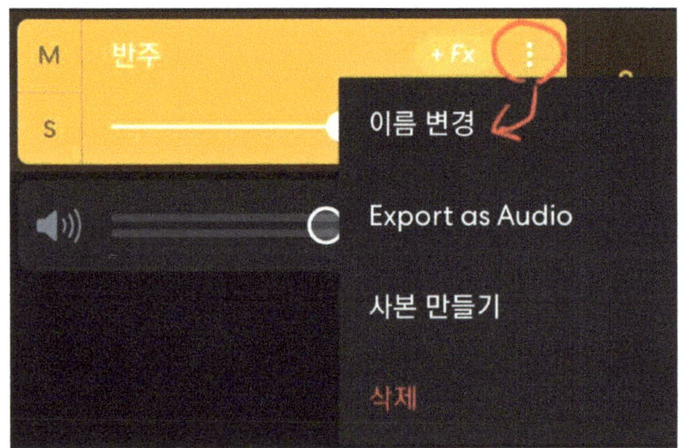

* 더보기 기능
◉ Move Up : 해당트랙의 위치를 위로 이동
◉ 다운로드 : 해당 트랙의 사운드만 다운로드
◉ 사본 만들기 : 같은 내용의 트랙 복사
◉ 삭제 : 해당 트랙을 삭제

9. 트랙을 추가[+]하고 트랙 이름을 '보컬'로 변경한다.

〈 프로젝트 편집하고 믹싱하기〉
1. [라이브러리] 탭 누르고

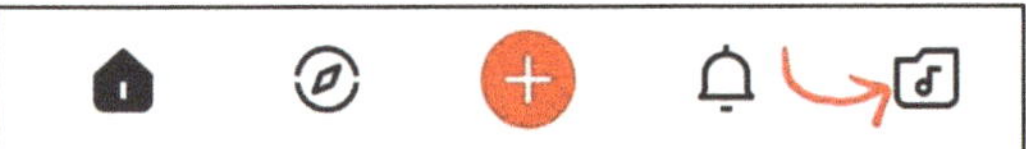

2. 프로젝트에서 [내프로젝트] 누른다.

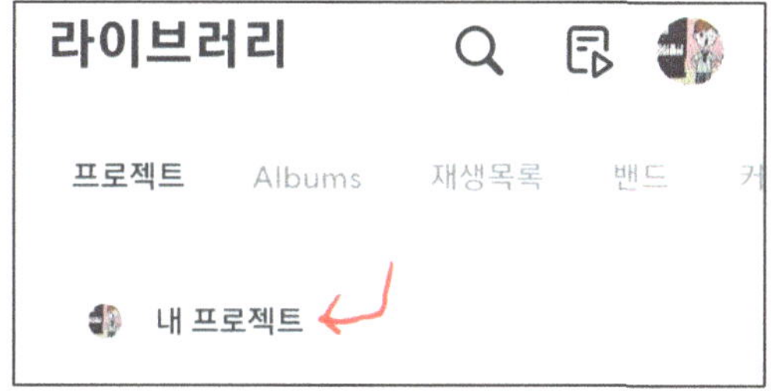

3. 이미 저장한 프로젝트 열고 [Studio] 누른다.

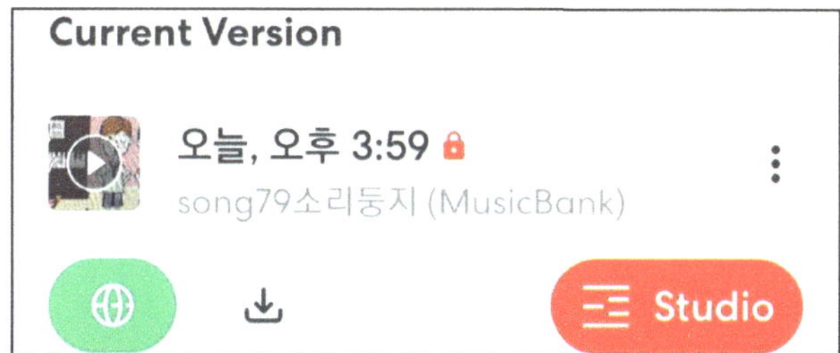

4. 목소리를 녹음하고 작게 녹음된 파일을 선택하고 [더보기...] 누르고

5. 볼륨 높이기

1) [Gain] 누르고 올리면 소리가 커지고 파형이 커진다.

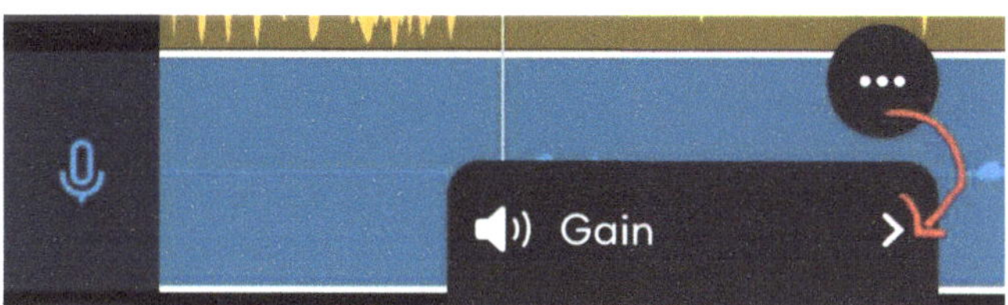

2) Gain을 올리고 적용을 터치한다.

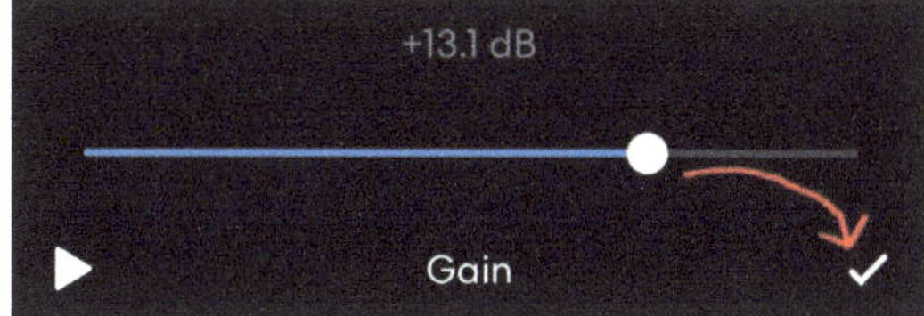

6. 구름모양의 [내보내기: Publish] 눌러 프로젝트를 저장한다.

7. 프로젝트 설정(Project Settings)
[설정] 클릭하고, '실시간 입력 모니터링'을 비활성화한다.

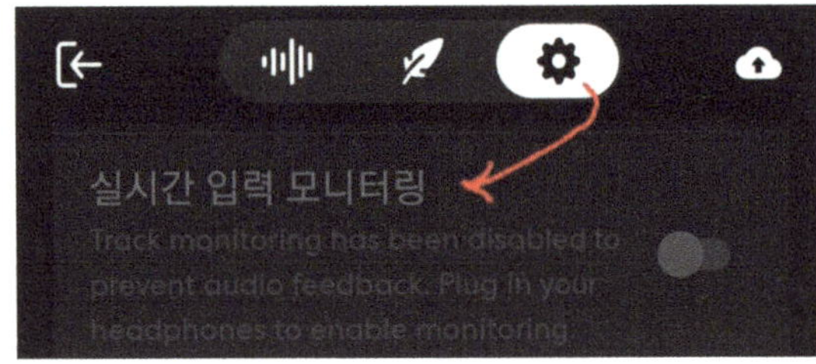

8. 목소리 녹음 방법
    1) '보컬' 트랙을 선택한 후 하단의 빨간 녹음 탭을 눌러 목소리를 레코딩한다.
    2) 이어폰으로 녹음 시 '마이크 기능이 있는' 한쪽 이어폰만 끼고, 나머지 한쪽 귀는 열어 놓은
       채 노래하는 소리를 모니터링 하면서 녹음한다.
    3) 재녹음은 해당 트랙 눌러서 나온 메뉴 중 빨간색 픽토그램 부분을 눌러 지우고 녹음한다.

9. Fx 이펙트
    1) 하단 플레이버튼(▶) 위에 Fx 버튼 누른다.

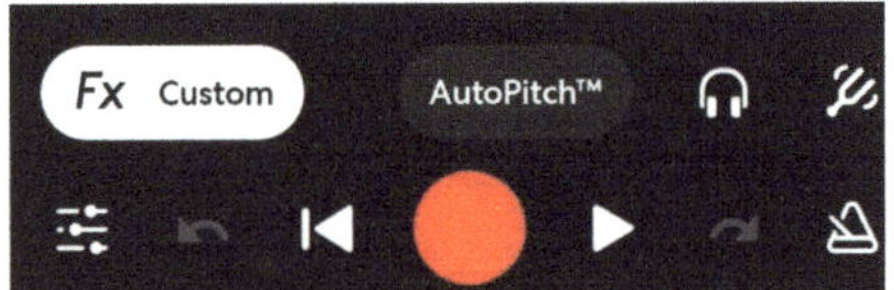

    2) '70s Ballad' 선택한다.

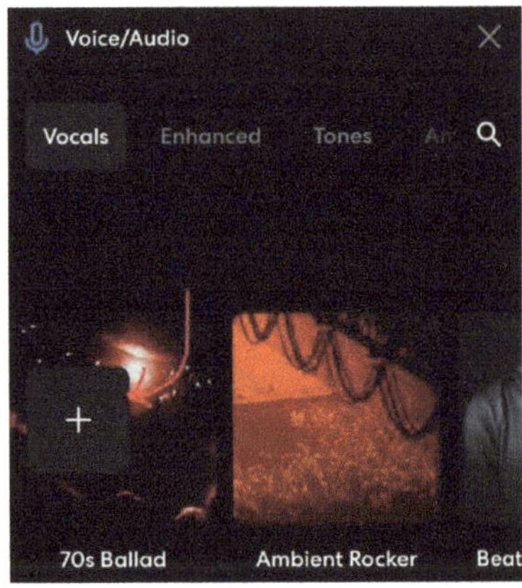

[35] MIDI Editor 미디노트 입력

PC에서 밴드랩을 설치하지 않고 온라인에서 기타와 드럼과 멜로디를 넣고, 미디 에디터에서 코드를 어쿠스틱기타로 아르페지오를 입력한다.

〈미디노트 입력하기〉

1. 구글에서 '밴드랩' 찾아 [BandLab – Make Music Online] 클릭한다.

2. [Create] 클릭한다.

3. [Instruments] 탭 누르고,

4. 악기 선택하기위해 Guitars의 [어쿠스틱기타: Acoustic Guitar] 클릭한다.

5. [MIDI Editor] 선택하고 피아노롤로 기타 노트를 입력한다.

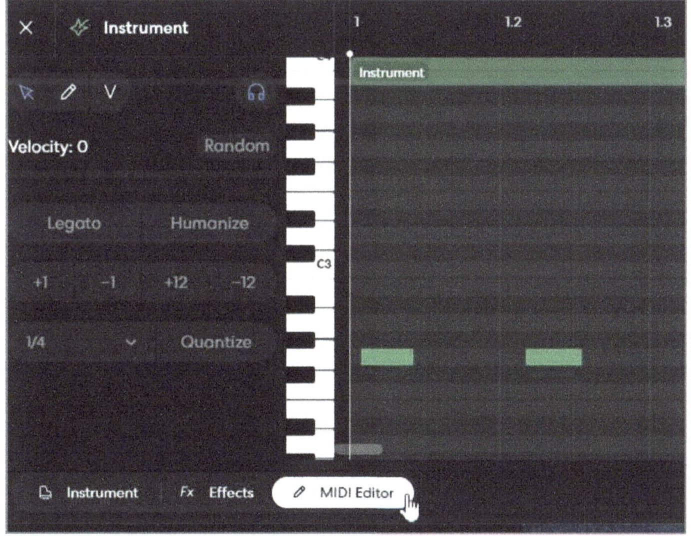

[36] 악기 입력 MIDI Instruments, BandLab Sounds

컴퓨터로 Make Music Online 온라인상에서 악기 소리 입력하기

〈MIDI Instruments 악기 소리 입력하기〉
1. 구글이나 네이버에 '밴드랩' 검색하고, 밴드랩(BandLab) 사이트가 나오면, BandLab-Make Music Online 클릭한다.

https://www.bandlab.com/feed/trending
*사이트에 들어가 가입을 한다. 크롬을 사용하면 바로 번역이 된다.

2. [+ Create] 클릭한다.

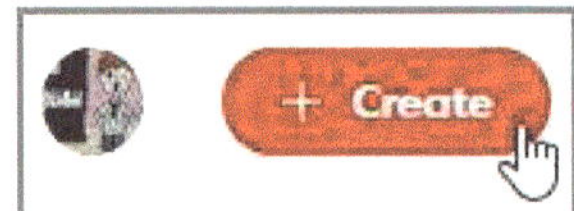

3. [New Project] 클릭한다.

4. New Track에서 [Instruments] 클릭한다.

5. 녹음 버튼 누르고 컴퓨터 키보드의 'D A A D G G' 누르면 그랜드피아노 소리가 입력된다.

〈BandLab Sounds로 샘플악기 입력하기〉

　　BandLab Sounds 클릭하게 되면 샘플창이 나오고, 플레이버튼을 눌러서 들어볼 수 있고, 더블 클릭하게 되면 샘플이 나오는데 드래그앤드럽 하면 트랙에 입력이 된다.

1. [BandLab Sounds] 클릭하고, [Midnight] 클릭한다.

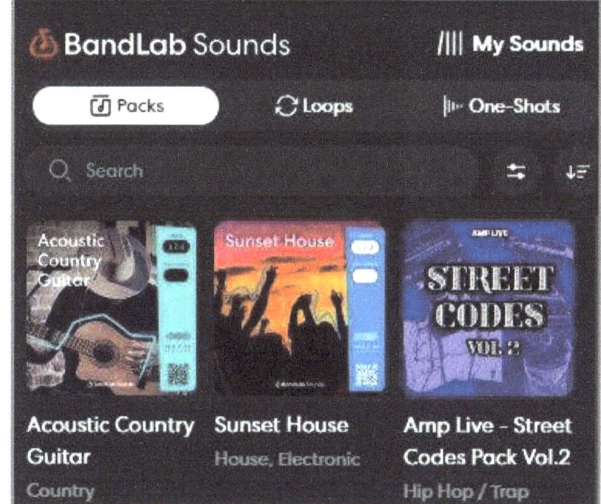
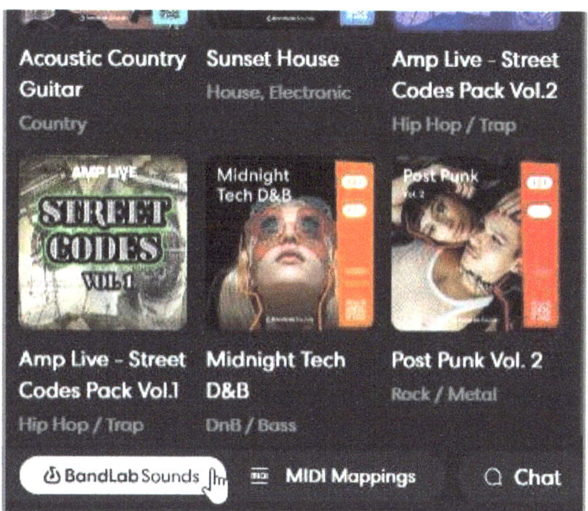

2. ‘Boofer 172_Snare_4bars’ 더블클릭하면 트랙에 소리가 입력된다.

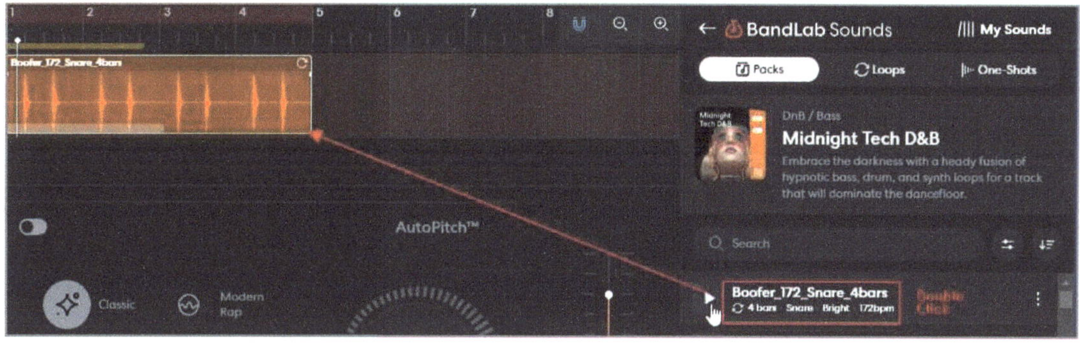

[37] Online Audio Mastering(마스터링)

밴드랩 마스터링의 AI 알고리즘은 마스터링을 하고, 스마트폰, PC에서 사용이 가능하다. 마스터링 프로세스를 커스터마이징하여 창의적인 느낌을 살려 만든다.

〈PC에서 마스터링하기〉

1. 구글에서 '밴드랩 마스터링' 검색하거나

2. 웹사이트 누른다.

https://www.bandlab.com/mastering

3. [+ Import Your Track] 클릭한다.

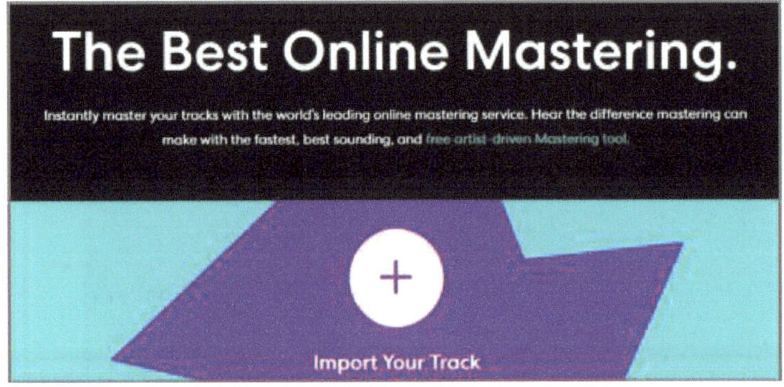

4. [오디오] 클릭한다.

5. BandLab Mastering창에서 Mastered 선택하고 Universal 누르고 다운로드한다.

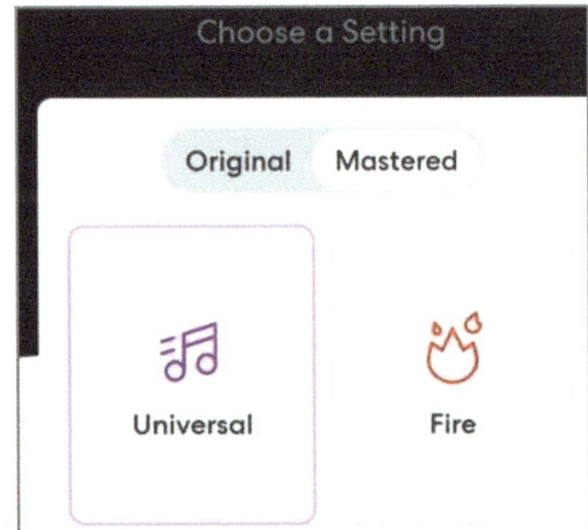

〈스마트폰에서 마스터링하기〉

1. 온라인에서 마스터링하기

  1) 스마트폰에서 'BandLab Mastering' 검색하고 터치한다.

  2)Online Audio Mastering 사이트 열기

https://www.bandlab.com/mastering

2. BandLab Mastering 창에서 [Import Your Track] 클릭하여 오디오나 비디오 파일을 불러온다.

3. BandLab Mastering창에서 **Mastered**의 Universal 누르고 [Export] 누르고 다운로드한다.

4. 아래와 같이 파일(날개의씨앗)이 생기면 카카오톡이나 내 파일에 내보내기한다.

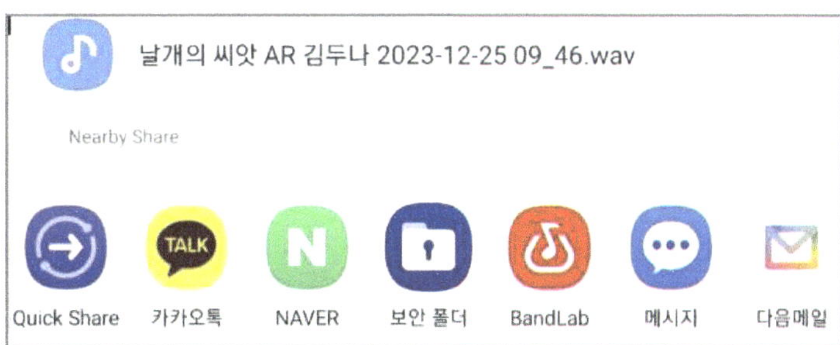

[38] PC에서 실연주 녹음 믹싱

　밴드랩은 12개의 서로 다른 트랙을 녹음하는 디지털 오디오 워크스테이션(DAW)으로 노래를 만드는 가상 악기와 비트 및 루프 라이브러리가 있다. 내장 마이크 또는 오디오 인터페이스를 사용하여 기타와 목소리를 녹음할 수 있다. 실 연주로 입력하고, 사운드 효과를 넣고, 믹싱하여 내보내기 한다. 밴드랩은 PC를 열고 크롬이나 네이버 브라우저 사이트에서 바로 열고 녹음할 수 있다.

〈녹음하기〉

1. 구글에서 'bandlab' 또는 '밴드랩' 검색하고, [BandLab-Make Music Online] 클릭한다.

2. 밴드랩에 가입을 하고, [Create] 클릭하고, [New Project] 클릭한다.

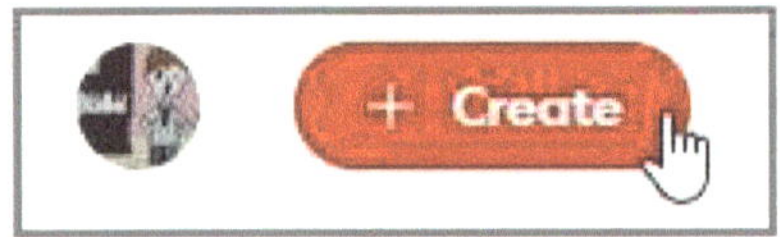

3. New Track에서 [Voice/Audio] 클릭한다.

4. Input에서 [마이크(3-USB)] 선택하고, Input Level에서 [Monitoring] 눌러 입력을 확인하고,

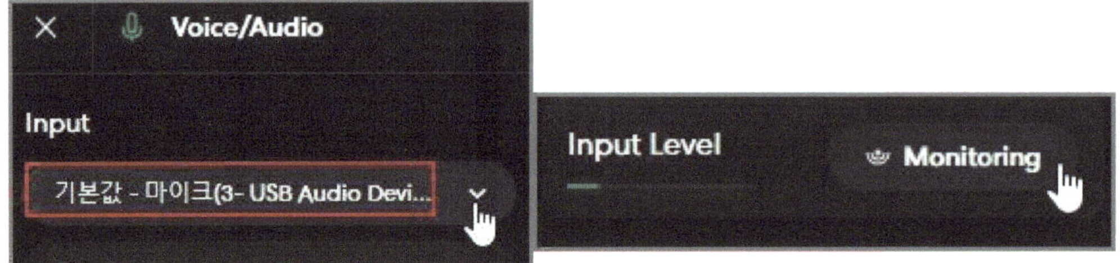

5. 녹음 버튼을 누르고 노래나 악기 연주 소리를 실시간으로 녹음한다.

〈믹싱하기〉

1. [+Fx] 클릭한다.

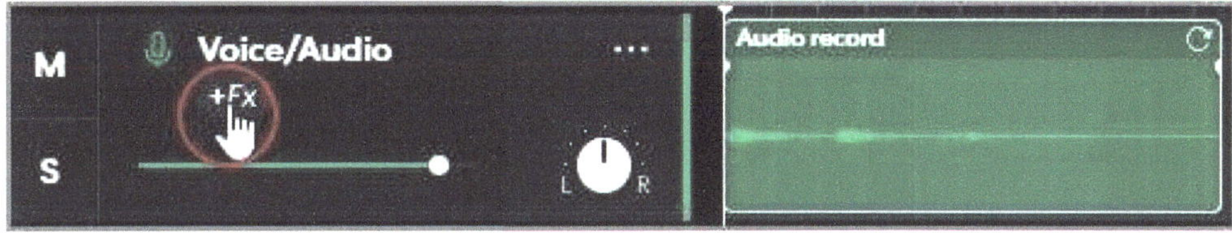

2. [Add Effect] 클릭하고 [EQ3-M] 선택하여 EQ효과를 준다.

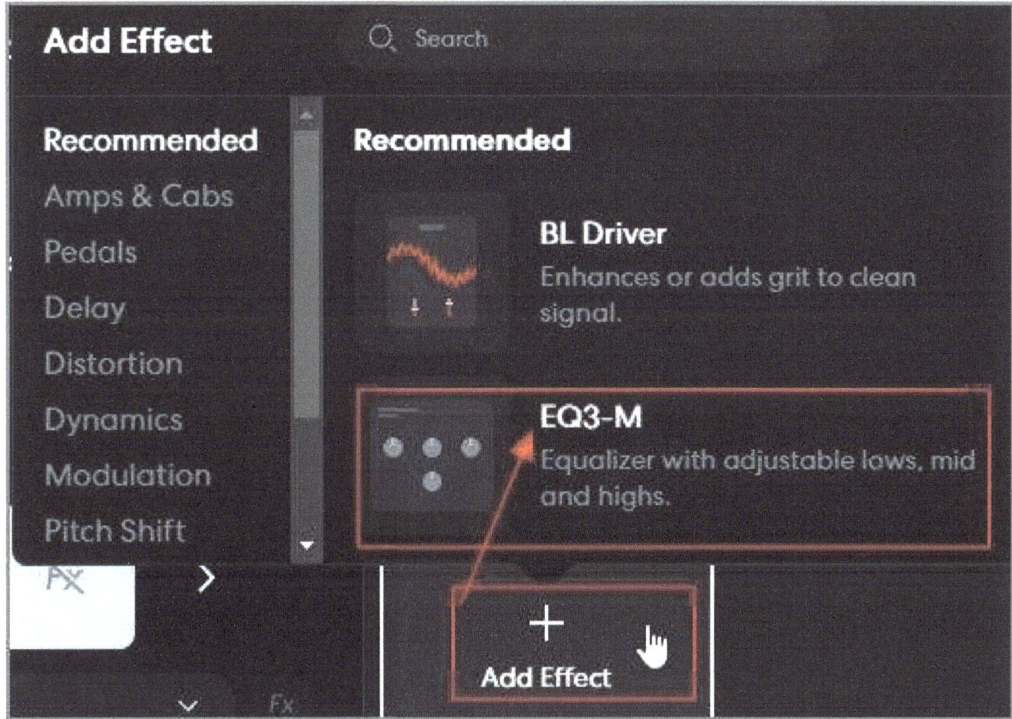

3. TecLab BA-2A에서 Compress 효과를 주고, Pan, Reverb 효과를 준다

[39] Drum Machine, 패턴(PATTERNS) 추가

PC에서 BandLab Assistant(밴드랩 어시스턴트) 실행하고, 드럼머신(Drum Machine)에서 Drum Kit의 Pop Rock으로 드럼 입력하고, 건반악기로 가락 입력하고, 패턴(PATTERNS) 선택하고 추가하기

1. [Create] 누르고, New Track의 [Drum Machine] 클릭한다.

2. Instrument에서 808의 꺾음쇠 누른다.

3. Drum Kits의 Pop Rock을 클릭한다.

4. 패턴 만들고 추가하여 트랙에 올리기
   1) 패턴 만들기: PATTERNS에서 [C] 패턴을 선택하고

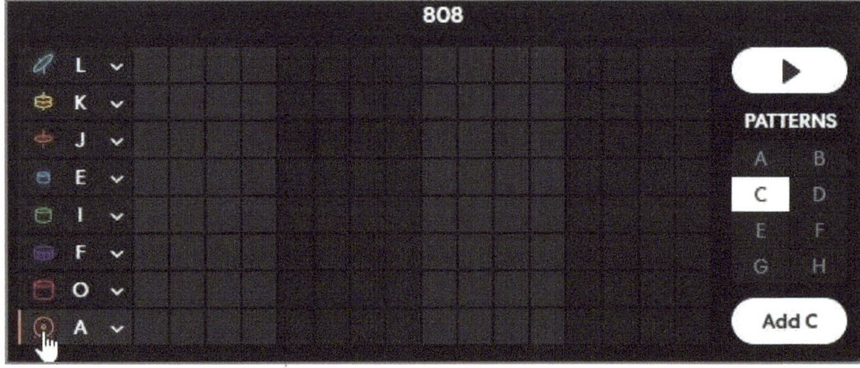

   2) 드럼 악기를 선택하고, 네모칸을 눌러 비트 만들고 패턴(C)을 만든다.

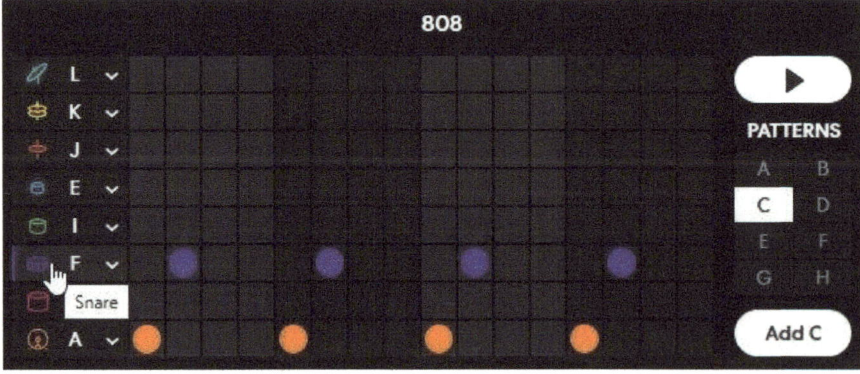

3) 패턴 추가: [A] 패턴을 들어보고 네모칸에 있는 비트를 눌러 삭제 추가하여 [Add A] 클릭하면 올라간다.

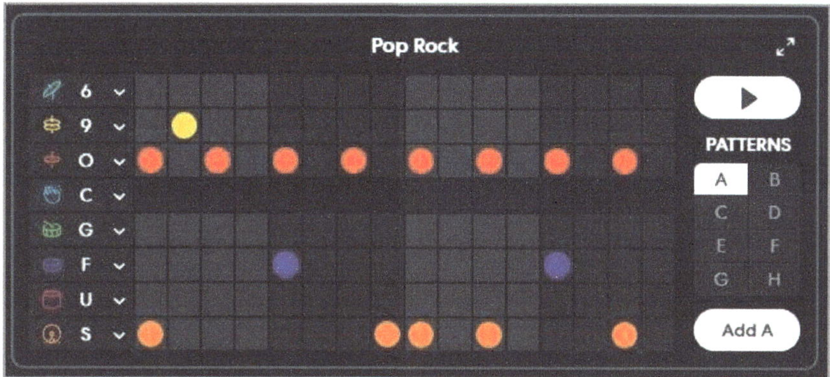

5. Drum Machine 기존 패턴이 트랙에 올라가 있으면, [Delete] 눌러 삭제한다.

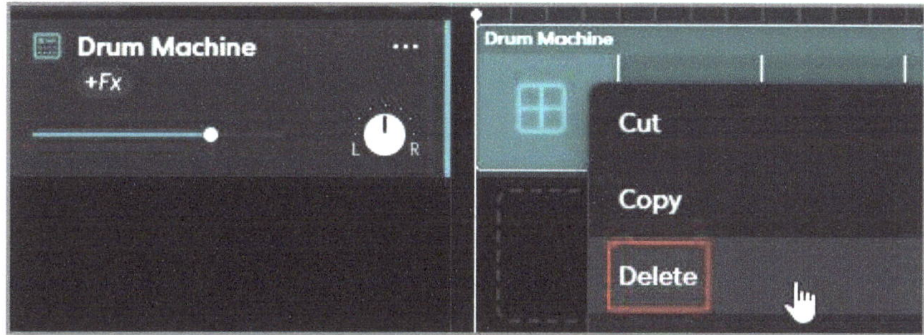

6. Select instrument 단축키는 [Ctrl+Alr+1]로 새단축키로 설정한다.

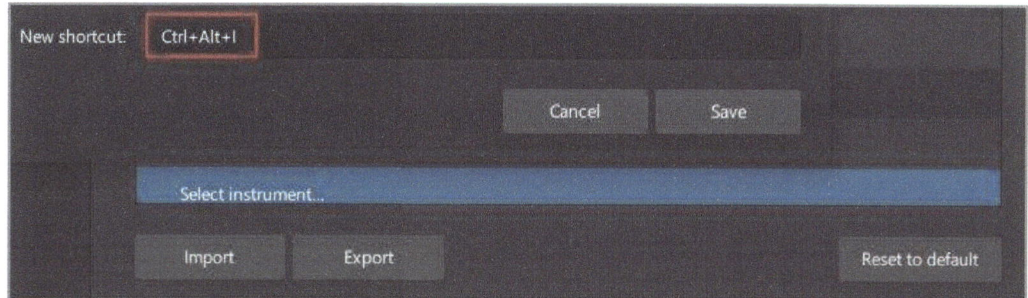

7. [+Add Track] 눌러 Instruments 클릭하여 트랙 추가하고, 녹음 누르고 건반악기로 가락을 입력한다.

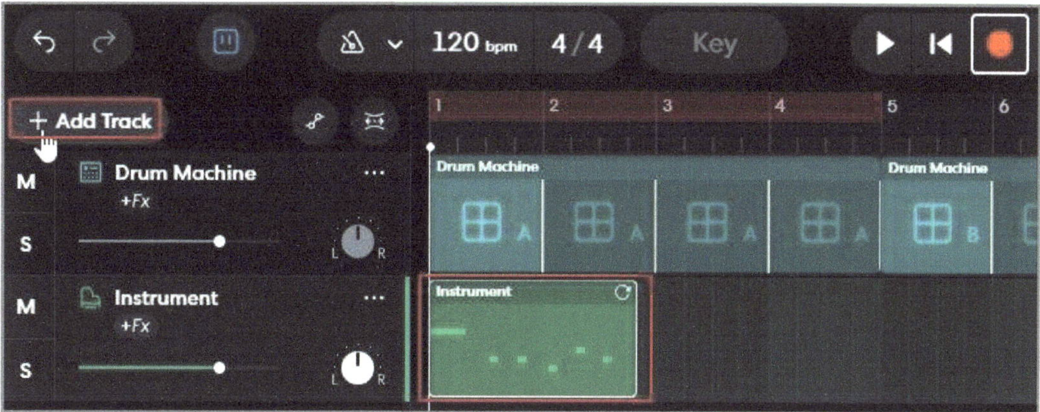

[40] Open Studio 노래녹음

스마트폰에서 MR에 헤드셋으로 노래 녹음하기

밴드랩은 12개의 트랙을 녹음할 수 있는 기능을 갖춘 디지털 오디오 워크스테이션이다. 노래를 작곡하는 100개 이상의 가상악기와 방대한 비트 및 루프 라이브러리가 있고, 내장 마이크 또는 오디오 인터페이스를 사용하여 실제 악기와 자신의 목소리를 녹음할 수 있다.

1. 밴드랩(BandLab) 앱을 실행하고

2. 하단의 +빨간 [만들기] 탭을 누른다.

3. [Open Studio] 터치한다

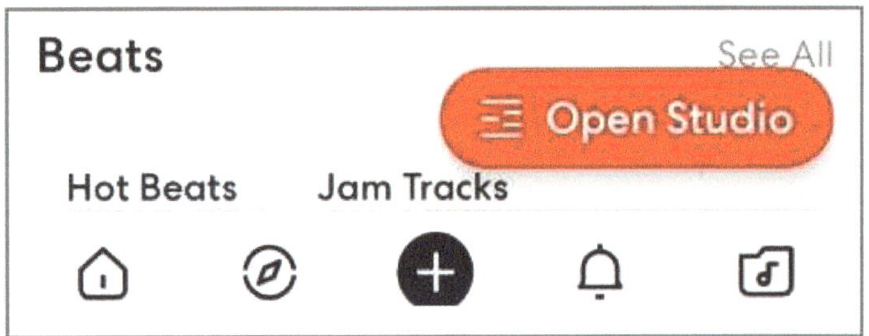

4. 'Import File' 누르고,

5. 반주파일 불러오기
   1) 트랙에 오디오 탭에서 반주 파일을 가져오면.

2) 불러온 트랙에 클립이 생긴다.

6. [설정] 클릭하여 '실시간 입력 모니터링' 기능을 비활성화 한다

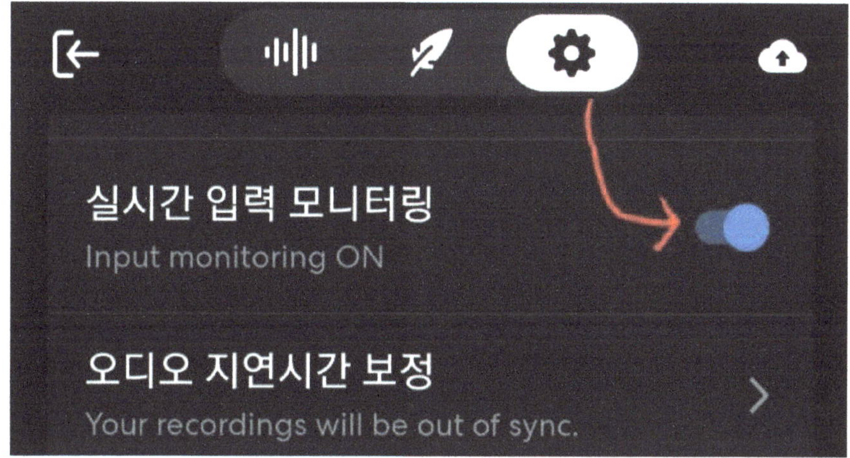

7. 보컬 녹음위한 새로운 트랙을 만들기위해
   [+] 버튼 누르고, 'Voice/Audio' 선택하고, 노래를 녹음한다

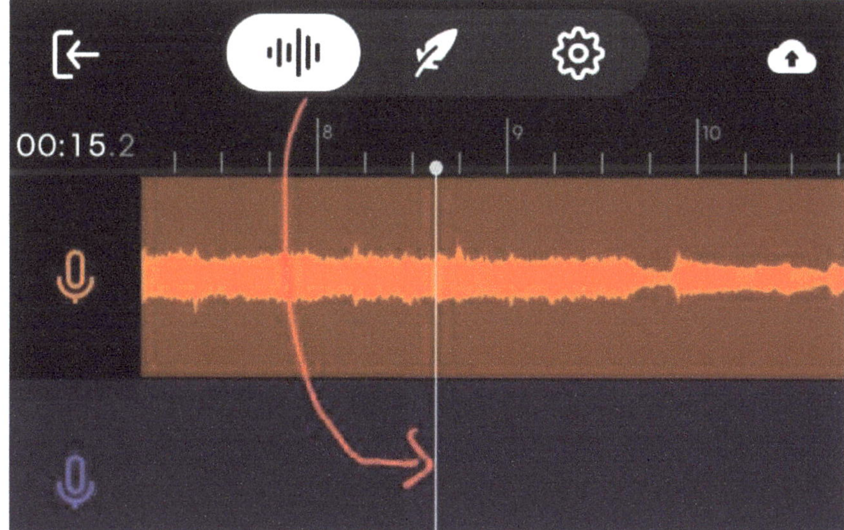

8. 클립을 선택하고 지우개 눌러 삭제한다

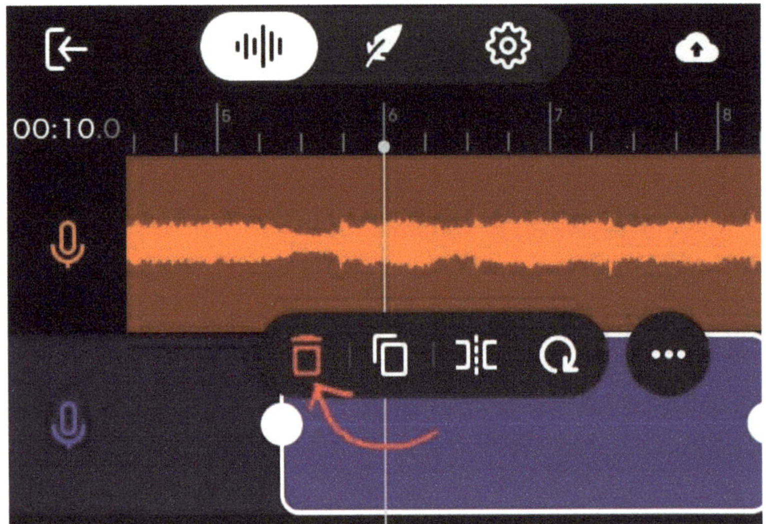

9. 녹음(Recording)
　　1) 반주트랙 외에 하단에 트랙2라고 보컬트랙이 생기면, 녹음 버튼을 눌러 노래를 녹음한다.
　　2) 녹음할 때는 녹음 기능이 있는 헤드셋, 이어폰, 블루투스 이어폰을 이용하시길 추천합니다.
　　3) 이어폰은 마이크 기능이 있는 한쪽만 끼고 녹음한다.

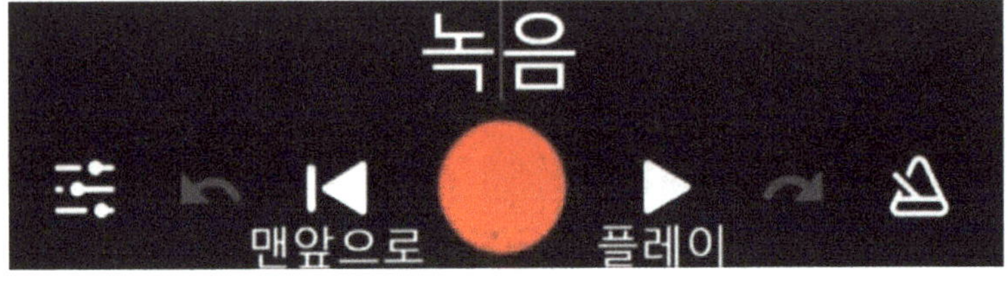

10. 트랙 이름 변경
더보기(. . .)부분을 누르고, 트랙 '이름 변경'한다.

11. Fx 효과
트랙의 이름 부분을 눌러서 트랙 안으로 들어가면 플레이버튼(▶) 위쪽에 Fx 버튼 누르고,
'70s Ballad'을 선택한다.

12. Publish
저장과 공개하기 대화창이 뜨는데, 웹상에 공개하길 원하지 않는다면 '저장'하기 누른다.

13. 저장 완료되면, '싱글앨범'이 만들어진다.

[41] 샘플러로 작곡하기

PC에서 밴드랩에 내장된 샘플러로 BGM 만들기

1. [Create] 클릭하여 [New Project] 클릭하고, New Track의 [Voice/Audio] 눌러 채널 추가한다.

2. 트랙에서 [더보기...] 클릭하여 트랙메뉴에서 [Duplicate Track] 클릭한다.

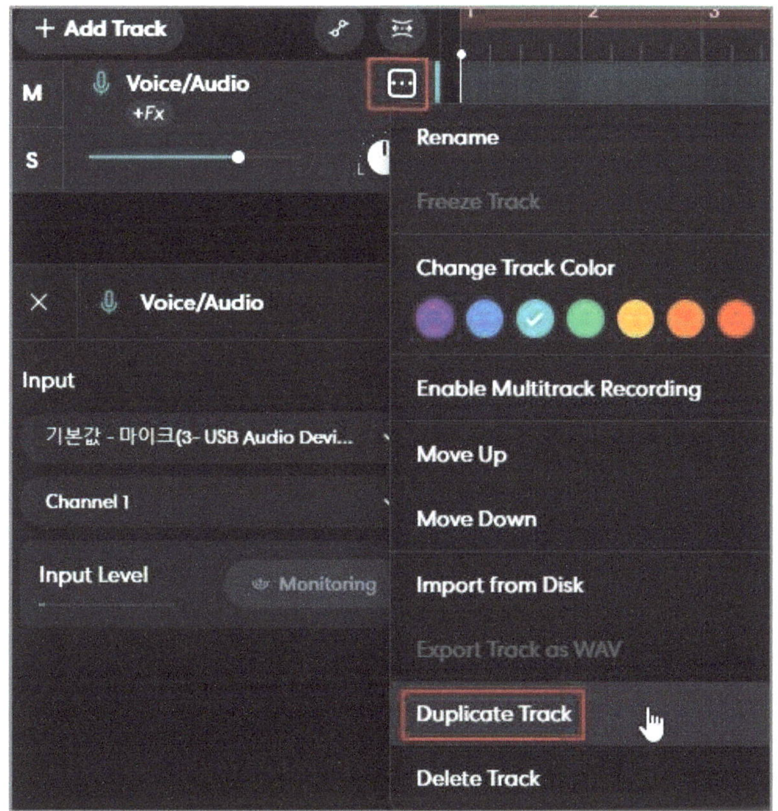

3. 우측 하단의 [BandLab Sounds] 클릭한다.

4. [Packs] 메뉴의 샘플(DX)을 들어보고, 클릭한다.

5. 사용된 악기를 선택하고 드래그하여 채널1에 올린다.

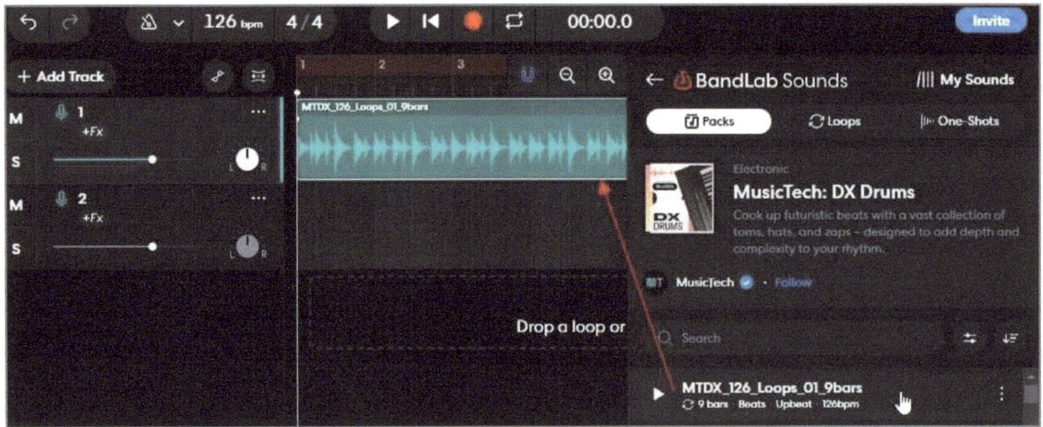

6. 'drum'을 검색하여 샘플을 들어보고, 사용된 악기를 찾기 위해 빈 곳을 클릭한다.

7. 사용된 개별 악기를 찾아 드래그하여 채널에 넣는다.

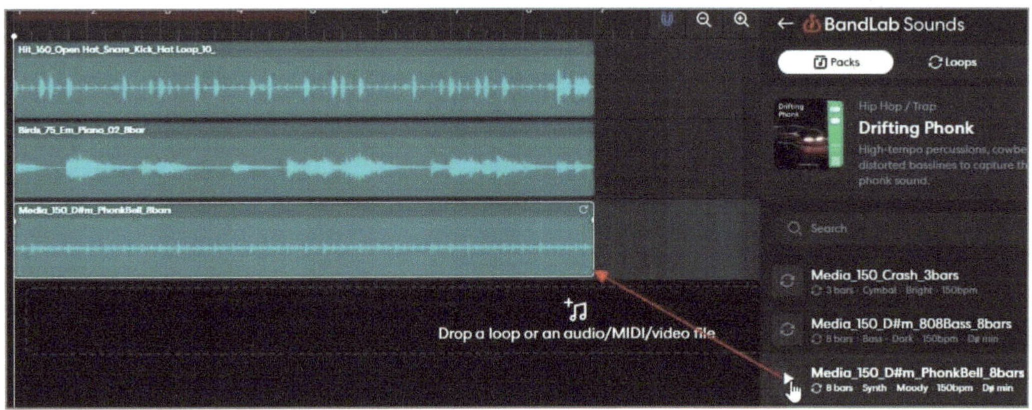

8. Metronome(단축키: M) 클릭하여 박자를 맞춘다.

9. 샘플러 불러와 넣는다.

[42] 루퍼(Looper) 보이스 녹음

스마트폰에서 밴드랩으로 보이스(목소리)와 루퍼 녹음하여 힙합 음악을 만들고, 프로젝트 저장하고 삭제하기

1. 밴드랩 앱을 실행하고, 하단에서 만들기 추가[+] 버튼을 누른다.

2. Track Type에서 Looper(루퍼) 터치하고,

3. Looper Packs에서 샘플의 재생 눌러 들어보고, 트랙에 넣기 위해 [+] 누른다.

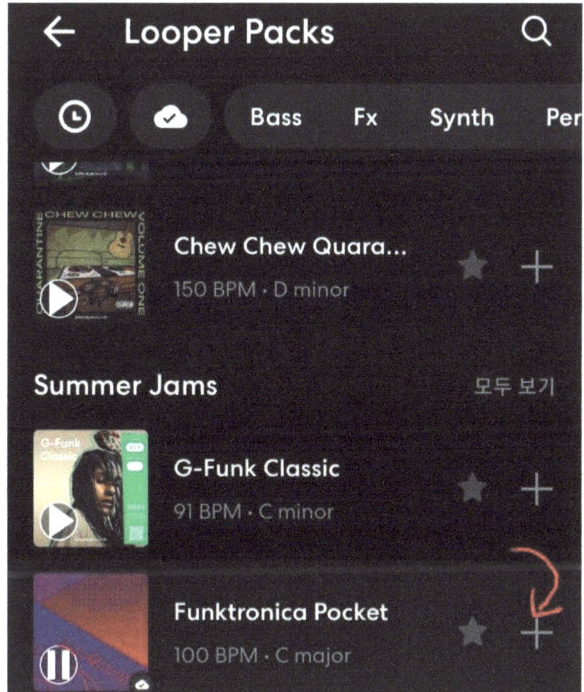

4. Looper의 악기를 선택하는 대로 소리가 나고 합성되어서 들린다. 다시 악기 누르면 소리가 제거된다. 녹음 버튼을 눌러 녹음하고, 우측 상단의 [×] 눌러 Looper 창을 닫는다.

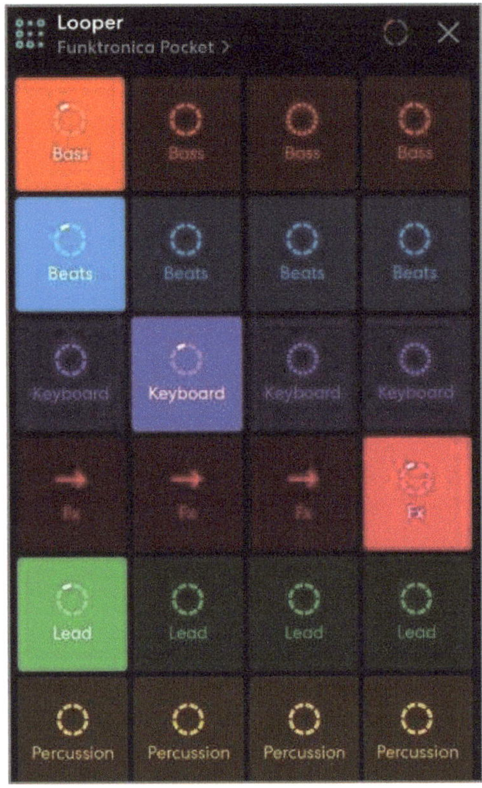

5. 오디오 트랙을 추가하기 위해 [+] 누르고, [Voice/Audio] 누른다.

6. 왼쪽 하단의 멀티트랙 누른다.

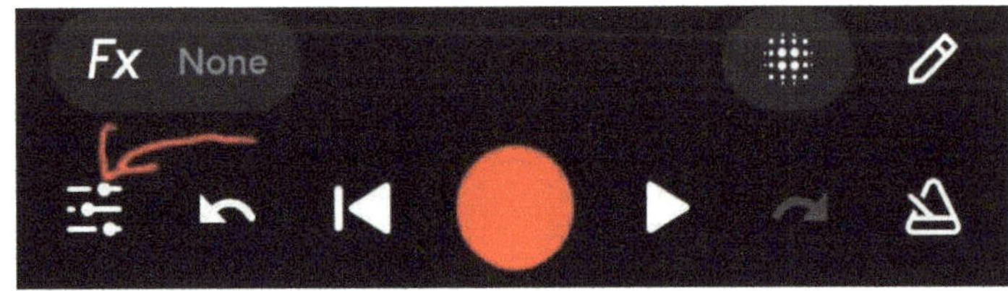

7. Looper의 소리 음량을 조절한다.

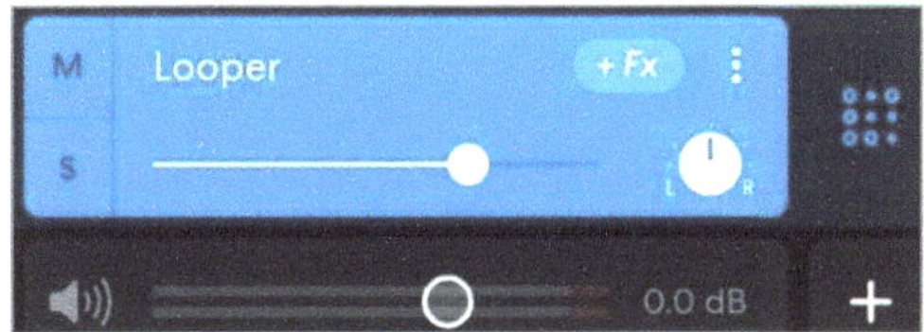

8. Voice/Audio 트랙에 음성을 녹음하고, 녹음 클립을 지우려면 오디오 클립을 선택하고 빨간 지우개 버튼을 누르면 클립이 삭제된다.

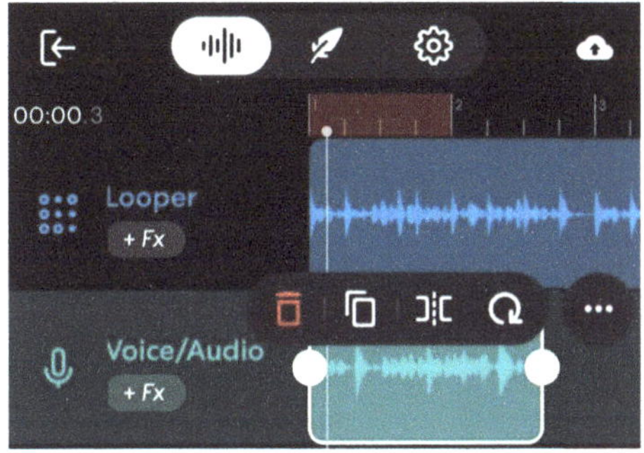

9. 목소리를 녹음하기위해 Looper의 음량을 줄이고, 녹음 버튼을 눌러 목소리를 녹음한다.

10. 구름 모양의 [Publish] 버튼을 누르고 [저장] 누른다.

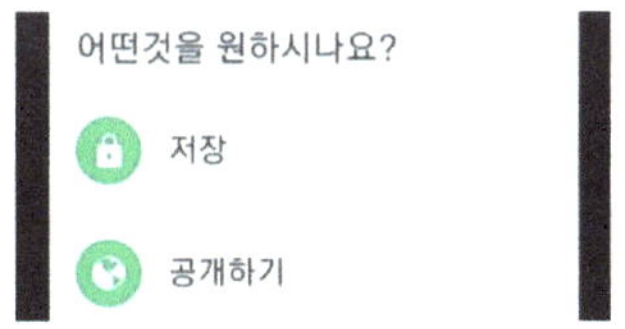

11. 프로젝트 삭제
우측 하단의 프로젝트를 누르고 [더보기] 눌러 [삭제] 누른다.

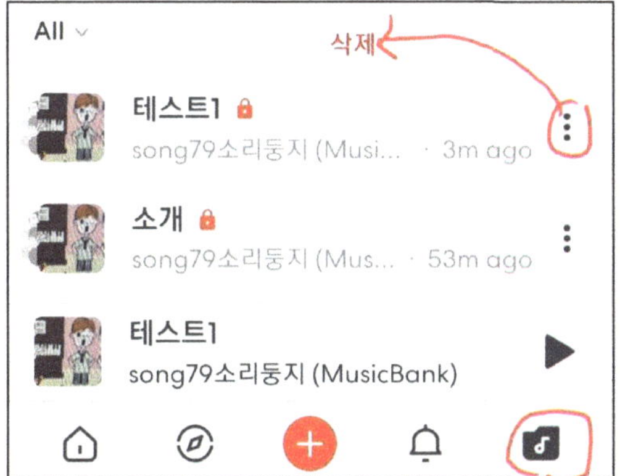

[43] 샘플러(Sampler)만들어 효과음악 합성 힙합음악 제작

밴드랩(BandLad)은 Fx 프리셋을 탐색하여 음향학의 원리를 이해하고 융합적 사고가 가능하게 한다. 미디 입력 방식으로 곡을 만들고, 오선 중심의 악보 기보법에서 벗어나 도트 입력 방식, 키 에디터 입력 방식으로 공간과 시간에 따른 음악의 기보와 독보하게 되어 음악 수업을 통해 디지털 사고를 경험한다.

샘플러로 힙합, 국악 음악 만들기

〈샘플러 기능〉
1. Sampler Kit : 샘플러에 사용할 프리셋은 모은 곳
   1) Custom : 임의로 사운드를 조합
   2) Curated Kit : 프리셋이 있는 곳으로 선택하여 사용한다.

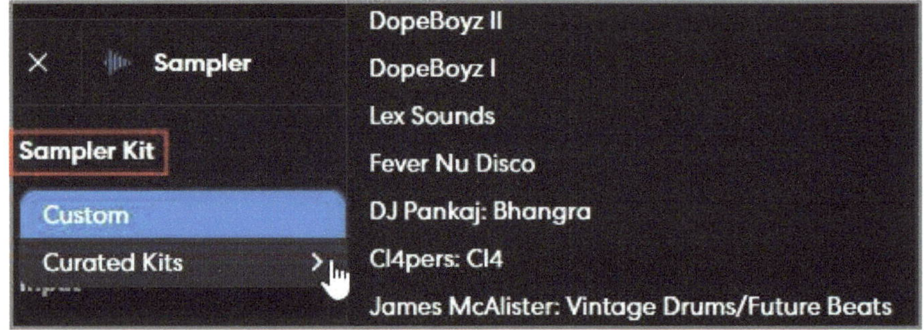

2. Sampler : 악기처럼 사용하는 칸을 눌러 소리를 지정하고 트랙에 넣는다.
3. Pad : 사운드 소스를 담은 곳으로 노란색 부분의 칸에서 소스를 드래그한다.
4. Volume : 전체적인 소리 크기를 조절
5. Pan : 소리 방향
6. Reverb : 소리 잔향

〈샘플러로 힙합음악 만들기〉
PC에서 샘플러(Sampler)를 만들고 여러 소리 합성하여 효과음악을 만들고 힙합음악 만들기
1. [+Create] 클릭하고, [New Project] 누르고, [Sampler] 클릭한다.

2. [V] 칸 클릭하고, 샘플 파일을 불러오기 위해 [Browse One-Shots] 클릭한다.

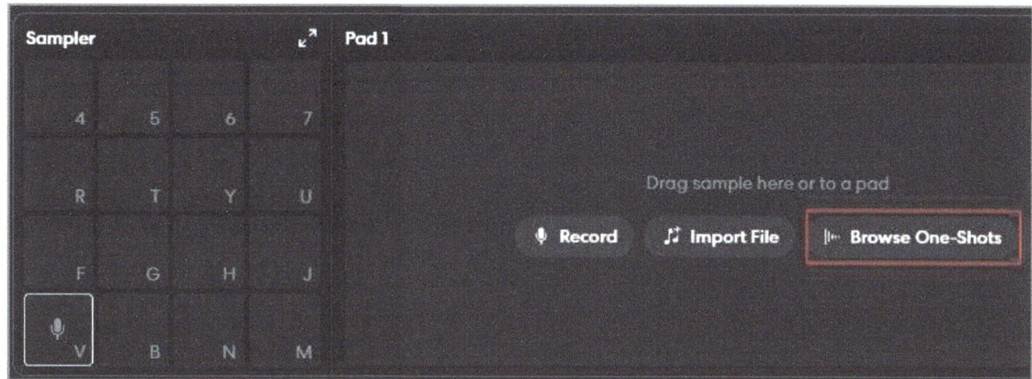

3. 우측의 샘플 악기(Evol_808D#)를 드래그하여 V칸에 넣는다.

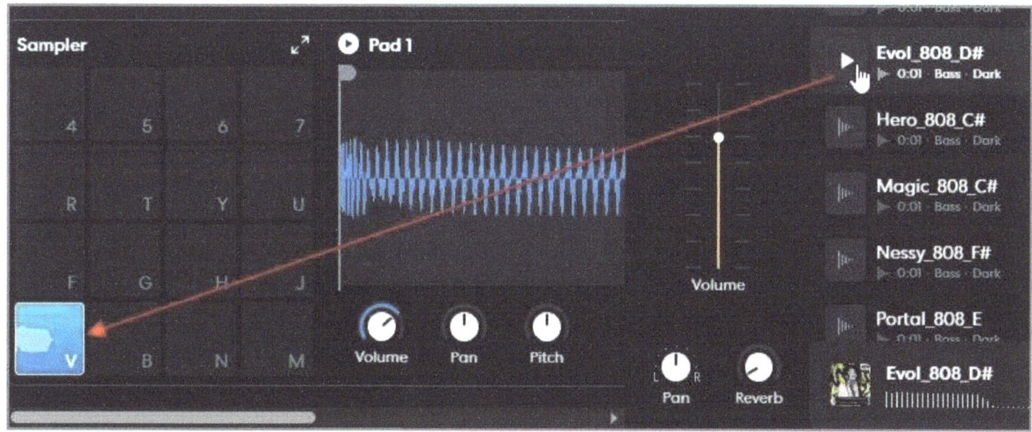

4. [One-Shots] 클릭하여 샘플을 들어본다.

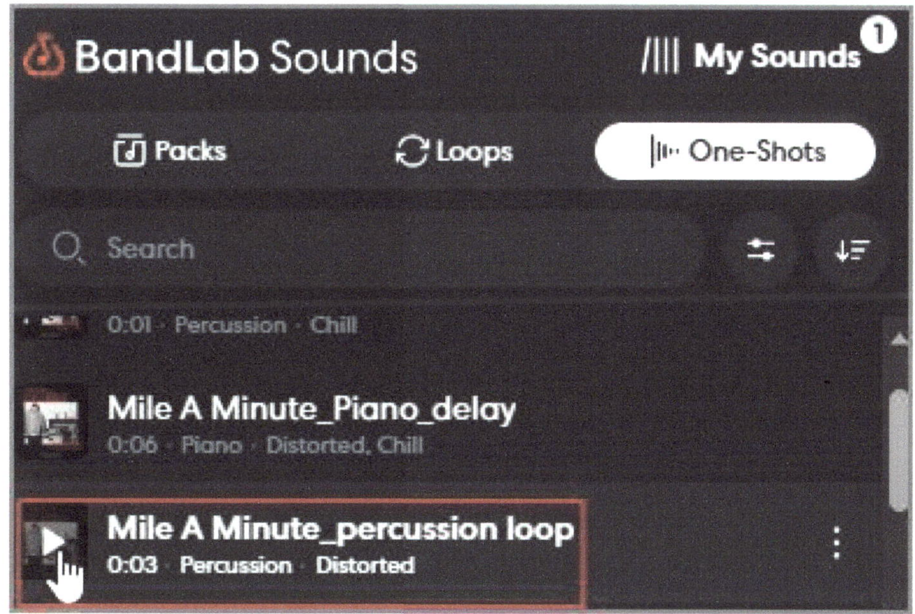

5. B 칸에 샘플을 넣고, Pad에서 사운드를 드래그하여 길이를 조절한다.

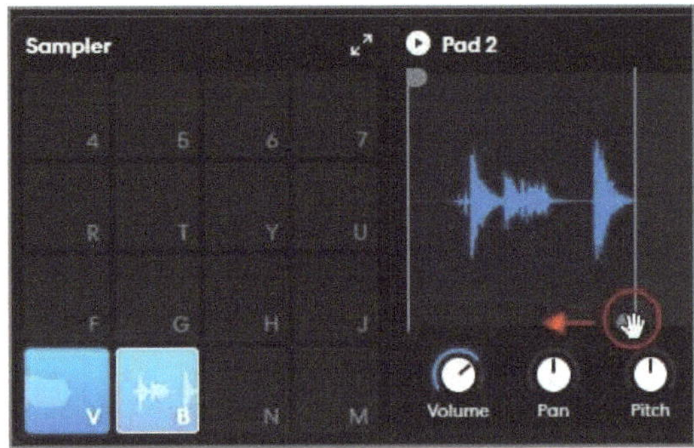

6. 우 마우스 클릭하여 [Crop] 클릭하여 세부 길이를 설정한다.

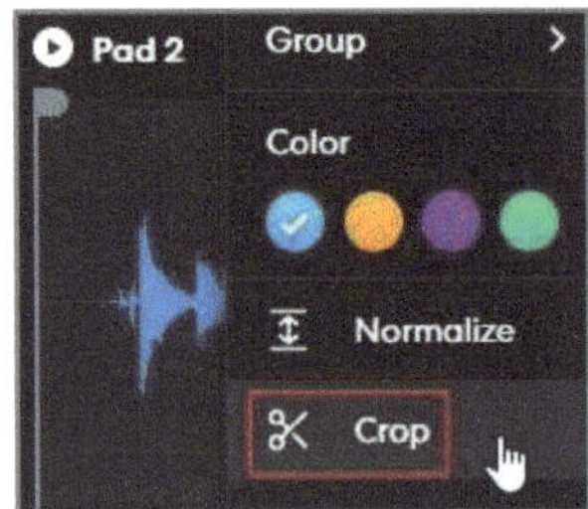

7. 힙합음악을 만들기

  1) N 칸을 선택하고 [Import File] 클릭하여 컴퓨터에 있는 음악 파일을 불러온다.

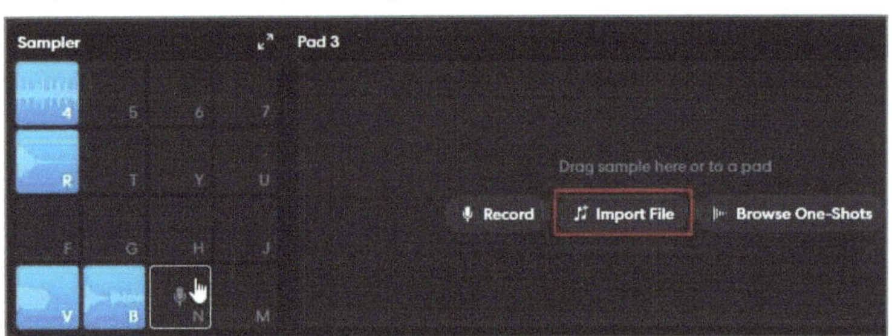

  2) 음성을 크롭에서 편집하여 합성음악 만든다.

8. 녹음하기

  1) 오디오 트랙을 추가하고, 녹음 버튼을 누르고

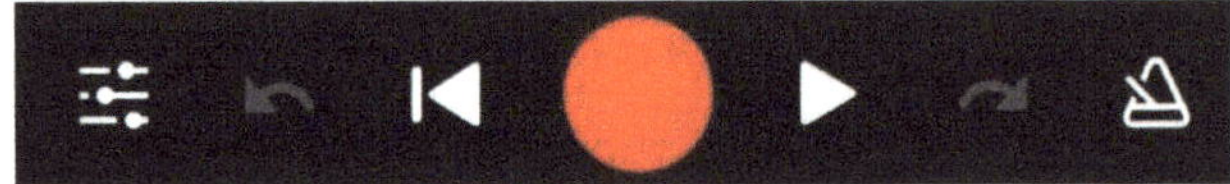

  2) 샘플러 칸(Pad)을 눌러 녹음한다.

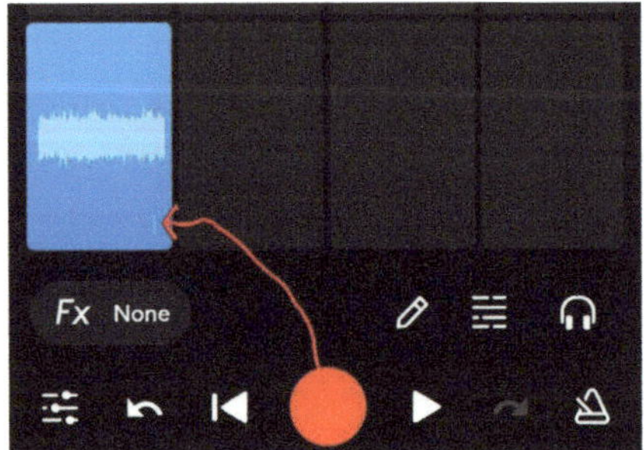

[44] Looper로 비트 만들고 유튜브에 업로드 루퍼 기능

　루퍼(Looper)는 드럼이나 타악기 같은 음이 없는 것을 선택하는 게 좋다. 밴드랩으로 할 수 있는 것은 드럼, 합주, 편곡이 있다. 루퍼로 배경음악을 만들어서 랩 만들기에 좋다.
스마트폰에서 루퍼(Looper)로 비트(LoFi Beats)를 만들고, 다양한 샘플 소리들을 이용해서 리듬을 만들어 녹음하여 YouTube에 올린다.

1. 스마트폰에서 밴드랩 앱을 실행하기 

2. 아래쪽 빨간색 Create [+] 만들기 버튼을 누르기 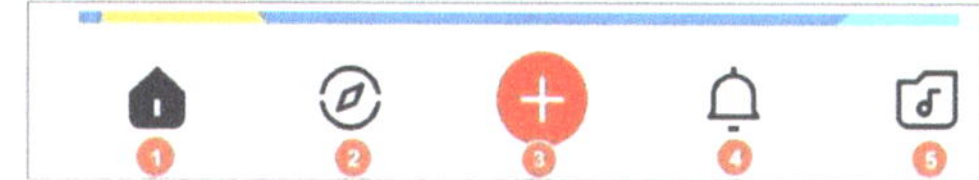

3. Track Type의 노란색 [Looper] 누르기 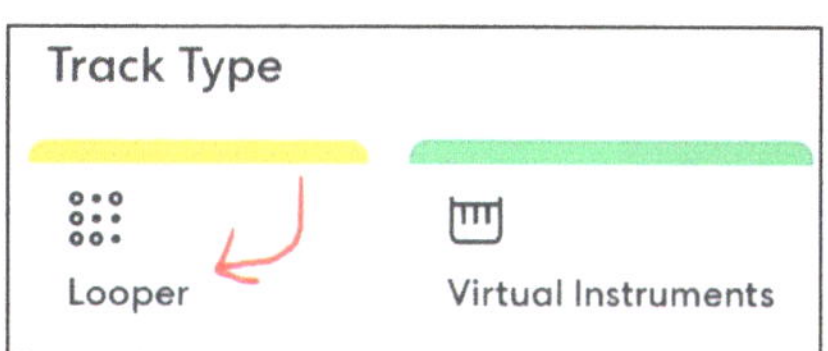

4. 장르에서 'Lo-Fi' 검색하고 샘플 선택추가[+]누르고

5. Base ~ Keyboard 중에서 선택하면, 조합에 따라 여러 음악이 탄생하고, 아래쪽 빨간원 녹음 버튼을 눌러 녹음한다.

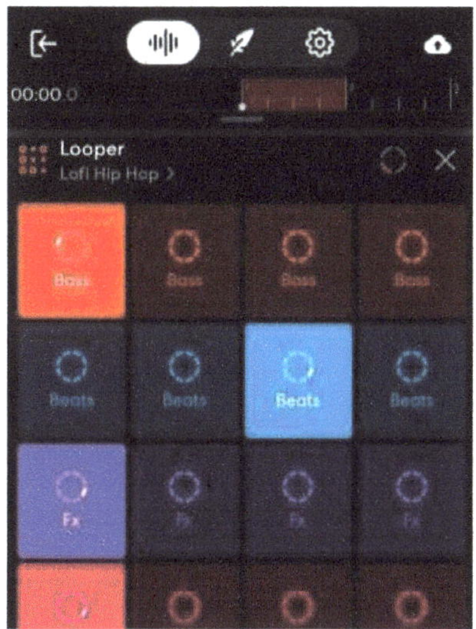

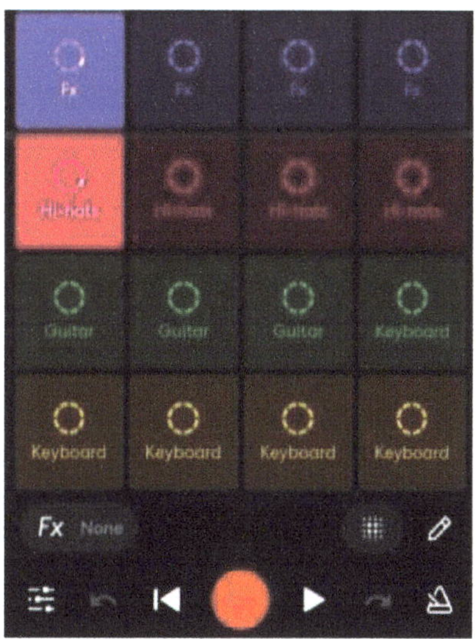

6. 녹화 전 테스트를 해 두면 적정 위치에 비트를 배치할 수 있다.

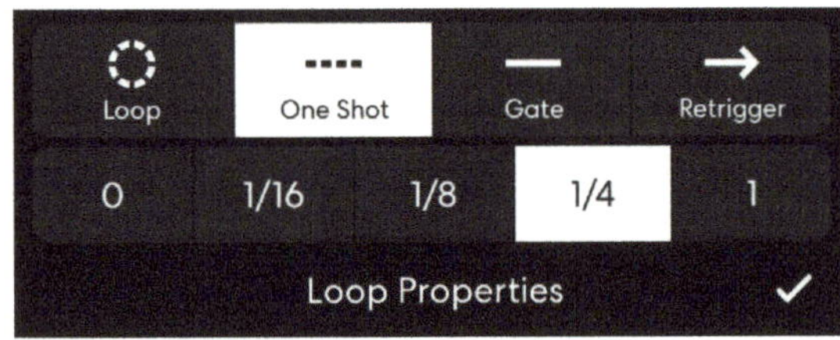

7. [편집] 버튼을 누르고, Loop, 박자를 선택하고 빨간 녹음 버튼을 눌러 완료한다.

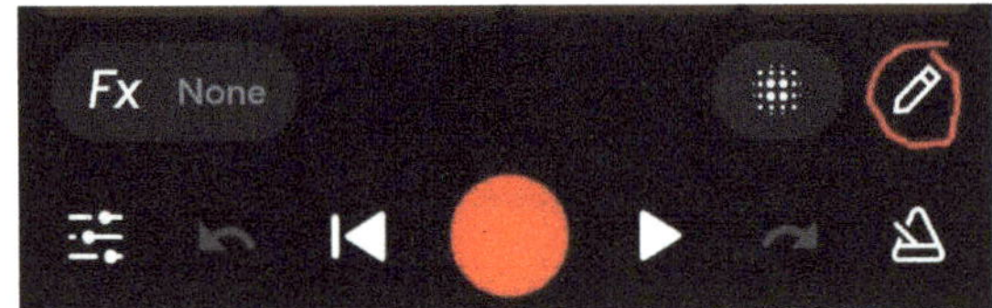

8. 오른쪽 위 구름 Publish 버튼을 눌러 [저장] 누르고 정보기록을 하고 [공개하기]를 누른다.

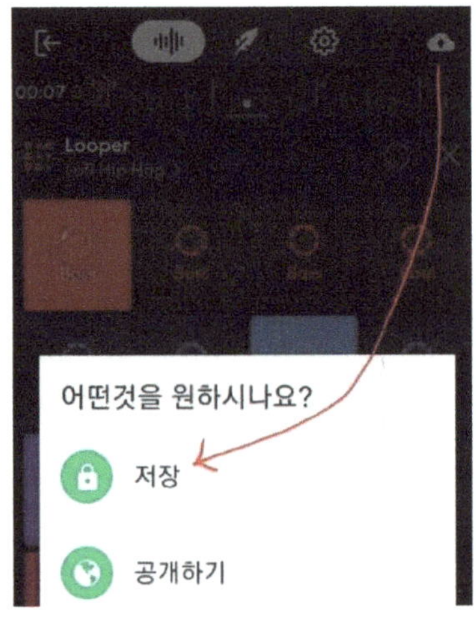

9. 유튜브 업로드를 위해 창을 나가고, YouTube 누른다.

10. 왼쪽 위 내 계정을 눌러 화살표 공유하기 눌러주고, 다운로드 아래 [동영상] 누르고

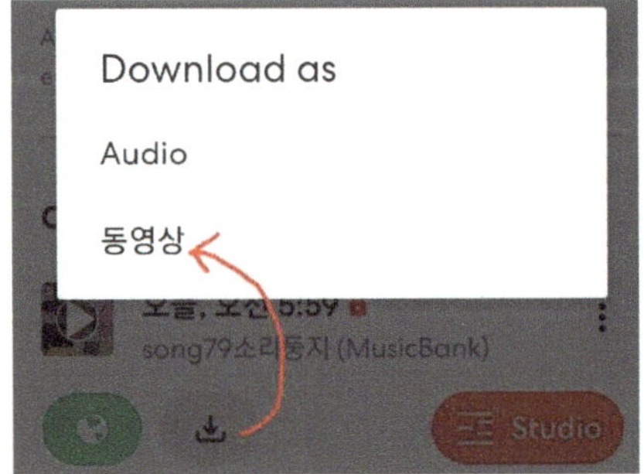

11. youtube를 골라서 업로드한다.

〈루퍼 버튼 기능〉

(상단)
1. 루퍼에서 나가기
2. 연주화면
3. 가사/필기(lyrics/notes)
4. 설정 : 프로젝트, 스튜디오, 도구함
5. 업로드(Upload)

(하단)
1. 효과(effect)
2. AutoPitch
3. 이어폰
4. 튜너(Tuner)
5. 루퍼 트랙 기능: Mute, Solo, Track Volume, Pan
6. 마디 처음
7. 녹음
8. 재생
9. 메트로놈 On, Off

10. [세부 설정] 클릭한다.
필터(Filter)와 게이터(Gater) : 화려한 사운드 찾기

11. Loop Properties
   1) Loop : 계속 재생
   2) One Shot : 소스의 길이만큼 한번 재생
   3) Gate : 터치하는 동안 재생
   4) Retrigger : 터치하면 다시 재생

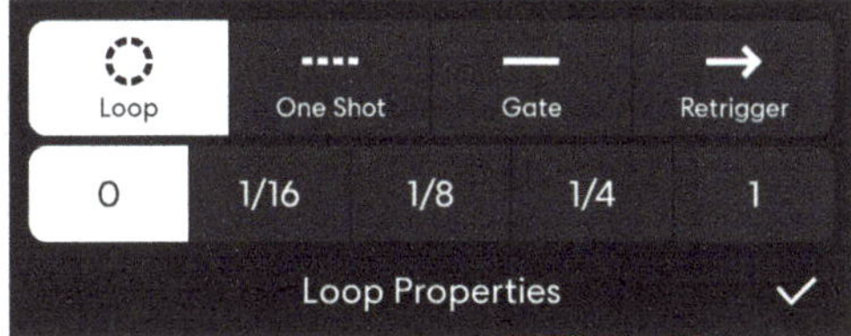

[45] 머니코드, Drum Machine, 노래 녹음

Money chords(머니코드)는 파헬벨의 캐논코드를 해석해 만든 코드 진행(chord progression)으로, 멜로디를 많이 만들 수 있는 팝과 가요 코드 진행이다.

Drum Machine과 Virtual Instruments로 PC에서 머니코드 만들고, 스마트폰에서 불러와 노래 녹음하기

1. PC켜고 구글에서 '밴드랩' 검색하여 온라인에서 작업한다.

2. [Create] 클릭하고, [New Track] 창을 연다.

⟨머니코드 루프 만들기⟩
1. New Track의 [Drum Machine] 클릭한다.

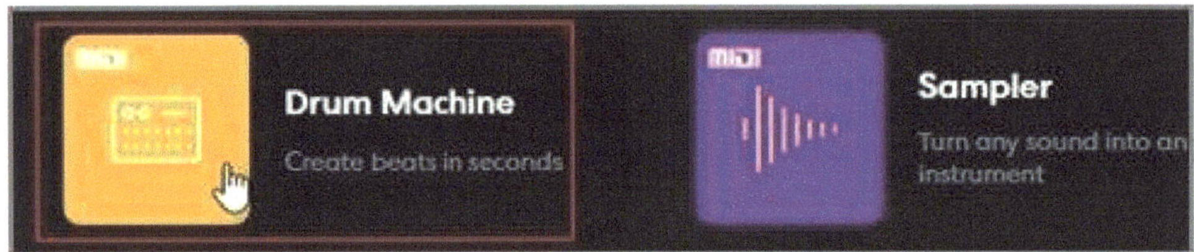

2. 드럼악기 패턴에서 골라 [Drum Machine] 트랙에 입력한다.

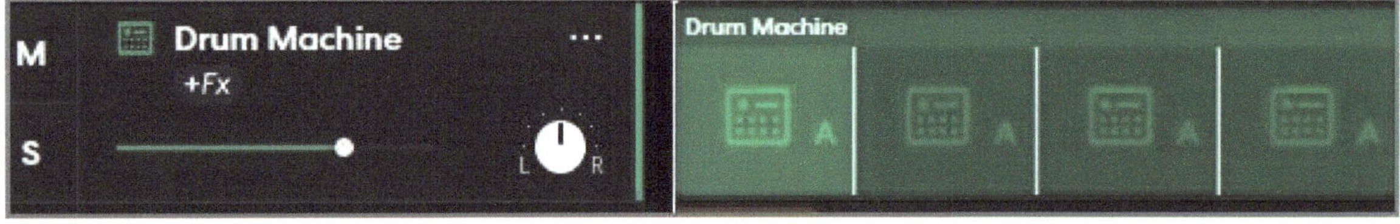

3. [Add Track] 클릭하고, [Virtual Instruments] 클릭한다.

4. 피아노 악기 입력하고 노트를 정렬하기 위해 트랙에 있는 노트를 더블클릭하여 Midi Editor에서 노트를 선택하고 [Quantize] 클릭하면,

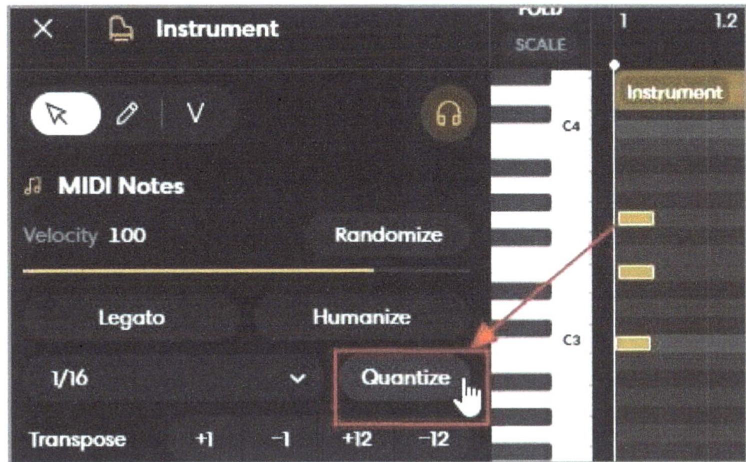

5. 노트가 정렬된다.

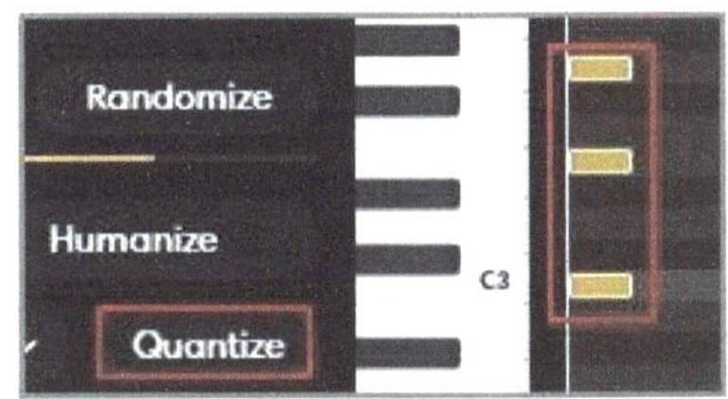

6. 우측 상단의 [Snap to Grid: G] 눌러 활성화하고, 노트 클립을 선택하고 [Alt] 누르고 드래그하여 이동한다.

7. 노트 클립을 모두 선택하고 길이를 줄인다.

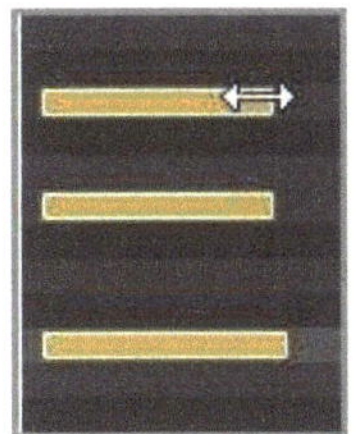

8. 내보내기 클릭하여 '머니코드' 프로젝트로 저장한다.

〈스마트폰에서 목소리 녹음하기〉
1. 하단 메뉴에서 [내프로젝트] 탭한다

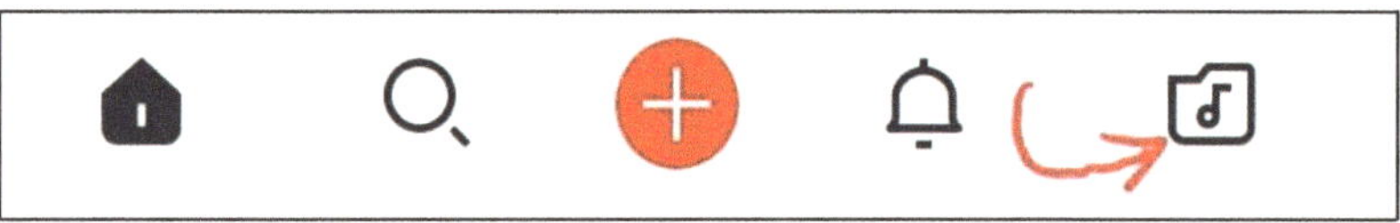

2. [라이브러리/프로젝트/내프로젝트] 탭하여 '머니코드' 선택한다.

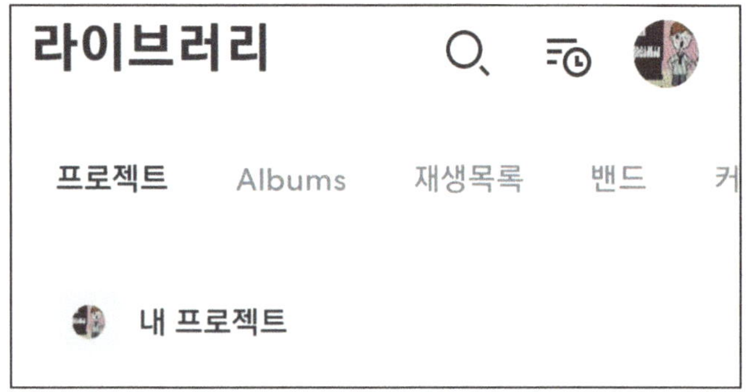

3. [Studio] 탭한다.

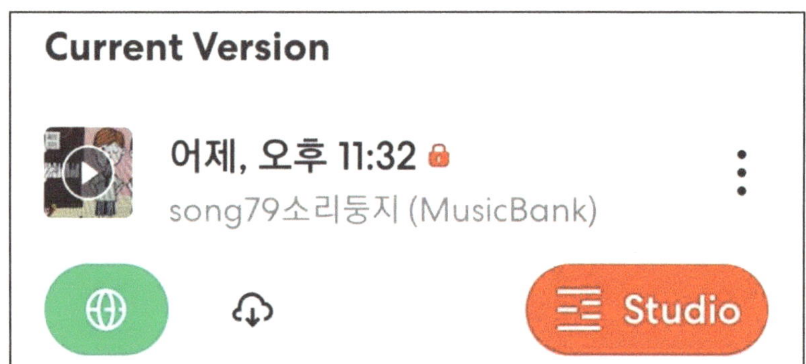

4. 스마트폰에 이어폰을 연결하고 [설정]에서 [실시간 입력 모니터링]을 활성화하고

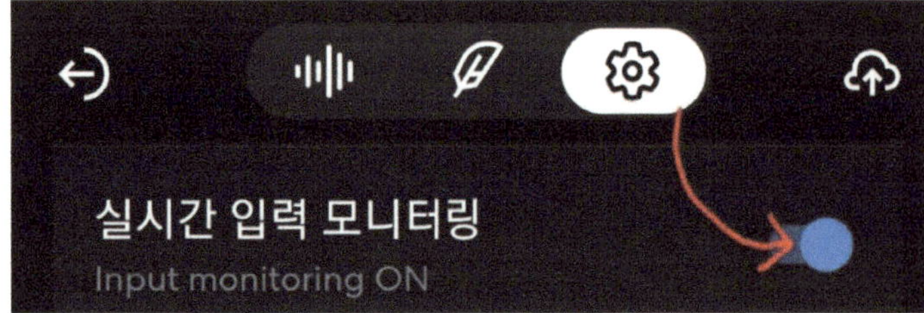

5. [Voice/Audio] 트랙 추가하여 노래 녹음하고 클립 선택하고 [더보기...]의 [Gain] 탭한다.

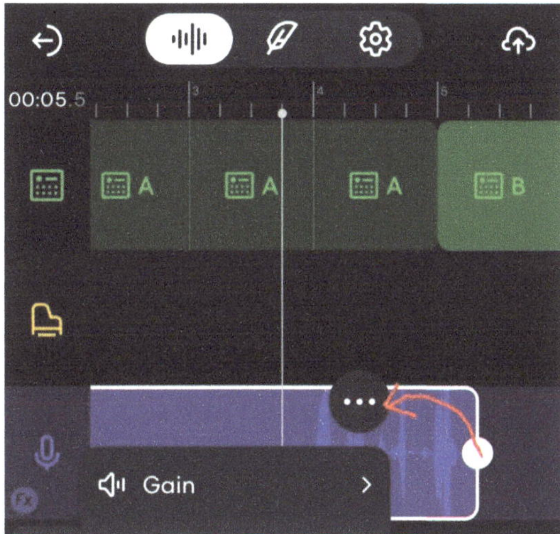

6. Gain을 올리고 체크하면

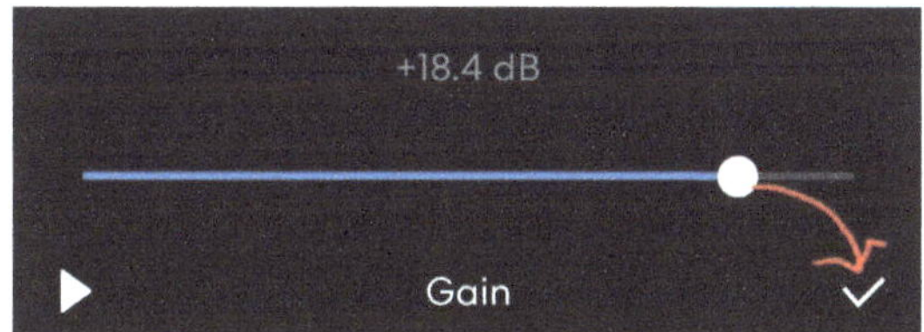

7. 볼륨이 커진다.

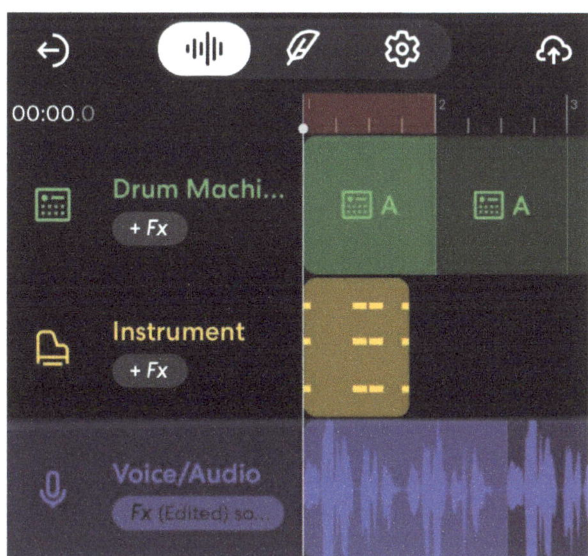

[46] 무 설치 악기 노래 녹음

컴퓨터에 프로그램을 설치하지 않고, 온라인에서 악기와 노래를 녹음하고 음악을 만들기

1. 사이트에서 프로그램 바로 열기
   1) 구글에서 'bandlab' 검색하고, 아래 화면이 나오면 클릭한다.

   https://www.bandlab.com
   2) 우측 상단의 [Sign up] 클릭하고, 구글로 로그인한다.

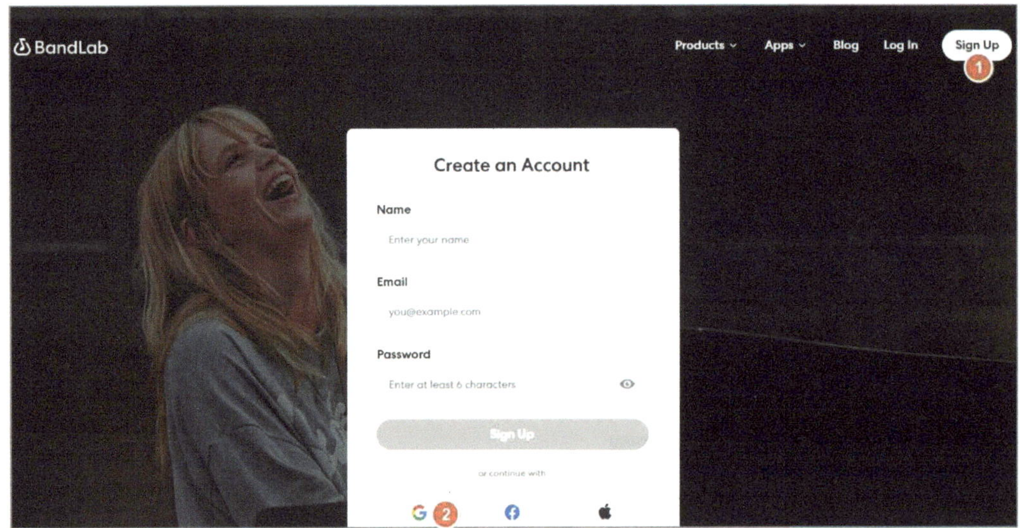

2. [+Create] 클릭한다.

3. [New Project] 클릭한다.

4. New Track 창에서 [Voice/Audio] 누른다.

5. 녹음하기

1) Input에서 '마이크' 설정한다.

2) 오디오 트랙을 선택하고 녹음 버튼을 누르고 기타 소리를 녹음한다.

3) [Add Track] 클릭하고 노래를 녹음하기 위해 [Voice/Audio] 클릭한다.

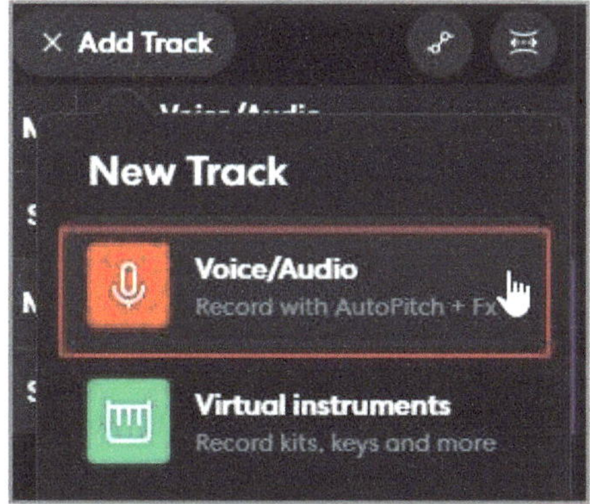

4) 녹음(R키) 버튼 누르고 노래를 녹음 한다.

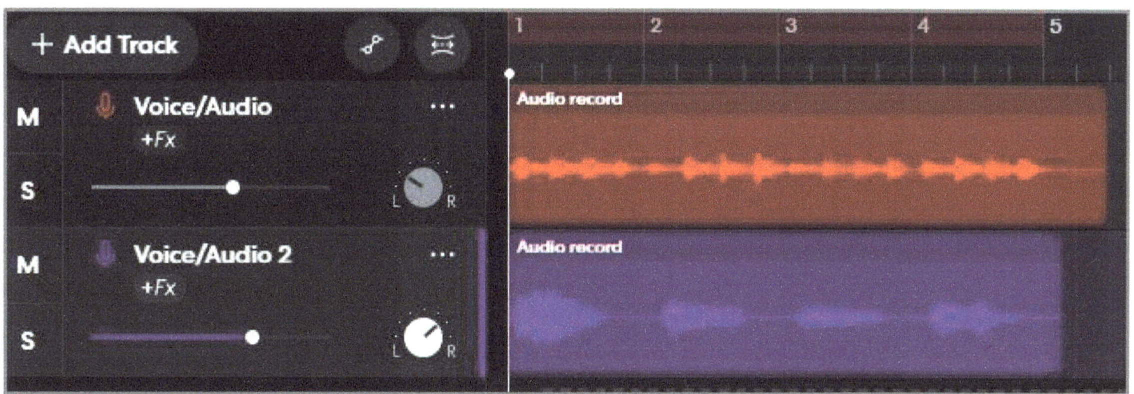

5) [Fx Effects:1번] 클릭하여 Compress[2번] 골라 사운드 효과를 주고, Pan, Reverb[3번] 효과를 준다.

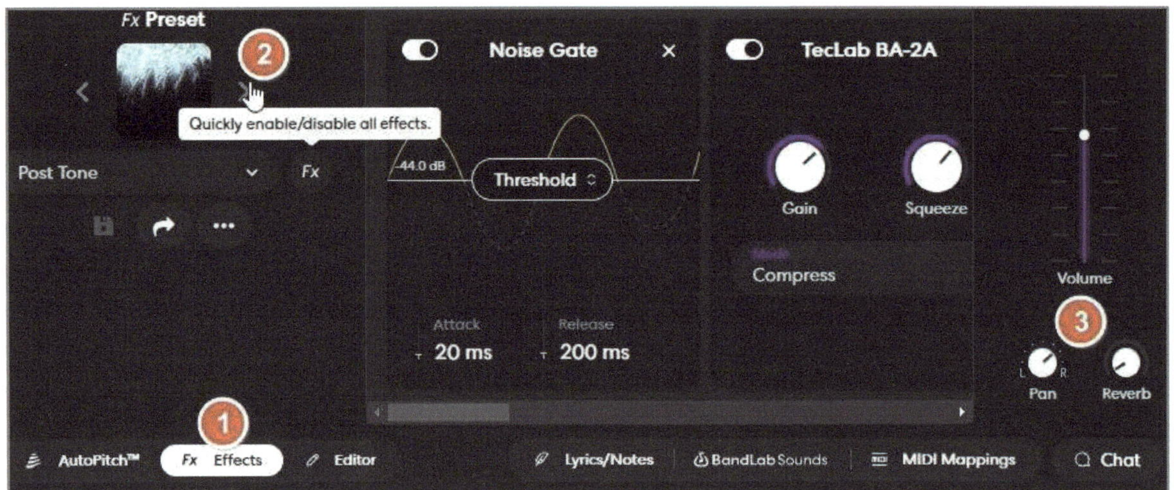

6. Publish로 다운하고 공유하기
 1) [Publish] 클릭한다.

 2) 파일 이름을 적고, [Publish] 클릭하고, [Revision published]를 클릭하고 녹음한 소리를 확인한다.

 3) Down 클릭하고, WAV, MP3로 저장하면, 컴퓨터 다운로드 폴더에 파일이 있다.

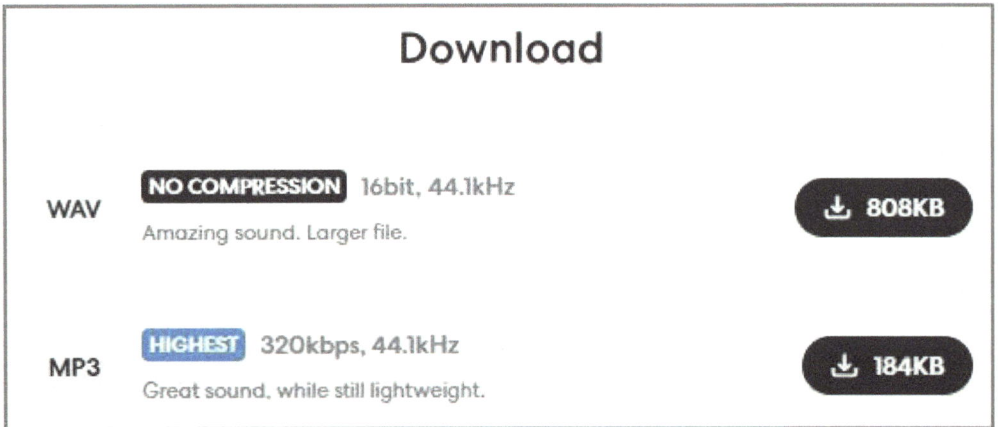

[47] 드럼과 건반 녹음

스마트폰에서 드럼, 건반악기 녹음하기

1. 만들기 [+] 누르고

2. 'Virtual instruments' 누르고,

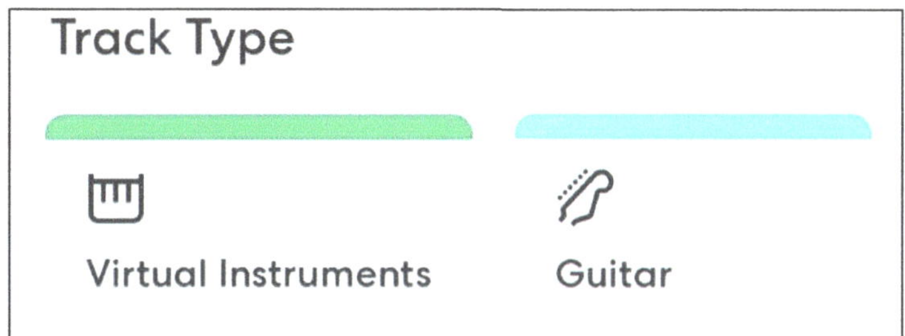

3. [Drum Pads]를 선택한다.

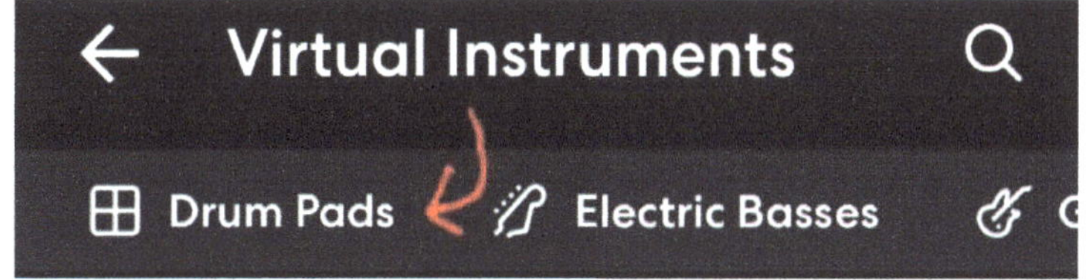

4. 리듬 트랙을 만들기위해 악기 [Drums] 선택한다.

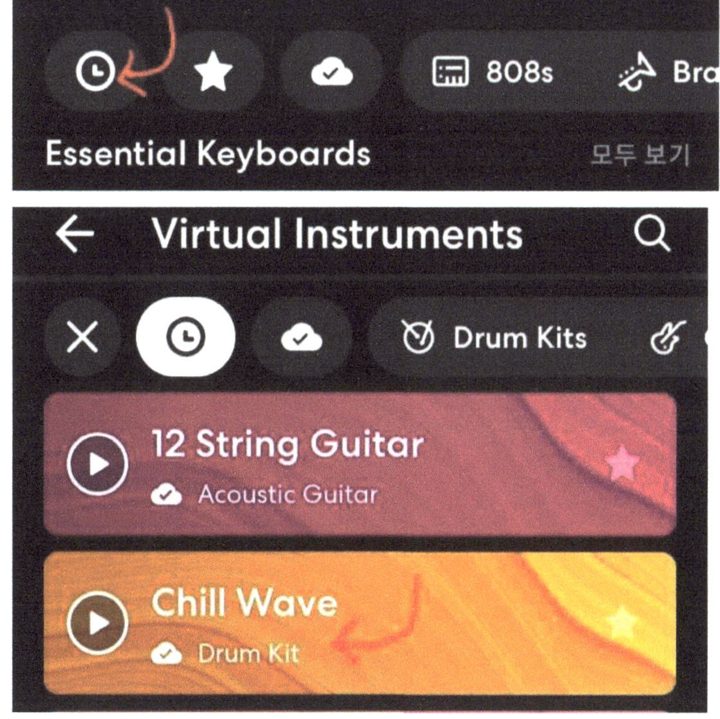

5. 드럼 셋트가 나오는데 음악에 어울릴 만한 셋트를 골라 선택한다.

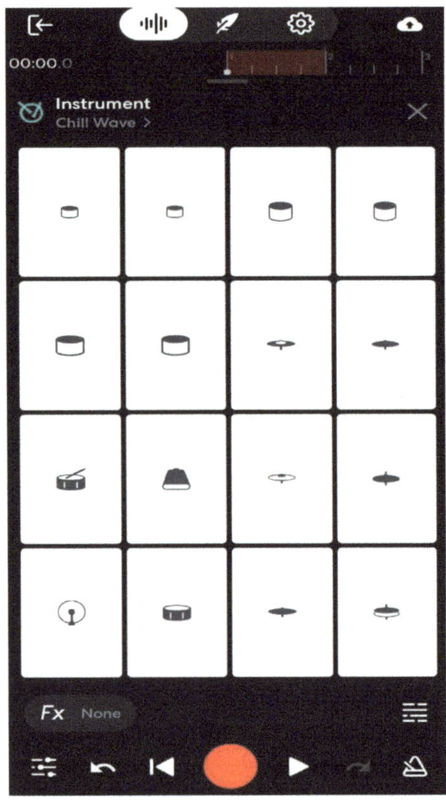

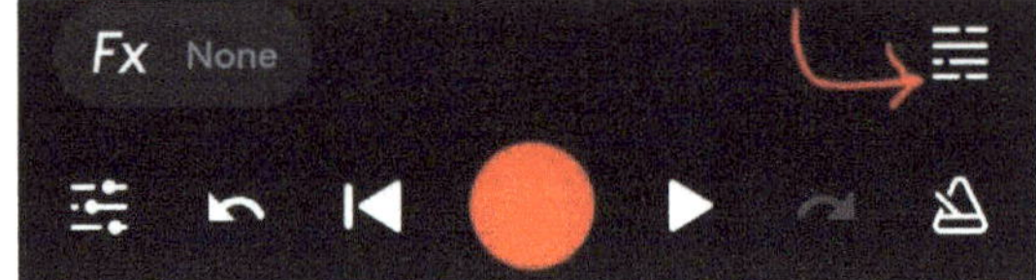

6. [피아노 롤] 누르면, 16비트가 기본으로 표시되는데 줄 하나가 16분음표입니다.
비트에 맞게 드럼을 입력한다.

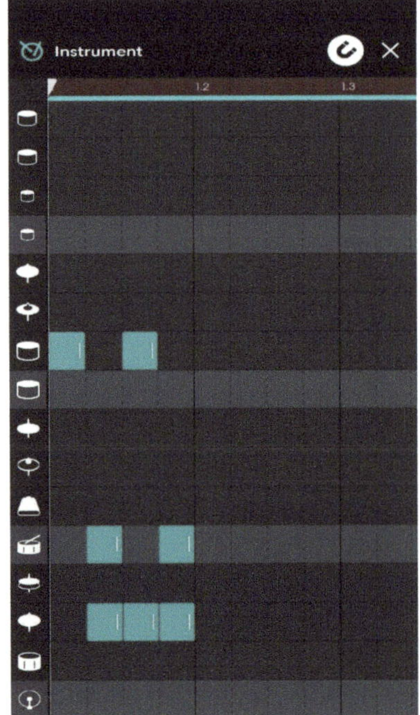

[48] 설치와 미디악기 오디오 녹음

컴퓨터에 밴드랩 어시스턴트(BandLap Assitant) 설치하고, 미디와 오디오 녹음하기

1. PC에 다운 설치하기
[설치 1]

https://naver.me/xSjxxr4N

1) [Download] 클릭하여 Log in(로그인)하고 설치한다.

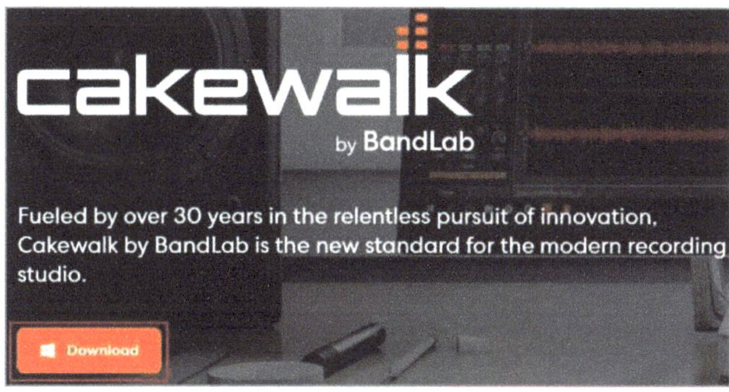

2) [BandLap Assistant] 클릭하여 다운한다.

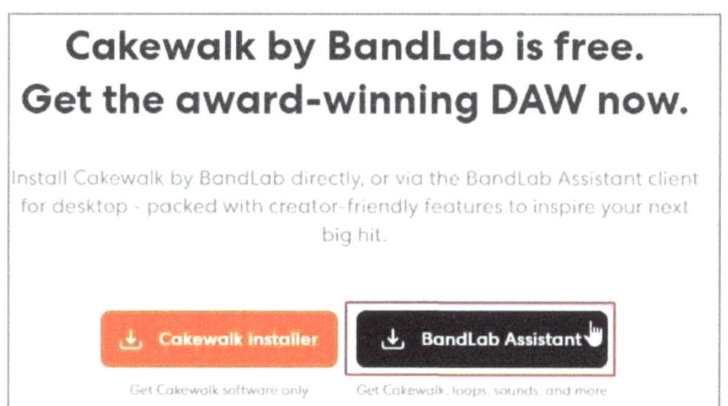

3) 다운 받은 [BandLap Assistant Setup 10.2. 0] 더블클릭하여 설치한다.

BandLab Assistant Setup 10.2.0

4) 업그레이드도 영어로 선택하고, 'I accept the agreement' 선택 후 Next 클릭한다.

[설치 2] [Download] 클릭한다.

https://www.bandlab.com/products/desktop/assistant

2. 바탕화면의 [BandLap Asssitant] 실행한다.

3. 미디악기 입력하기

1) Start a new project에서 [Mix Editor] 클릭한다.

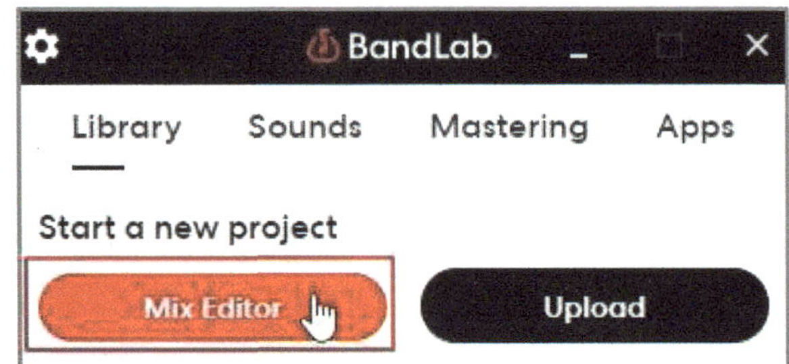

2) New Track에서 [Instruments] 클릭한다.

3) Instrument에 Grand Piano가 보이면, 꺽음쇠 클릭하고,

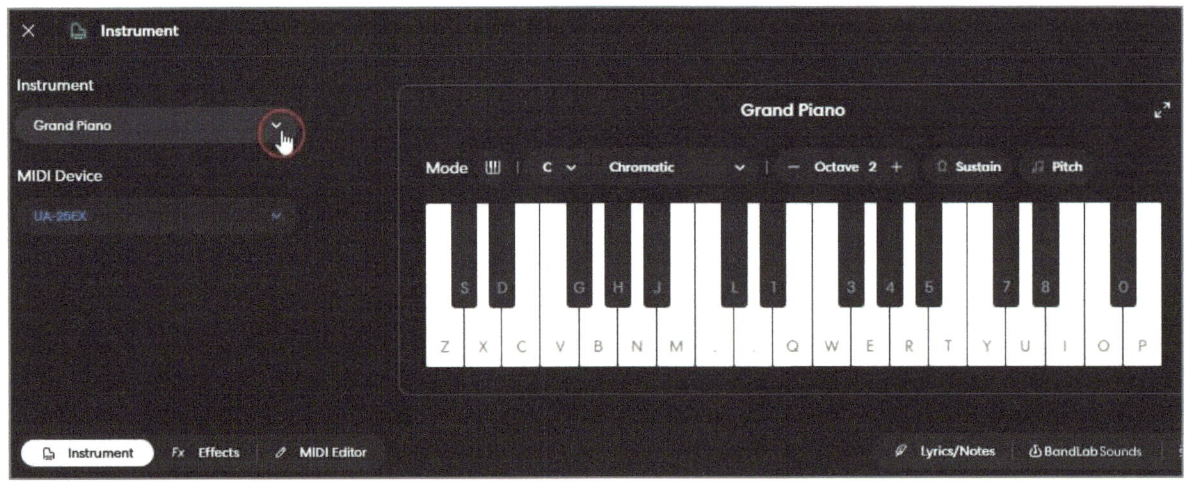

4) Drum의 [LoFi] 클릭한다.

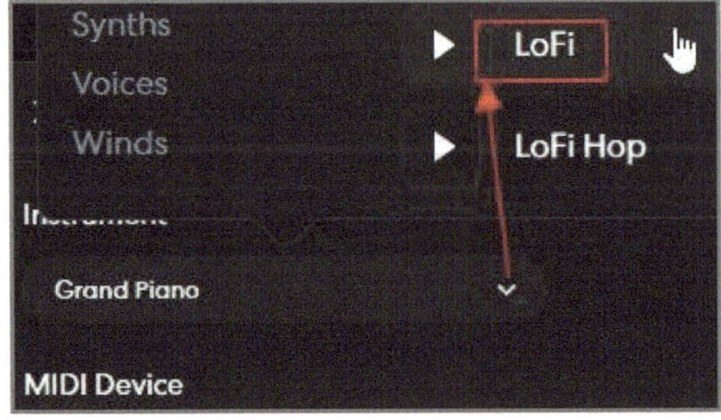

5) LoFi 드럼세트의 악기 소리를 확인한다.

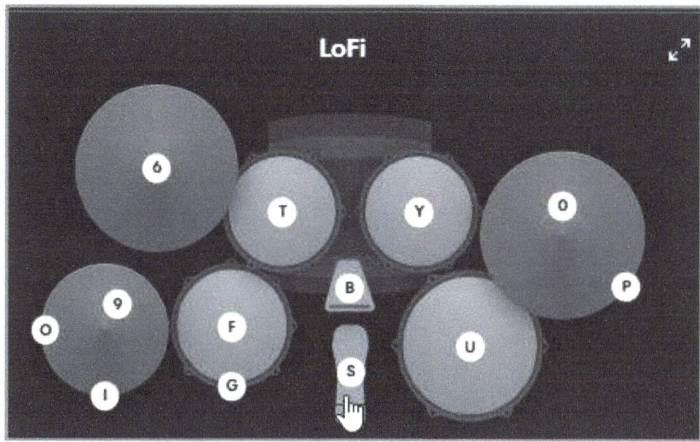

6) [MIDI Editor] 클릭한다.

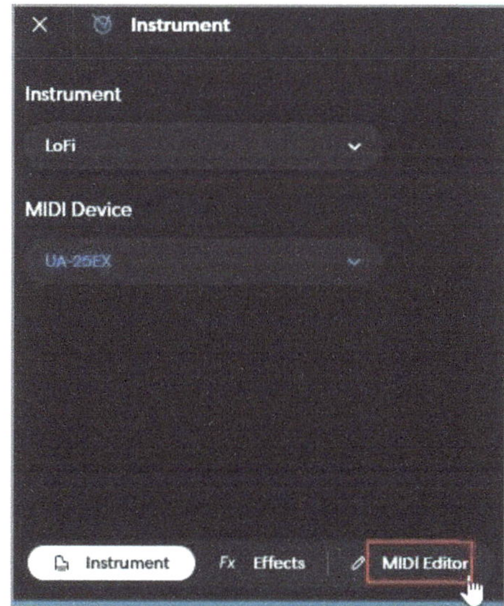

7) 미디 클립을 위치에 자동으로 넣기 위해 우측 상단의 [Snap to Grid(G)] 클릭하고,

8) Kick드럼 위치에서 더블클릭하여 미디 노트를 입력한다.

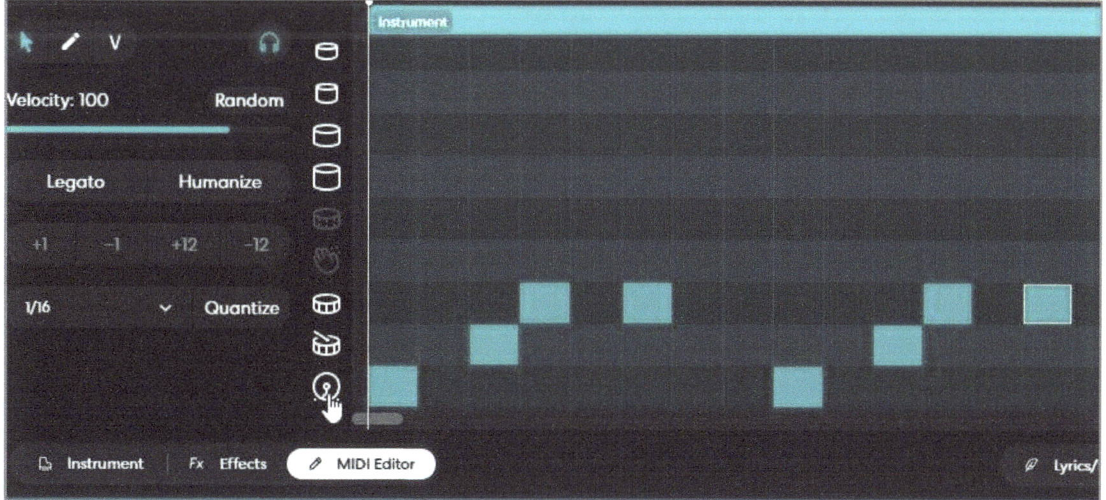

4. 건반으로 미디악기 입력하기

1) New Track에서 Instruments와 Drum Machine은 미디로 입력하고, Voice/Mic, Guitar, Bass는 오디오 녹음하는 트랙이다.
New Track에서 [Instruments] 선택한다.

New Track

Instruments

Ise your keyboard or connect via MIDI to play our virtual instruments.

Drum Machine

Create beats and rhythms in seconds with our built-in drum machine

Voice/Mic

Capture your voice or any sound

Guitar

Plug in a guitar to use BandLab as an amp

Bass

Plug in a bass to use BandLab as an amp

2) 드럼 선택한다.

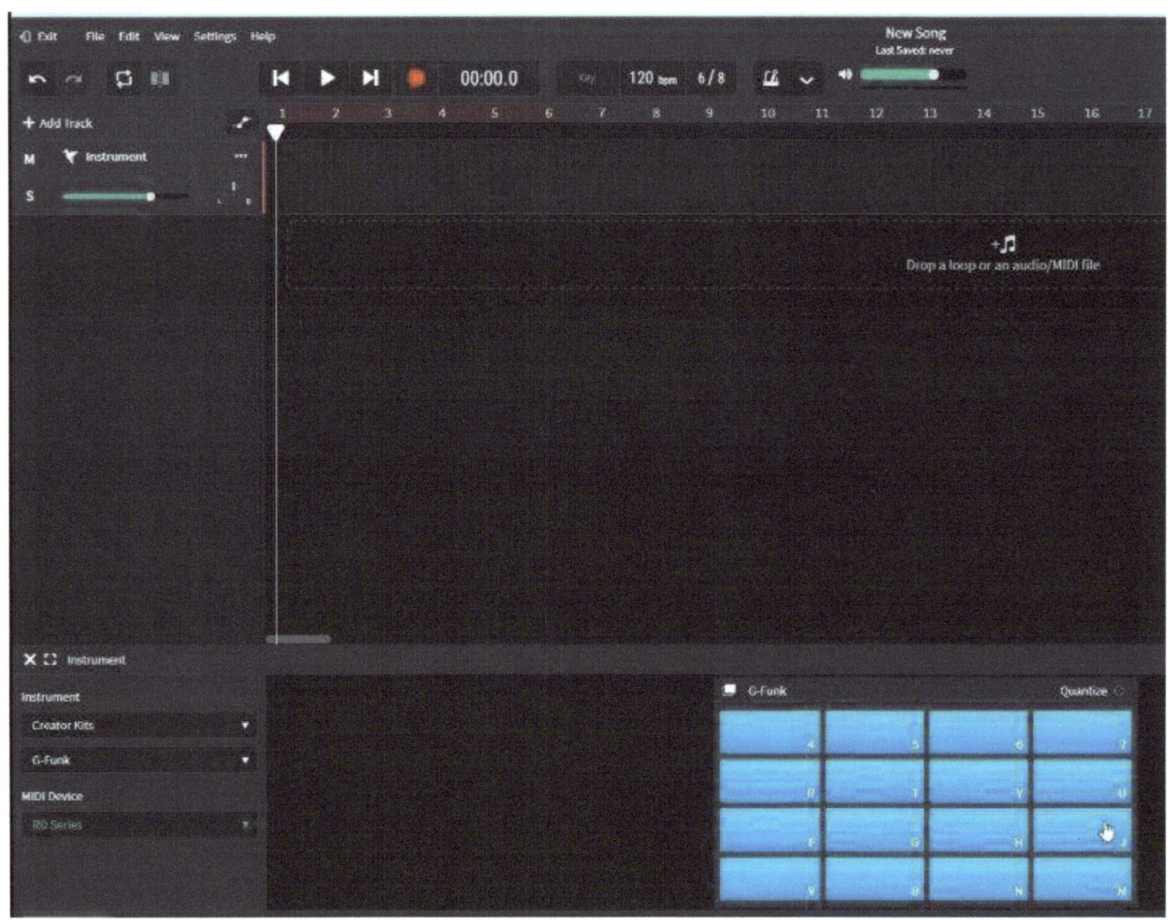

3) [미디 에디터] 선택하고 노트 입력하고 편집한다.

[49] Graillon 플러그인 음정보정 효과

　Graillon(그라이온)은 무료 사용이 가능한 VST플러그인으로 오토튠을 쉽게 넣고, 스무스, 스냅 레인지, 레퍼런스 등의 노브를 조작해 오토튠 음정 보정 효과를 넣는다.

VST는 Virture Stduio Technology의 약자로 가상 스튜디오이다.

〈다운 설치〉
1. 'Graillon' 검색하거나 아래 사이트 클릭한다.
https://www.auburnsounds.com/products/Graillon.html

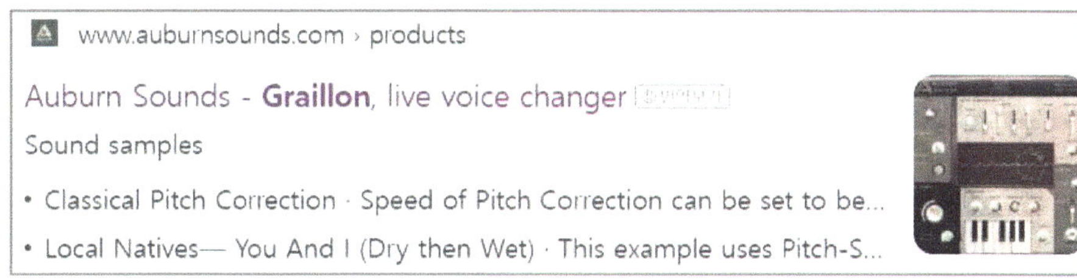

2. [Free Edition] 버튼 눌러서 설치 파일을 다운로드한다.

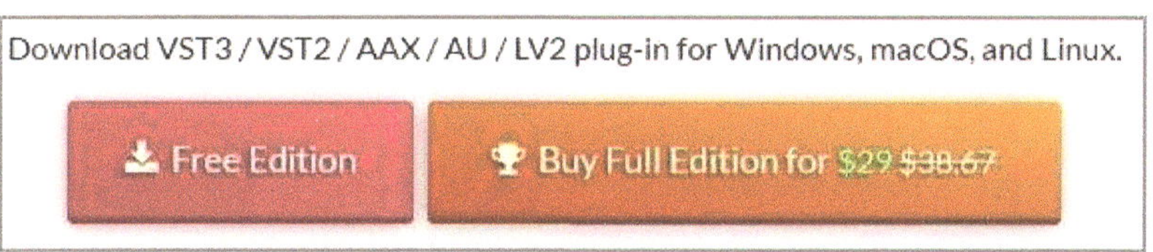

3. 파일 압축을 풀어주고 Windows 폴더에 있는 'Graillon-2-FREE-2.6.0.exe' 라는 프로그램으로 설치를 하면 C:/Program Files/VSTPlugins/에 저장된다.
*설치 경로 확인 C:₩Program Files₩ VSTPlugins

4. 'Next'를 누르고 아래 화면에서 필요한 건 VST 2.4 plug-in 과 VST 3 plug-in 이다.

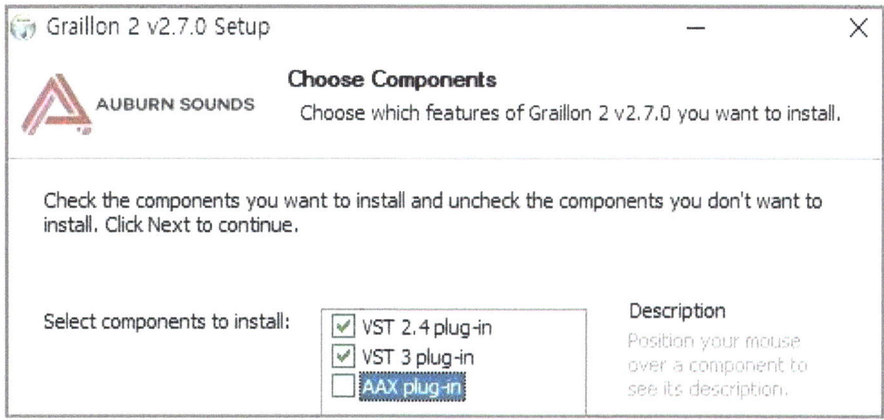

5. 리퍼를 실행하고 오디오트랙에서 [FX] 클릭하고, Filter에서 'gra' 검색하여 [VST3 : Graillon 2]를 더블클릭한다.

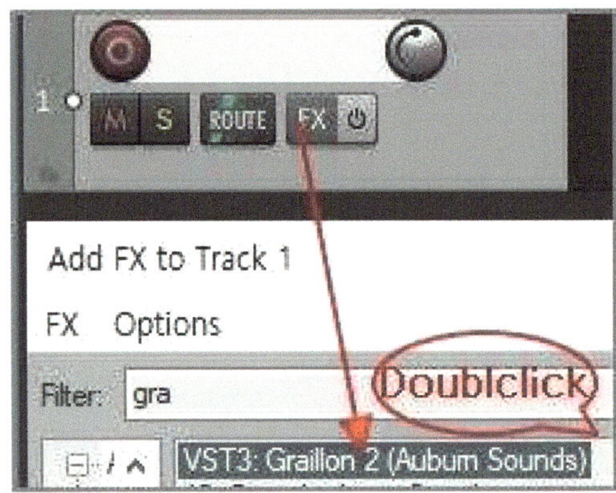

6. Graillon-2첫화면이 보인다.

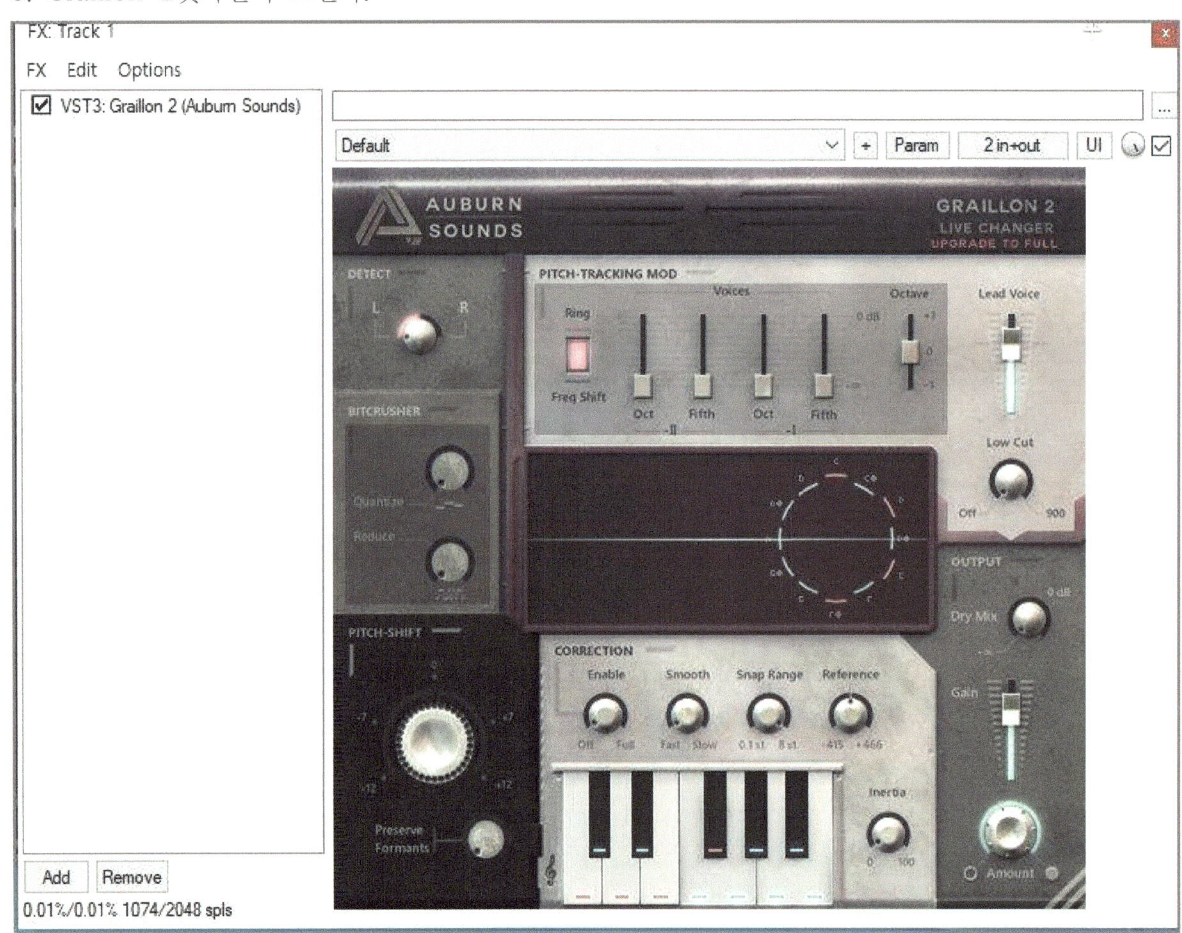

〈버튼 기능〉
Lead Voice (입력값)
Low cut (불필요한 음역 깎아내기: 보통 80hz 밑으로는 깎아 낸다.)
Output (Dry/Wet) 이펙터 출력값
Inertia(지속음)
Amount (총 효과)

7. 리퍼의 트랙에 계명을 녹음하고 '미'음에 가면, 피치 밴드 'E'에 표시된다.

8. Output에서 코러스를 생성하고 옥타브 소리를 만들고 음성을 풍부하게 한다.
  * Pitch-Tracking Modulation: 유료 버전

9. Pitch Shifter는 보이스를 위아래로 조옮김 하여 +12는 한 옥타브 음을 올린다.
피치 수정 모듈은 로봇 사운드를 제공하고 Bitcrusher 추가는 믹스에 반짝거림을 부드럽게 추가한다.

〈음정 보정〉
CORRECTION 기능
1. Enable은 튜닝 기능의 활성화 양을 정하는 것으로 최대로 사용한다.
2. Smooth는 틀어진 음정이 작동할지를 결정하고, 튜닝하길 원하면 중간값을 사용한다.
3. Snap Range는 틀어진 음정 범위를 옥타브로 설정하고, 끝까지 8st로 한다.
4. Reference는 기준이 되어주는 440hz를 튜닝한다.
5. 건반에서 튜닝되어야 할 음정에 '파란불', 튜닝 안되는 음정에 '빨간불'로 지정한다.
F키에서 Bb은 파란불, B는 빨간불로 클릭하여 수정한다.

[50] Cakewalk by BandLab 설치 설정

케이크워크 밴드랩(Cakewalk by BandLab)은 케이크워크 소나 홈 스튜디오를 무료로 배포하기 시작하였다. 게다가 프로그램의 코어는 플래티넘 에디션과 동일하다. 기능 제한이 있는 쉐어웨어가 아니다. 프리미엄 플러그인만 일부를 제외하고 모든 기능을 쓸 수 있다.

밴드랩 어시스턴트라는 전용 매니저를 통하여 정식 라이트 판을 다운로드 받을 수 있다. 기존 소나에서 쓰던 모든 플러그인은 새로운 케이크워크에서도 쓸 수 있다.
케이크워크 바이 밴드랩(cakewalk by bandlab) 설치를 도와주는 밴드랩 어시스턴트 (bandlab assistant)를 다운 받는다. 화면 아래 [Get Early Access] 클릭한다.

1. 다운로드하기
 1) 홈페이지 링크 클릭하고,
https://cakewalk.bandlab.com/

Cakewalk by BandLab | BandLab Products
The next generation of SONAR, the world's finest and most powerful desktop DAW - now FREE.
www.bandlab.com

 2) [Download] 클릭한다.

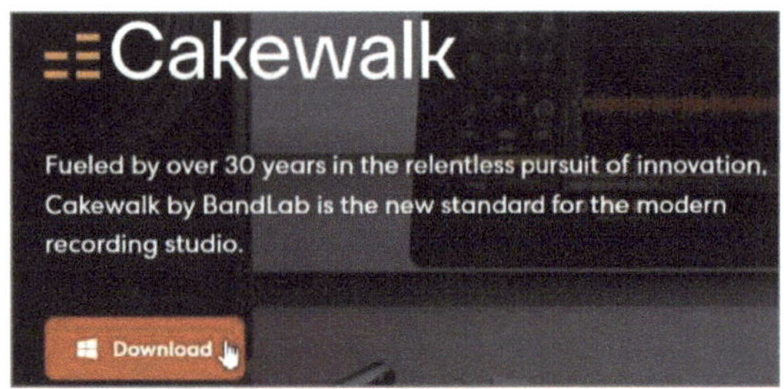

2. [Apps] 클릭하고, [Install] 클릭하여 밴드랩과 연동한다.

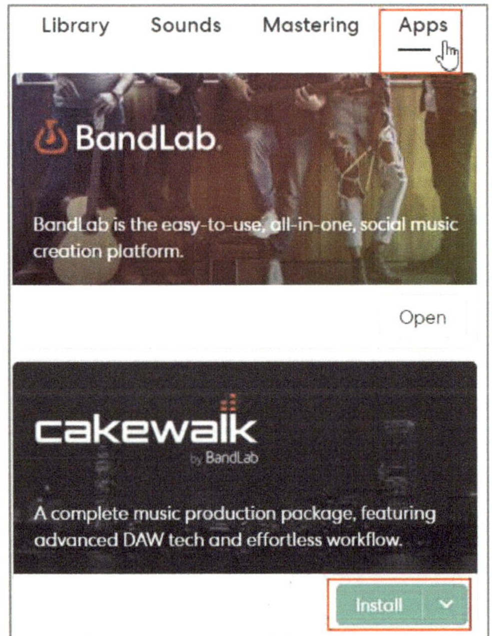

3. 설정 선택하고 [Install] 클릭한다.

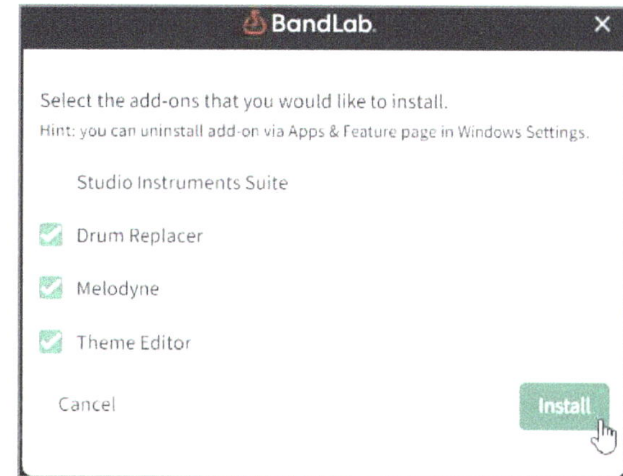

4. English 선택하고 OK 한다.

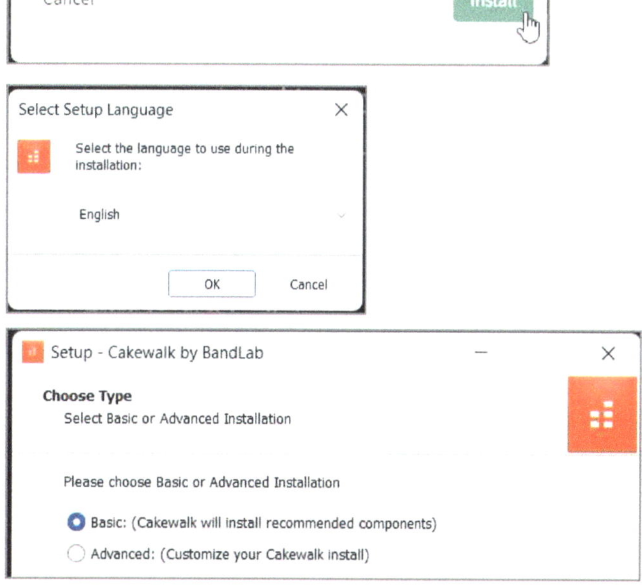

5. Basic 선택하고,

6. 설정한 것이 설치되기 시작한다.

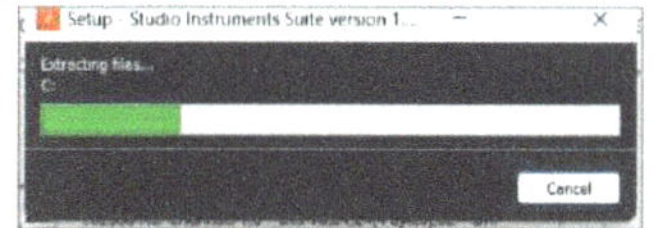

첫 페이지에서 [I accept the agreement를 선택해주고, Next 〉 Next 〉 Next 클릭하면
설치 과정(Setup)이 진행된다.

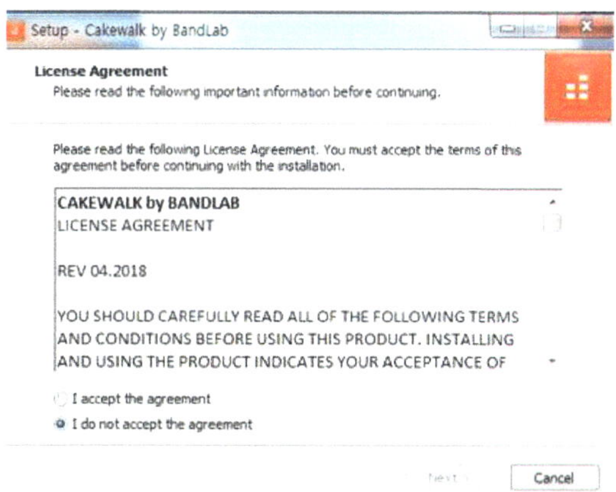

7. 중간에 에러 메시지가 나오면, [무시]를 누른다. (3~4번 정도)

[51] Cakewalk by BandLab 다운설치

〈케이크워크 밴드랩 다운 설치〉

1. 구글에서 '케이크워크 밴드랩'을 검색한다.

https://www.bandlab.com/products/cakewalk
* 케이크워크를 사용하는데 있어서 윈도우10 64비트 버전을
권장한다.

2. [Download] 클릭한다.

3. [Cakewalk Installer] 클릭한다.

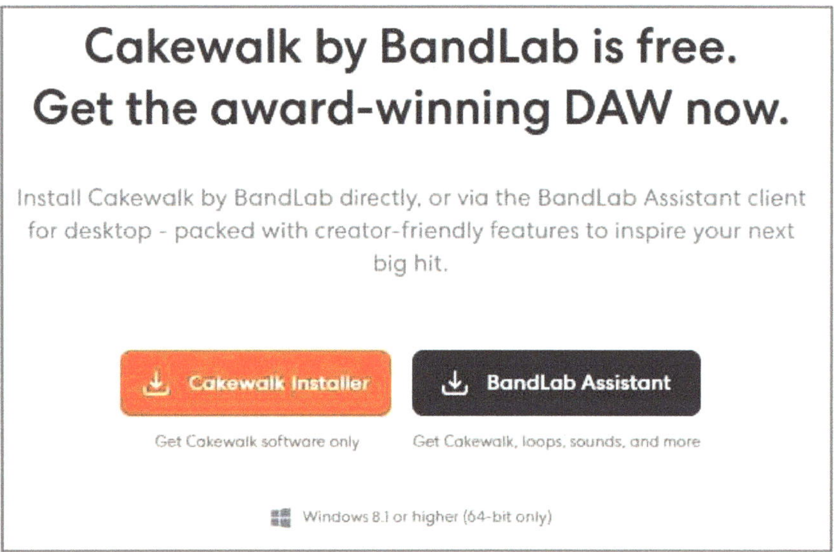

4. 컴퓨터 다운로드에 다운받은 [Cakewalk Setup.exe] 열어 설치한다.

〈케이크워크 밴드랩 열기〉

1. 다운받은 파일을 실행하면 밴드랩 어시스턴트 화면이 뜬다.
2. 우측 상단에 있는[Apps] 버튼을 누르고 다음과 같은 화면으로 이동하면, [Install] 클릭한다.

[52] 무료다운 설치

PC에 밴드랩 어시스턴트(Bandlab Assistant) 설치하기
Cakewalk 무료버전을 다운로드 하기 위해 먼저 밴드랩 어시스턴트 소프트웨어를 설치한다.

1. 밴드랩 어시스턴트 다운받기
  1) 구글에서 '밴드랩 어시스턴트' 검색하고,

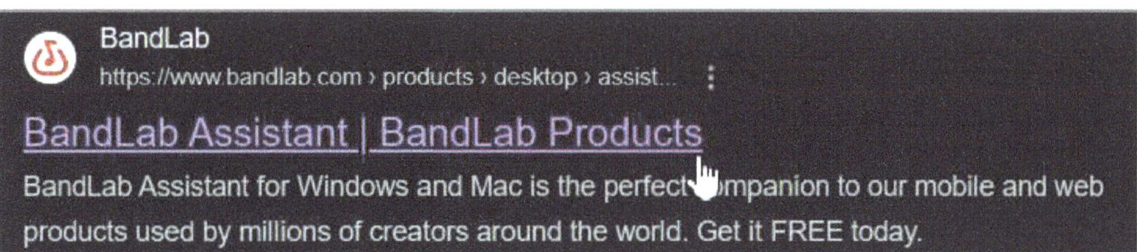

  2) [Download] 클릭한다.

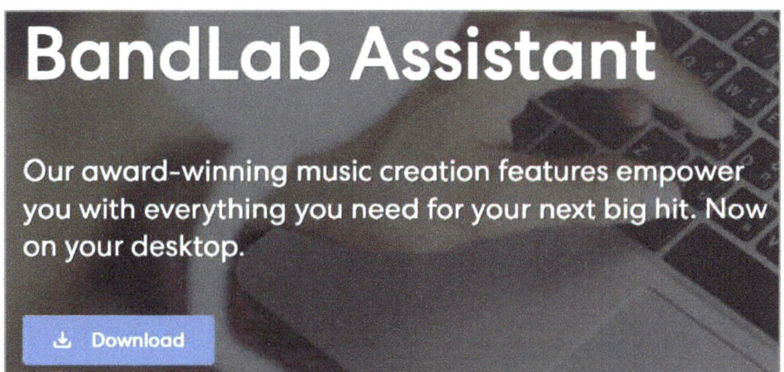

  3) [Download for Window] 클릭한다.

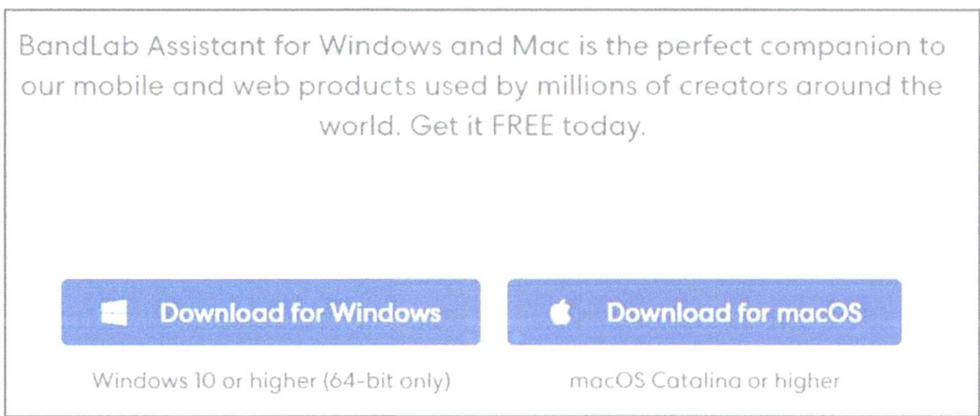

  4)[Log in] 클릭하여 로그인한다.

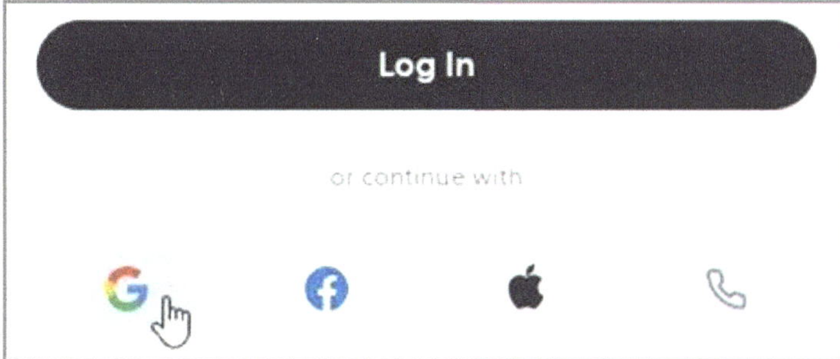

2. 밴드랩 어시스턴트 실행하기

  1) Start a new project의 [Mix Editor] 클릭한다.

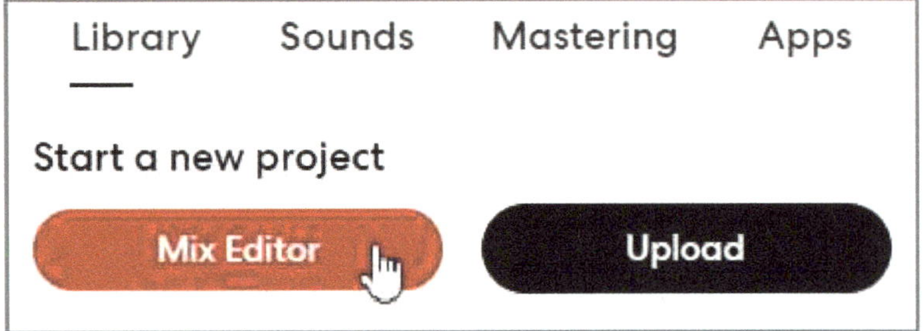

  2) New Track의 [Instrument] 클릭한다.

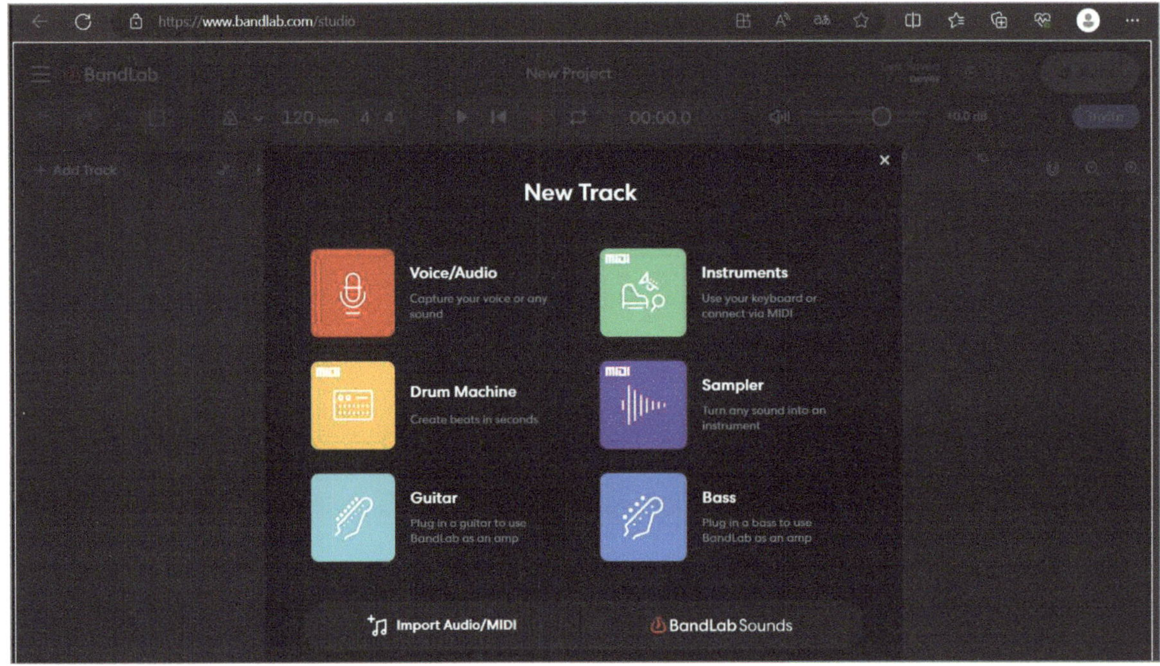

3. 밴드랩 어시스턴트(Bandlab Assistant) 바로 열기

케이크워크 바이 밴드랩(cakewalk by bandlab) 설치를 도와주는 **밴드랩 어시스턴트(Bandlab Assistant)**를 다운 받는다.

BandLab Assistant | BandLab Products

BandLab Assistant | BandLab Products

Your central hub for your musical creative process on Windows and Mac.

www.bandlab.com

  4. 설치할 때 에러 나올 때는 인터넷브라우저의 광고 차단 기능을 쓰고 있으면 밴드랩 홈페이지는 해제한다.

[53] 설정과 녹음

Preferences에서 녹음 설정하고, USB 마이크로 목소리 녹음하기

1. PC에서 Cakewalk by BandLab 실행하고, New Project에서 [Empty Project] 클릭한다.

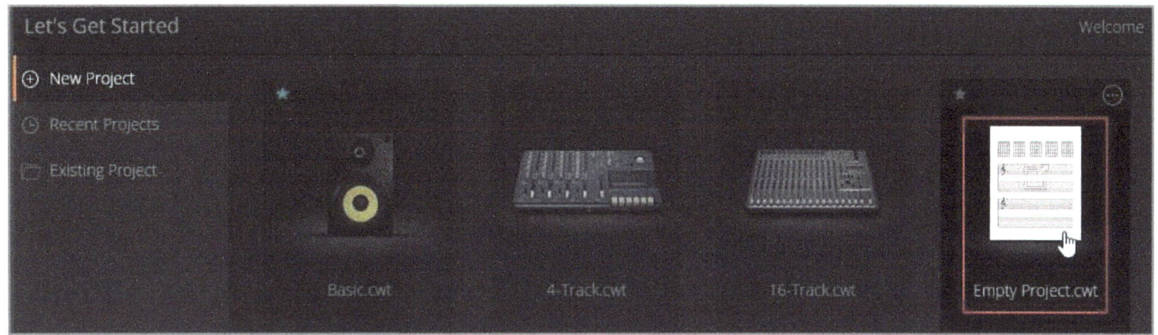

2. Edit의 [Preferences: P] 클릭한다. PC에 USB 마이크를 연결한다.

1) Devices의 Input Devices에서 [마이크(3-USB Audio Devices] 선택한다.

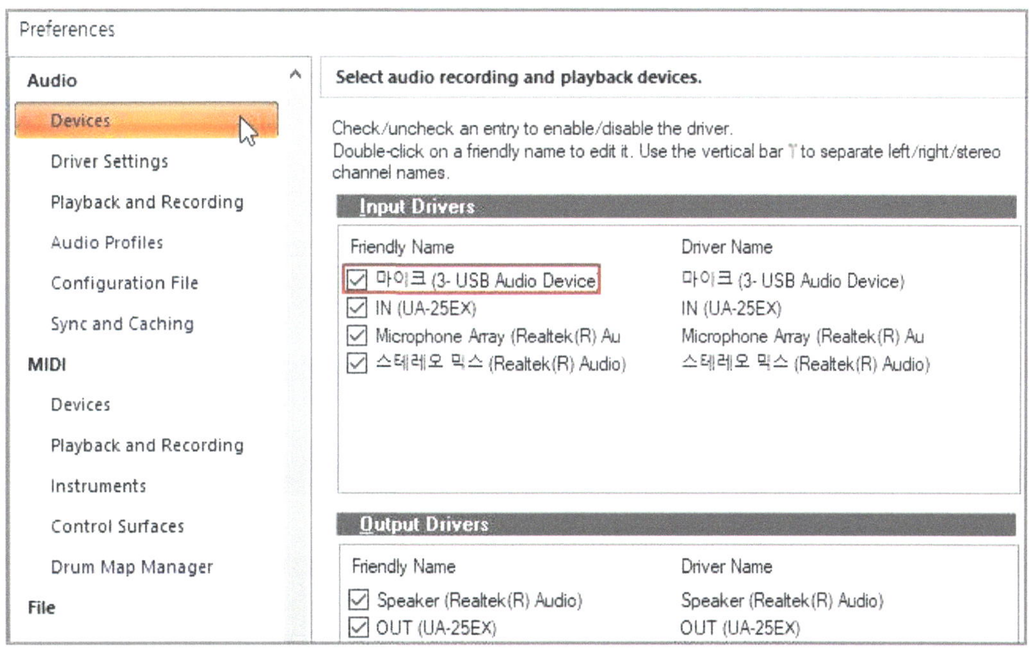

2) [Driver Settings]에서 Record: [마이크(3-USB Audio Devices] 확인한다.

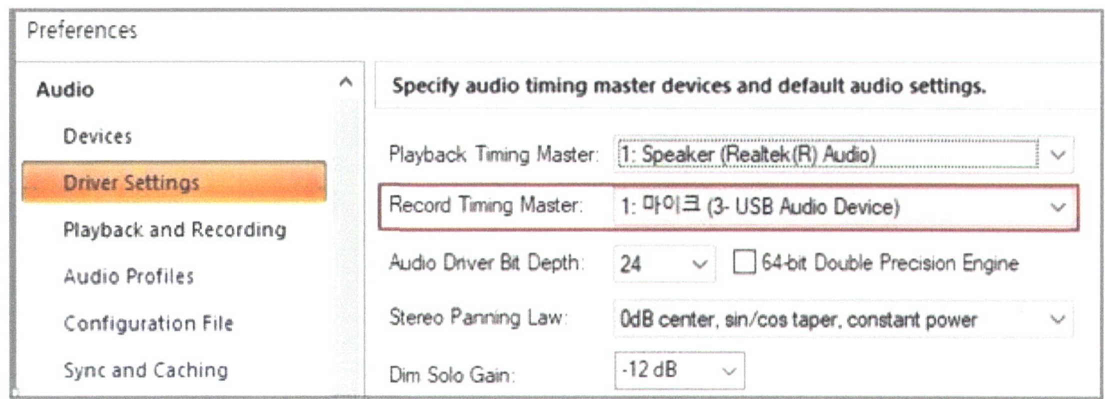

3) [Playback and Recording] 클릭하고, Driver Mode를 MME(32-Bit) 선택하고,

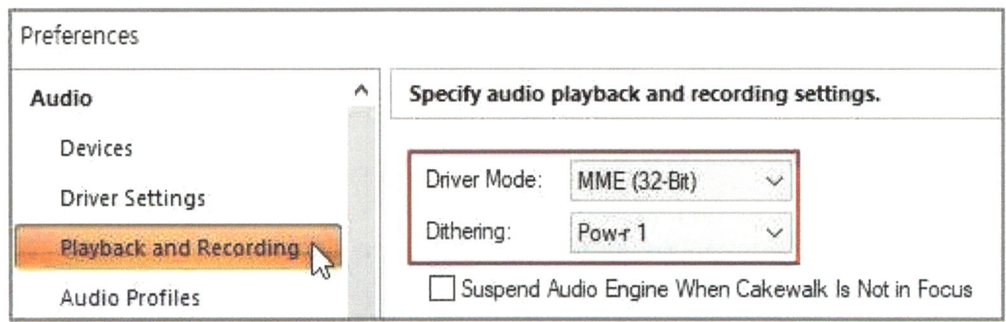

3. 왼쪽 트랙에서 우 마우스로 [Insert Audio Track] 클릭하면 오디오 트랙이 생성된다.

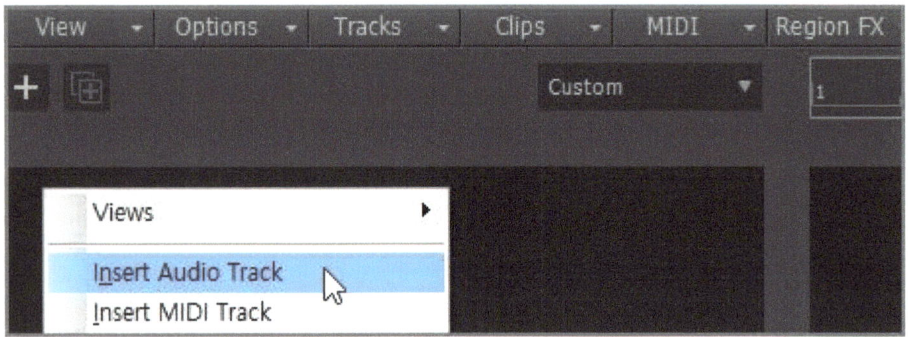

4. 녹음하기

1) 트랙에서 빨간 원 선택하고, 빨간 녹음 버튼(R 키) 누르고 목소리를 녹음한다.

2) 녹음 클립이 생긴다

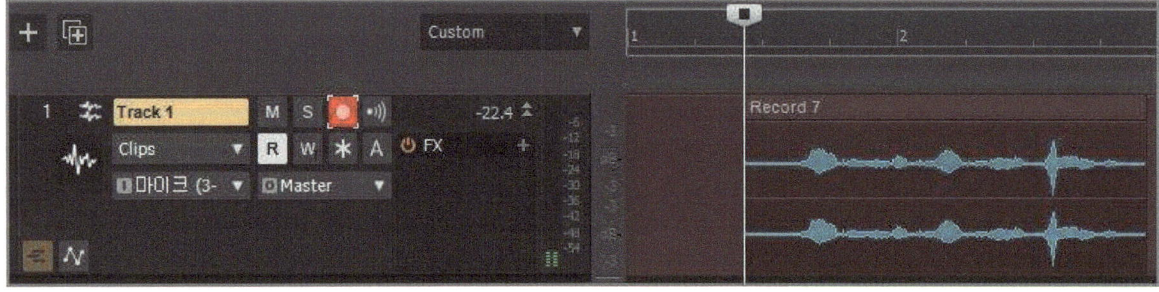

[54] 오토메이션(Automation), 믹싱

케이크워크의 클립게인 볼륨 오토메이션(Automation) 과 Auto Crossfade 사용해서 믹싱하고 마스터링하기

1. 오디오 트랙에서 볼륨 조절하기 위해 오디오트랙 안에 [Clips] 부분을 클릭한다.

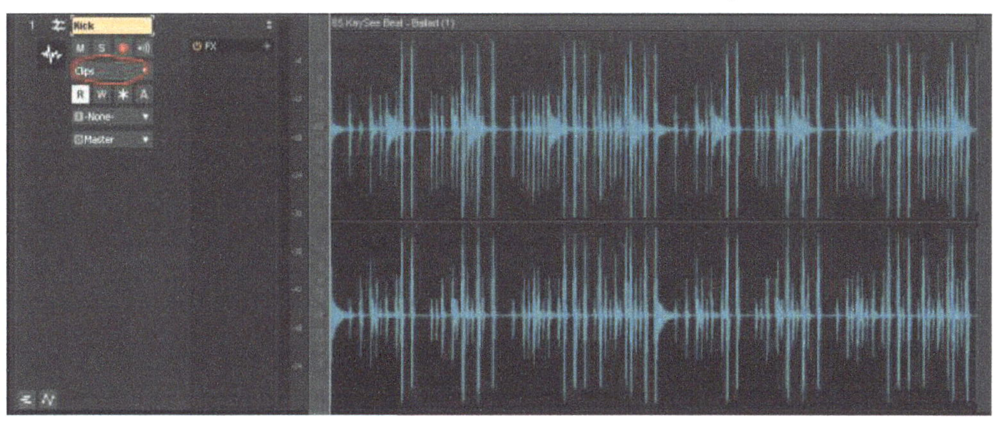

2. [오토메이션 – 볼륨]으로 이동한다.

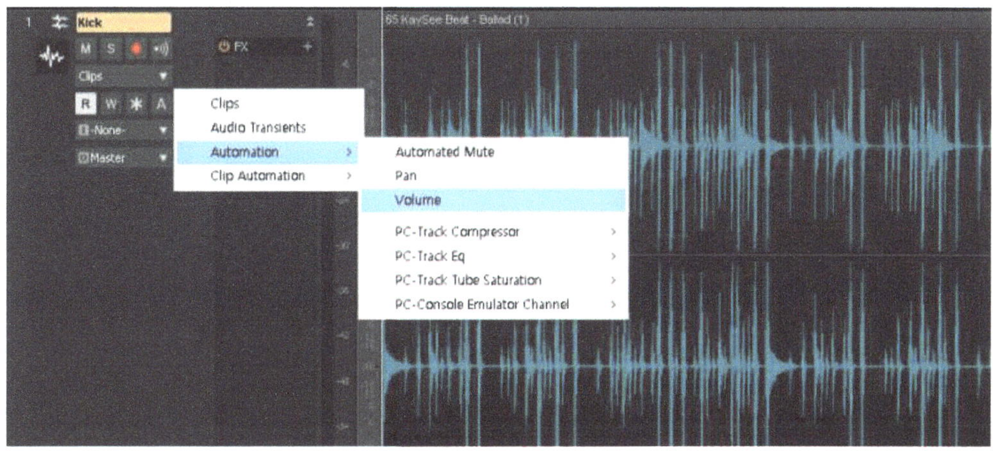

3. 드래그해서 선택하고 볼륨을 부분 조절한다.
트랙에서 파형이 있는 부분에 마우스를 가져가면 윗부분과 중간 부분에 마우스 아이콘이 바뀌면, 중간 부분에서 영역을 선택할 수 있을 때 원하는 만큼 선택하게 되면 그림처럼 색이 바뀔 때 위쪽으로 마우스를 이동해서 아이콘이 수평 모양으로 바뀐 상태에서 아래쪽으로 드래그하면 그 부분만 볼륨이 내려간다.

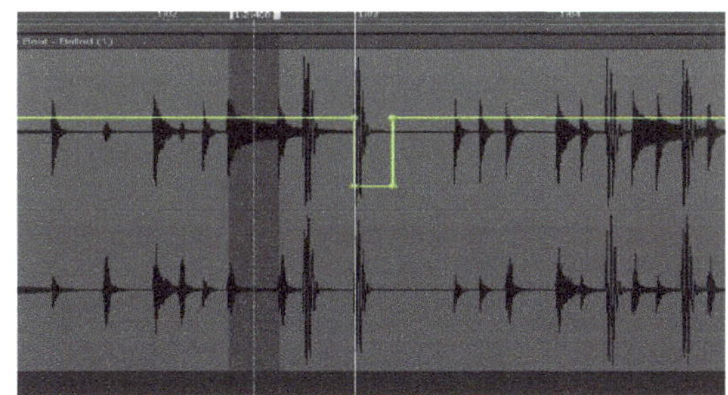

4. 클립 〉클립 오토메이션(Clip Automation) 〉게인(Gain)으로 이동한다.

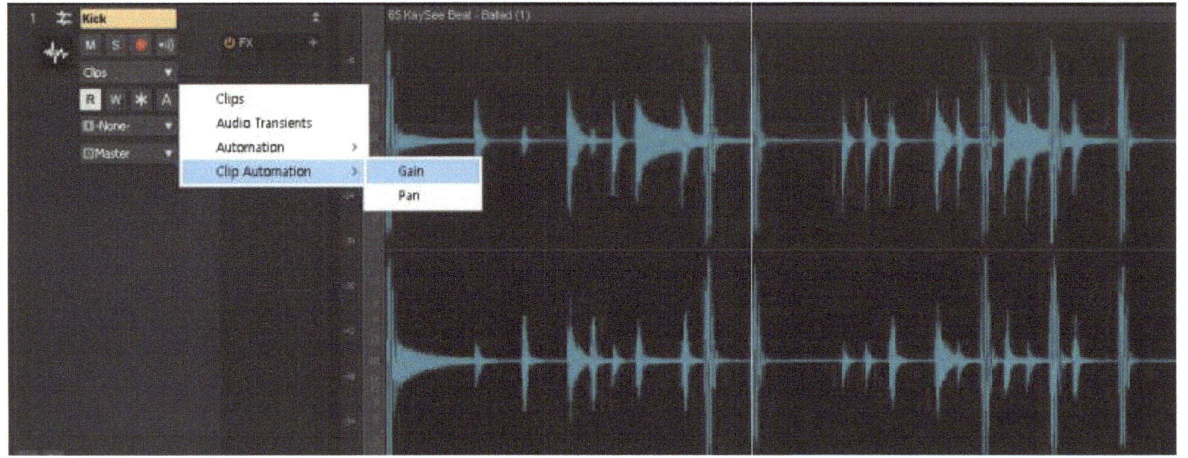

5. 오디오 클립에서 영역을 선택하고 그 선택된 영역을 이런 방법으로 오토메이션 한다. 또는 각각의 클립으로 조각내어서 같은 작업을 하는 것도 가능한데, 트랙에서 특정 위치를 마우스로 지정한 다음 "S" 키를 사용해서 클립을 분할 한다.

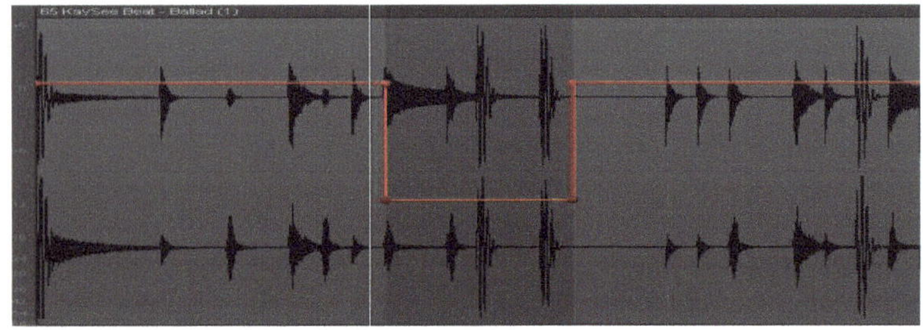

6. 볼륨 오토메이션과 클립 오토메이션 다른점
 1) 볼륨으로 오토메이션을 하게 되면 실제로 트랙의 볼륨이 변화되는 것과 동시에 트랙 볼륨 페이더가 움직인다. 즉, 트랙 전체의 볼륨 값이 일정하지 않음을 의미한다.
 2) 클립 오토메이션을 하게 되면 트랙의 전체 볼륨 값에는 영향을 주지 않는다.

7. Auto Crossfade
 1) Cakewalk에는 두 개의 클립이 겹쳐지면 자동으로 크로스페이드를 걸어주는 Auto Crossfade 기능이 있다.
 2) 처음 케이크워크를 설치하면 이 기능이 꺼져있는데, Track View 상단의 Option 〉Auto Crossfade 를 체크하면 겹쳐지는 모든 클립에 자동으로 크로스페이드가 적용된다.

[55] ASIO4ALL 다운 설치

PC에서 Cakewalk by BandLab(케이크워크 밴드랩) 실행하고, 미디파일 불러와 재생하어 디바이스 에러 창이 나올 때는 ASIO를 다운받아 설치한다.

〈미디파일 불러와 재생 에러 해결하기〉

1. 미디파일 불러와 재생하면 아래와 같이 디바이스 에러창이 나온다.

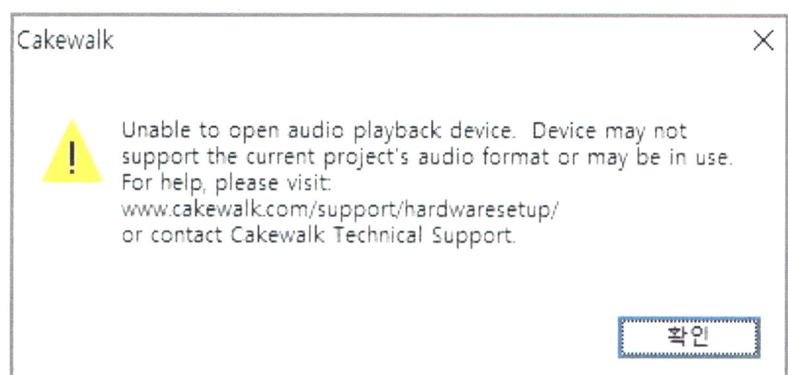

2. Edit에서 Preferences(P) 열고, [Playback and Recording]의 Driver mode를 [ASIO]로 연결해서

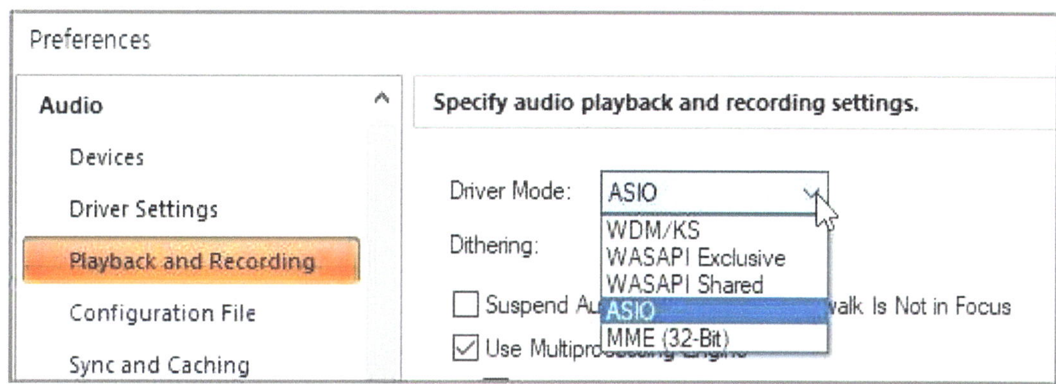

3. 아래와 같은 창이 나오면 ASIO를 설치해야 한다.

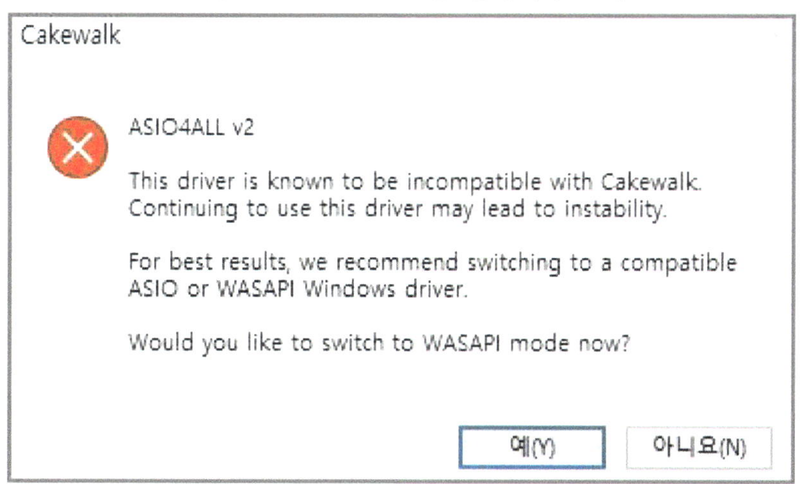

〈ASIO4ALL 다운 설치〉

1. 네이버에서 'asio4all' 검색하여 다운로드 받는다.

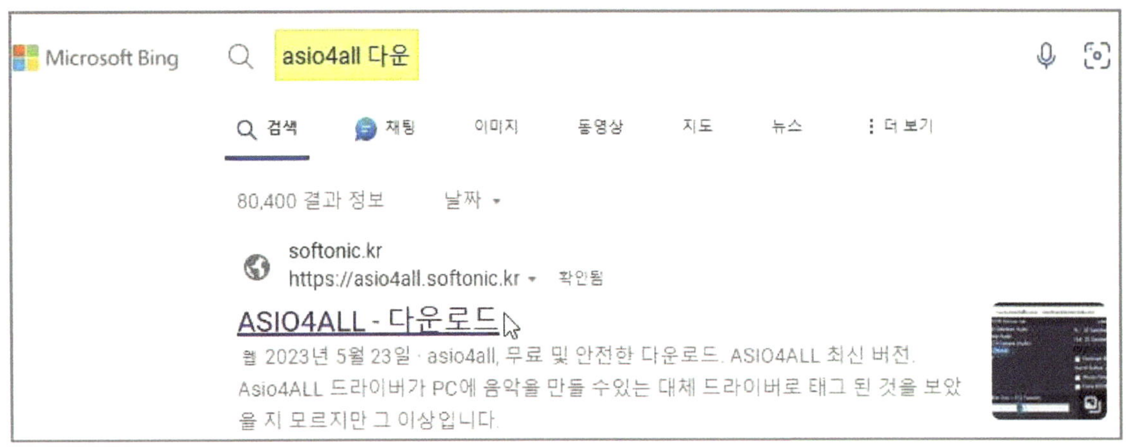

https://asio4all.softonic.kr/download

2. 다운 받은 [asio4all-2.15-installer]를 PC에 설치 한다.

〈ASIO 설정하기〉

Edit 에서 Preferences(P) 열고, [Playback and Recording]의 Driver mode를 ASIO로 설정한다.

[56] 피아노롤 뷰(미디노트 입력)

케이크워크 밴드랩 실행하고, 스마트툴을 사용해서 피아노롤 뷰 열고 미디노트 입력하기

1. New Project의 [Empty Project] 누른다.

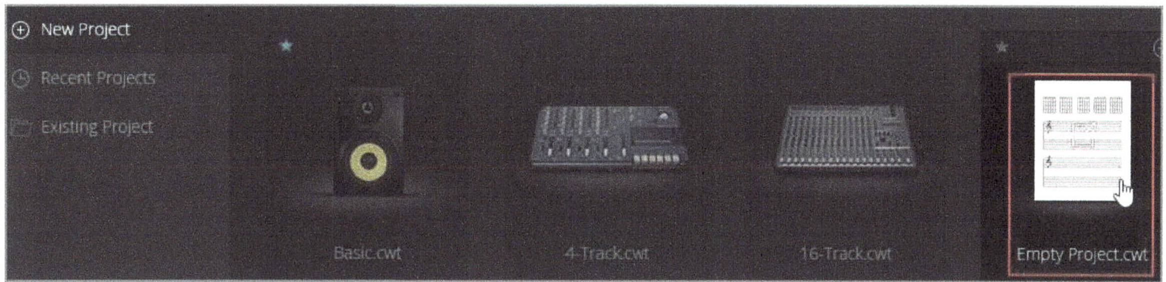

2. 우측 패널에서 가상악기(Vertual Instruments)를 입력하기 위해 [Instruments] 클릭하고
[Cakewalk TTS-1] 클릭한다.

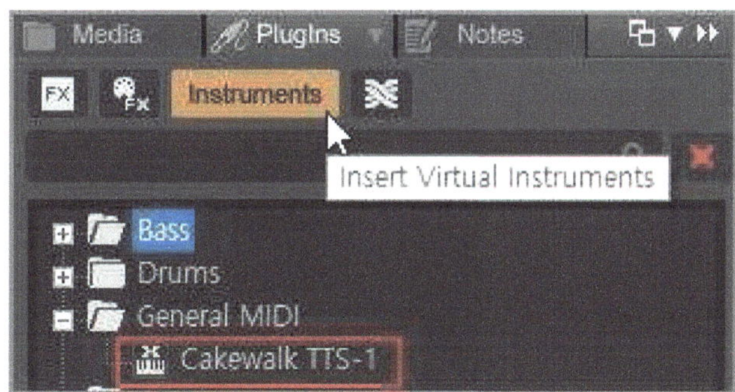

3. Cakewalk TTS-1의 Options 설정하고 Ok 한다.

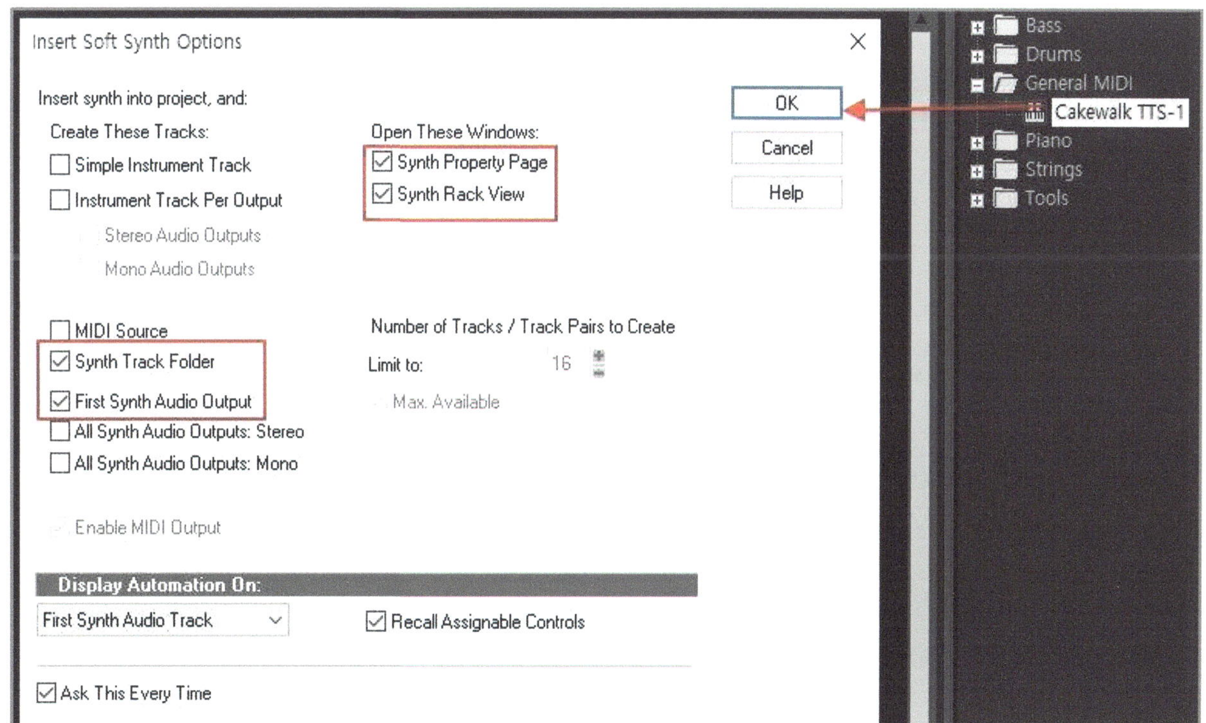

4. Cakewalk TTS-1 창에서 Piano1의 Edit 선택한다.

5. 트랙에 [Cakewalk TTS-1] 트랙이 생기고, 빈 트랙에서 우 마우스로 [Insert MIDI Track] 클릭한다.

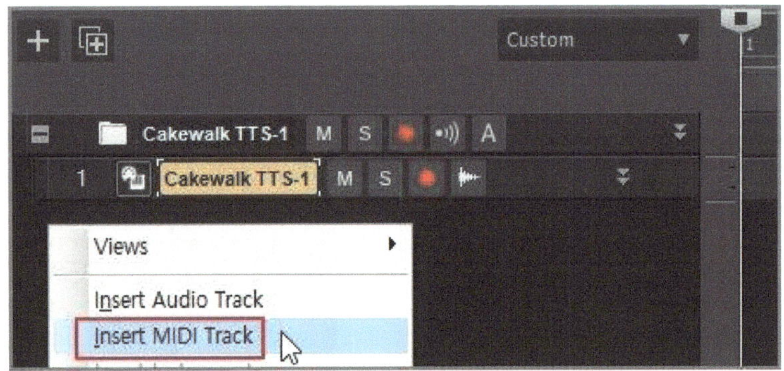

6. 미디트랙에서 [Cakewalk TTS-1]으로 변경한다.

7. 미디노트 입력과 편집

1) View 메뉴에서 [피아노롤 뷰: Alt+3] 클릭하고 빈 곳을 더블클릭하여 미디노트를 입력한다.

2) 노트의 가장자리를 좌우로 드래그하여 노트의 길이를 조절한다.

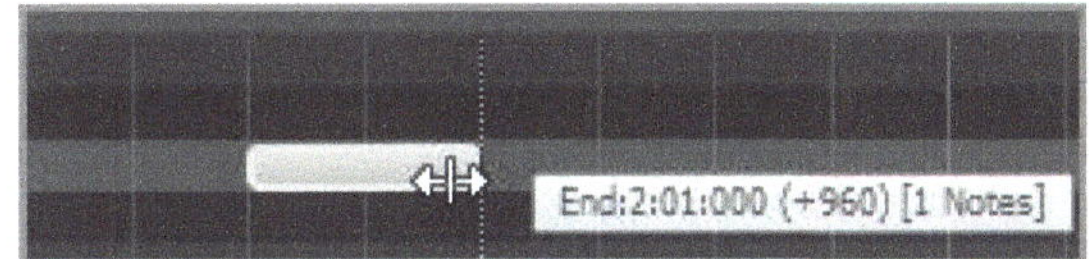

3) 미디노트 상단에서 연필 모양이 생기면 드래그하여 벨로시티(Velocity)를 조절한다.

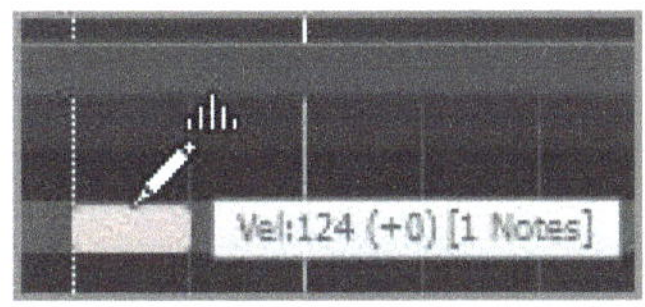

4) 십자 모양이 생길 때 미디노트를 이동한다.

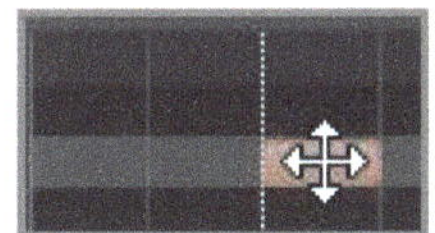

5) 오른쪽 클릭을 하고 노트를 지운다.

6) Alt + 왼쪽 클릭을 하면 정해진 길이만큼의 노트를 찍는다.

8. Output 설정

1) Output 클릭하고,

2) [Cakewalk TTS-1]으로 설정한다.

[57] Smart Tool(스마트 툴) 도구 사용

도구의 기능을 알고 Smart Tool(스마트 툴)을 사용해서 미디노트 편집하기

1. Tools(도구) : Smart, Select, Move, Edit, Draw, Erase

2. Smart Tool(스마트 툴)에는 도구의 Select, Move, Edit, Draw, Erase 기능이 다 있다.

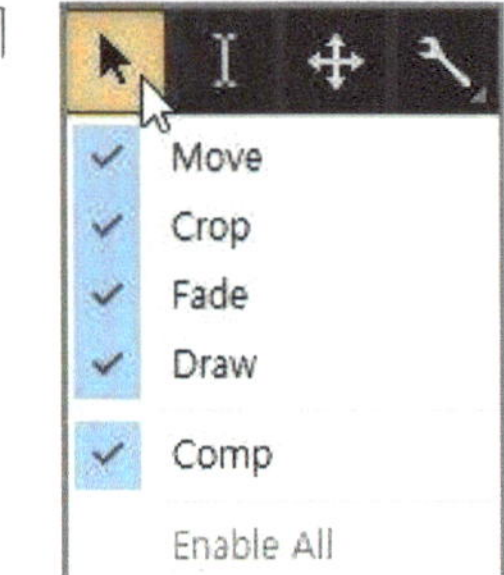

〈오디오 트랙에서 미디노트 편집〉
 1) Move : 십자 모양 보일 때 클립 이동
 2) Crop : 클립 자르기
 3) Fade : 드래그하여 음량 조절
 4) Draw : 더블 클릭하거나 Alt누르고 입력
 5) Comp : 양쪽 끝을 드래그하여 길이를 조절
 6) Erase : 우 마우스 클릭하여 클립 삭제

〈미디 트랙의 도구 사용〉
1. Select
- 노트 왼쪽 클릭하여 선택한다.
- 노트 왼쪽 더블 클릭하여 Note Properties(노트 속성 창)에서 음높이, 음길이, 채널을 입력한다.
- 오른쪽 드래그하여 미디노트 범위를 선택한다.
2. Move
- 노트 왼쪽 클릭하고 드래그하여 이동
- Ctrl+노트 왼쪽 클릭하고 드래그하여 복사
- Shift 누르고 노트 이동이나 복사할 때 좌우 또는 상하로만 이동
3. Edit
- 노트 양쪽 끝부분 누르고 드래그하여 노트 길이 조절
- 노트 상단 Alt+왼쪽 클릭으로 선택하여 노트 지우기
- 노트 중 하단에서 Alt+왼쪽 클릭으로 미디노트 선택하여 노트를 선택한 지점으로부터 양쪽으로 나누기 (Split)
4. Draw
- 비어 있는 부분에 왼쪽 더블클릭(또는 Alt+클릭)하여 지정된 길이로 노트 그리기 (Event Draw Duration 길이만큼)
- 비어 있는 부분에 왼쪽 드래그하여 노트 길이 정해서 그리기
5. Erase
- 노트 오른쪽 클릭하여 노트 지우기

[58] ASIO설치, Goyo 플러그인 설정

〈ASIO LINK PRO 설치 사용〉

1. 다운

https://naver.me/Ga2cauTM

2. 설치할 때 'Install 16'의 체크는 기본적으로 풀려있는데 그대로 체크하지 않고 넘어간다.
공식 Crack 패치도 같이 배포 중이다

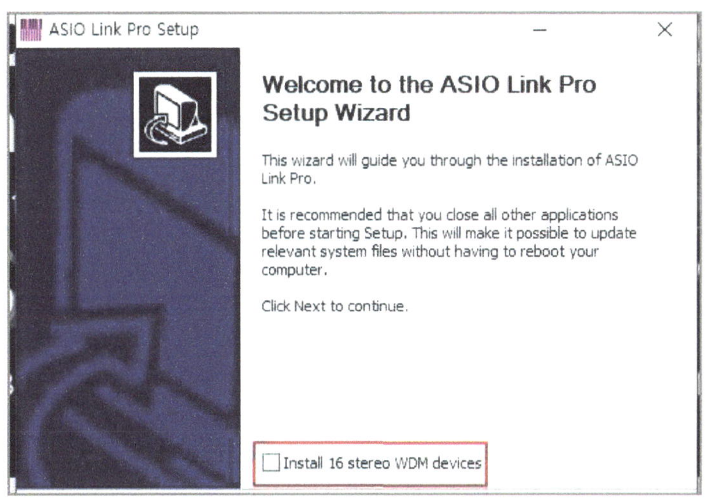

2. 실행되었을 때 'Trial'이라는 문구를 삭제한다.
이 ASIO Link pro는 X표 눌렀을 때 꺼지지 않고 작업 표시줄 트레이로 최소화되니까 거기 가서
껐다 껏다 해주면 된다.

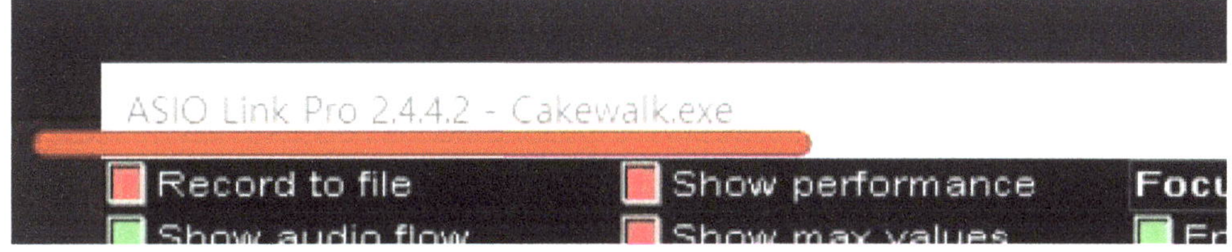

3. 처음 실행될 때 드라이버를 잡으라는 창이 뜨면 Focusrite USB를 골라준다.

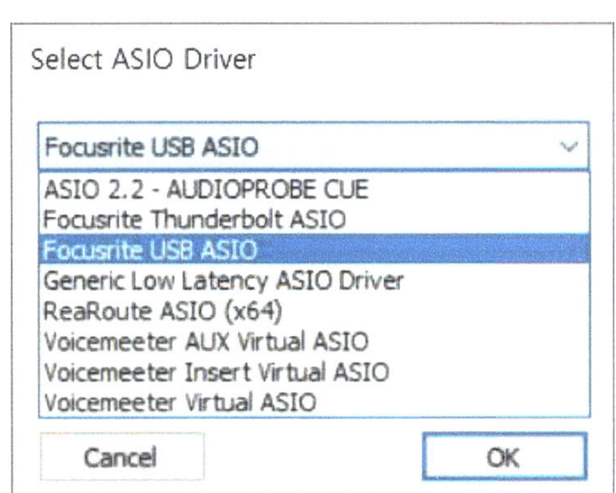

4. 샘플링 레이트는 전부 48kHz로 통일하기 위해 PC의 [스피커] 클릭하고 [소리] 선택한다.

5. 소리-재생에서 Speakers 01, 02 하고 '녹음'에서 Mix 01, 02 모두 48kHz, 24비트로 옮겨준다.

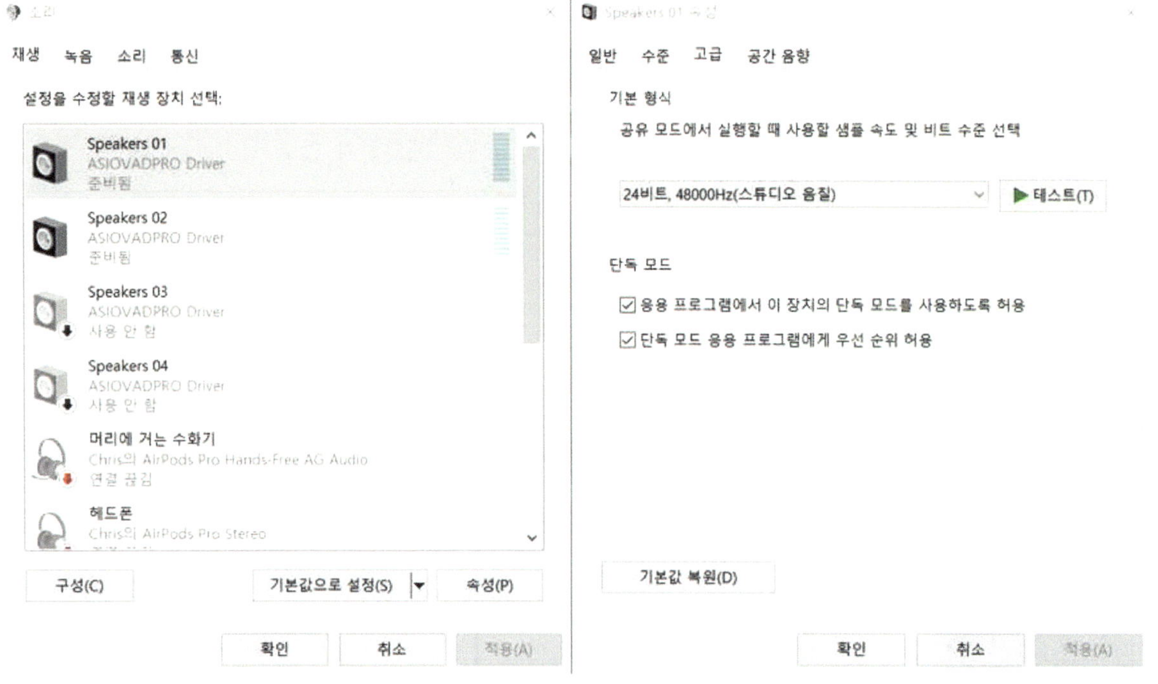

Bandlab Assistant로 로그인하고 케이크워크 설치한다.

〈케이크워크 플러그인 설정〉

1. Cakewalk by BandLab 실행하고, [Utilities -〉 Cakewalk Plug-In Manager] 클릭하면,

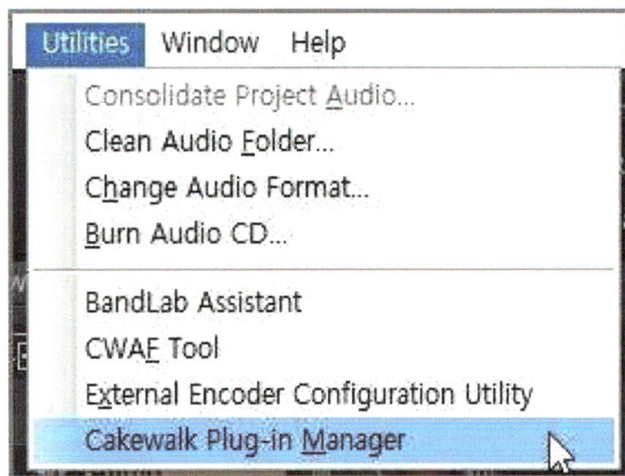

2. 플러그인들을 관리하는 창이 뜨면,

   1) VST Audio Effects(VST) 클릭하고,

   2) Show Excluded 클릭하고,

   3) 다 선택한 다음

   4) Enable plug-in 눌러준다.

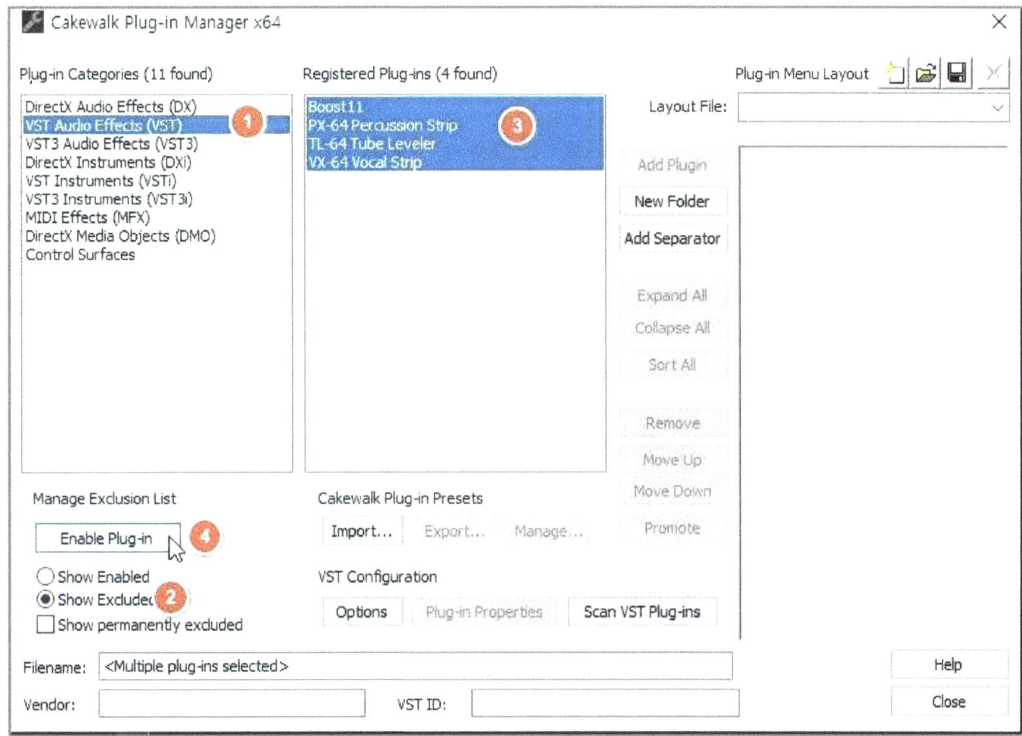

3. Edit -> preferences 들어가서 Apply 눌러서 적용된 거 다 확인하고 버퍼 사이즈(Buffer Size)
가 너무 작으면 다 처리하지 못하고 또 소리가 두두두둑 끊기게 된다.
문제 생기지 않는 정도까지만 내려준다.

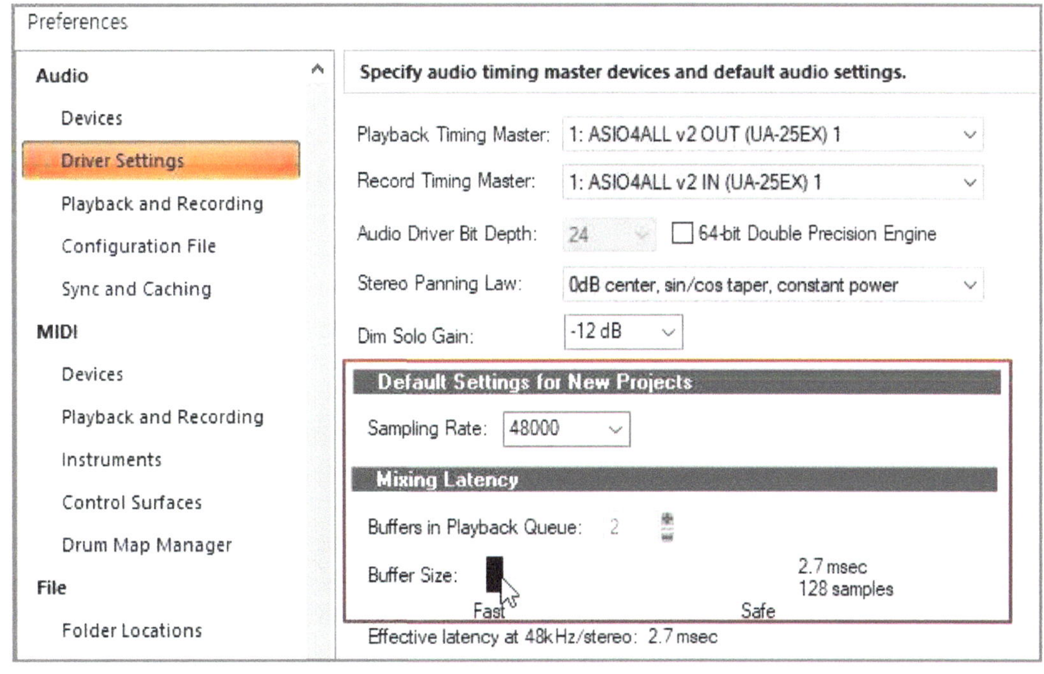

4. Playback and Recording에서 Driver Mode를 ASIO로 설정한다.

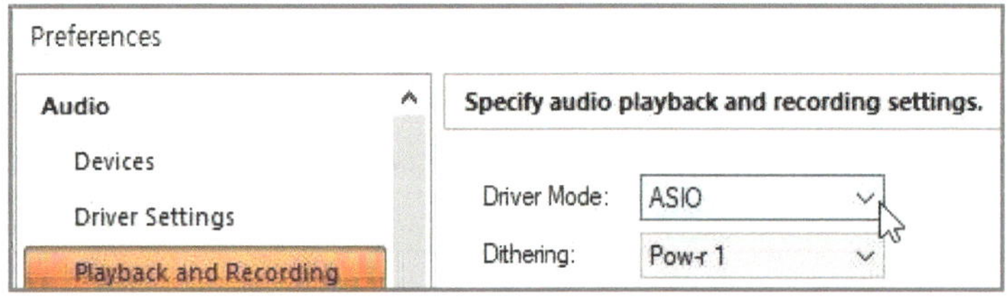

5. [ASIO Panel...] 클릭하여 Buffer Size를 128로 한다.

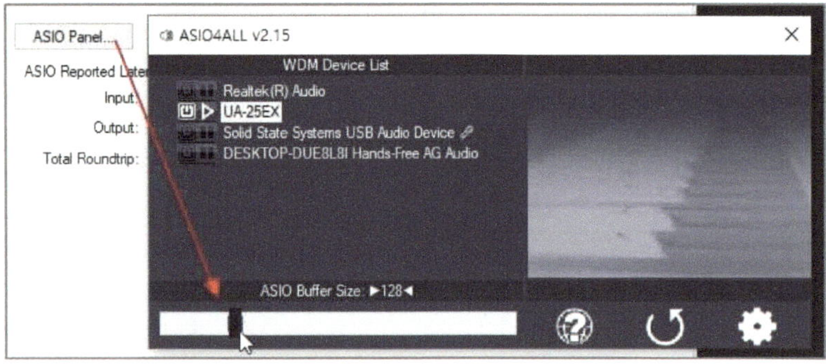

6. NVIDIA Studio 드라이버 설치한다.

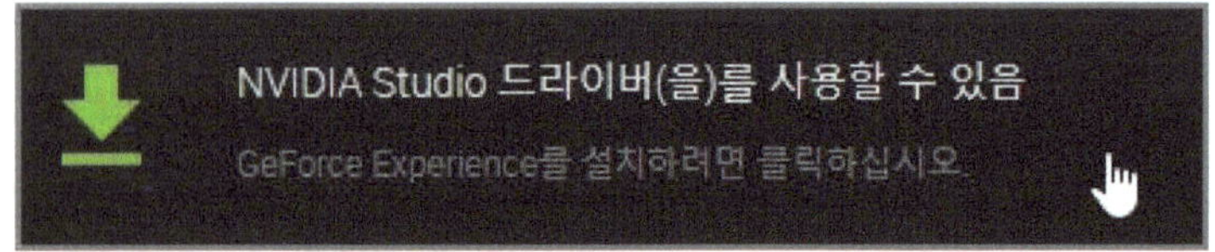

7. 플러그인 핀 고정을 할 필요 없이 자동으로 설정하는 법: edit 〉 preferences 〉 file 〉 vst settings 〉 general 〉 클릭하여 [recycle plug-in windows] 체크를 해제한다.

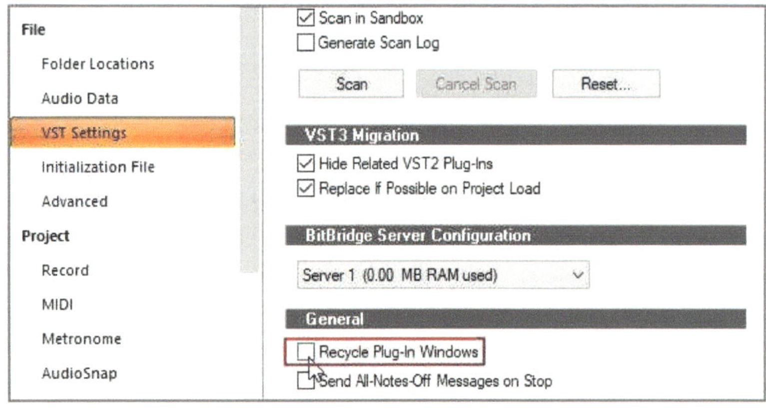

8. Cakewalk Plug-In Goyo 화면 보이기
 1) 오디오 트랙에서 +(Show Rack Menu) 클릭하고,

2) Insert Audio FX 〈 Plug-In Layouts 〉 Manage Layouts 〉 Goyo 클릭한다.

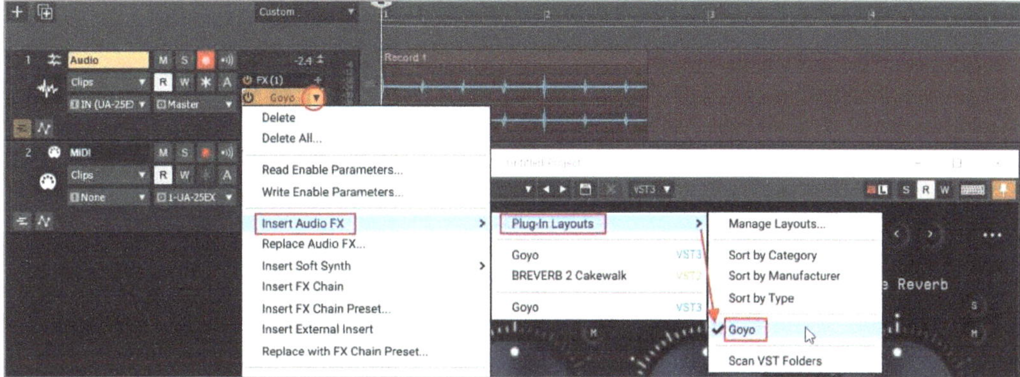

3) GOYO 플러그인 창이 보인다.

BandLab Assistant 실행하고, MixEditor 클릭하고, [Voice/Audio] 클릭한다.

[59] 오디오 인터페이스, 녹음, Goyo 잡음제거

오디오 인터페이스 설정하여 USB 마이크로 목소리 녹음하고, Goyo 플러그인으로 잡음 제거하기

〈Audio 인터페이스 설정하기〉

1. [Edit/Preferences: P] 클릭하여 Audio의 [Playback and Recording] 클릭하고 Driver Mode
를 MME (32-Bit)로 정한다.

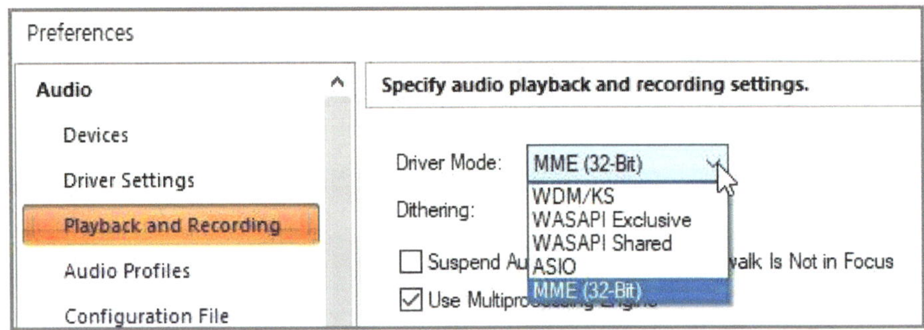

2. Audio의 Devices 클릭하고 Input Drivers를 마이크(USB Audio Devices)로 정한다.

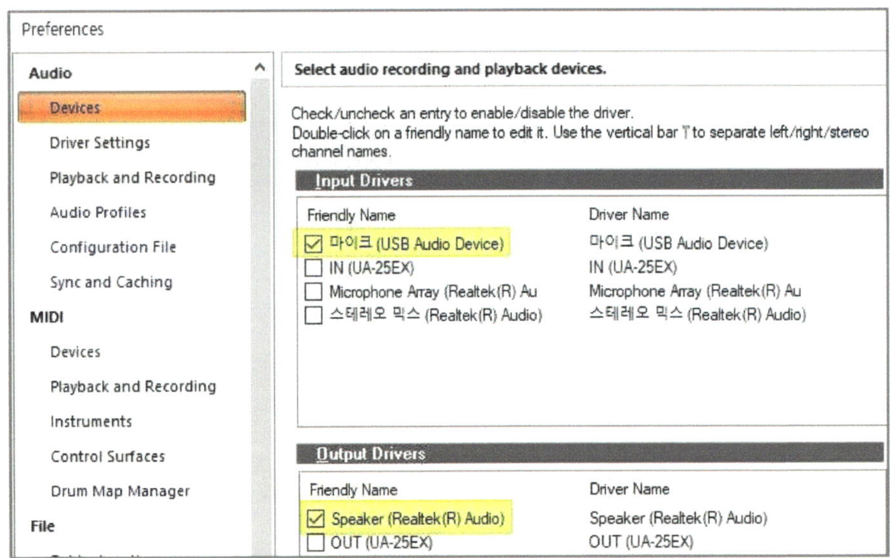

3. Audio의 [Driver Settings]에서 마이크(USB Audio Devices)로 정한다.

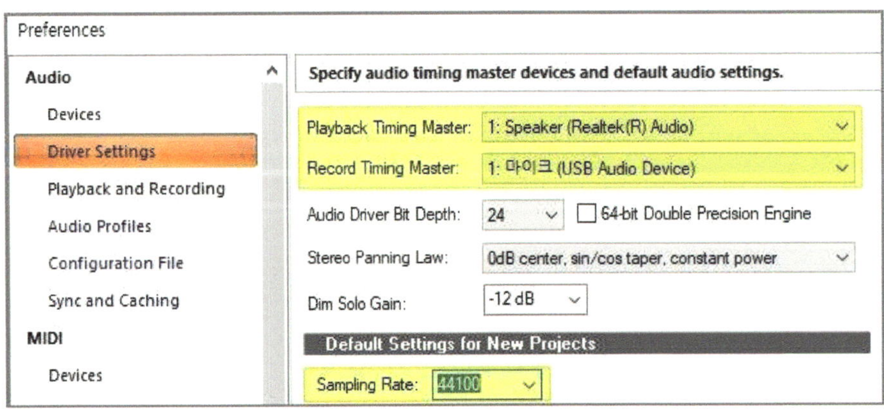

〈Cakewalk Plug-In Goyo 창 열기〉

1. 오디오 트랙에서 +(Show Rack Menu) 클릭하고,

2. [Insert Audio FX] 의 [Plug-In Layouts]의 Goyo 클릭한다.

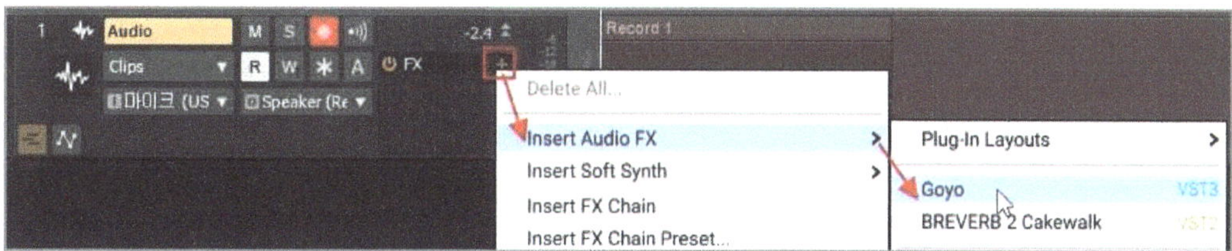

3. Goyo 플러그인 열고 Ambience로 잡음을 제거한다.

〈소리 녹음하기〉

1. 오디오 트랙에서 Input에서 MME Devices/마이크(USB Audio Device)선택한다. Out에서 Speaker 선택한다.

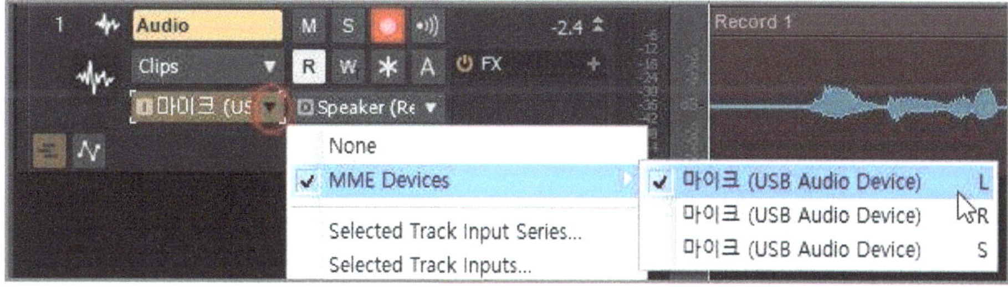

2. 오디오 트랙에서 [Record-off] 누르고, Record(R) 누르고 마이크로 녹음한다.

[60] 보조기능 SongStarter

SongStarter는 장르를 지정하고, 텍스트를 넣으면 AI가 여러 분위기의 음악을 만들어 준다.

1. 스마트폰에서 BandLab 앱을 실행하고 **만들기(+)** 탭한다.

2. 보조기능에서 [SongStarter] 탭한다.

3. Let's get you inspired
   1) Get Started 탭하고 음악을 듣고,

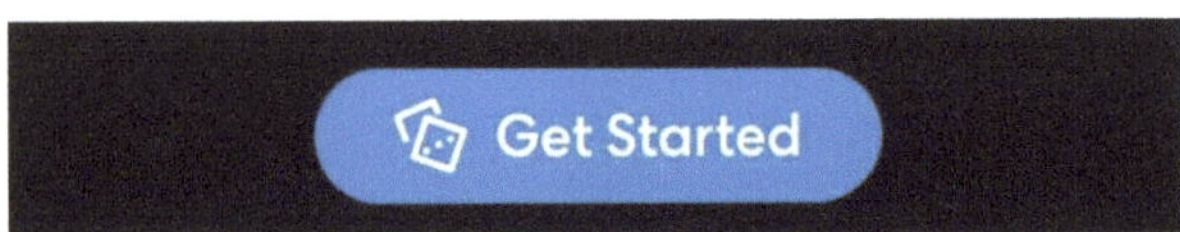

   2) 우측 끝의 주사위 탭하고 1, 2, 3중에서 음악을 고르고, 왼쪽 끝의 분위기(아침, 저녁, 밤)
   중에서 밤의 음악인 달을 선택한다.

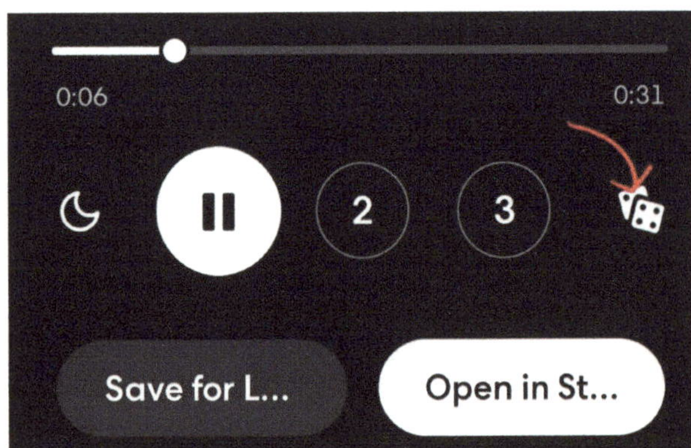

   3) 새로운 아이디어를 산출하기 위해 [Get New Ideas] 탭한다.

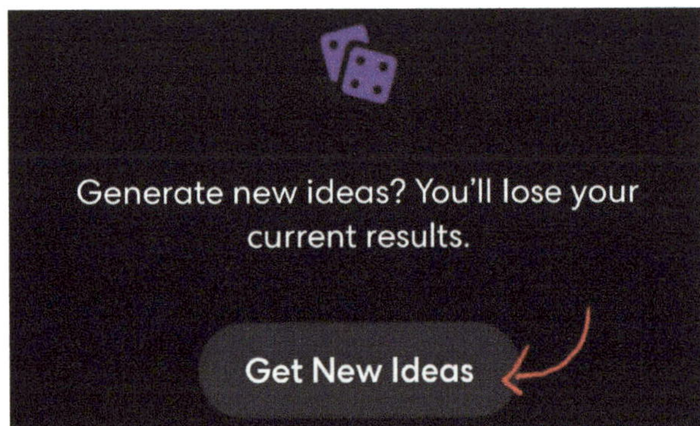

4) 장르(genre)를 [Hip Hot]로 선택하고, [Enter Lyric] 탭한다.

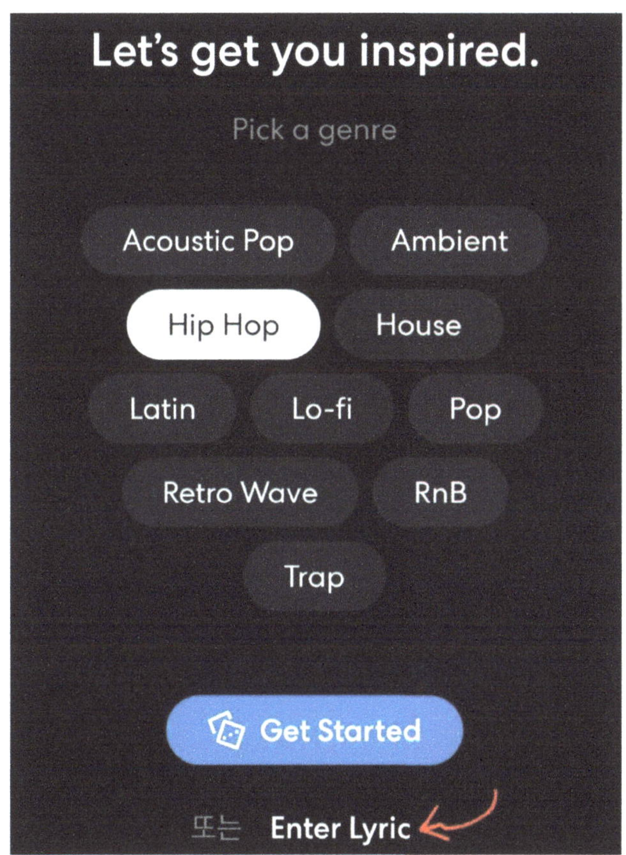

4. [Enter the Lyric/thought] 칸에 원하는 주제나 요점이 되는 문장을 넣고,

5. '축하' 글을 적고 [Let's Go] 탭한다.
* 50자 이내의 글을 적는다.

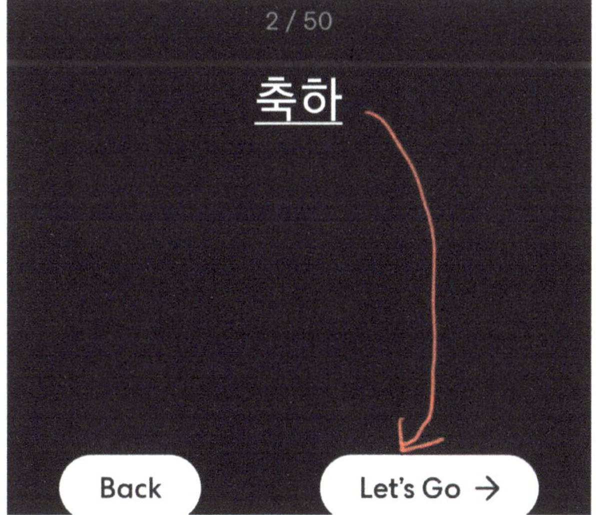

6. 상단에 '축하' 메시지가 보이고 하단 왼쪽에 [일몰] 아이콘이 보이고, 음악이 들린다. 1번 채널이
마음에 들지 않으면 2번 채널, 3번 채널을 재생한다.

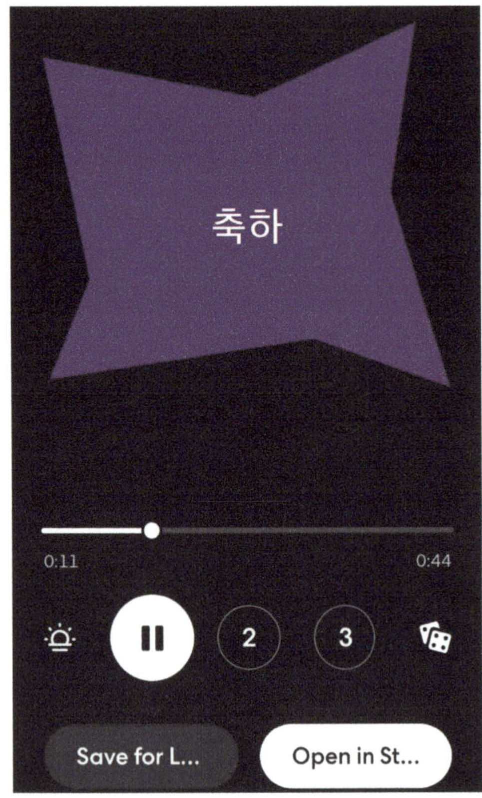

7. 왼쪽의 [달] 아이콘을 선택하고 오른쪽의 [주사위]를 누르고 2번 채널을 눌러 음악을 들어본다.

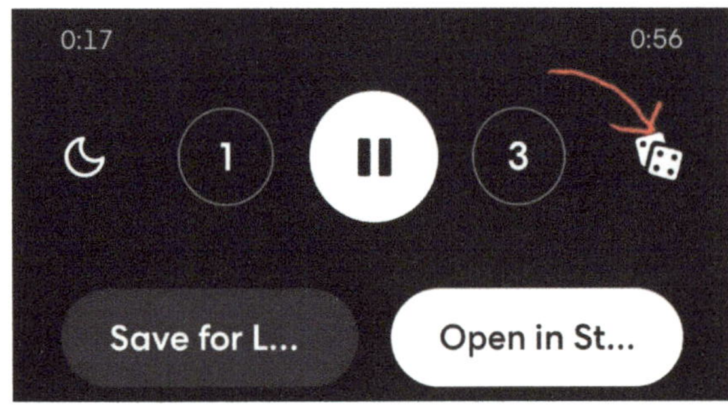

8. 음악이 마음에 들으면 [Open in Studio] 탭한다.

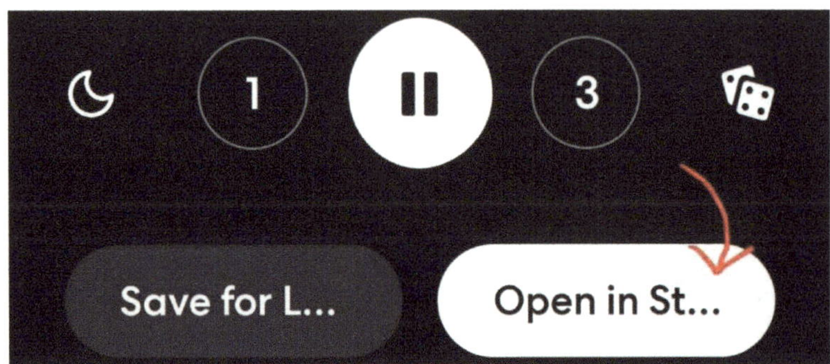

9. 스튜디오에서 미디 노트가 보이면 편집하고 우측 상단의 [내보내기] 탭한다.

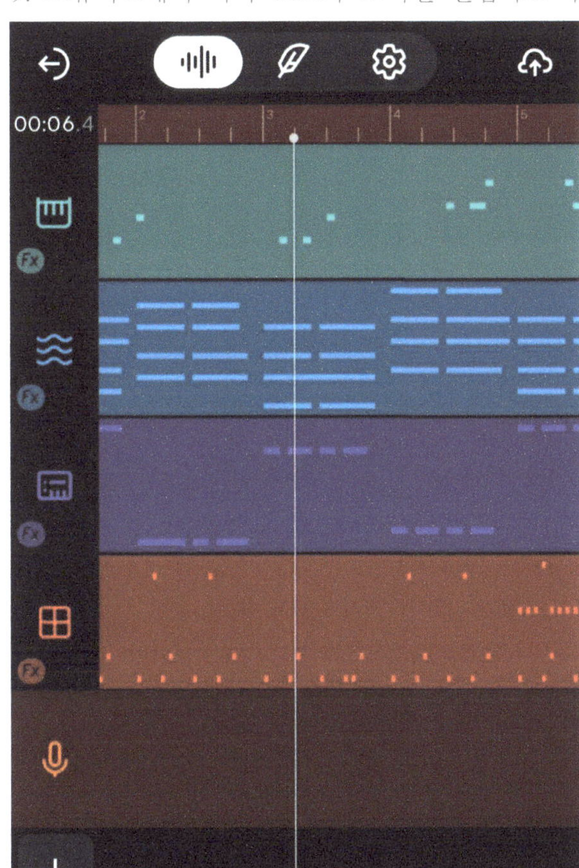

10. 공개하기 탭하여 음악을 전달 하거나 [편집하기] 눌러 밴드랩에서 음악을 수정한다.

[61] Track Type 기본기능

PC에서 BandLab Assistant 실행하고 [Mix Editor] 클릭하면 New Track 창에 Track Type이 보인다.

〈Track Type 기본 기능〉
1. Import Audio/MIDI : MR등 오디오 파일과 미디 파일을 불러온다.
2. Voice/Audio : 목소리, 악기 소리를 녹음한다.
3. Sampler : 악기처럼 사용하는 칸을 눌러 소리를 지정하고 트랙에 넣는다.
4. Looper : 다양한 샘플 들을 모아서 리듬을 만든다.
5. Instruments : 각종 가상악기를 미디로 녹음한다.
6. Guitar : 기타 소리를 오디오 파일로 녹음한다.
7. Bass : 기타 소리를 녹음한다.
8. Drum Machine : Drum Kit에서 드럼 입력
9. BandLab Sounds : Samples에서 음악을 만들기 위해 기존 작업한 프로젝트를 불러와 악기를 추가하고 효과음을 넣는다.

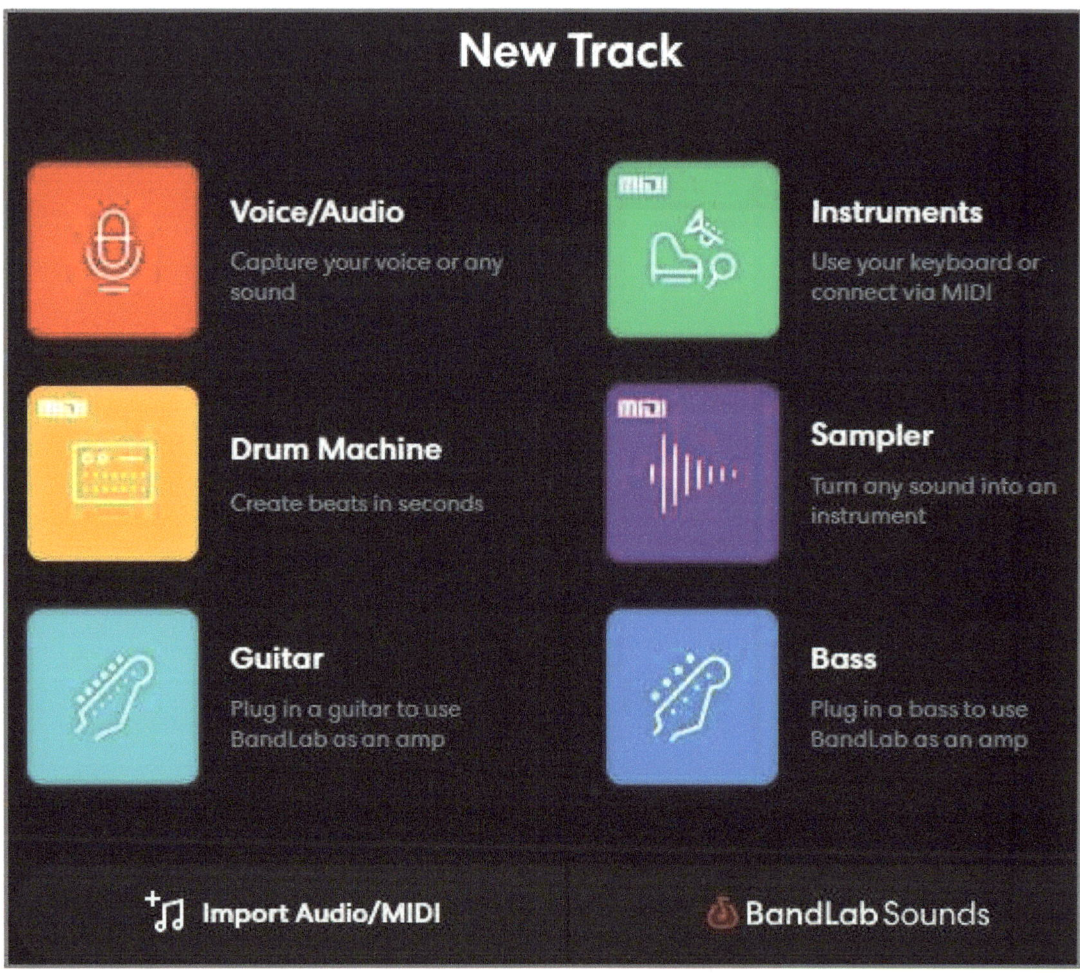

[62] 클립다운(Clip Down) 유튜브 음악 추출 더빙

클립다운(ClipDown)은 유튜브(YouTube) 주소로 음원을 다운로드 하고, 밴드랩에서 목소리를 녹음하거나 노래를 더빙할 수 있다. PC나 안드로이드에 설치하면 url 주소를 통해 영상 다운로드나 mp3 음원 추출이 가능하다. 복사 붙여넣기 하면 끝나는 앱이다.

〈스마트폰에서 유튜브 음원 추출하기〉

1. 앱 다운

  원스토어에서 '클립다운' 검색하고, 다운받는다.

클립다운-유튜브음원추출,유튜브영상다운…

2. 음원 다운받기

  1) 음원을 찾았다면 공유하기〉링크복사로 해당 비디오 URL을 복사하고

  2) 클립다운으로 클릭하여 들어간다.

  3) 음원이 다운된다.

#내마음의노래#우리가곡
사랑이_부른다송택동작

2MB   100%

3. URL검색에 복사한 주소를 붙여넣기 하면 그 영상에서 나오는 음원 추출이 완료되어 스마트폰으로 저장할 수 있다. [VIDEO] 선택하고 해상도를 설정하여 영상을 다운 받는다.

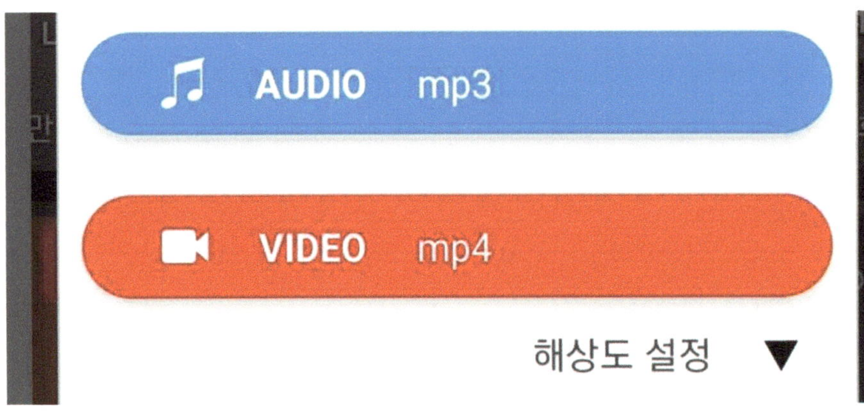

〈PC에 클립다운 설치하기〉

1. 네이버에서 '**클립다운**' 검색하고,

2. [**다운로드 for Window**] 눌러 설치한다.

3. 사이트에서 바로 다운하기:

클립다운(clipdown): https://naver.me/GRO9KPzj

4. 동영상 파일 무료다운하기

   1) URL주소를 복사하여 넣고,

   2) 다운로드 클릭한다.

   3) 다운로드 완료되면 [폴더열기]한다.

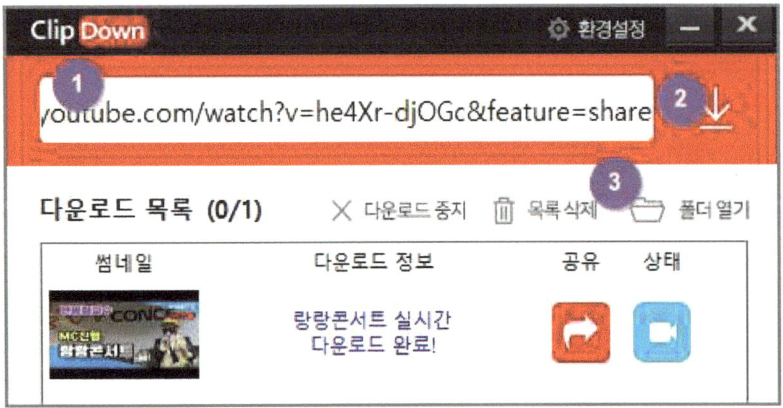

〈동영상 다운로드와 음원 추출하기〉

　1. 클립다운(ClipDown)을 시행하고,

　2. 동영상 주소 입력창과 URL 복사 시 나타나는 팝업의 다운로드 버튼을 활용하여 바로 다운로드 한다.

　　1) 유튜브의 URL을 복사하여 붙여넣기 한다.

　　2) 다운로드(아래 방향키) 클릭한다.

　　3) Video 클릭한다.

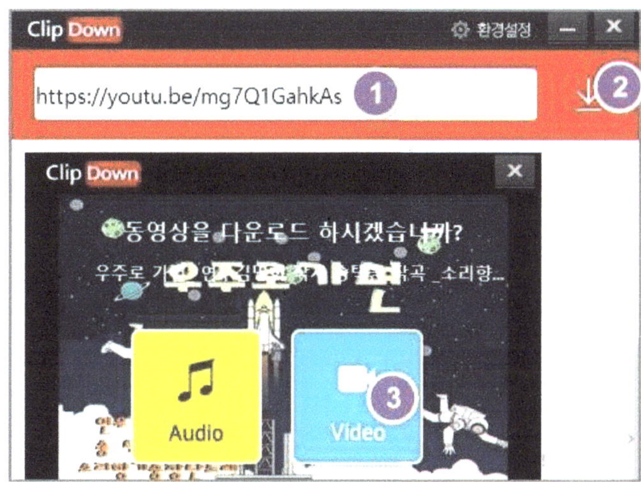

3. 다운로드 설정에서 저장할 폴더와 MP4 변환을 사용으로 설정한다.

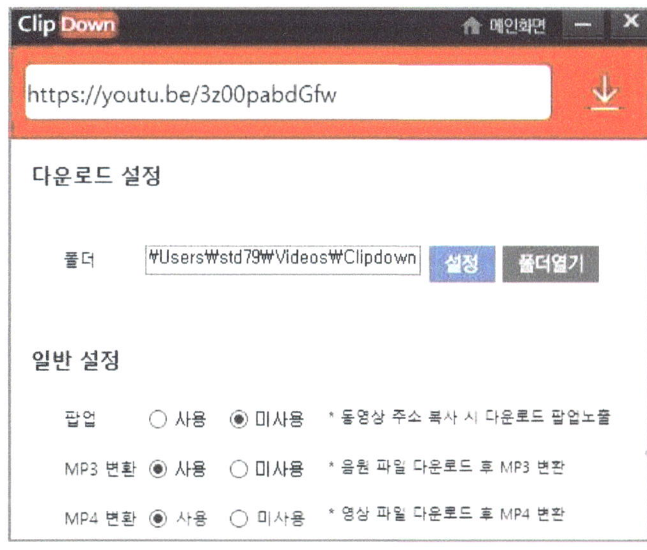

4. 해상도를 1080으로 설정하고 [Video] 클릭한다.

[63] 크롬 뮤직랩(Chrome Music Lab) 구성 탭 기능

크롬뮤직랩(Chrome Music Lab)은 전용 앱 없이 사이트에서 로그인하지 않고 바로 사용한다.

1. 스마트폰에서 무설치 열기
   네이버에서 '크롬뮤직'을 검색하고 Chrome
Music Lab 누른다.

〈 크롬뮤직랩(Chrome Music Lab) 구성〉
1. 쉐어드 피아노(Shared Piano)
피아노의 연주 기능이 있다. 라이브 기능이 있어 쉐어드 피아노 탭에 들어가면 자동으로 방이 생성
되고, 링크를 공유해 원하는 사람들을 초대하여 합주한다.
2. 송 메이커(Song Maker)
3. Rhythm(리듬)
  1) Spectogram(스펙토그램),
  2) Sound Wave(사운드 웨이브),
  3) Arpeggios(아르페지오),
  4) Kandinsky(칸딘스키)

〈메인 화면 탭〉

[64] 송메이커(Song Maker) 설정과 작곡

　웹기반 음악 창작 도구인 송메이커는 설치 로그인이 필요 없는 무료 작곡 프로그램이다. 송메이커(Song Maker)는 크롬뮤직랩(Chrome Music Lab) 탭 중 하나로 작곡, 편곡 및 기존 곡 커버 활동을 한다. 만들어진 송메이커 커버 곡을 따라 머니코드 음악 창작하기, 모둠별 현악 4중주 편곡하기 등의 활동을 다양하게 디자인하여 활용한다.

〈사용 기본 정보 및 제공 서비스〉
1. 크롬 뮤직랩 사이트는 로그인이 필요 없다.
2. 제작한 음악을 다운로드 받는다.
3. 아이콘을 클릭해 원하는 기능을 선택한다.

〈스마트폰에서 송메이커 열기〉
1. 뮤직랩 열기
구글에서 '뮤직랩' 검색하거나 Chrome Music Lab에서 송메이커(Song Maker) 탭한다.
 1) 구글에서 **송메이커** 검색하고

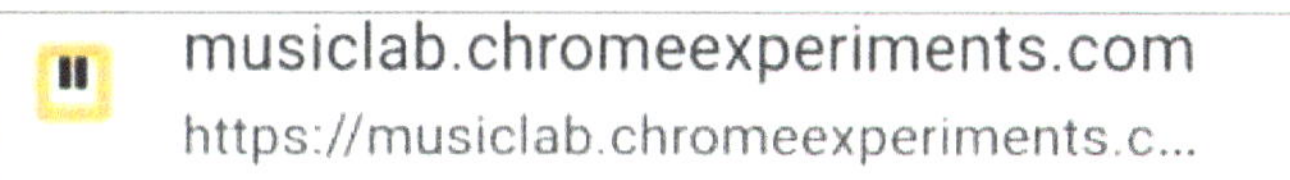

 2) SONG MAKER 누른다

3) 뮤직랩 검색하고 **송메이커(Song Maker)** 누른다.

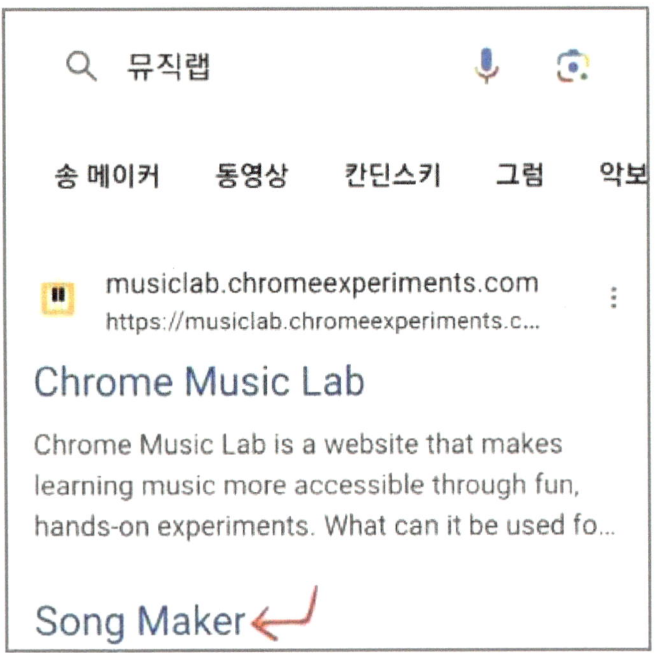

2. SONG MAKER 첫화면이 보인다.

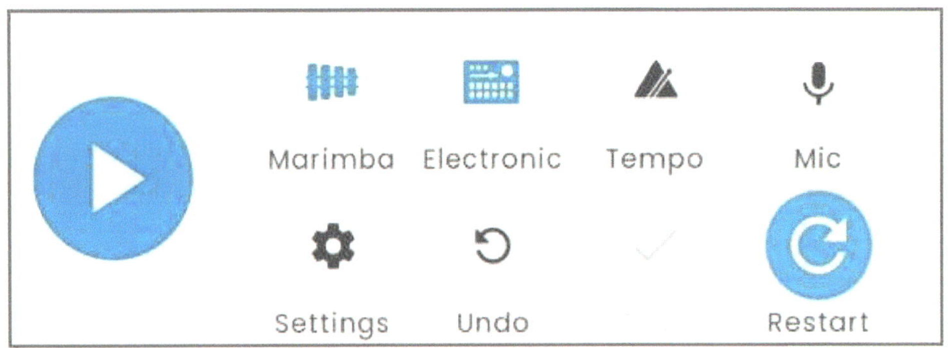

3. Settings 누르고 Length에서 [+] 눌러 8 bars로 8마디 만든다.

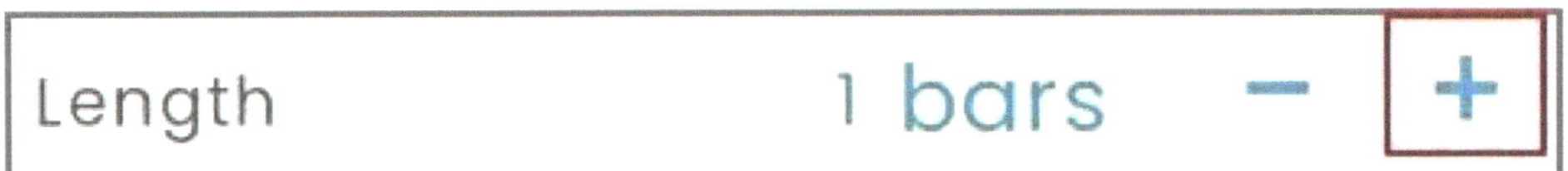

〈크롬뮤직랩 바로 열기〉
Chrome Music Lab은 실습 실험을 통해 음악을 더 쉽게 배울 수 있게 해주는 웹사이트다.
https://musiclab.chromeexperiments.com/Experiments

〈Github 소스코드 바로가기〉
 https://github.com/googlecreativelab/chrome-music-lab

〈사용법과 설정〉
1. 'Song Maker' 탭을 클릭하고
2. 악보 : 전자 키보드와 연결하면 악보에 키보드 음을 바로 입력하고, 마우스로 음을 입력한다.
3. 옵션 영역

반주 악기와 리듬 악기가 변경됨

1) 반주 구성 영역 : 마림바(Marimba), 피아노(Piano), 현악기(Strings), 목관악기(Woodwind), 신시사이저(Synth)

2) 리듬 구성 영역 : 전자 비트(Electronic), 블록(Blocks), 드럼(Kit), 콩가(Conga)

3) Tempo : 음악 재생 속도 변경

4) Mic : 녹음하기

5) Settings(설정) 하기
 - Length : 바의 개수 설정하기(4이면 4/4박자)
 - Beats per bar : 바 1개 속에 있는 비트의 수
 - Split beats into : 비트 구성하는 칸 개수 설정 - Scale | 장음계, 반음계, 모음 음계 설정
 - Start on : 제일 아래 칸 음높이 설정
 - Range : 음계를 몇 개로 쌓을 것인지 설정

6) Undo : 실행 취소하기

4. Save | 저장하기

음악파일 저장하고 링크 공유 및 음악파일 다운로드하기

1) 'Save' 버튼 클릭하기

2) 'Copy Link' 클릭해 음악파일을 공유한다.

3) 음악파일 다운로드 : 'Download Midi' 혹은 'Download Wav' 클릭해 음악파일을 저장한다.

[65] 스펙토그램(Spectogram) 효과음

크롬뮤직랩 의 **스펙토그램**으로 목소리 악기 새소리 등 보이는 소리 만들기

〈크롬 뮤직 랩(Chrome Music Lab) 구성〉
1. 구글의 '크롬 뮤직 랩(Chrome Music Lab)' 검색한다.
2. 크롬 뮤직 랩(Chrome Music Lab) 구성
   쉐어드 피아노(Shared Piano), 송메이커(Song Maker), Rhythm(리듬), Spectogram(스펙토그램), Sound Wave(사운드 웨이브), Arpeggios(아르페지오), Kandinsky(칸딘스키) 등 탭으로 구성된다.
   1) 쉐어드 피아노(Shared Piano)
자동으로 방이 생성되고, 링크를 공유해 원하는 사람들을 초대하여 합주를 할 수 있다.
   2) 송메이커(Song Maker)
음을 하나씩 찍어보고, 또 그 소리를 들어가며 녹음하고 저장한다.
   3) Kandinsky(칸딘스키)
동그라미부터 사각형, 삼각형까지 크기와 모양에 따라 음과 배정되는 악기가 다 다르고 겹쳐서 그리면 화음까지 만들어낼 수 있습니다.
   4) Spectogram(스펙토그램): 밀, 손가락 등 움직임에 따라 보이는 소리를 만든다.

〈스펙토그램 만들기〉
1. 구글에서 '뮤직랩' 검색하고 CHROME MUSIC LAB화면에서 **스펙토그램** 클릭한다.

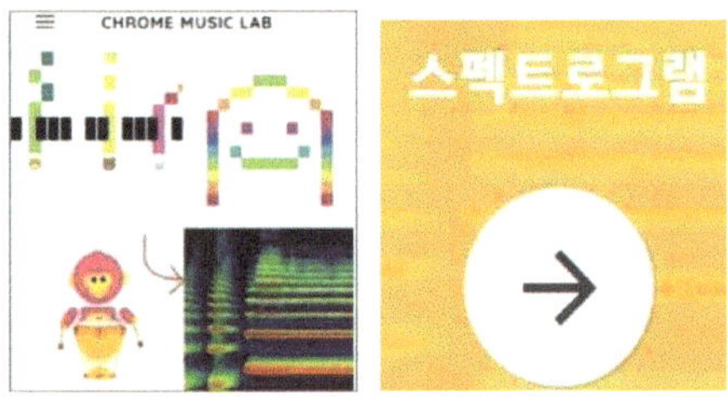

2. [손가락] 누르고 위치에 따라 높낮이가 다른 소리가 나고 파형이 보인다.

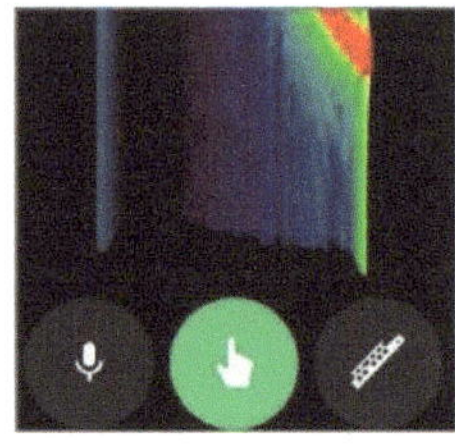

3. [마이크] 선택하고 말하면 소리에 따라 파형이 다르게 보인다.

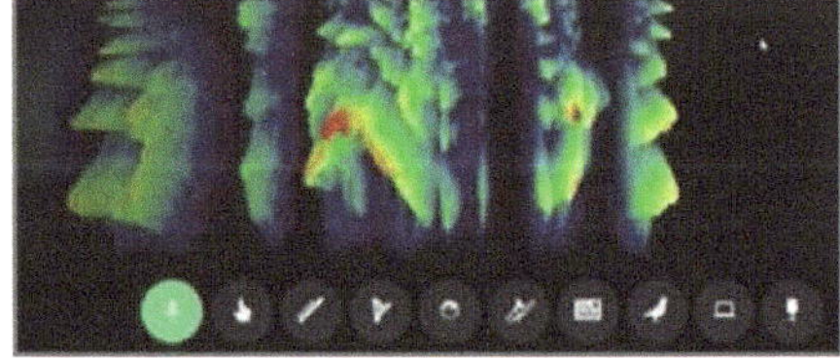

4. 풀룻, 새소리 등 효과음을 파형으로 보여준다.

[66] 쉐어드 피아노(Shared Piano) 합주

 크롬뮤직랩(Chrome Music Lab)은 앱이 필요하지 않고 사이트에서 로그인 없이 사용할 수 있다.
쉐어드 피아노(Shared Piano)로 음을 입력하여 온라인(카톡 등)에서 재생하고 합주한다.

〈쉐어드피아노 사용법〉
1. 온라인에서 열기
 1) 스마트폰에서 검색창에 '쉐어드피아노'를
입력하고 구글에서 찾아 사이트 연결한다.

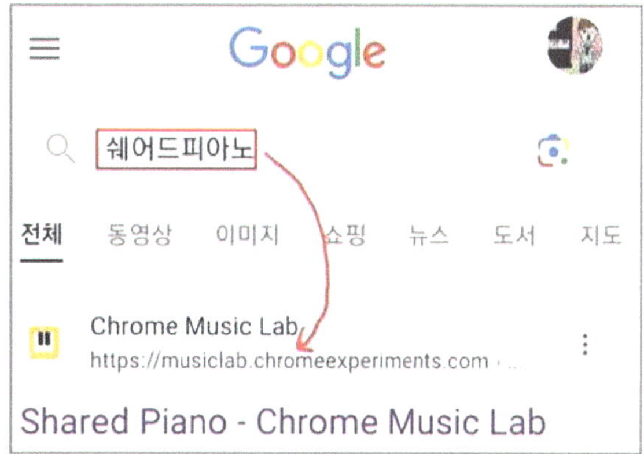

2) SHARED PIANO 첫 화면에서 건반을 눌러 소리를 재생하고 [Save] 누르면 저장된다.

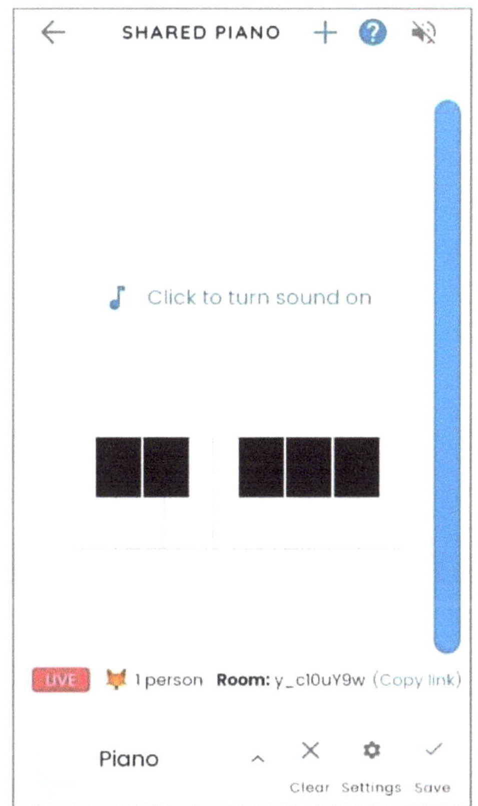

2. Chrome Music Lab 검색하여 쉐어드 피아노를 열을 수도 있다.

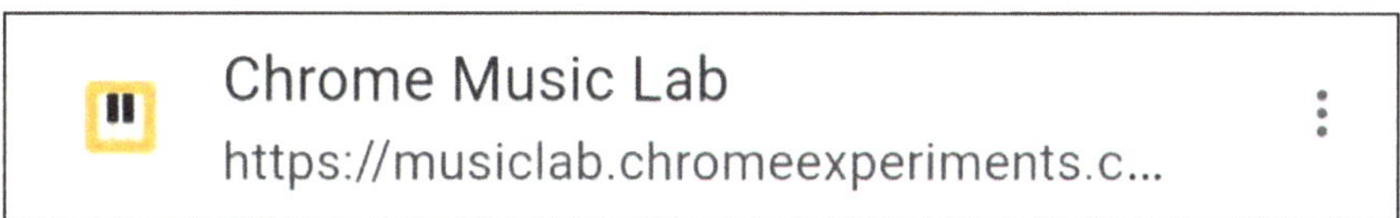

3. CHROME MUSIC LAB에서 [SHARED PIANO]를 탭 한다.

4. [Settings: 설정] 클릭한다.

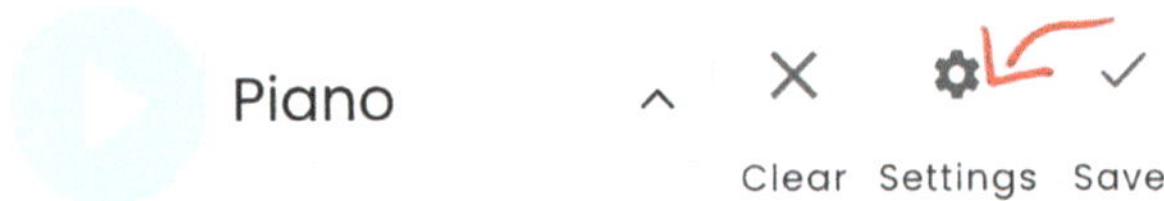

5. Settings에서 Octaves를 2로 설정하고, Note Names를 Show로 설정하면 건반에 음이름이 보인다.

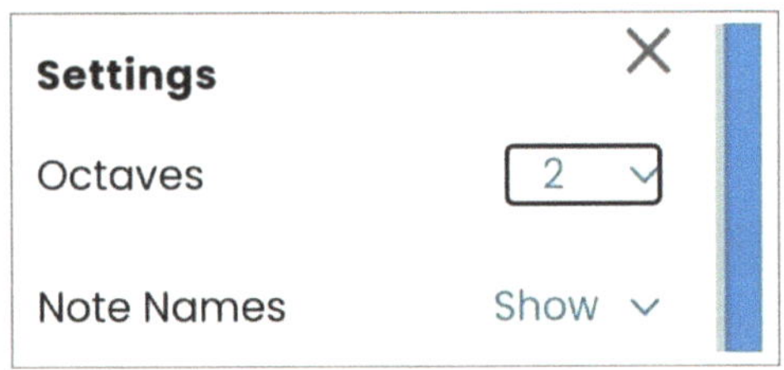

6. 건반을 눌러 입력한다.

〈PC에서 자판으로 입력하기〉

1. A 키 누르면 C(도)가 입력된다.

2. sustain은 누르는 동안 음이 지속된다.

3. 아래 방향키는 1옥타브 낮추는 것으로 자판의 [Z] 키를 누르고, 위 방향키는 1옥타브 높이는 것으로 자판의 [X] 키를 누른다.

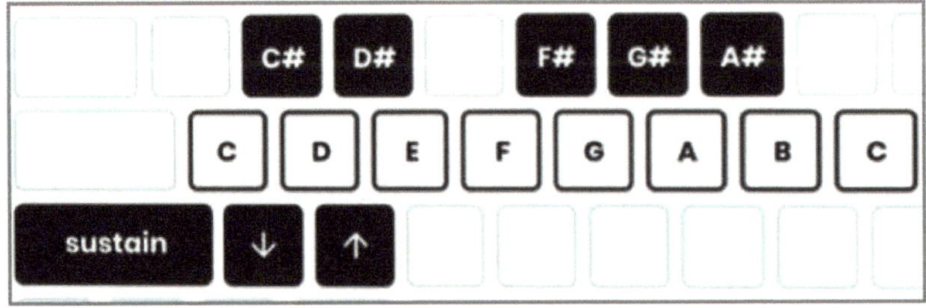

7. [Save] 탭하고 [Copy link] 눌러 공유한다.

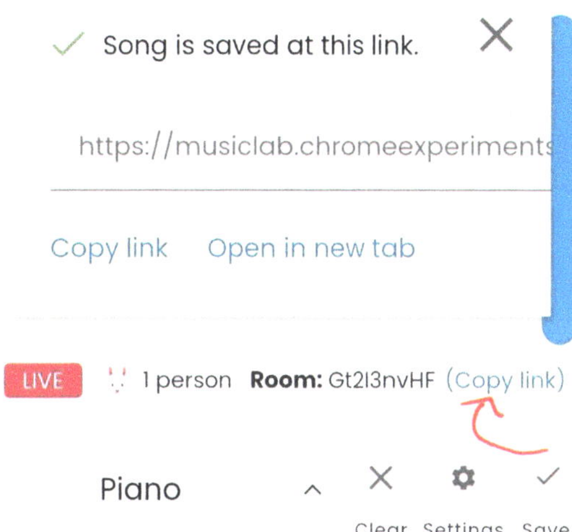

〈쉐어드 피아노로 합주하기〉

1. PC에서 '쉐어드 피아노' 검색하여 열고, 마우스로 건반을 눌러 재생한다.

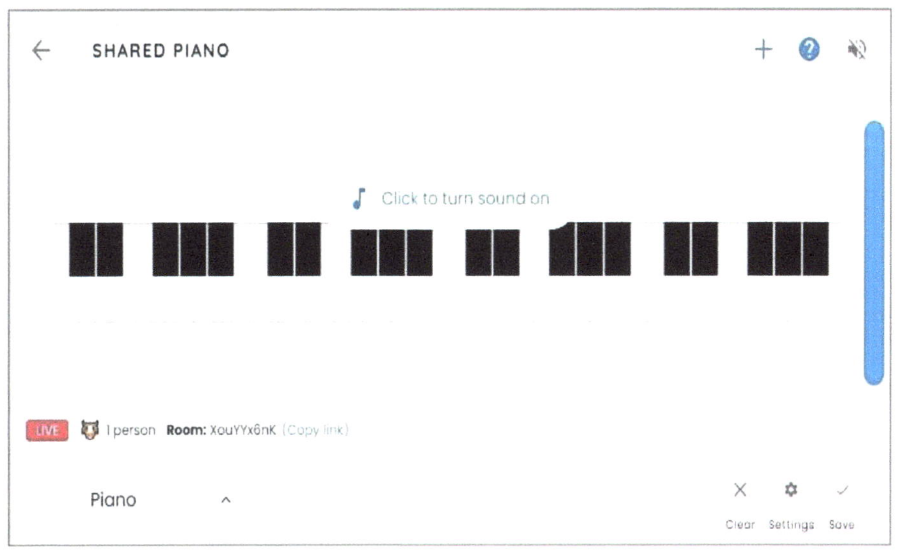

2. [Copy link] 눌러 주소를 복사하고, 카톡에 보내서 다른 사람이 쉐어드 피아노를 열고 함께 합주한다.

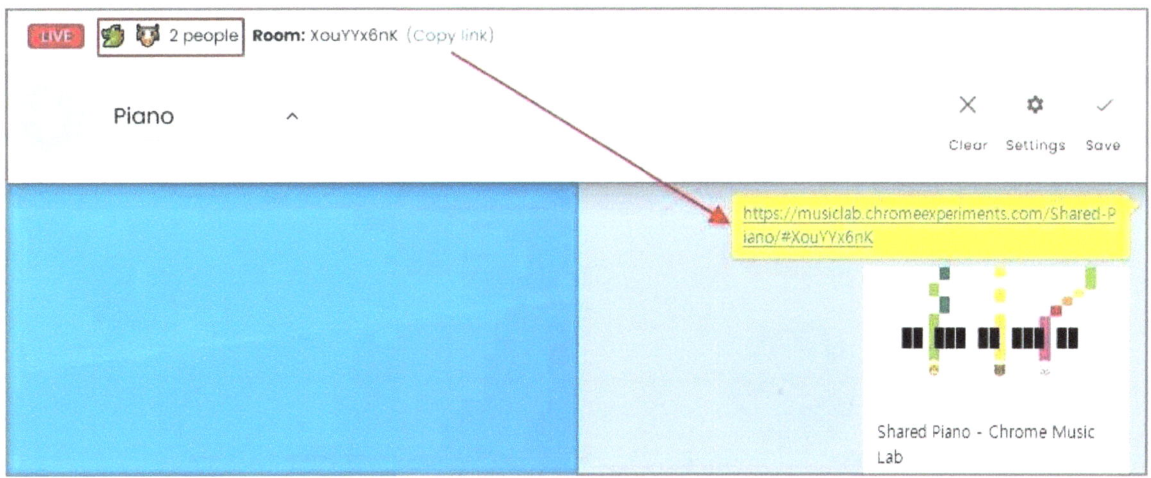

[67] 송메이커(Song Maker) 리프(Riff) 만들기

리프(riff)는 짧은 구절(4~8마디)을 되풀이하는 패턴이다.
크롬뮤직랩을 통해 리프(riff)를 송메이커(Song Maker)에서 만들기

〈송메이커(Song Maker) 열기〉
웹사이트에서 '크롬뮤직랩' 검색하여 Song Maker' 클릭하여 연다.

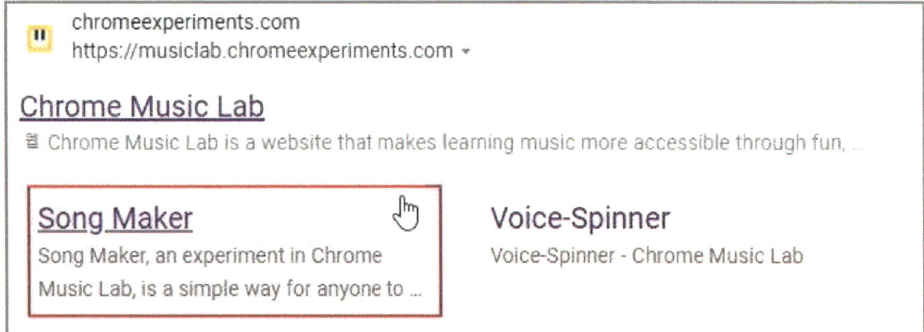

〈건반악기와 드럼 리프(Riff) 만들기〉

1. 건반악기(piano) 선택하고, [Settings] 클릭한다.

2. Settings(설정)
   1) 전체 마디: ngth-8 bars
   2) 박자: Beats per bar-4
   3) 비트 음표: Split beats into-4
   4) 조성: Scale-Chromatic
   5) 조성(으로 시작) Middle C
   6) 옥타브: Range 2 octave

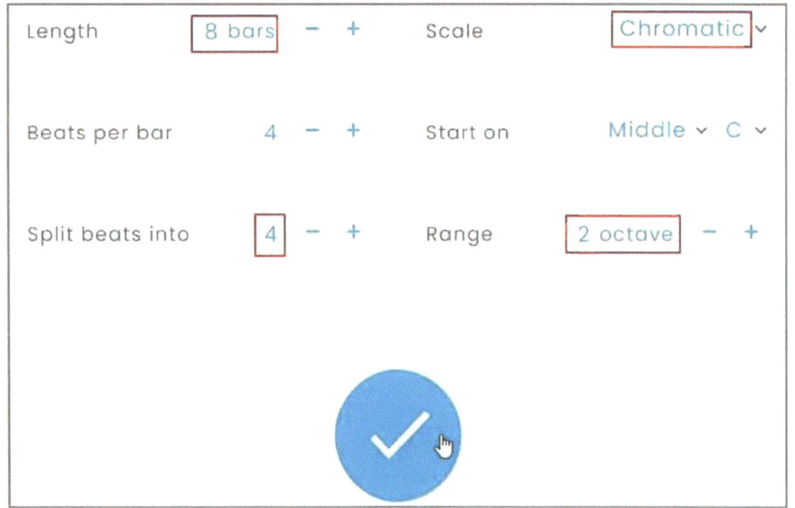

3. 건반, 드럼 파트에 악기를 입력하기

　1) 악보(상어가족) 확인한다.

　2) 위에 건반악기, 아래에 드럼파트 입력한다.

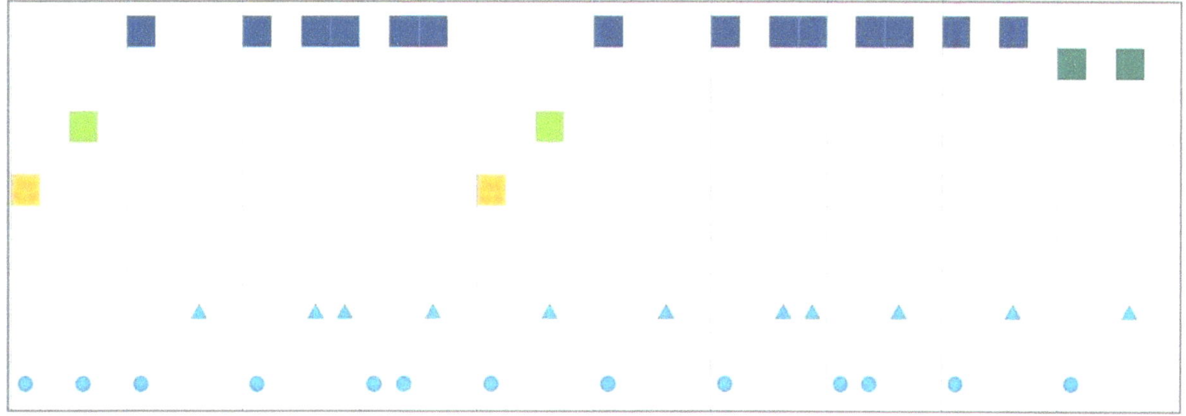

4. Save(저장)

　1) Down Load Wav 클릭하여 오디오로 저장한다.

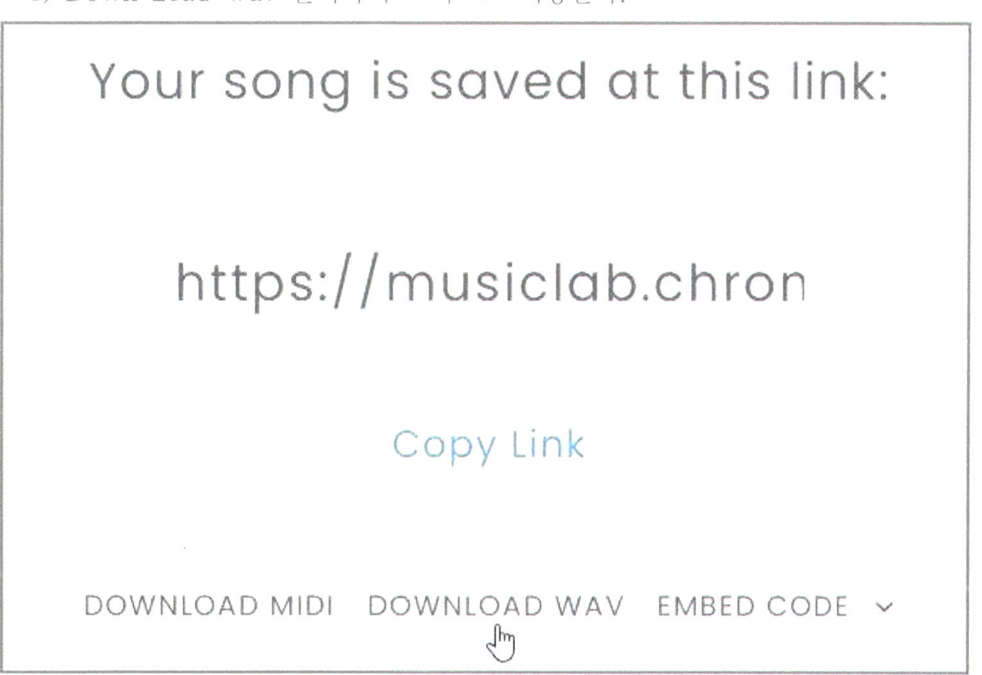

　2) [Copy Link] 클릭하여 원본 저장하고 열기:

　https://musiclab.chromeexperiments.com/Song-Maker/song/4550619365638144

　* PC에 저장하고 스마트폰에서 열기 한다.

[68] 머니코드 1564 코드

머니코드(Money Chord)는 친숙한 코드 진행으로 파헬벨 작곡 캐논의 코드 진행을 변형해서 사용한 것이 많다. 머니코드(Money Chord)는 리듬과 화성 진행의 근간을 이루고, 히트곡들의 코드는 4코드 진행이다. 특히 일렉트로닉과 접목된 팝의 경우 파헬벨의 캐논의 코드 진행을 차용 및 변형해서 사용한 것이다.

1. 1564(C-G-Am-F) 머니코드
   1) 머니코드는 1-5-6-4 (I - V - VIm - IV)의 코드 진행으로 4 코드 진행이다. 코드의 진행을 숫자로 적는다.
2) 캐논 니코드라고 함은 4 코드이다.
건반 기준으로 C major 키 (다장조), 건반 보이싱은 순서대로 C - G - Am - F이다.

〈스마트폰에서 머니코드 만들기〉
1. 머니코드 1564도(I - V - VIm - IV) 의 코드 진행으로 4코드(C G Am F) 렛잇비가 대표적이다.

2. 카논 코드(Canon Chords)는 -G-Am-Em-F-C-Dm-G이다.

〈스마트폰에서 송메이커로 머니코드 만들기〉
1. Setting(설정): 곡의 길이나 비트 설정하고,

2. 악기 선택: 음악의 음색을 정하고, 템포를 조절해서 곡의 빠르기를 설정한다.

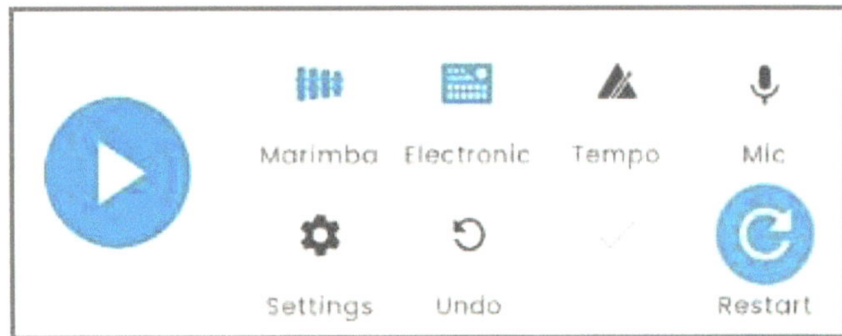

3. 머니코드를 입력하고 나서 코드 리듬을 변형하여 가락을 입력한다.

[69] [골드웨이브(GoldWave)] 앱 설치, 녹음 잡음제거

스마트폰에서 골드웨이브GoldWave) 앱을 설치하고, 사운드 녹음하고 잡음 제거하기

1. 플레이스토어(앱스토어)에서 골드웨이브 설치한다

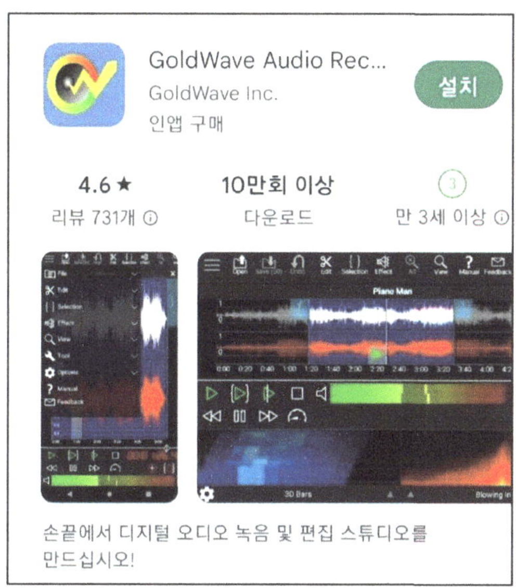

2. [+] 누르고 녹음한다.

3. Save 누른다.

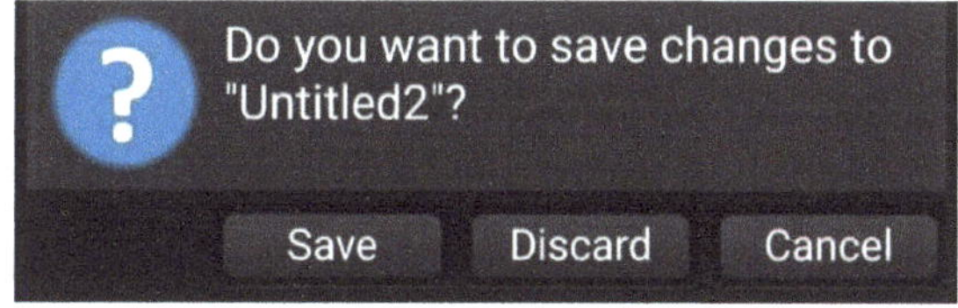

4. '고운꿈' 적고 완료 체크한다.

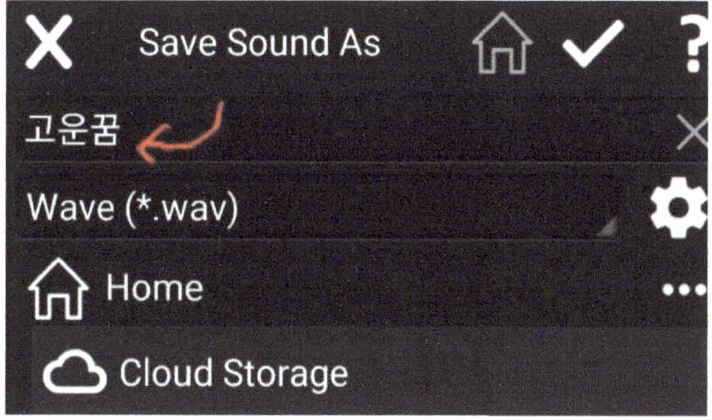

5. Home의 더보기[....] 눌러 저장할 장소를 정한다.

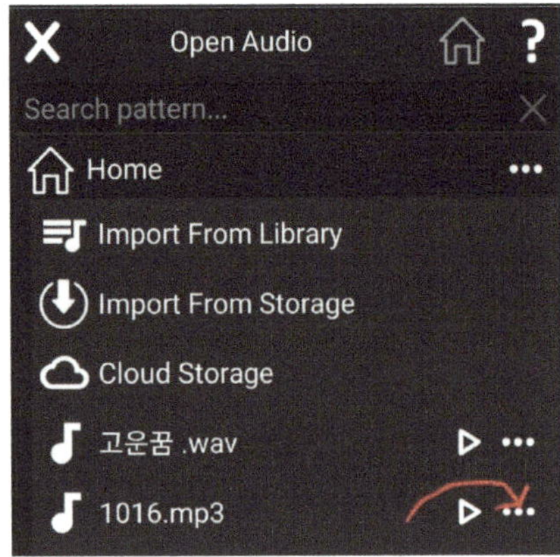

6. 골드웨이브에서 잡음 제거

메뉴에서 Effect -〉 Filter -〉 Noise Reduction으로 들어가서 여러 값 들을 조정하며 듣고 'Save as'로 저장한다.

1) 잡음 부분을 선택, 복사 후, 전체 파일을 선택하고, Effect에서 [Noise Reduction] 선택한다.

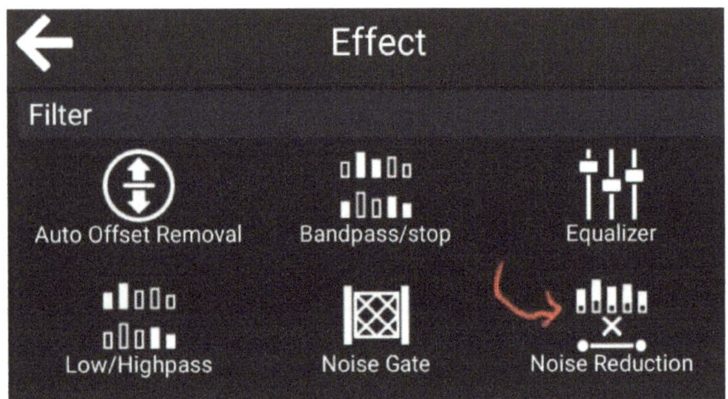

2) EDIT , FILTER, NOISE REDUCTION에서 클립보드 선택 후 30%로 하고 들어본다.

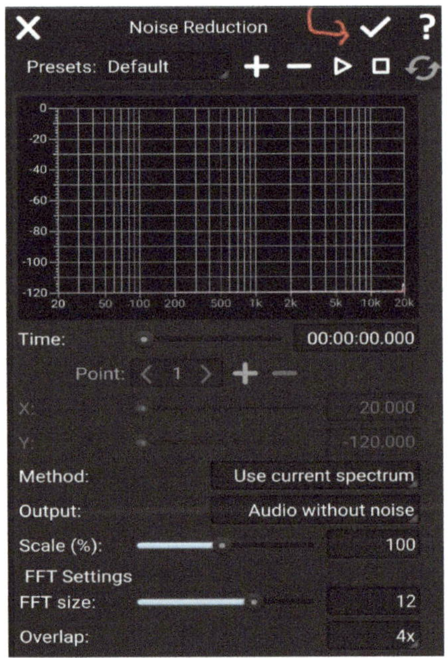

3) 파일 명 쓰고 저장한다.

[70] [골드웨이브(GoldWave)] 사운드 볼륨 일괄 적용

PC에서 골드웨이브(GoldWave)는 외부 사운드 입력, 자르기, 붙이기, 녹음, 음원의 목소리 제거, 잡음제거. 믹싱, 사운드 일괄처리 하는 프로그램으로 무료 다운로드 할 수 있다.
재생 에러 해결하고, Maximize Volume으로 볼륨을 최대화하고, Batch Processing으로 사운드 볼륨 일괄처리 한다.

〈재생 에러 해결하기〉

1. 재생하여 에러창(Cannot start)이 뜨면,

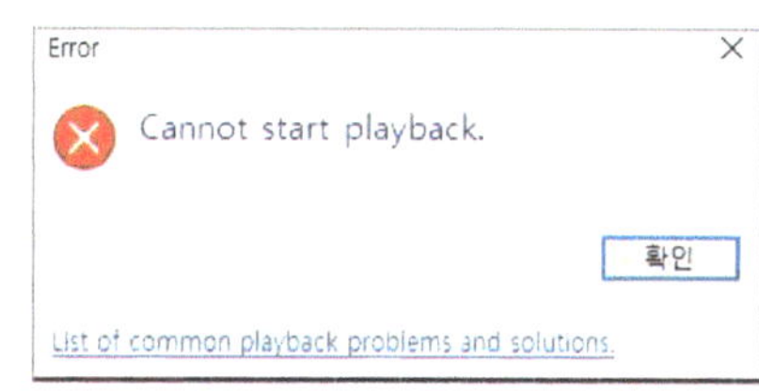

2. [컨트롤 속성 설정] 클릭하고,

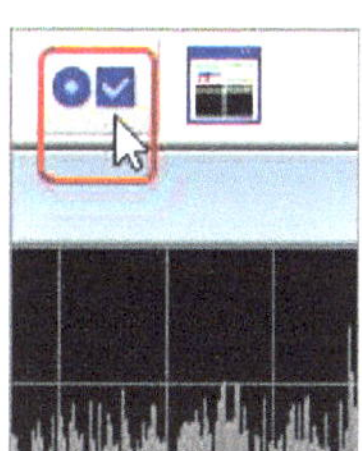

3. [장치]에서 재생, 녹음을 Realtek으로 선택한다.

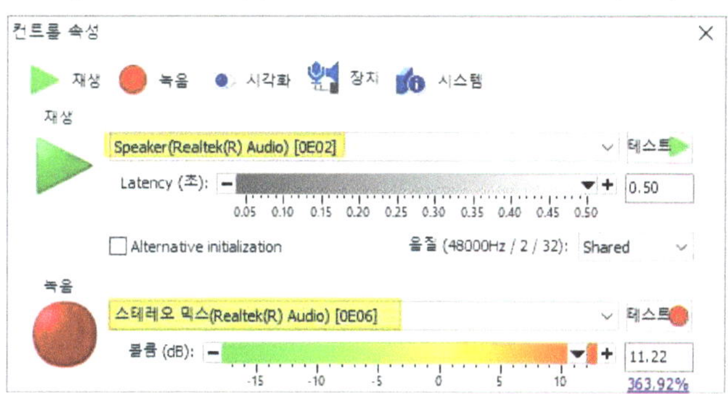

〈볼륨 최대화: Maximize Volume〉

볼륨이 작게 녹음되었으면 파형을 크게 한다.

1. [Maximize Volume] 누른다.

2. 재생하여 확인하고 OK를 누른다.

3. 작은 소리가 커진다.

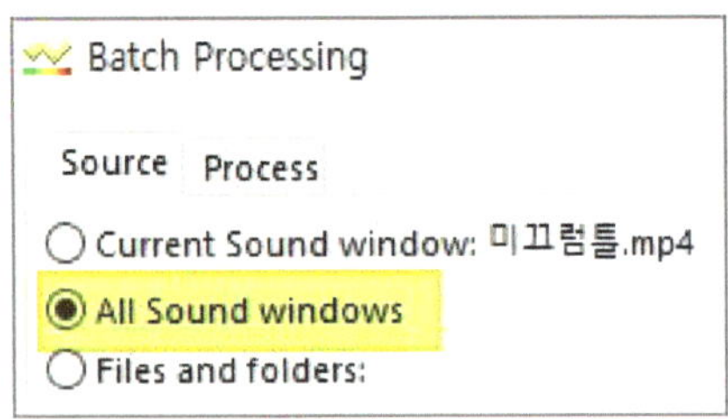

〈일괄처리 Batch Processing〉

1. [불러오기 Open] 실행하여 파일을 불러온다.

2. 일괄적으로 작업하기 위해서 [파일 File]에서 [일괄처리 Batch Processing]을 실행한다.

3. [Source] 탭에서 [All Sound windows]를 선택하면 현재 화면에 불러놓은 파일을 대상으로 작업을 진행한다. 현재 파일(Current Sound window)이나, 탐색기를 이용하여 여러 개의 파일과 폴더(Files and Folders)를 대상으로 작업한다.

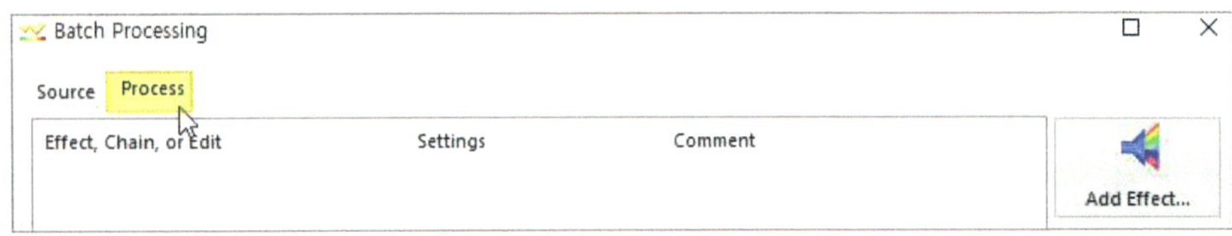

4. [Process] 탭을 누르고 오른쪽에 있는 [Add Effect] 버튼을 클릭한다.

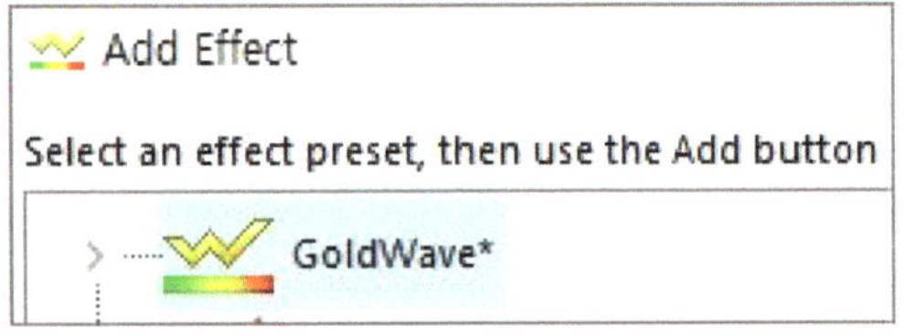

5. [Add Effect] 창에서 [Goldwave] 선택한다.

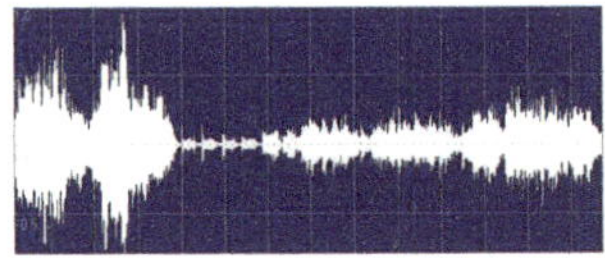

6. 아래쪽으로 스크롤 막대를 움직여 [Match Volume]을 클릭하여 그중에서 [Default]를 선택하고, [Add] 버튼을 클릭한다.

 1) 볼륨 조절은 기본값 외에도 세 가지가 더 있다.

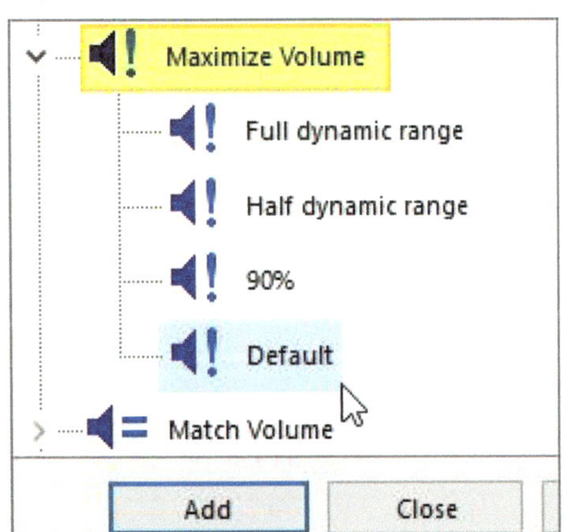

2) Match Volume을 적용하면 작은 소리가 고루 커진다.

7. 일괄 처리 작업 내역이 등록된 것을 볼 수 있다. 아래쪽에 있는 [Begin] 버튼을 누르면 처리 작업을 시작한다.

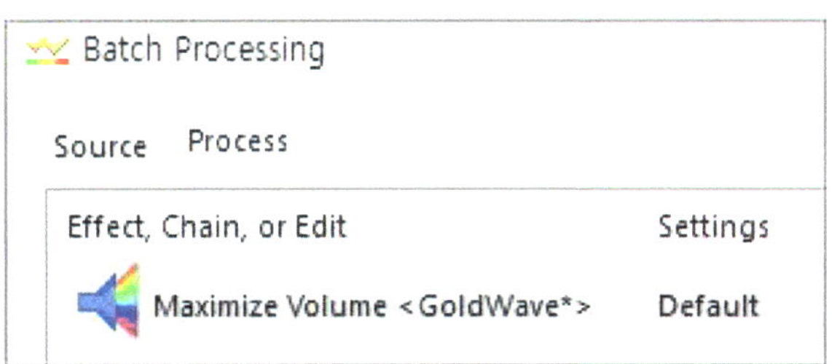

8. 작업이 완료되면 작업 내역을 표시해 주는 창이 뜨게 된다.
내역을 확인하고 [OK] 버튼을 누르고, 일괄작업 창도 [Cancel] 버튼을 눌러 닫는다.

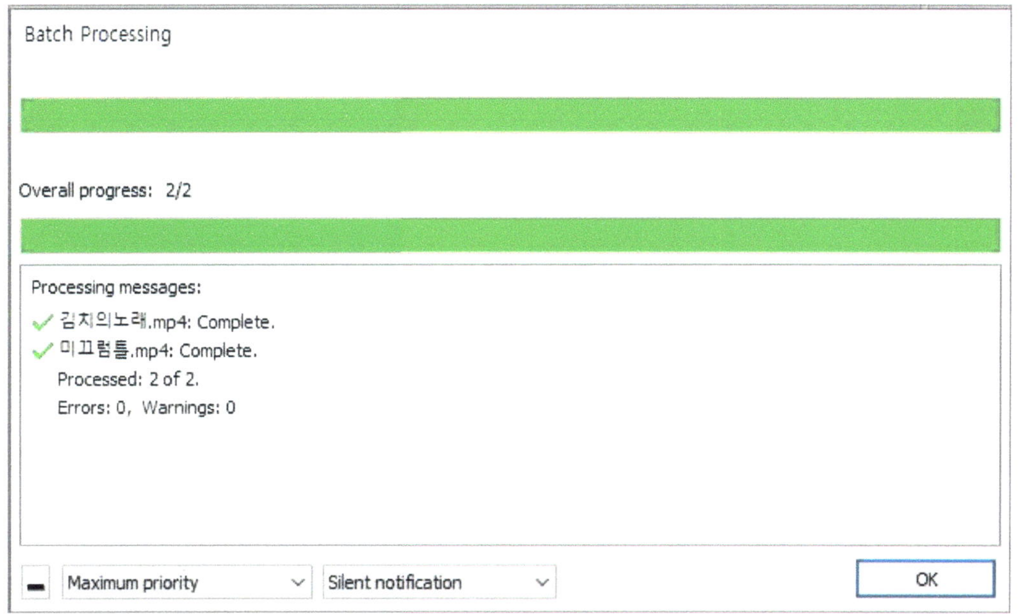

9. 작업이 완료된 파일들의 파형을 보고
처음 불러오기 화면과 비교해 보면 볼륨의 높낮이가 정돈된 것을 확인할 수 있다.
10. 개별 창을 닫으면 저장 여부를 묻는다. 저장하면 볼륨이 정돈된 파일로 바뀌게 된다.
[파일/File] 메뉴의 [모두 저장/Save All]을 실행하면 열려 있는 모든 파일을 저장한다.
11. 일괄처리 기능은 골드웨이브 프로그램을 닫더라도 기억되어 있어서 다음에도 사용할 수 있다.
12, 볼륨을 증폭시키기 위해 [효과] – [볼륨] – [볼륨 최대화]를 선택한다.

〈골드웨이브 다운로드 무료버전 받기〉
골프웨이브는 음악파일을 편집할 때 사용하고 있는 프로그램으로, 믹싱, 잘라내고, 붙여넣기도 할 수 있다. 여러 개의 파일을 하나로 묶어준다거나 쓸모없는 부분을 잘라 내기할 때 사용한다.
https://naver,me/5cAiKTKD

[71] 돌비 온(Dolby On) 최초 세팅과 설정

돌비 온(Dolby on)은 고음질로 녹음하여 편집하고 저장하는 앱으로, 녹음하기 전 처음 실행하여 세팅하고 설정하기를 먼저 한다.

1 스마트폰에서 '돌비온' 검색하여 설치하고, Welcome to Dolby On창이 나오면, [Not now] 누른다.

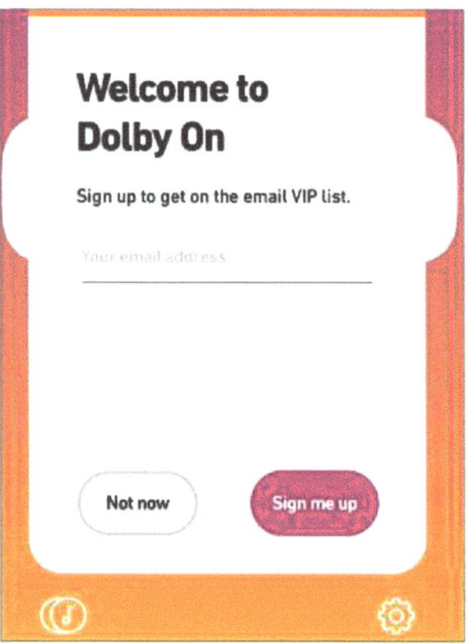

2. 돌비 온 소개하는 창이 나오면 [Skip] 누른다.

3. Dolby On adds 창이 나오면, [Go It] 누른다.

4. Help us improve 창이 나오면 [Sure] 누른다.

5. 오디오 녹음 허용 창이 나오면, '앱 사용 중에만 허용' 누른다.

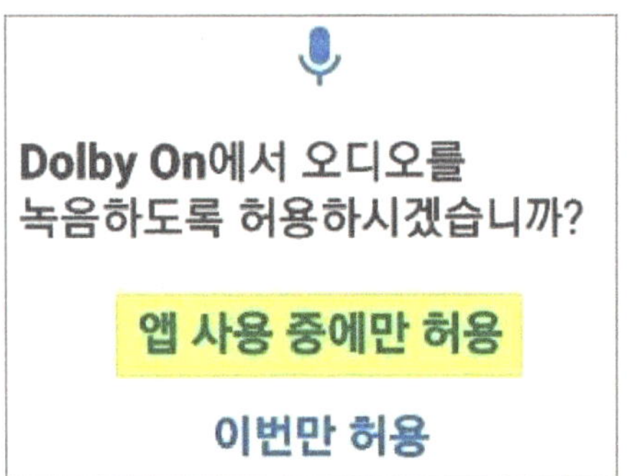

6. 재생 버튼 나오는 파일 선택하고 [설정] 클릭한다.

7. Rename 눌러 파일명을 적고, Delete 눌러 삭제할 수 있다.

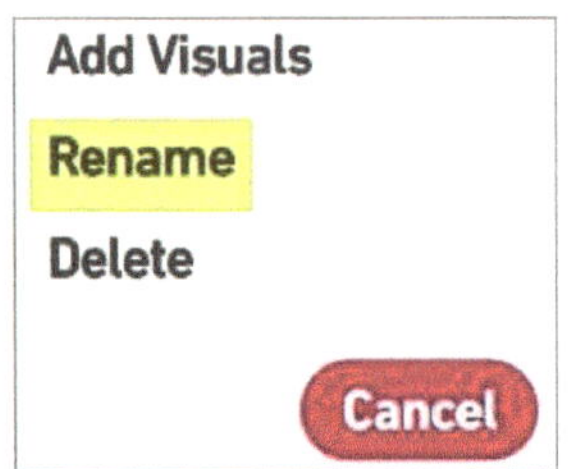

[72] 고음질 녹음 편집, 설정, 파일 수정 저장

돌비 온(Dolby On)은 16bit 48kHz의 WAV 고음질로 돌비가 자체 개발한 노이즈 감소 기술, 다이내믹 EQ, 압축과 리미팅 기능 등으로 공연실황녹음 가능하고, 동영상 녹화, 소리 녹음, 인터넷 스트리밍에 사용된다.
돌비 온은 음악에 알맞게 EQ, 컴프레션, 잡음제거, 스테레오 확장 등 효과를 자동 적용하고, 자르기 등 오디오를 편집한다.
스마트폰에서 녹음한 음악에 베이스(bass), 트레블(treble), 부스트(boost) 등 편집 기술을 적용한다.

1. [비디오/오디오/스트리밍] 메뉴 중에서 마이크로 녹음하기 위해 [오디오 녹음] 모드를 선택하고

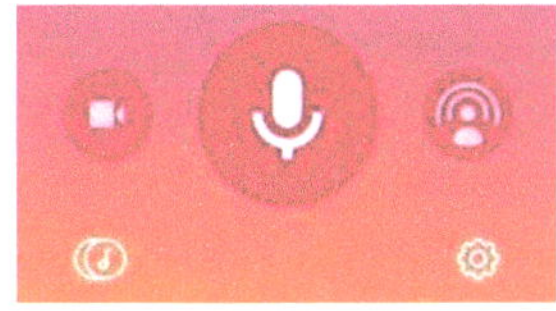

2. 원하는 돌비 효과 보고, [Go it] 누른다.

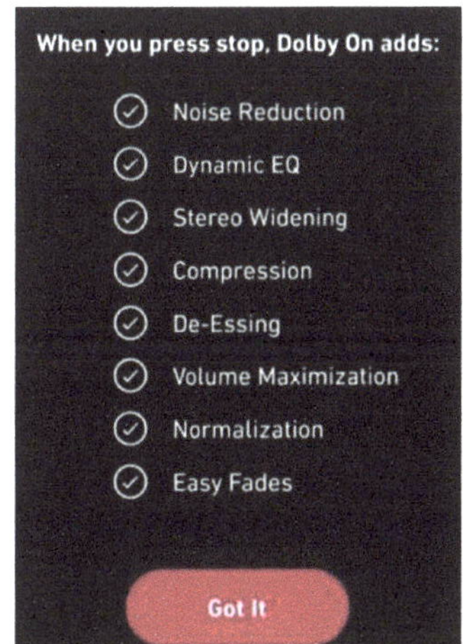

3. 무손실 WAV 포맷 녹음 설정하기
   1) Countdown 활성화하면 녹음 전에 카운트한다.
   2) Audio options에서 Lossless audio에 활성화(녹색)에 체크

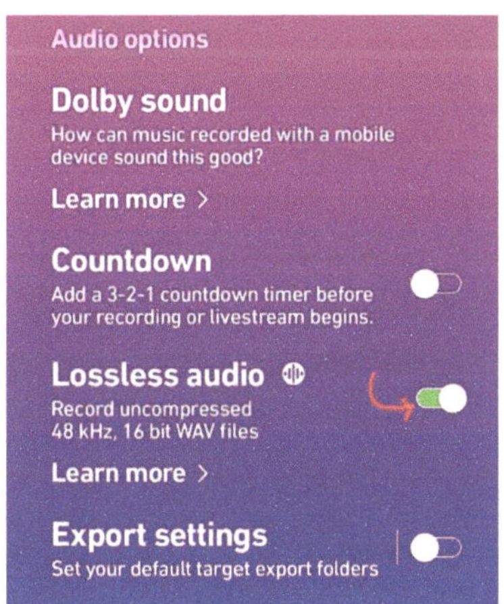

3. 잡음 제거 편집하기
   1) [Tools] 클릭

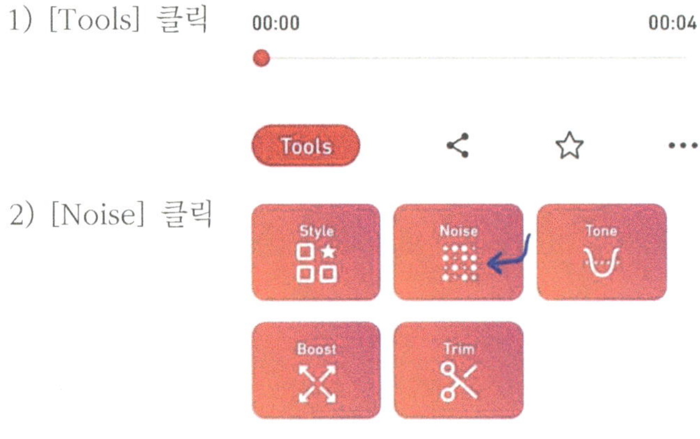

   2) [Noise] 클릭

   3) Noise Reduction level을 Strong쪽으로 이동하고
   확인✔ 누르면, 잡음만 제거되고 목소리는 남는다.

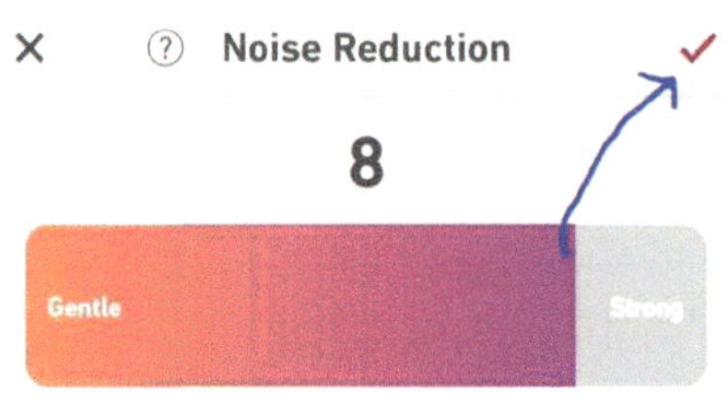

4. Trim에서 사운드 일부분을 자르기 위해 [Start],
[End]를 드래그하여 체크한다.

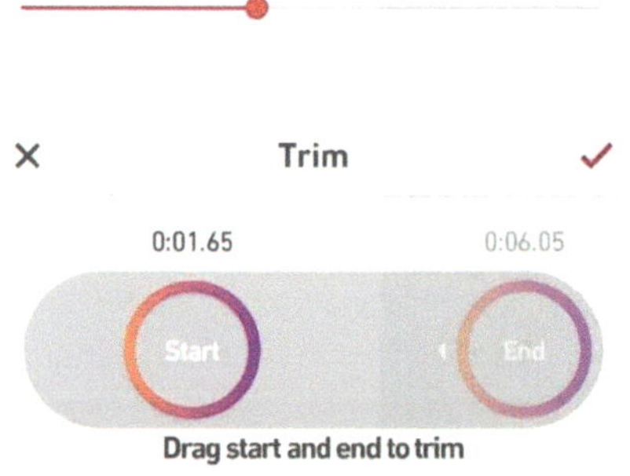

5. 파일 삭제하기
   1) 재생목록 누르고 재생 버튼 누른다.

   2) 전체 선택하고 휴지통 누르고 [Delete] 눌러
   파일 전체를 삭제한다.

6. 파일명 수정 저장하기

  1) Track21 재생 누르고

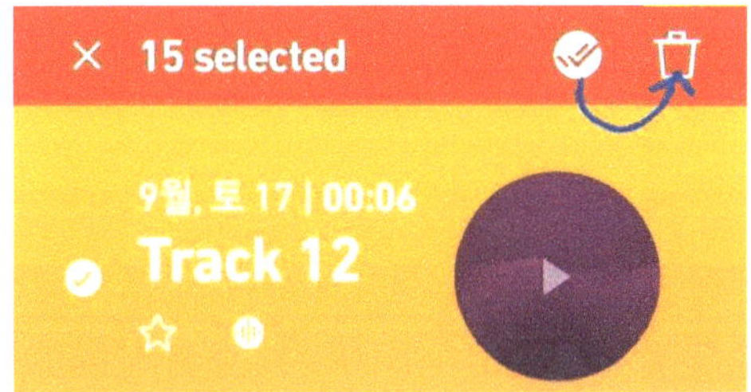

  2) 더보기 [...] 누른다

  3) [Rename] 누르고 텍스트 넣고 파일 이름을 수정하고 완료 누른다.

  4) 저장하기 위해 재생 버튼을 누른다.

  5) 공유 버튼 누른다.

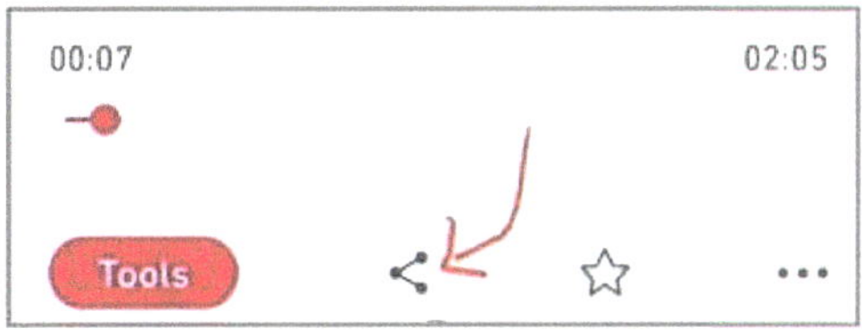

  6) [Save Audio] 누르고, 저장한다.

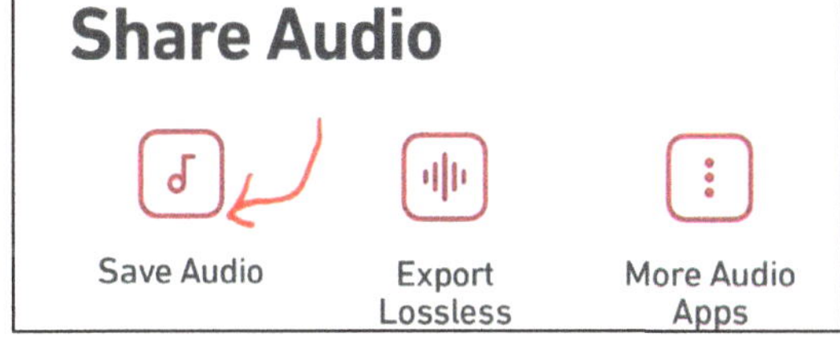

  7) 구글 Drive에 저장한다.

[73] 고음질 오디오 저장과 전송-Share Audio

    돌비 온은 녹음한 파일을 전송하는 앱으로 16bit 48kHz의 WAV 포맷의 고음질 녹음이 가능하다. 노이즈 감소 기술, 다이내믹 EQ, 압축과 리미팅 기능이 있어 공연 퍼포먼스의 사운드를 담는다.

1. 녹음 파일 선택하고, 전송(공유) 버튼 누른다.

2. [Export Lossless] 누르고, Save Audio로 저장하고, WAV file 만든다.

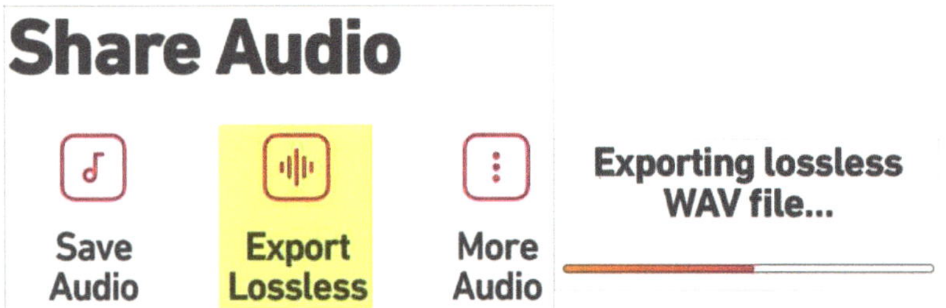

3. 카톡 등으로 전송한다.

[74] 스마트폰에서 유튜브 생방송 Go Live

스마트폰에서 돌비온을 통해 유튜브로 생방송(Live Streaming) 하기

1. [Live Show] 버튼을 누르고, Go live 보이면, [Stream options] 누른다.

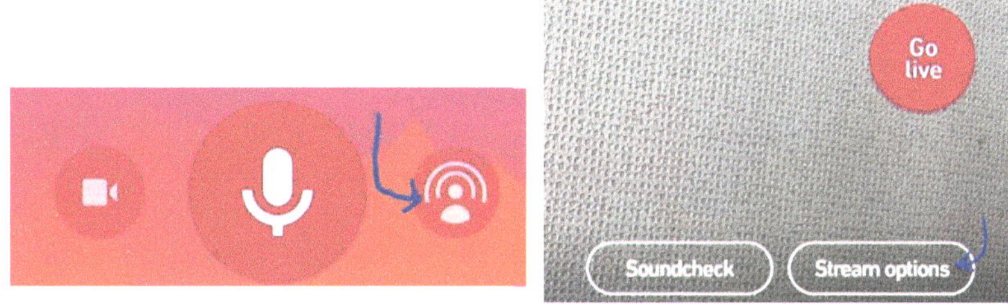

2. Title 적고, Done 누르고

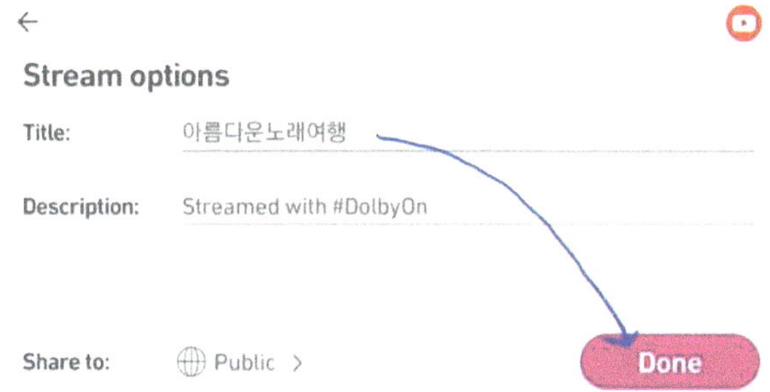

3. 회전 버튼을 누르면 전면이 촬영된다.

5. Go Live 클릭하면 생방송된다.

6. [Choose streaming account] 눌러서

7. YouTube 선택하고

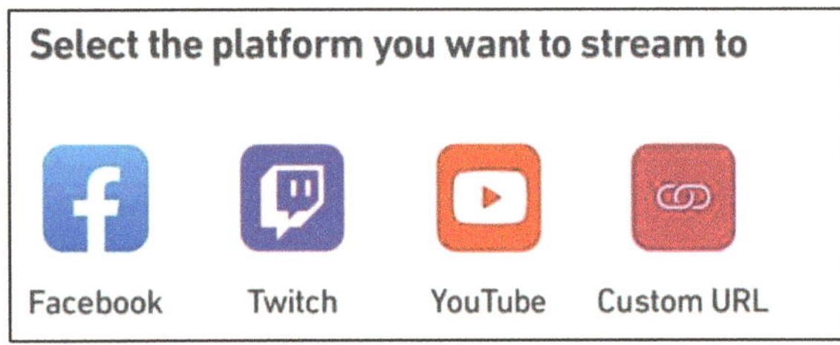

8. [Go live] 누르고 생방송 시작한다.

9. 유튜브 채널에서 보면 '실시간'이 보인다.

〈실시간 스트리밍 에러〉

1. Problem occurred 창이 보이면,

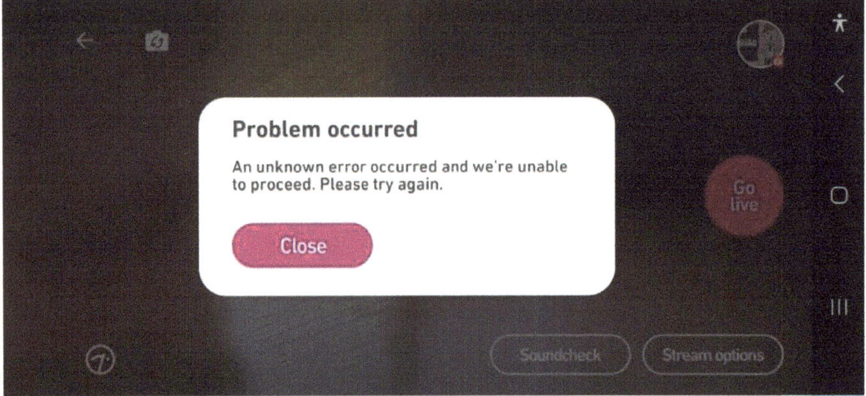

2. 설정을 다시 한다.

[75] [Reaper(리퍼)] 다운 설치 리버브 효과 녹음

리퍼는 여러 프로그램들을 연동시켜 주는 eWire 기능이 안정적인 소프트웨어이다.
Reaper를 다운받아 사용하면 가상 믹서 없이도 유튜브 및 컴퓨터의 소리를 녹음할 수 있다.

1. Reaper 다운 설치
   1)' Reaper' 검색하여 사이트 누른다.

https://www.reaper.fm/

   2)[DOWNLOAD] 클릭하고

   3) reaper707_x64-install 클릭하여 설치한다.

2. 설치 사용하기
 1) 우측하단의 'Buy Me' 버튼이 보이고 기다리고 있으면, Still Evaluating로 바뀐다.

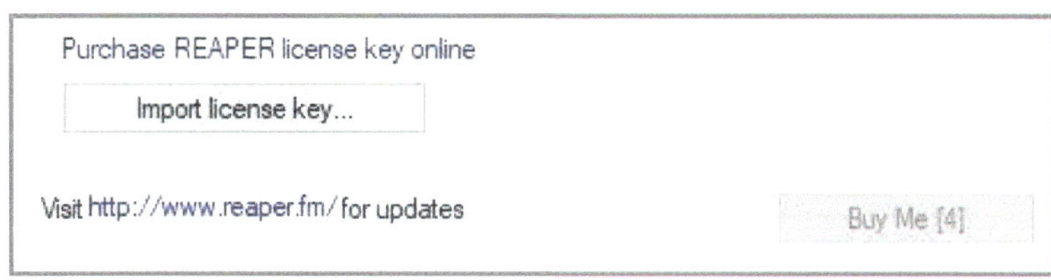

 2) [Still Eval uating] 클릭하여 설치한다.

 * 창을 닫으면 'Buy Me' 버튼이 보이는 창이 안 생긴다.

〈마이크로 소리를 녹음하기〉

1. 녹음 설정(REAPER Preferences)

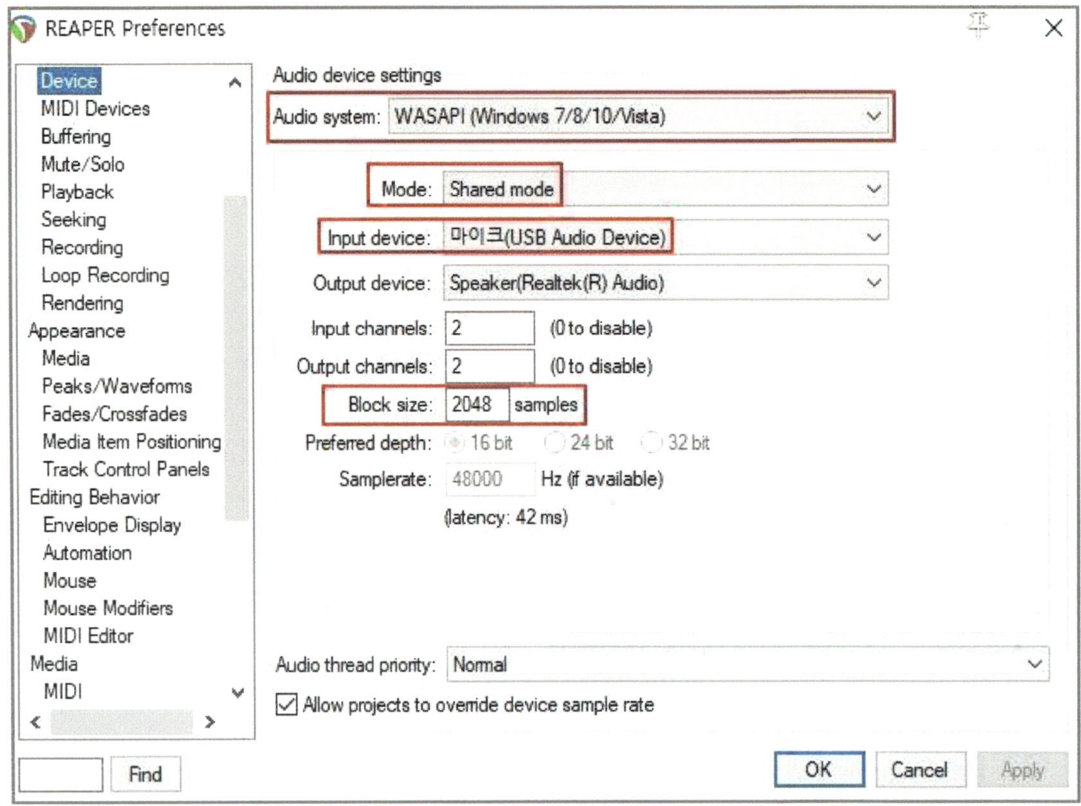

1) Options 〉 Preferences (단축키 Ctrl + P)로 들어가 Audio 〉 Device 항목에 들어가서
2) 오디오 디바이스를 WASAPI로 변경한다.
Audio system 을 WASAPI (Windows 7/8/10/Vista)로 바꾸고, Mode를 [Shared mode]로
바꾼다.
3) Input device를 마이크(USB Audio Device)로 설정한다.

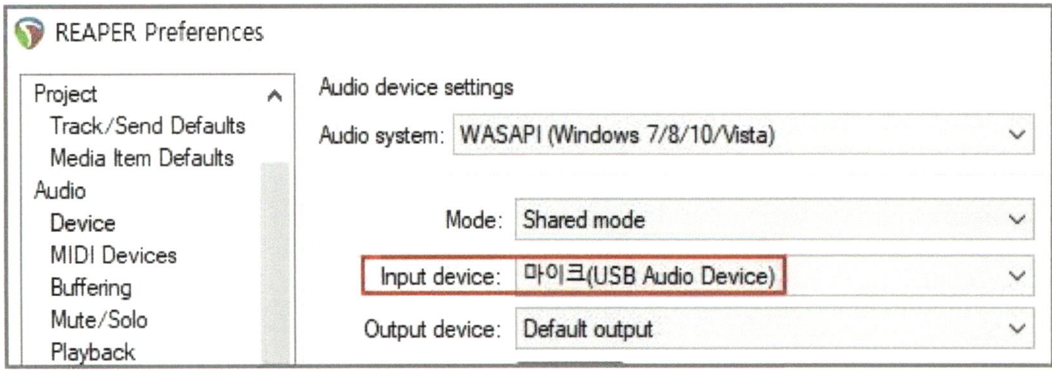

4) Block Size를 2048로 바꾼다.
5) 녹음된 음원에 지직거리거나 튀는 소리 들리면, 버퍼사이즈를 늘려 잡음을 방지한다.

2. 트랙 생성하기
1) 트랙에서 우 마우스로 [Insert new track] 클릭한다.
2) Input 채널을 바꿔주는 IN FX가 보이지 않는다면 트랙의 아래선을 드래그해 늘린다.

3. Record Monitoring키면 윈도우에서 나오는 소리를 reaper에서 녹음하면서 다시 윈도우로
   재생해 주는 피드백 순환이 생기기 때문에 Record Monitoring: OFF로 설정한다.

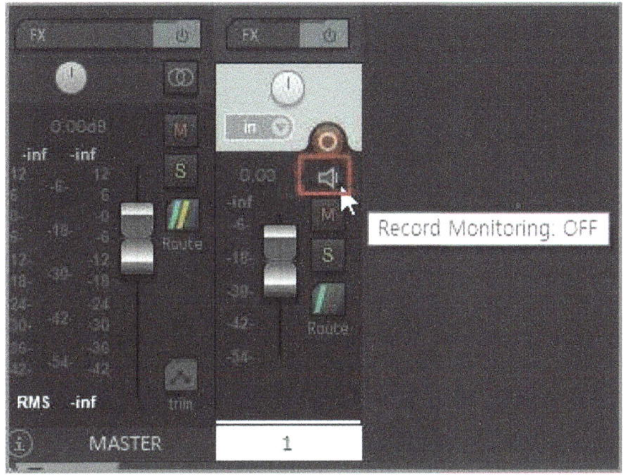

4. 마이크로 녹음하기

   1) [Record Arm] 누르고 마이크 테스트하면 입력 상태가 보인다.

   2) Mixer에서 [Record: Ctrl+R] 누르면 녹음 리존이 생긴다.

5. 효과(리버브) 넣어 녹음한다.

6. 소리(스피커) 설정하기 위해 이어폰(헤드셋)을 PC에 꽂는다.

   1) 컴퓨터의 **스피커** 클릭하고 [소리] 클릭한다.

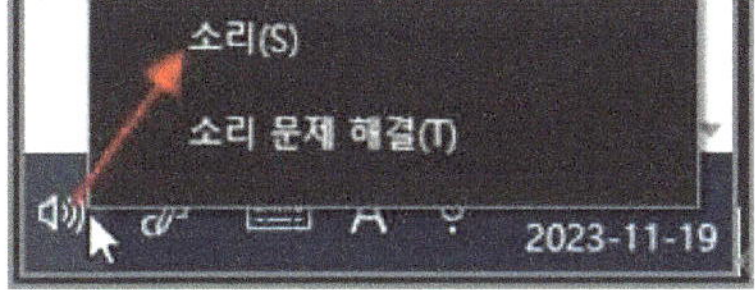

2) 소리에서 [재생] 탭 클릭하여 [Headphone]을 기본장치로 하고 선택하여 더블클릭한다.

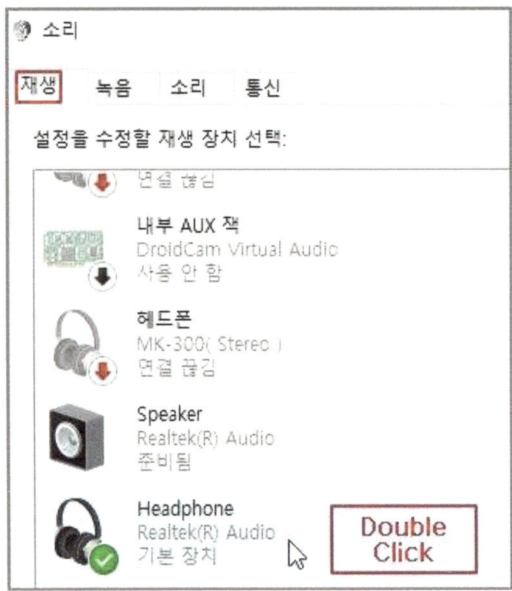

3) 장치를 더블클릭해 속성에서 [고급] 탭에서 샘플레이트를 24비트, 44100Hz 선택한다.

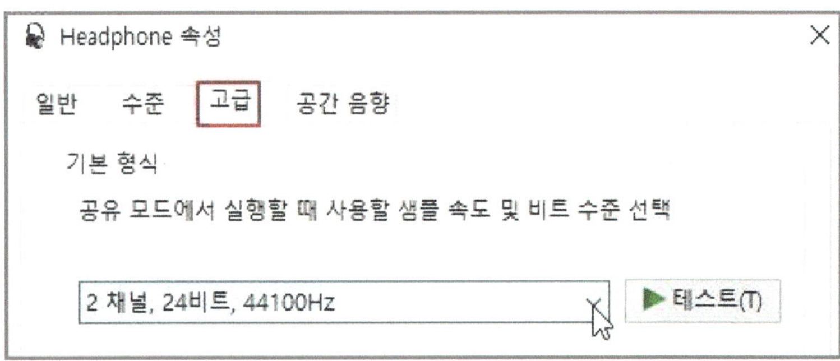

〈지연 없이 리버브 걸고 노래 녹음하기〉

1. 트랙의 이펙트 (Fx) 눌러서 리버브의 Dry를 드래그하여 내린다.

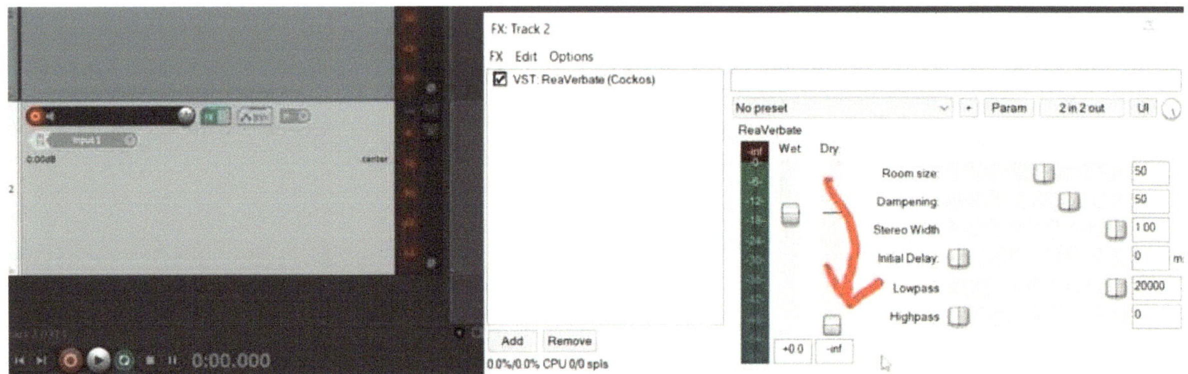

2. 트랙의 모니터링(Arms) 버튼을 끄고 녹음한다.

[76] 화면 인터페이스 단축키

⟨기본 화면 인터페이스⟩

1. Title Bar
2. Menu Bar
3. Main Toolbar
4. Track
5. Media Item(클립)
6. Track Contral Panel
7. Arrange Area(작업공간)
8. VU Meters(게이지)
9. Mixer
10. Master
11. Transport Bar
12. Time Indicator(타임 인디케이터)

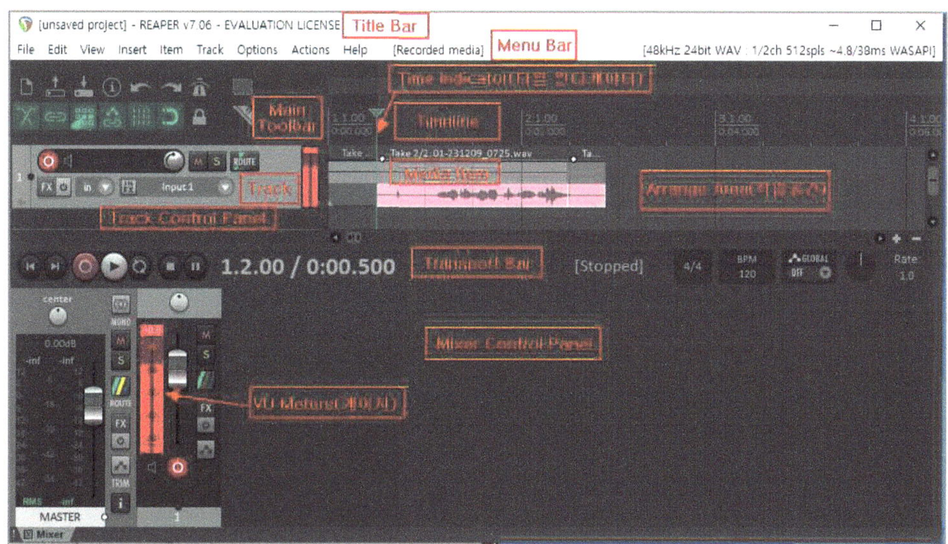

⟨단축키⟩

1. 프로젝트의 설정(Project Settings) : [Alt + Enter] 클릭한다.

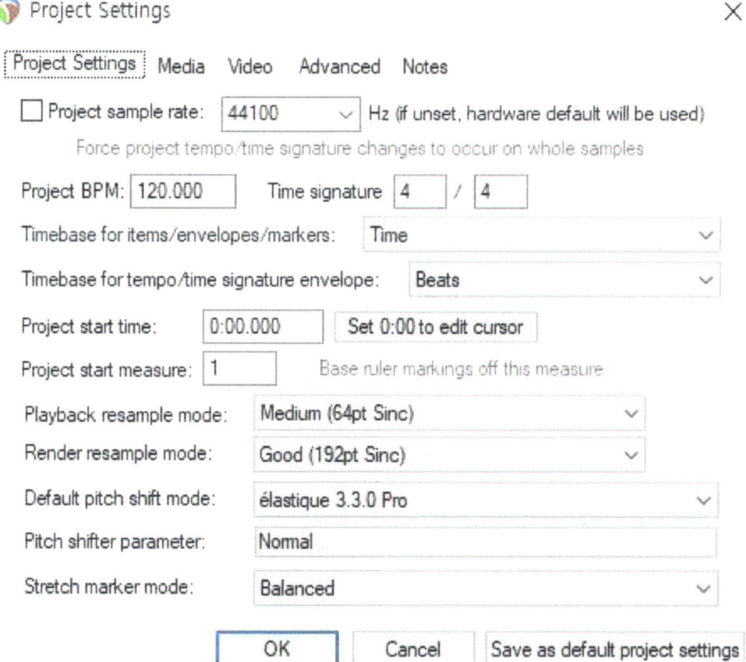

2. 전체 트랙의 수직 높이를 조정 : Ctrl + 마우스 휠

3. 위아래로 화면을 이동 : 트랙 리스트에서 마우스 휠을 돌리기

4. 위아래로 화면을 이동 : Alt + 마우스 휠

5. 수평 Zoom In : 마우스 휠을 올리기, Zoom Out : 마우스 휠을 내리기

6. 재생중 Space Bar를 누르면 재생을 시작했던 위치로 커서가 돌아가고,

[Ctrl + Space Bar]를 누르면 재생을 멈춘 위치로 커서가 이동하고,

[W]를 누르면 맨 처음 시작 지점으로 돌아간다.

7. 믹서창 : View 〉 Mixer(Ctrl + M)

8. Insert 〉 Media File이나 단축키 Insert를 누르면 바로 음원을 불러온다.

9. 녹음: 트랙의 [Record Armed]에 불을 켜고, [Ctrl + R]을 누르거나 트랜스포트에서 빨간색 원을 클릭하면 녹음이 시작된다.

10. Snap: 상단 툴바 메뉴에서 자석 모양 아이콘을 누르거나 [Alt + S]를 누르면 On/Off 할 수 있다. Snap 버튼을 우클릭하면 몇 분 음표 단위로 Snap이 걸리게 한다.

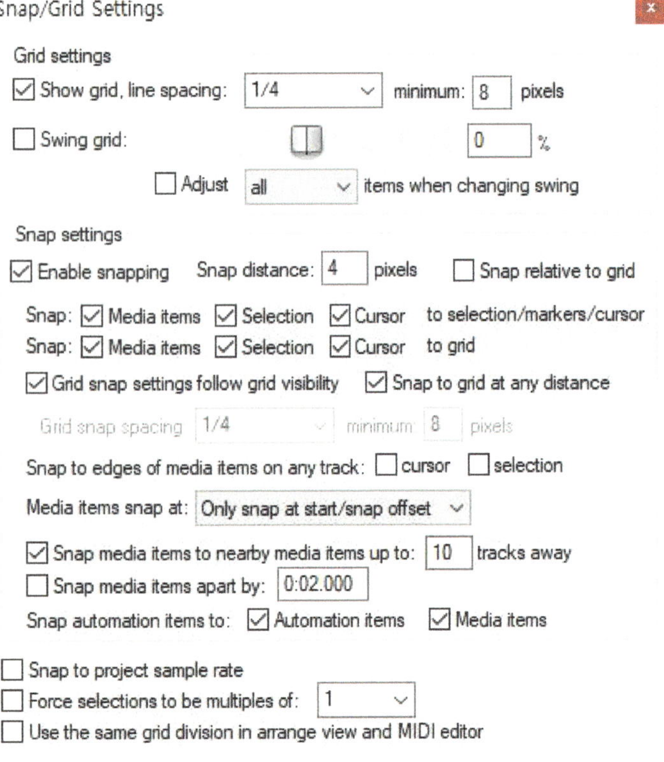

11. 트랜스포트의 BPM을 클릭하면 탭 템포를 입력할 수 있고, 숫자를 더블 클릭하여 프로젝트 템포를 변경한다.

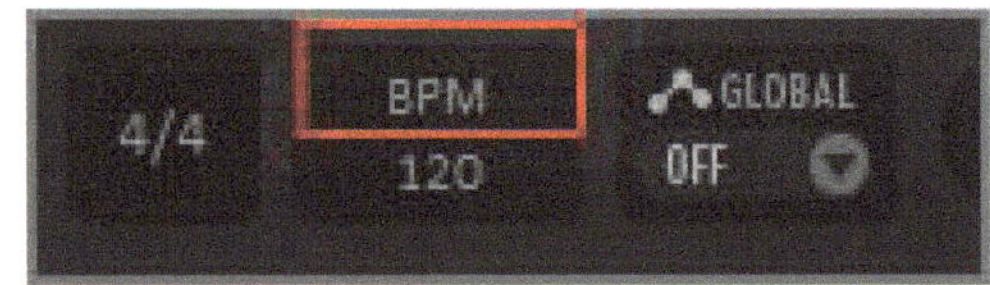

12. 클립 복사 이동

Ctrl + 드래그하면 클립을 복사할 수 있다. 트랙에서 트랙으로 움직일 때 살짝 움직여주면 자동으로 똑같은 위치에 맞춰서 이동된다.

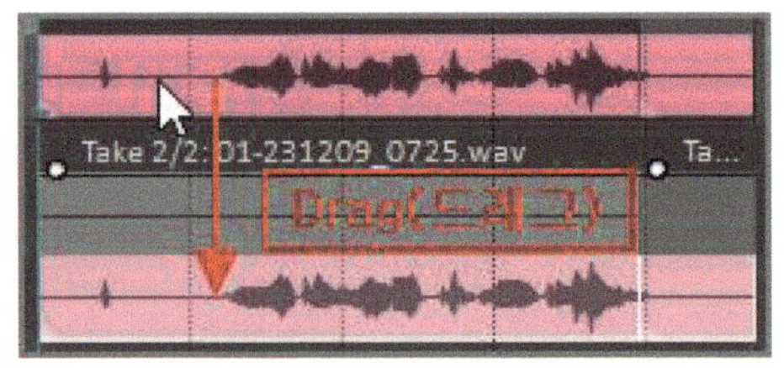

13. Locking : 버튼을 우클릭해 items
(prevent left/right movement)에 체크 한
뒤, 좌 클릭해 Locking을 켜면, 클립이 좌우로
움직이지 않고, 위아래로만 움직이게 된다. 단
축키 [L]로 껐다켰다 한다.

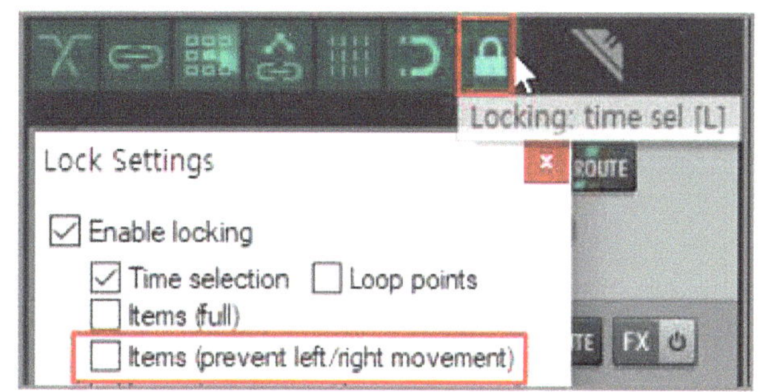

14. Fade In/Out : 클립의 끝 상단을 드래그하면 페이드 인/아웃을 걸 수 있다.

15. Time Strecting(속도) : Alt 키를 누른 채 클립의 끝 중
간을 드래그해 주면 클립의 전체 속도를 조절할 수 있다.
Rate가 1이 정상 속도이고, 1 아래로 감소 할수록 느려지고 1
이상이면 빨라진다.

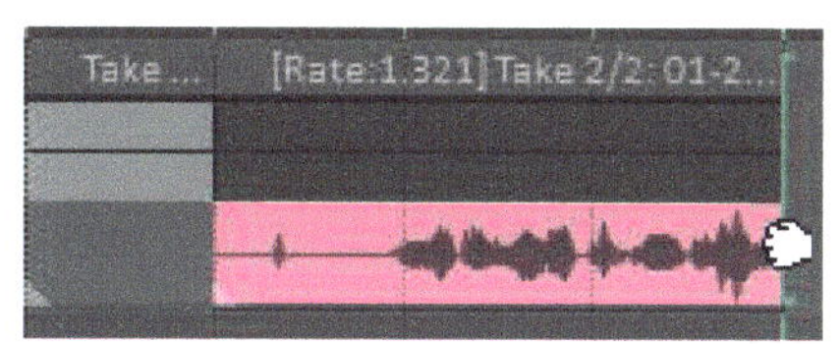

16. 음정(Pitch) 조절 : [Shift+0] 눌러 한 음을 올리고, [Shift+9] 눌러 한 음을 내린다.

17. 단축키

Preferences : Ctrl + P

Project Setting s: Alt + Enter

트랙 생성 : Ctrl + T

수평 줌인 아웃 : 마우스휠

수직 줌인 아웃 : Ctrl + 마우스휠

수평 화면 이동 : Alt + 마우스휠

수직 화면 이동 : 마우스휠

파형 확대/축소 : Shift + 방향키

재생 중 시작 위치로 돌아가기 : Space Bar

재생 중 자리에 멈추기 : Ctrl + Space Bar

처음으로 돌아가기 : W

믹서창 열기/닫기 : Ctrl + M

음원 불러오기 : Insert

녹음하기 : Ctrl + R

Snap On/Off :Alt + S

Locking On/Off : L

자르기 : S

아이템 뮤트 : Alt + M

클립 복사 : Ctrl + 드래그

Render: Ctrl+Alt+R

Undo/Redo : Ctrl + Z / Ctrl + Shift + Z

Time Stretch : Alt + 드래그

[77] 리퍼 설치 오디오 레코더 녹음, 음원합성, Normalize

리퍼(Reaper)는 디지털 오디오 워크스테이션으로 작곡, 믹싱, 마스터링까지 한 프로젝트 내에서 작업하고 VST, DXI와 AU를 지원한다. PC에 리퍼 설치하고 오디오카드로 윈도우에서 재생하는 유튜브(YouTube) 소리를 녹음하고 음원 합성한다.

〈리퍼 다운 설치하기〉

1. 구글에서 'reaper' 검색하여 [Download] 클릭한다.

https://www.reaper.fm/download.php

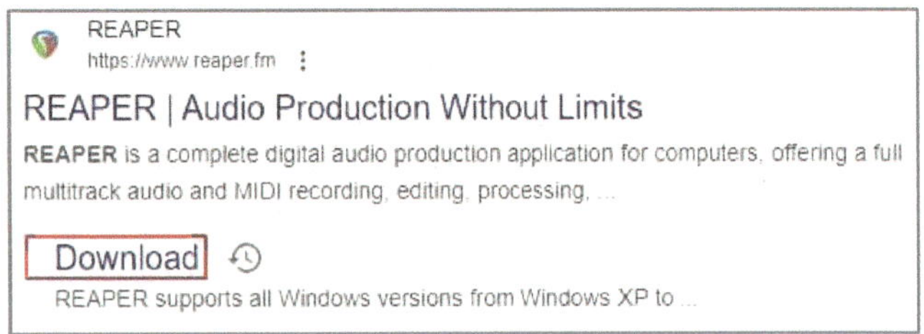

2. Windows 64-bit의 [Download] 클릭하여 설치한다.

〈유튜브 및 컴퓨터의 소리 오디오카드로 녹음하기〉
오디오카드(UA-25EX)로 유튜브 소리 녹음하기

1. PC의 우하단의 [스피커 Speaker] 클릭하고 소리의 [출력장치]를 [OUT(UA-25EX)] 선택한다.

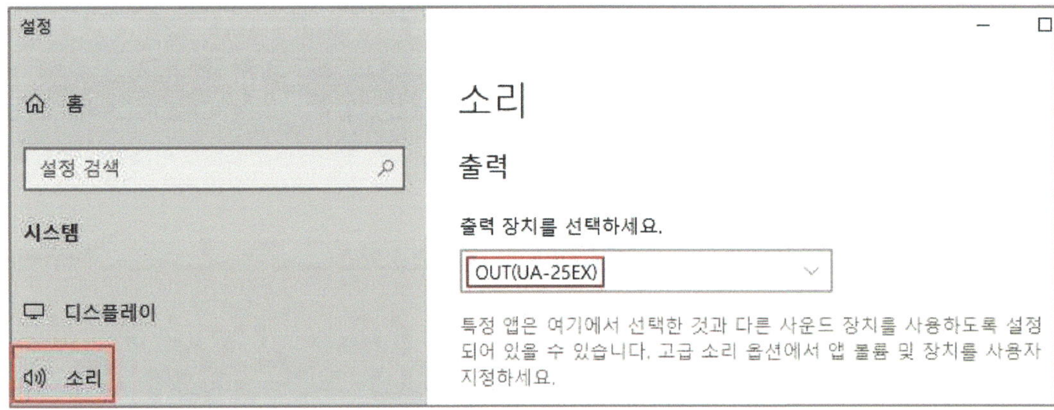

2. 오디오 디바이스 설정 변경하기
Options 〉 Preferences(Ctrl + P) 클릭한다.

  1) Audio 〉 Device 항목에 들어가서

  2) Audiod system : WASAPI (Windows 7/8/10/Vistsa)로 바꾸고,

  3) Mode: Shared mode로 바꾼다.

4) Input device: IN (UA-25EX)

5) Output device: OUT (UA-25EX)

6) Block size: 512 samples

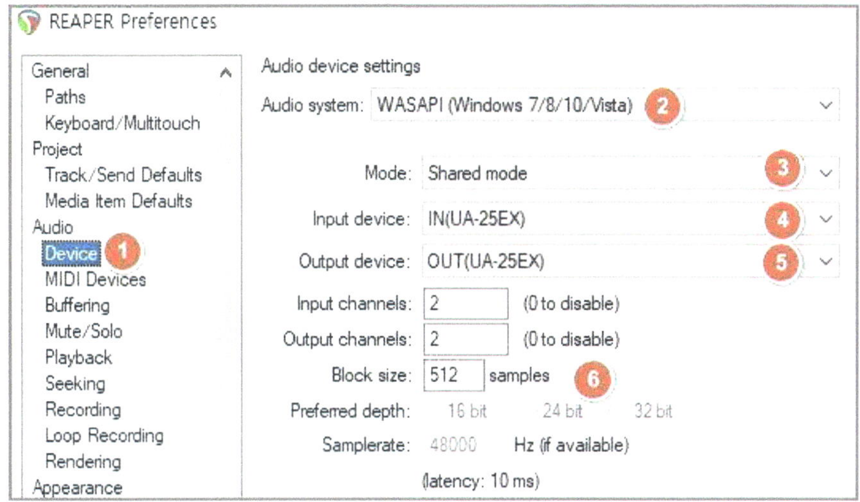

3. 트랙 생성하기

  1) 트랙에서 우 마우스로 [Insert new track] 클릭하거나 트랙을 더블클릭한다.

 *Insert new track으로 새 트랙을 만들고 자동으로 각 성향에 맞는 트랙이 추가된다.

  2) Input 채널을 바꿔주는 INFX가 보이지 않는다면 트랙의 아래 선을 드래그해 늘린다.

  3) 믹서의 Record Monitoring 눌러서 Off 한다.

4. 유튜브 소리 녹음하기

유튜브 재생하고 믹서에서 녹음 버튼을 눌러 녹음하고 [Save All] 클릭하여 저장한다.

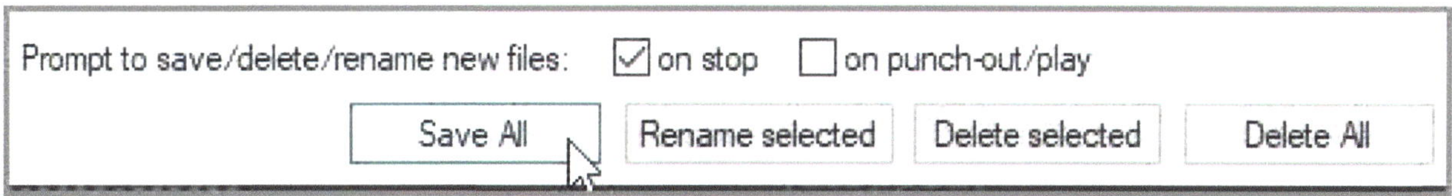

5. 소리 확장하기(Normalize)

  1) 녹음 파일 선택하고 우 마우스 클릭하여 [Item properties: F2] 클릭한

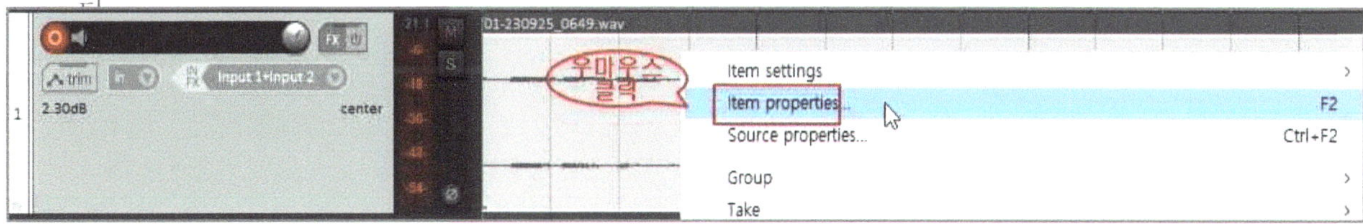

2) [Normalize] 클릭하고, Normalize to: LUFS-I과 -10LU 설정한다.

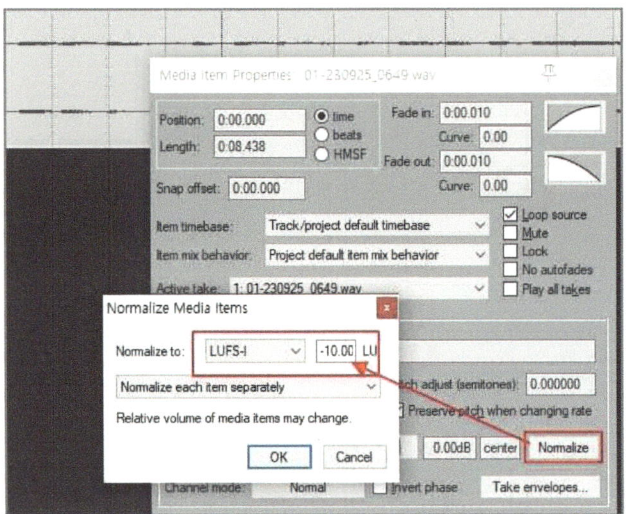

3) 음원 파형이 커진다.

〈음원 합성과 음정 조절〉

1. 배경음악 불러와서
2. 트랙 추가하고 BGM 맞추기한다.
3. 클립 자르기하여 복사한다.
4. [Shift+0] 클릭하여 반음(Pitch) 올리고, [Shift+9] 클릭하여 반음을 낮춘다.

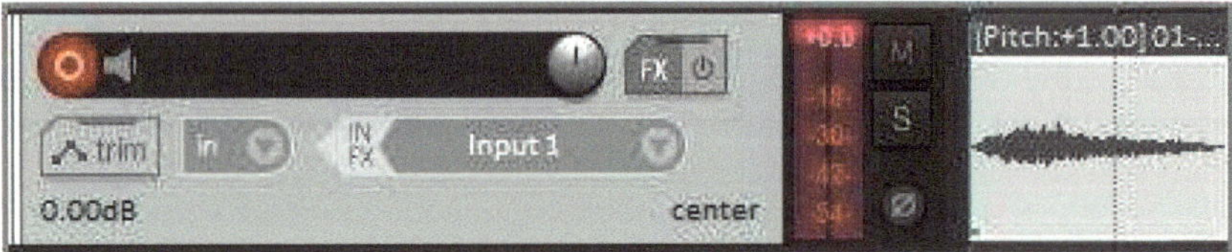

[78] 설정, 녹음 편집, Automation

리퍼에서 배경음악 불러와서 마이크로 녹음하여 Vst 설정하고, Normalize 넣어 음원 확장하여 저장하고, Automation에서 편집하기

〈준비물〉
USB마이크, 헤드폰, 컴퓨터, 오디오 인터페이션

〈녹음 설정〉
1. [Insert new track : Ctrl+T] 클릭한다.

2. [Record Monitoring] 클릭하여 OFF 한다.

3. 트랙에서 [Record Arm] 클릭한다.

4. [Options/Preferences : Ctrl+P] 클릭한다.
   1) [Audio/Device] 클릭하고
   2) Audio system : WASAPI
   3) Mode : Shared mode
   4) Input device : 마이크(USB Audio Device)
   5) Block Size : 512

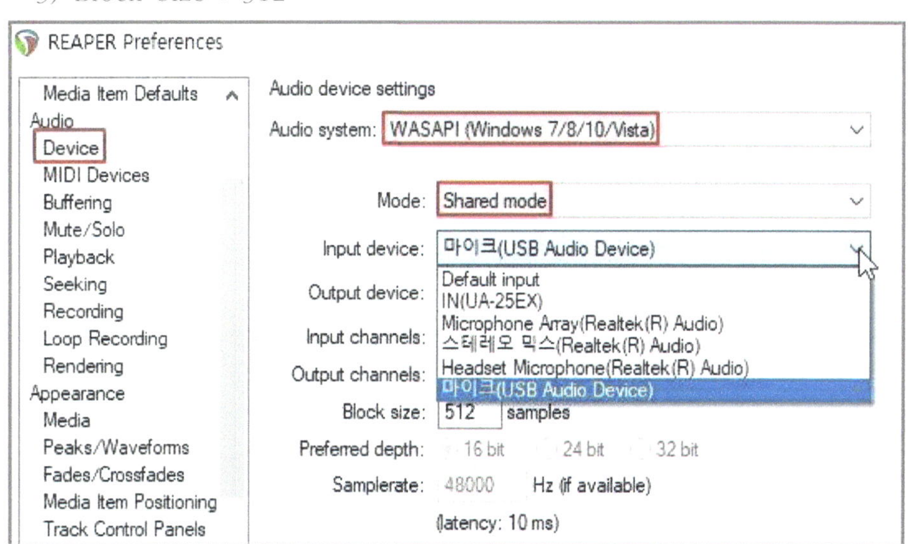

⟨배경음악 편집하기⟩

1. 배경음악 불러오기 위해 [Insert new track: Ctrl+T] 클릭한다.

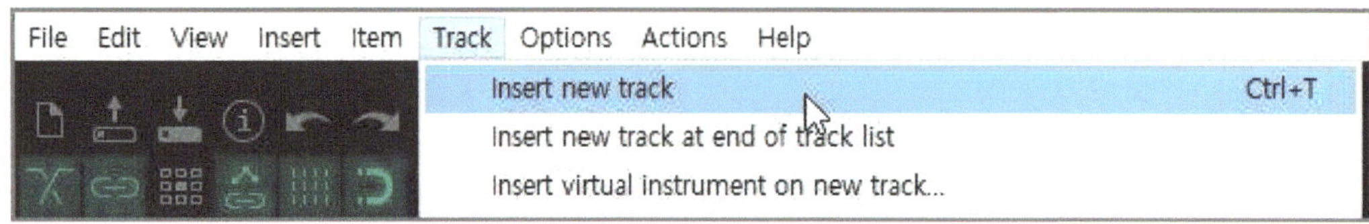

2. [Insert-Media file] 클릭하고,

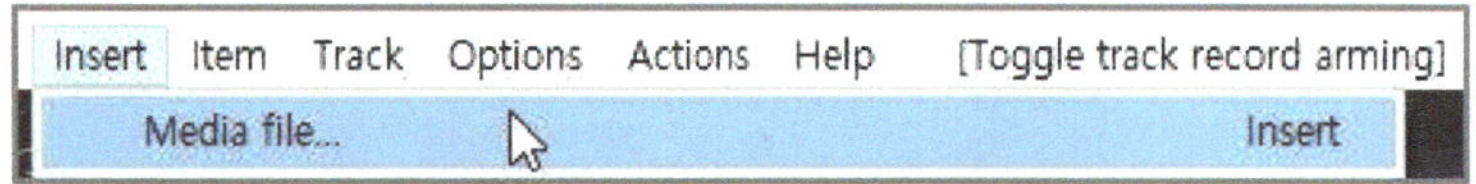

3. 배경음악 불러온다.

4. 음악파일 선택하고 우 마우스로 [Items Properties] 클릭하여 [Normalize] 클릭한다.

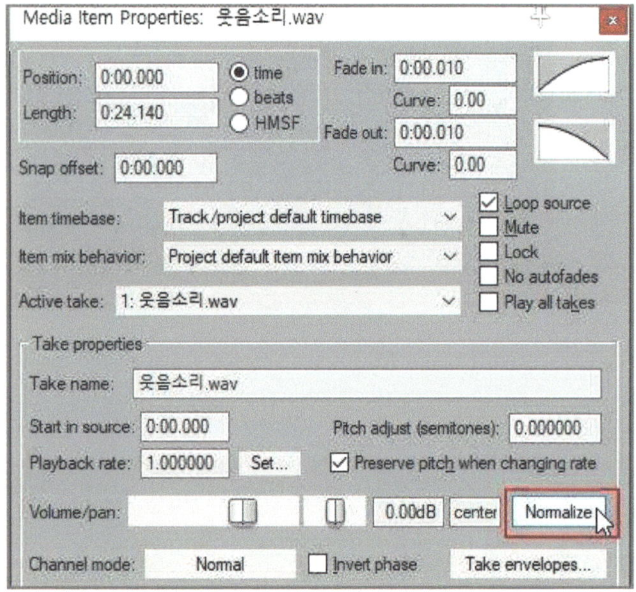

5. Normalize to: LUFS-1, -22 선택하고 OK 한다.

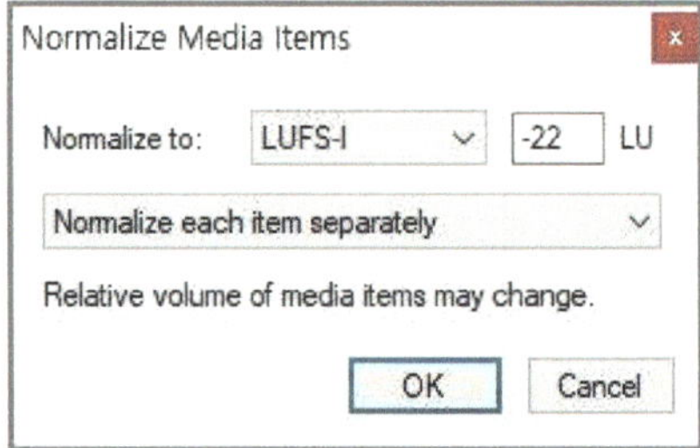

6. 편집하기위해 [Snap enabled: Alt+S] 클릭하고

7. Snap 끄고 음원을 드래그하여 오디오 클립을 드래그하여 길이를 조절한다.

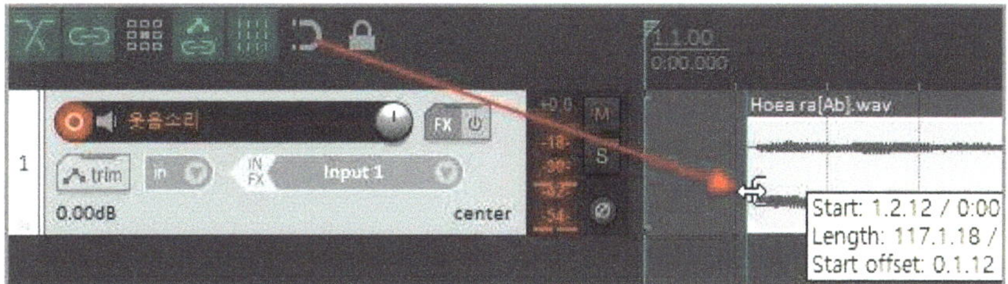

〈목소리 녹음하기〉

 1. [Options/Preferences] 클릭하고, Output device의 Headphone 선택하고 목소리를 녹음한다.

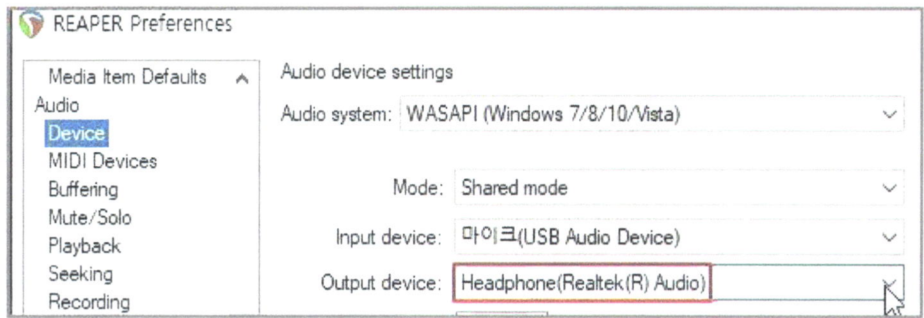

2. Record arm 눌러 테스트하고, 믹서에서 레코드 [Ctrl+R] 누르고 녹음한다.

〈Automation mode로 배경음악 편집하기〉

1. 배경음악 트랙의 trim(Automation mode)을 클릭하고,

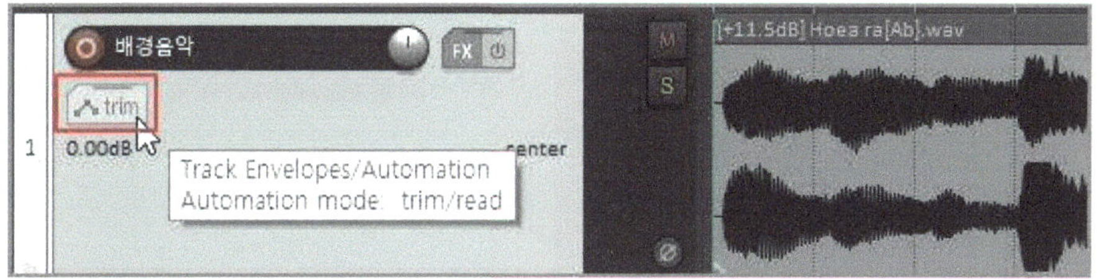

2. [Volume]을 선택한다.

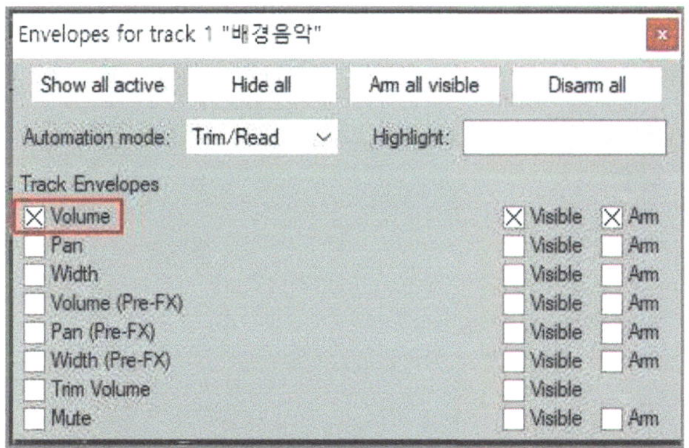

3. 우 마우스로 [Insert point: Shift+Click]을 클릭한다.

4. 포인트(Point)를 아래로 드래그한다.

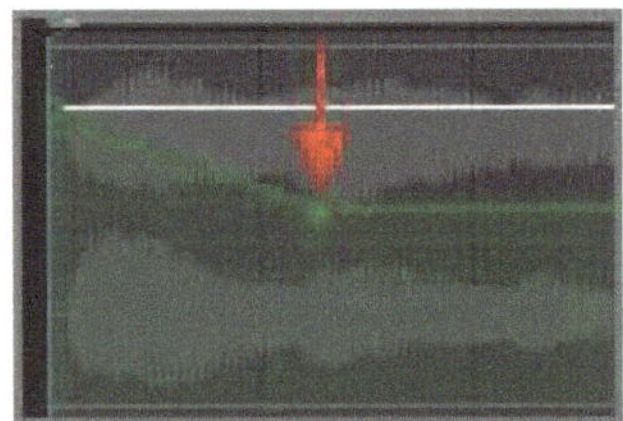

5. [Shift+Click]을 클릭하여 포인트를 2개 추가하고 포인트를 위로 드래그한다.

6. 필요 없는 음원에 [S] 클릭하여 자르고 지운다.

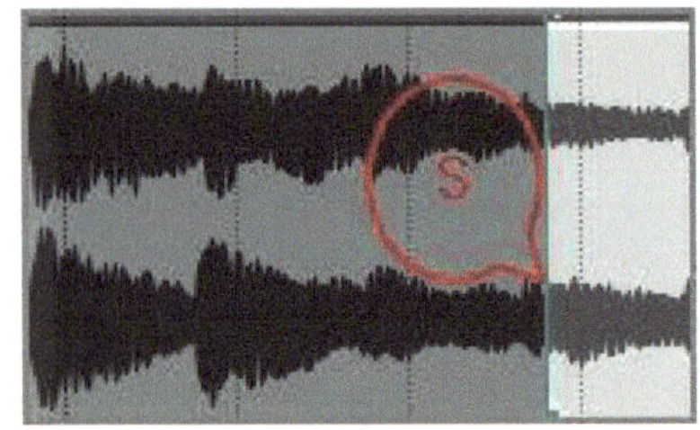

〈저장하기(Render)〉

[File/Render : Ctrl+Alt+R] 클릭하여 Browse 클릭하여 바탕화면에 저장한다.

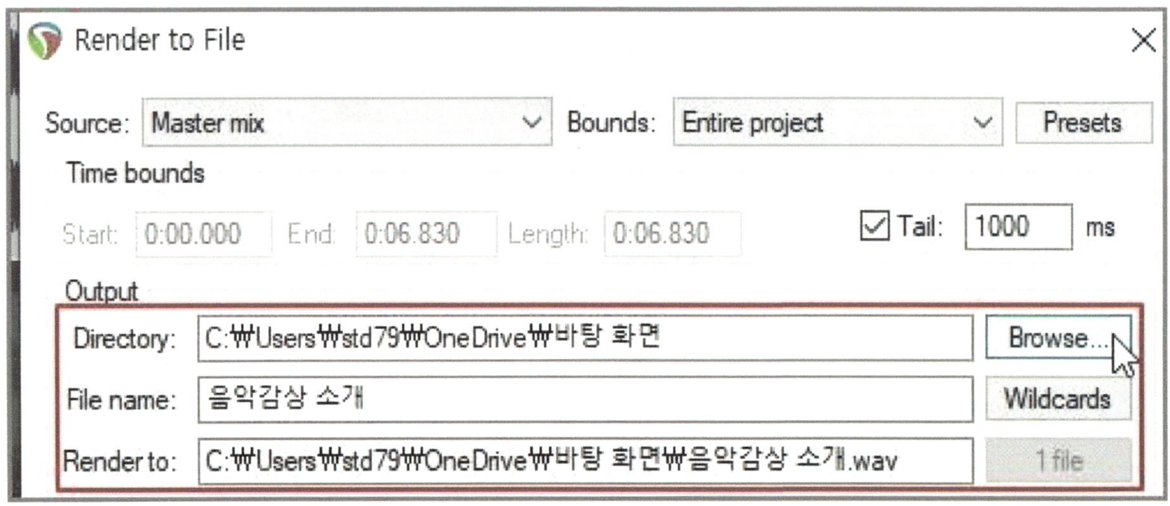

[79] Ripple Editing 아이템 위치 이동

Reaper의 Ripple Editing(리플 에디팅)은 미디어 아이템(items)이 중간에 삽입되거나 삭제될 때
뒤에 있는 다른 미디어 아이템들의 위치가 변하는 편집 방식 모드이다.

1. 리플 에디팅 모드 Off(Ripple Editing Disabled)가 기본 모드이다.
 리퍼의 기본 에디팅 모드(비활성)는 미디어 아이템이 중간에 삽입되거나 삭제될 때 뒤에 있는
 다른 미디어 아이템들의 위치는 변하지 않는다.

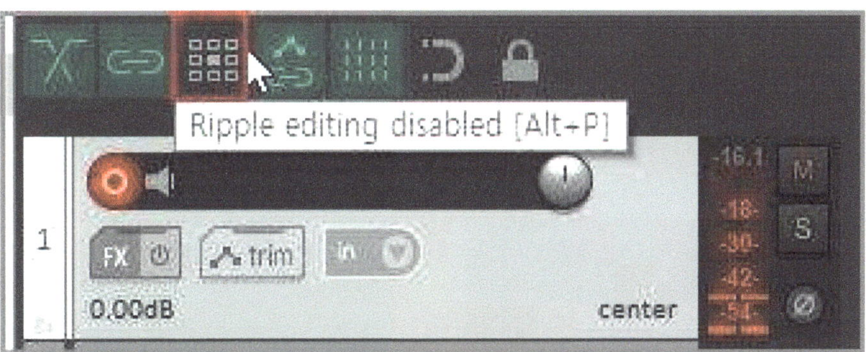

 1) 아이템(클립)을 삭제하면

 2) 빈 공간으로 남고, 삽입 될 때는 빈공간이 충분하지 않으면 뒷 아이템과 겹쳐진다.

 3) 리플 에디팅 모드 On(Ripple Editing)이면, 아이템이 삭제되어 뒤에 있는 아이템들이 앞으로
당겨져서 빈공간을 메운다.

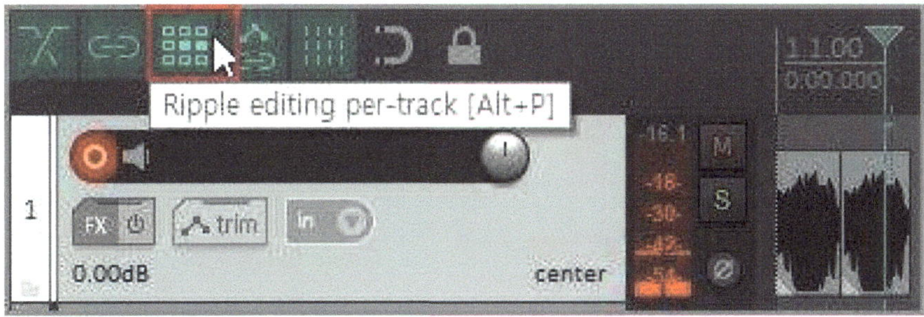

4) 삽입될 때 빈공간이 충분하지 않으면, 겹쳐지지 않게 뒤에 있는 다른 아이템들이 뒤로 밀려난다.

2. 리플 에디팅 모드 전환

단축키 [Alt + P] 반복해서 누르면, Ripple editing disabled, Ripple editing per-track, Ripple editing all tracks 모드가 순환된다.

3. Ripple Editing 버튼을 우클릭하면 아래와 같은 팝업 메뉴가 열린다.

Options 〉 Ripple edit per-track

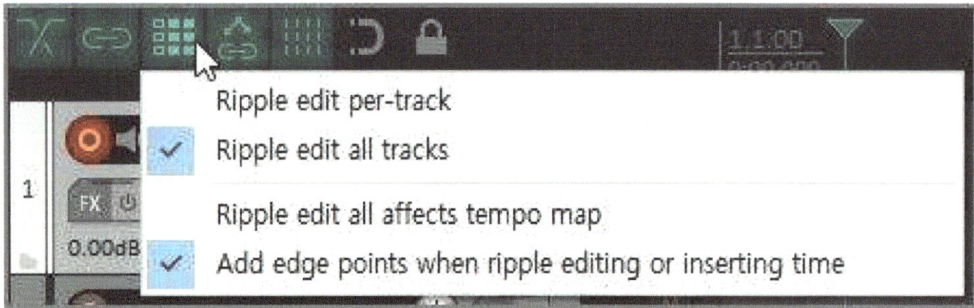

[80] 미디 파일 재생 저장 추출

MIDI 파일 그대로 불러오면 소리가 나지 않으므로 미디장치를 설정해야 한다. 녹음한 MIDI 소스를 따로 저장해 다른 DAW에서 불러오고 다른 컴퓨터에서 가상악기를 입힌다.

1. REAPER에서 미디 장치 인식하기

1) Preferences (단축키 Ctrl+P)에 들어간다. Audio 〉 MIDI Devices를 선택하고,

2) Device의 [UA-25EX]를 더블 클릭한다.

3) [Enable input from this device] 체크하고 OK 한다.

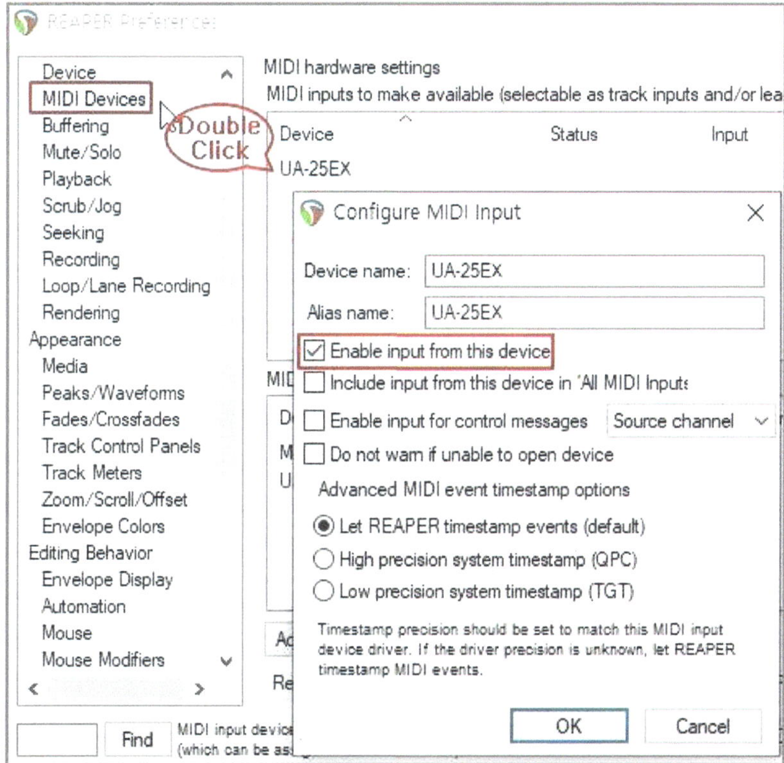

2. 트랙에서 우 마우스로 [Insert virtual instrument on new track] 클릭한다.

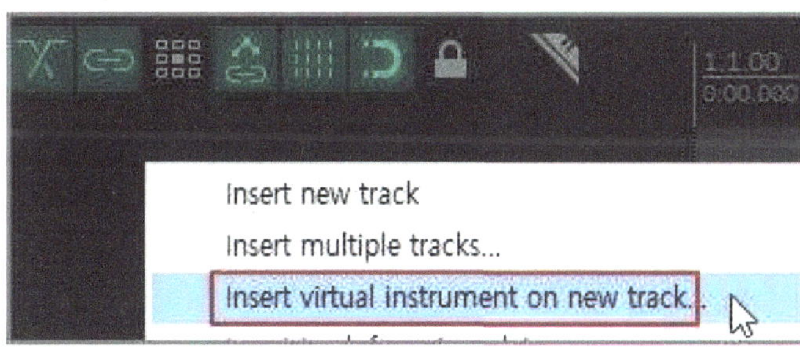

3. Filter에서 'piano' 검색하고 [VSTi: SI-Electric Piano] 선택한다.

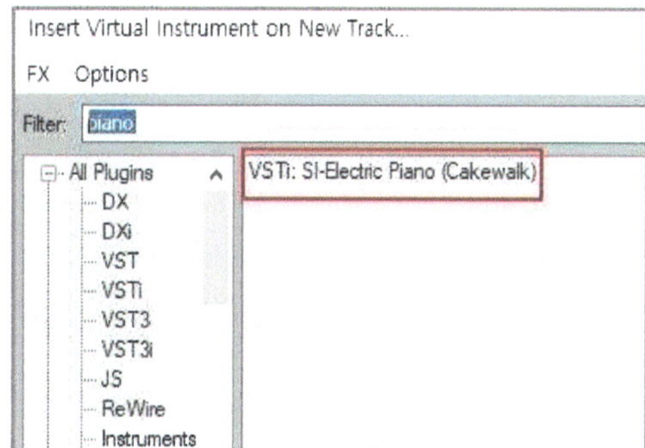

4. 미디 건반을 눌러 소리를 확인하고, 마스터키보드 연결하여 입력할 수 있다.

    MIDI 파일 그대로 불러오면 소리가 나지 않으므로 미디장치를 설정하고 녹음한다. 녹음한 MIDI 소스를 따로 저장해 다른 DAW에서 불러오고 다른 컴퓨터에서 가상악기를 입힐 수 있다.

1. REAPER에서 미디 장치 인식하기
 1) Preferences (단축키 Ctrl + P)에 들어간다. Audio 〉 MIDI Devices를 선택하고,
 2) 오디오 인터페이를 PC에 연결하고, Device의 [UA-25EX]를 더블 클릭한다.
 3) [Enable input from this device] 체크하고 OK 한다.

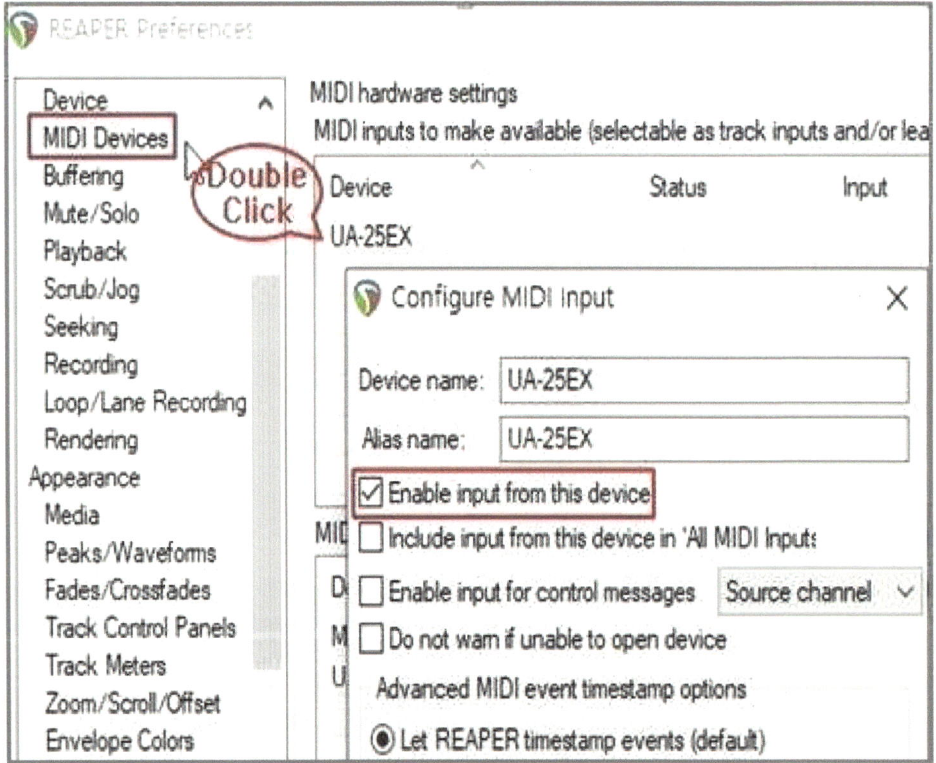

2. 트랙에서 우 마우스로 [Insert virtual instrument on new track] 클릭한다.

3. 트랙의 [FX] 클릭하여 Filter에서 'piano' 검색하고 [VSTi: SI-Electric Piano] 선택한다.

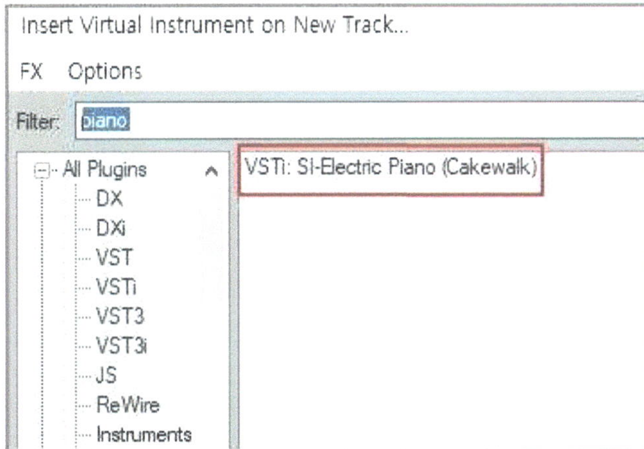

4. 미디 건반을 눌러 소리를 확인한다.

〈미디 입력하기〉

1. [View/Virtual MIDI Keyboard: Alt+B] 클릭하여 가상키보드를 연다.

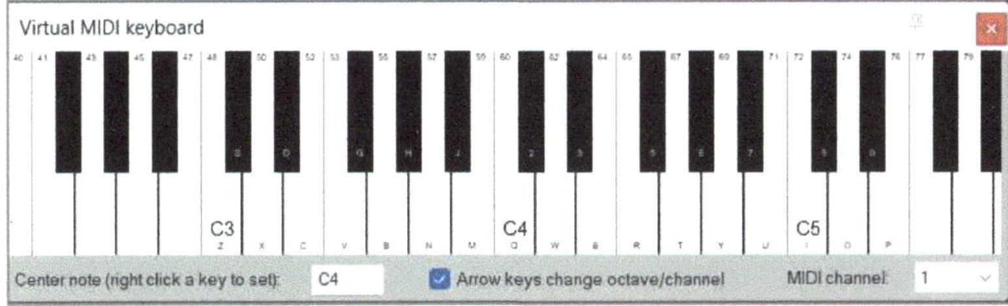

2. PC의 키보드에서 Z 키를 누르면 '도' 음이 입력된다.

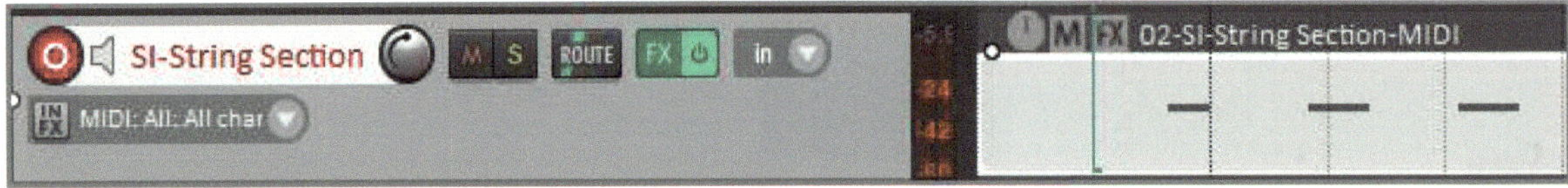

〈미디파일 불러와 재생하기〉

1. 미디파일(빗방울.mid)을 불러와 작업영역에 드래그한다.

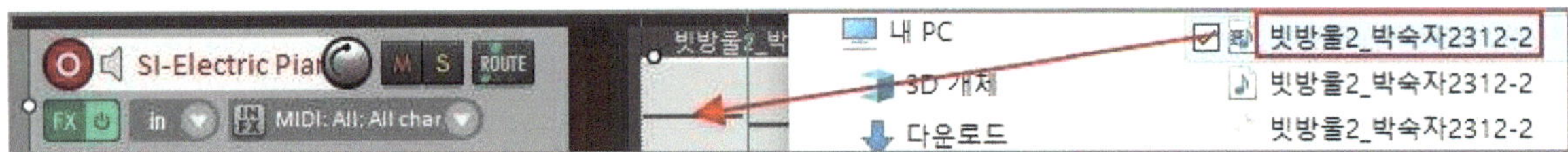

2. 재생하면 소리가 난다,

3. Routing을 통해 Master send가 켜져있고 Record Arm 버튼과 Record Monitoring 버튼이 눌러져 있어야 한다. [ROUTE] 클릭하면 Routing 속성이 보인다.

 * 버튼들이 보이지 않으면 트랙의 끝을 드래그해서 확대한다.

4. 미디 클립을 더블클릭하여 [Notation: Alt+4] 클릭하면 악보가 보인다.

〈미디 파일 내보내고 저장하기〉

1. [File 〉 Export project MID] 클릭하여 미디파일로 저장한다.

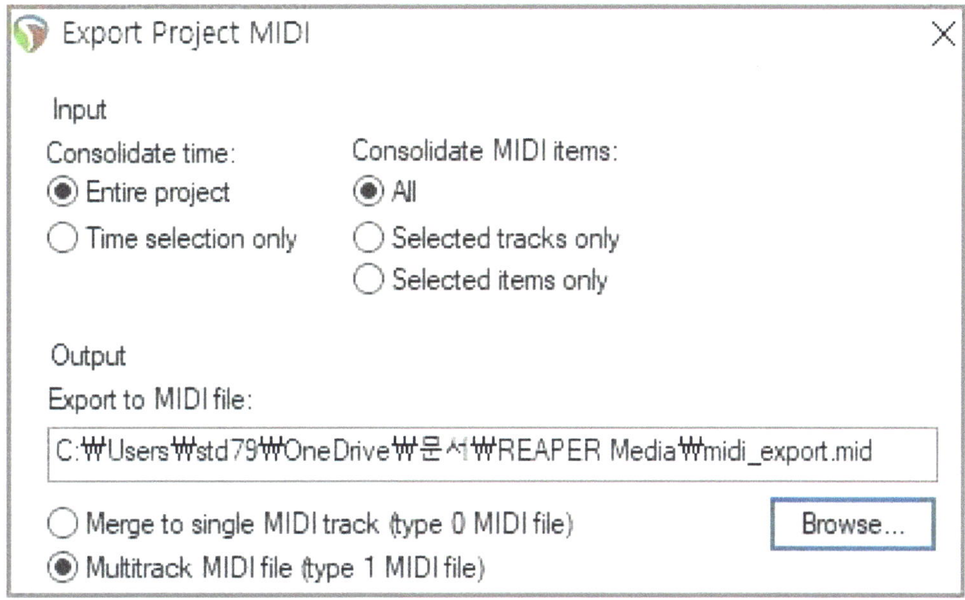

1) 구간과 트랙을 선택할 수 있다.

2) Entire project : 프로젝트 전체 영역을 저장한다.

3) Time selection only : Ruler에서 선택한 영역만 저장한다.

4) All : 프로젝트에 있는 모든 미디 소스를 저장합니다.

5) Selected tracks only : 선택한 트랙에 있는 미디 소스만 저장합니다.

6) Selected items only : 선택한 아이템만 저장합니다.

7) Browse를 선택해 경로를 지정하고 OK를 누르면 미디(.mid)파일이 생성된다.

2. [File 〉 Lender: Ctr+Alt+R] 클릭하여 오디오 파일로 저장한다.

오디오 파일로 저장하고 리퍼가 실행한 상태에서 PC에서 오디오 파일 재생하면 문제가 발생한다.

1) 오디오 파일 재생하여 아래와 같이 Window Media Player 재생 문제가 발생하면,

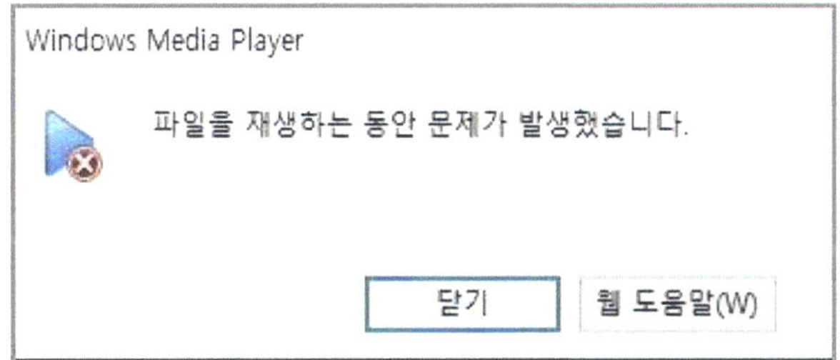

2) 트랙에 있는 [Record Arm]을 눌러 끄고 컴퓨터의 사운드 파일을 재생하면 소리가 난다.

[81] 유튜브 소리 효과 녹음 추출

리퍼(Reaper)를 사용하면 가상 믹서 없이 USB로 다른 컴퓨터에서도 녹음 편집할 수 있다. 오디오 디바이스를 변경하고 효과를 주어 녹음하고 저장 및 추출한다.

1. 오디오 디바이스 변경하기

Options 〉 Preferences Ctrl + P) 클릭하고 [Audio 〉 Device] 항목에 들어가서 Audio system 을 **WASAPI** (Windows 7/8/10/Vista), Mode를 Shared loopback (CAUTION)으로 바꾼다.

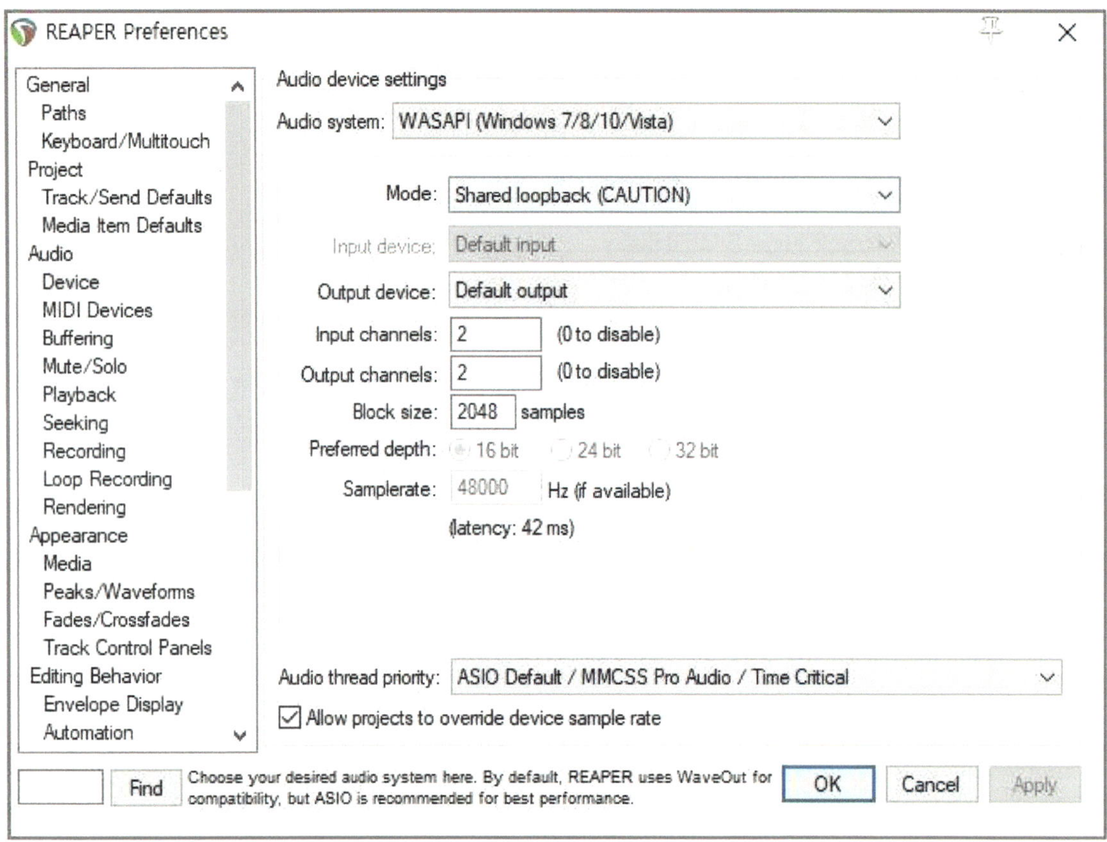

2. Block Size를 2048로 바꾸어 녹음된 음원에 지직거리거나 툭툭 튀는 소리가 들어가지 않게 버퍼사이즈를 늘리는 효과로 잡음을 방지한다.

3. Record 누르고 'Error opening devices' 창이 나오면,

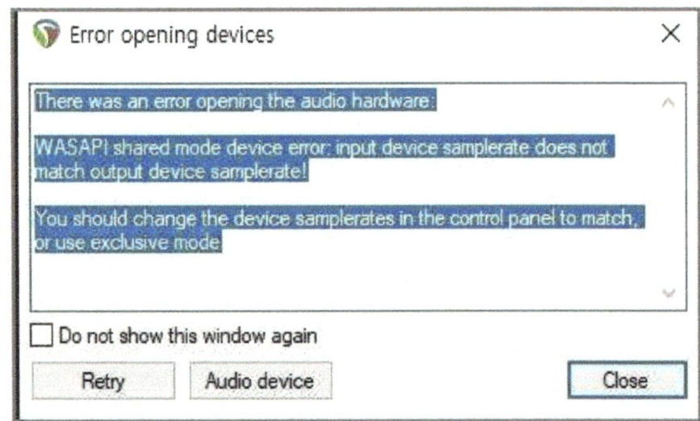

4. Mode를 [Exclusive mode]로 바꾸고 다시 녹음한다.

5. 레이턴시(Latency)를 줄여 녹음하기
 1) Input 채널을 바꿔주는 IN FX가 보이지 않는다면, 트랙의 아래 선을 드래그해 늘려준다.
 2) 녹음 트랙의 Record Monitoring을 OFF로 하면 레이턴시가 줄어든다.

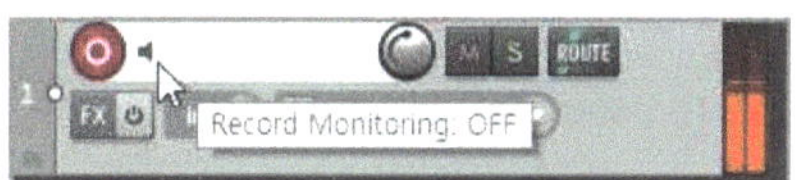

6. 유튜브 재생하고 녹음하기
 1) Sample Rate가 44.1kHz로 바뀌는데, 컴퓨터에 48kHz로 되어있으면, 유튜브 소리를 녹음한
파일의 샘플레이트가 달라 문제가 생기어, WASAPI 드라이버의 샘플레이트를 바꾼다.
 2) 트랙의 [Record Armed] 누르고, Record(Ctrl+R) 누르고, [Save All] 눌러 녹음하고 저장한다.

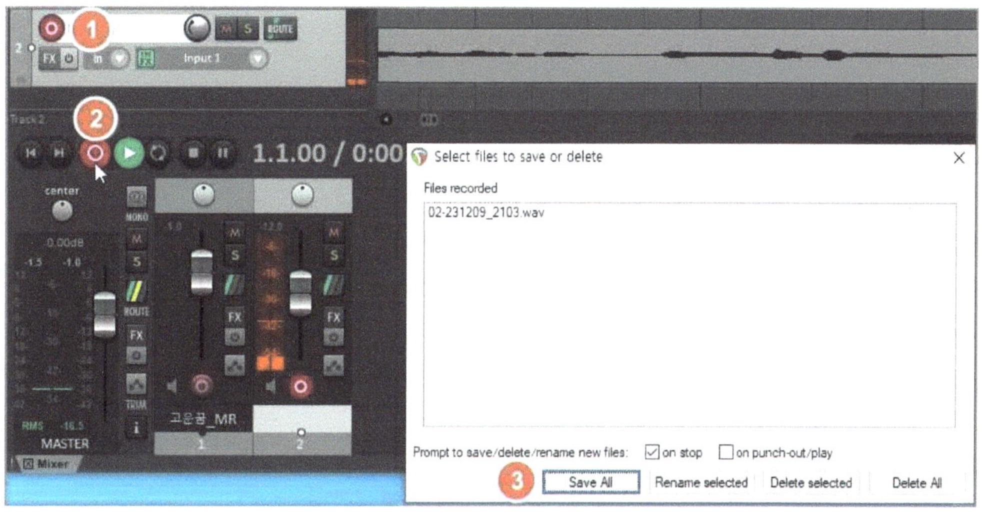

7. 레이턴시를 줄이고 효과를 넣어 녹음하기
 IN FX(Show Track..) 누르고(1), [VST: ReaVerb(Cookos)] 선택하고(2), Dry를 내리고 녹음
한다.

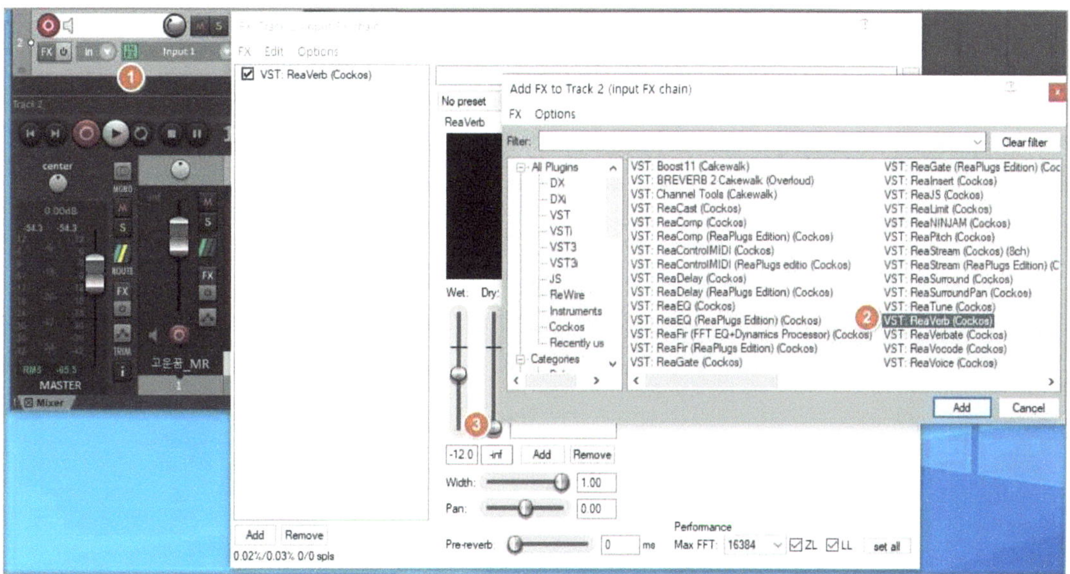

8. Render 단축키(Ctrl + Alt + M) 누르거나 메뉴의 [View – Master Track]을 선택하면 모든 트랙의 가장 위로 마스터 트랙이 나타난다.

〈저장 및 결과물 추출〉

1. File/ Project Settings 누르고, Project Sample Rate: 44100에 체크하고 고정된 샘플레이트를 사용한다.

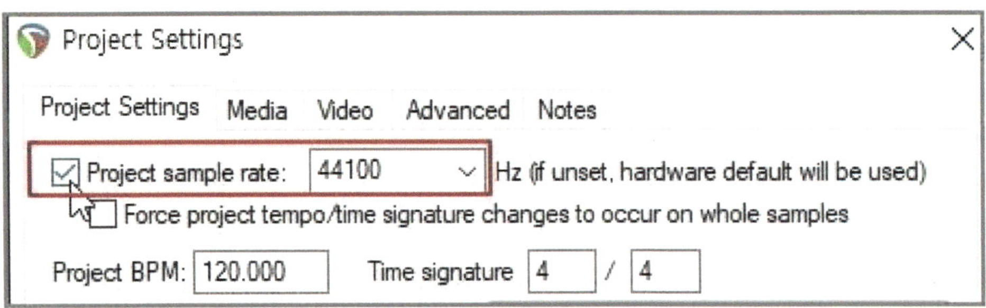

2. 저장하기(Ctrl + S)를 누르고, [Copy all media into project directory]를 체크 하면, 프로젝트 내의 모든 음원 파일 들이 같은 폴더 안에 저장된다.

3. 오디오 파일 추출하기

   1) File 〉 Render[Ctrl + Alt + R]을 누른다.

   2) [Render 1 file]을 클릭하면 스테레오 상태의 WAV파일이 추출된다.

   3) MP3파일로 추출하려면 Output Format을 MP3 (encorder by LAME project)로 선택한다.
   *파일을 교환할 때는 WAV 확장자를 사용한다.

4. 선택한 구간 추출하기

   Render에서 Bounds를 [Time Selection]으로 바꾸어 선택한 구간만 추출한다.

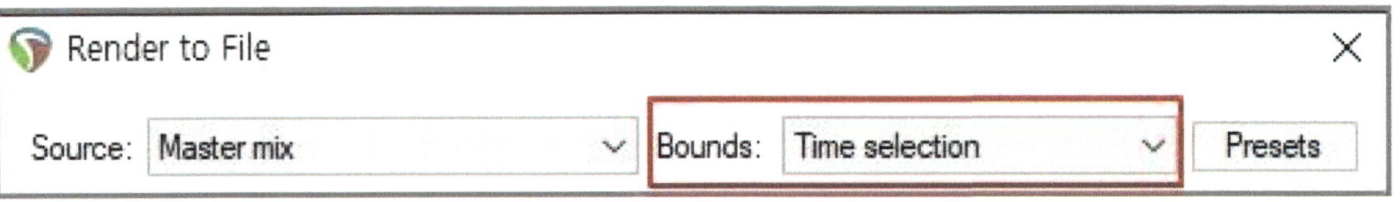

5. 특정 트랙만 추출하기

원하는 트랙만 클릭해서 선택하고, Render의 Source에서 [Selected tracks via master]를 선택하면 선택한 트랙만 추출된다.

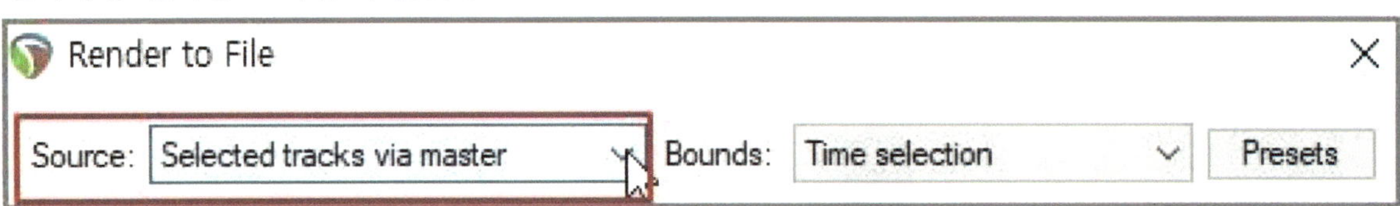

[82] 메트로놈 녹음, 템플릿, BTM 측정, 음정 조정

 Reaper는 음원 합성 프로그램으로 BPM에 맞춰서 음성 파일을 정렬할 수 있는 기준선을 제공하고, 작업한 것을 모두 템플릿으로 저장하여 불러오면 작업을 쉽게 할 수 있다. BPM은 분당 박자수(Beats per minute)로 곡의 빠르기이다.

〈메트로놈 녹음〉
 녹음 하려면 이어폰을 끼고 오디오 트랙을 만들어 인풋 설정을 한다.
1. [Options/Preferences: Ctrl+P] 클릭하여 [Device]의 [Input device: 스테레오 믹스] 선택한다.

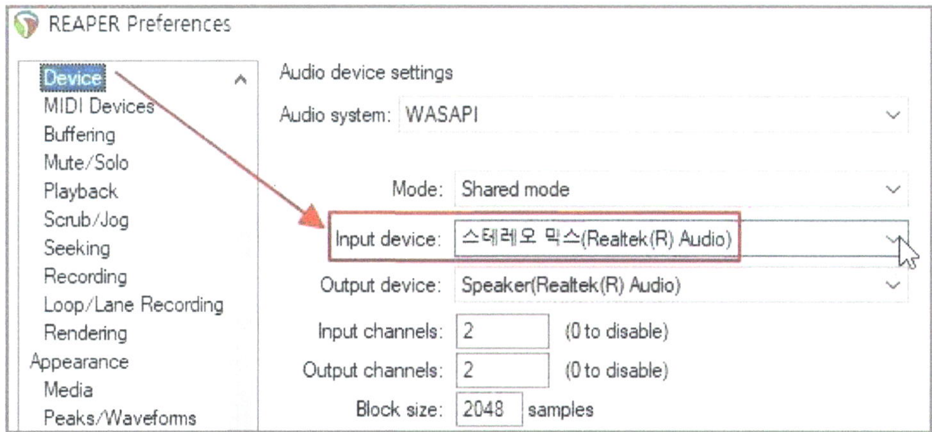

2. 트랙 추가하고, Metronome 활성화(enabled)한다.

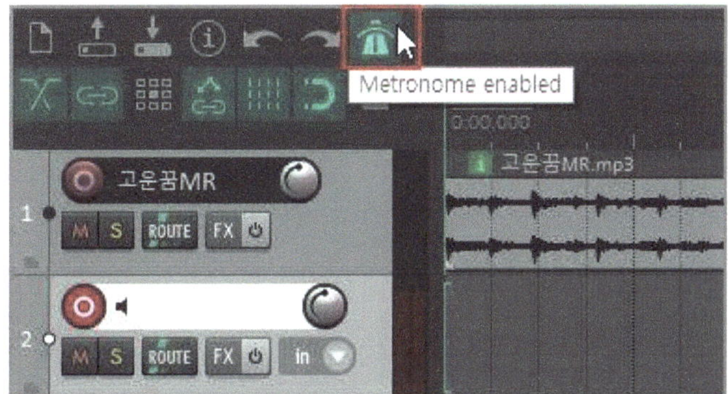

3. [Record Armed] 누르고, 레코드 모니터를 끄고(Record Monitoring: OFF),

4. Record 눌러 녹음하고, [Save All] 눌러 저장한다.

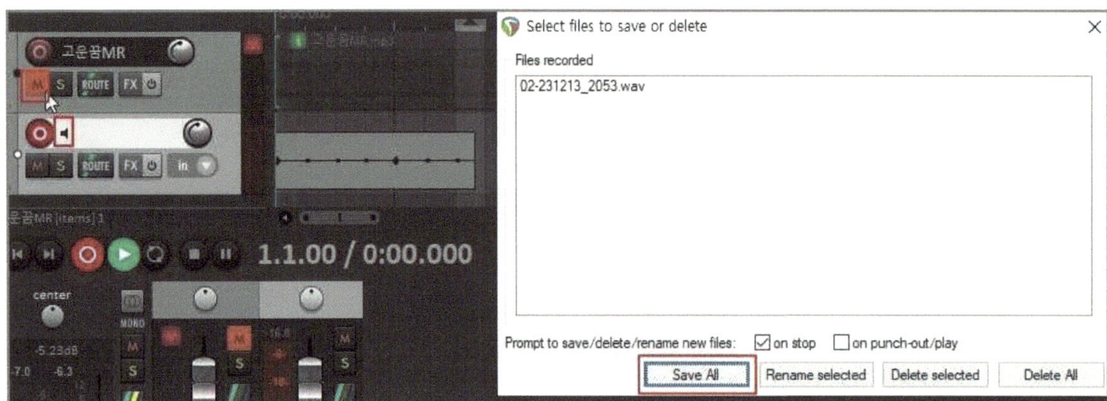

〈녹음하고 소리 확장하기〉

1. [Record Armed] 누르고, [Record: Ctrl+R] 눌러 녹음하면 파형이 작게 녹음이 되었다.

2. 소리 클립을 더블클릭하여 [Normalize] 클릭하여 [OK] 하면 소리가 확장된다.

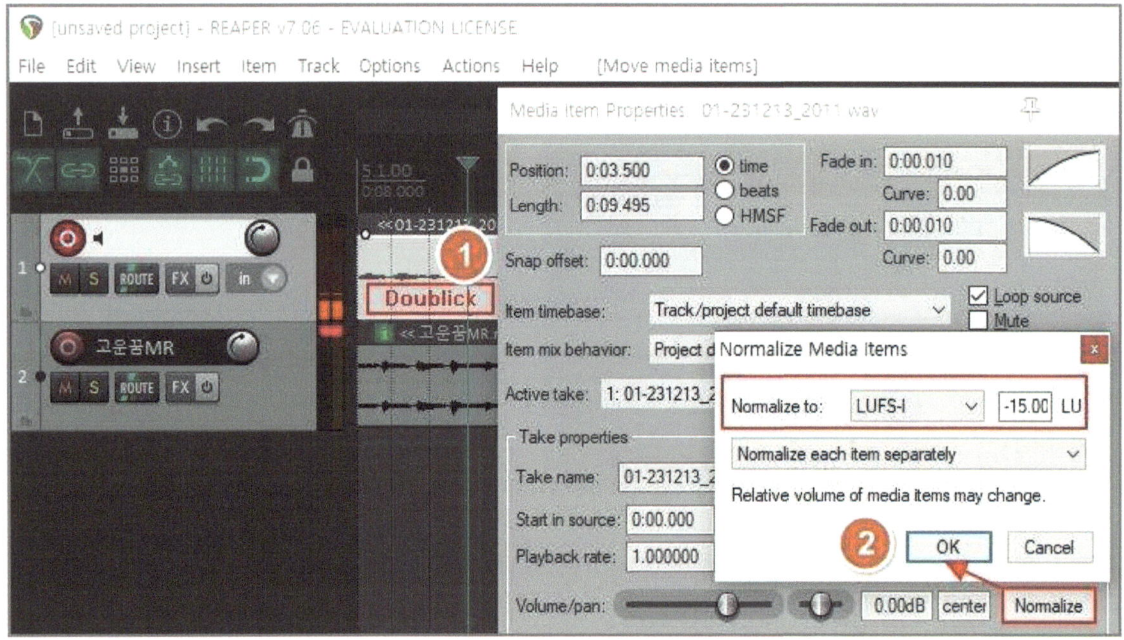

〈템플릿(Template)〉

템플릿(Template)은 프로젝트를 새로 생성할 때 특정 작업에 편리하게 설정이 되어있는 상태로 불러온다. 기본 작업을 템플릿으로 저장하여 템플릿을 불러오면 작업을 쉽게할 수 있다.

1. 템플릿 저장: 트랙 이름, 미디어 항목, 엔벨로프도 함께 템플릿으로 Save 클릭해 저장한다.

 1) [Track/Save tracks as track template] 클릭하고, 파일 형식을 Template로 저장한다.

 2) [File/Save/Project save/ Save project as templete]로 저장하기도 한다.

  * 저장 경로 C:₩Cakewalk Content₩Cakewalk Core₩Project Templates

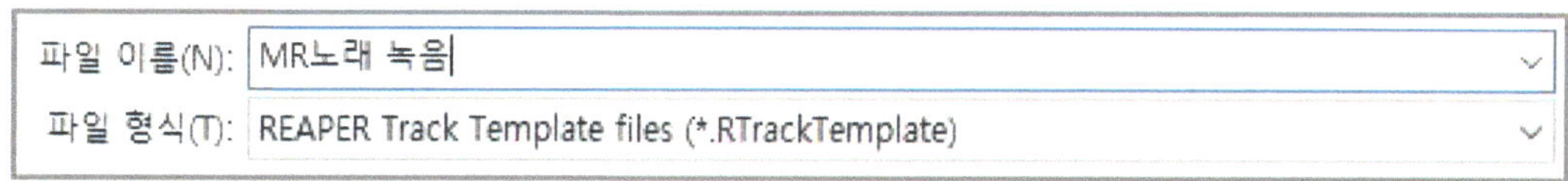

2. 템플릿 열기

   1) Track 메뉴에서 Insert track from template 클릭하고, Open template 선택하여 연다.

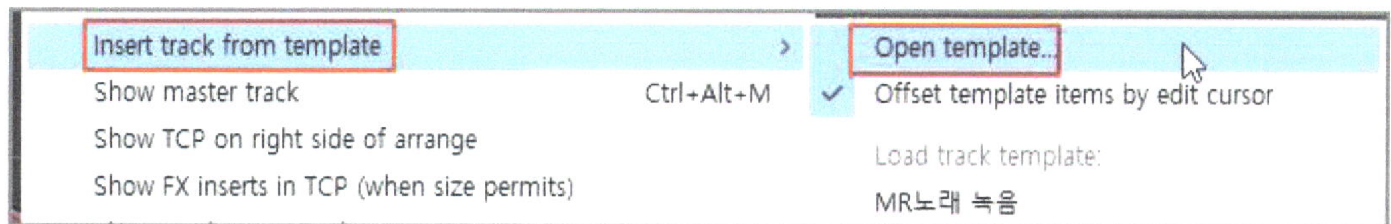

   2) Insert track from template 하위 메뉴의 [Offset template items by edit cursor] 클릭하면, 모든 미디어 항목들과 엔벨로프들이 편집 커서의 위치에 추가된다.

〈그리드 라인〉

 도구창의 [Grid lines enabled] 클릭하여 그리드 라인이 더 잘 보이게 한다.

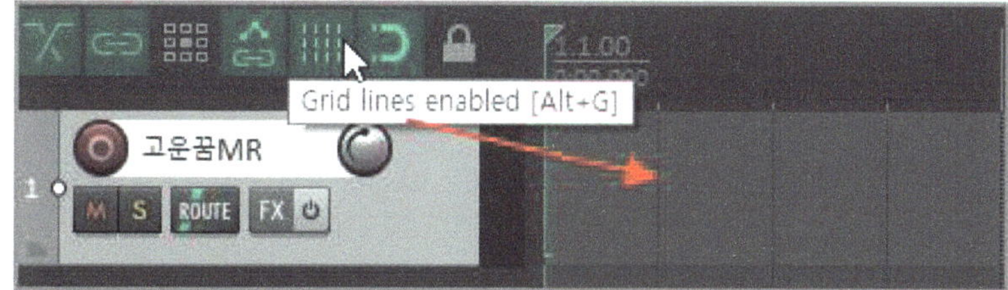

〈음정(Pitch) 조정〉

1. [Insert new track: Ctrl+T] 클릭하고, 가야금 음원을 불러와 S키로 자르기한다.

2. 가야금1은 '도' 음이다. '도' 음을 복사하고 붙여넣기 한 클립을 선택하고
[Shift+0]을 2회 누르면 '레'음이 된다.

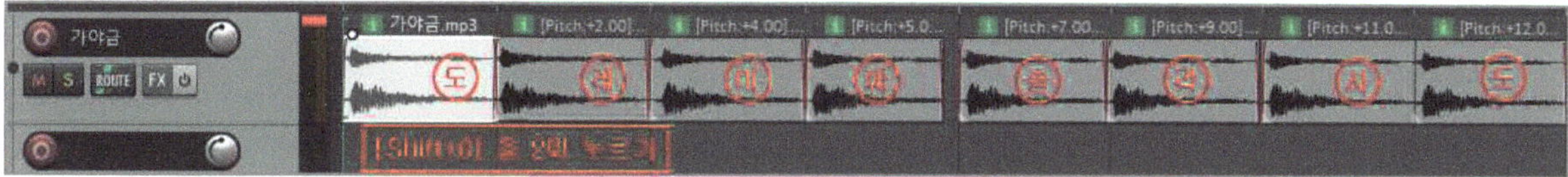

* [Shift+0] 클릭하면 반음이 올라가고, [Shift+0] 클릭하면 반음이 내려간다.

〈 BPM (템포) 측정〉

1. 아래 사이트를 클릭하고, 재생하고 스페이스바를 눌러서 BPM을 측정한다.
https://naver.me/GSUzUOEZ

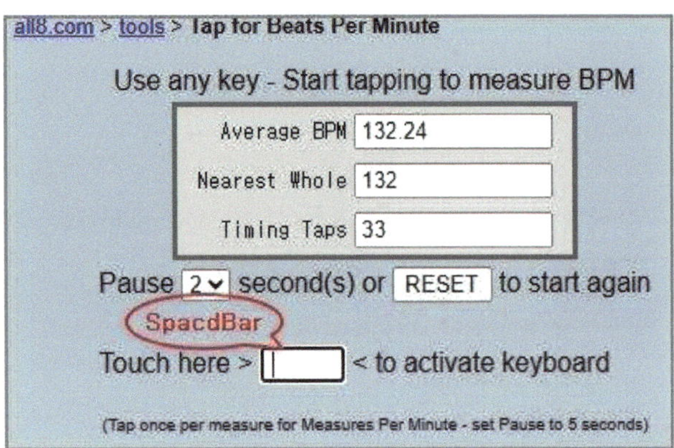

2. 리퍼를 키고 숫자를 입력한 다음, 곡을 리퍼에 넣고, 음원 파일을 넣어서 일정한 간격으로 배치한다.

〈메트로놈 설정과 사용〉

1. 녹음할 때 메트로놈을 설정해 사용한다.

2. [Options 〉 Metronome enabled] 누르거나 툴바의 메트로놈 클릭하여 킨다.

3. [Options 〉 Metronome/pre-roll settings...] 클릭하거나 툴바의 메트로놈을 우 클릭한다.

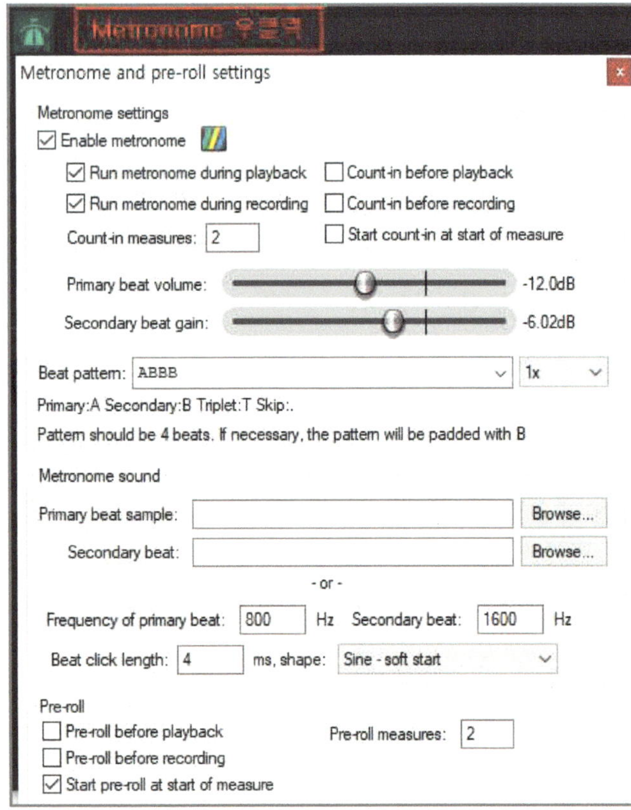

〈 Metronome and pre-roll settings〉

1) Enable metronome : 내장 메트로놈을 킨다.

2) 출력 지정 단추: Enable Metronome Play.metronome thru Monitor FX 메뉴가 보인다.

3) Run metronome during playback : 재생 중에도 메트로놈 소리를 켠다.

4) Count-in before playback : 재생 전에 선행 박자 소리 켠다.

5) Run metronome during recording : 녹음하는 중에 메트로놈 소리를 켠다.

6) Count-in before recording : 녹음 전에 선행 박자 소리를 준 후 녹음이 시작된다.

7) Count-in length (Measures) : 선행 박자의 마디 수만큼 기다렸다 녹음한다.

8) Primary beat volume : 메트로놈 주 박자 소리의 음량을 조절한다.

9) Secondary beat gain : 보조 박자 소리의 음량을 지정한 만큼 차감한다.

10) Beat pattern : 속도를 높이려면 4x 등을 선택한다.

11) First beat sample : 첫 박자의 메트로놈 소리를 바룬다.

12) Subsequent beat : 첫 박자 외의 소리 지정 4/4 박자에서 2, 3, 4박자의 소리이다.

  *Preferences 〉 Project 페이지에서 저장한 프로젝트를 기본 템플릿으로 지정한다.

13) Frequency : 신스 메트로놈으로 첫 박자와 나머지 박자들에 대한 주파수를 Hz 단위

14) Beat click length xx ms: 박자 소리가 지속되는 시간.

15) Start shape : 큰소리로 hard 작은 소리로 soft

16) Pre-roll : 지정된 마디 수만큼 메트로놈이 진행된 후 녹음이나 재생이 시작된다.

[83] 동영상 사운드 추출과 노이즈 제거 ReaFIR

동영상 파일을 불러와 오디오 파일로 추출하고, 내장된 Reafir 플러그인으로 노이즈 제거(Noise reduction)하고, ReaFIR(리퍼브)는 노이즈만 있는 구간의 정보를 노이즈 프로파일링으로 분석하여 정보를 반대로 캔슬링한다.

1. 트랙에 동영상 파일을 불러오면 오디오 파일이 생긴다.

2. 트랙에서 [FX] 버튼을 누르고, Filter에서 'reafir' 검색하여 [VST: ReaFir(FFT EQ+] 를 더블클릭하거나 [Add] 클릭하면,

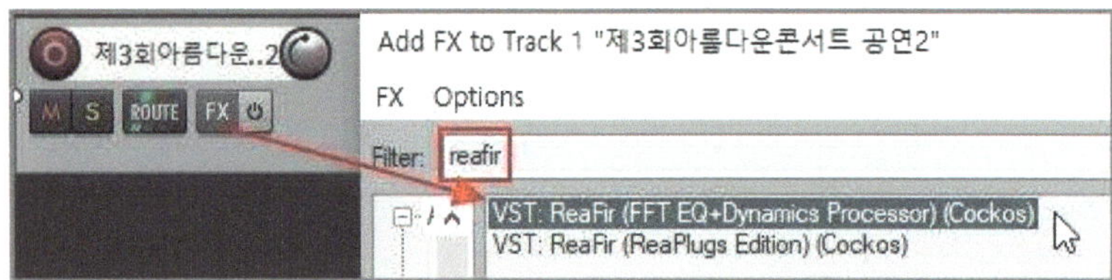

3. [FX]가 활성화된다.

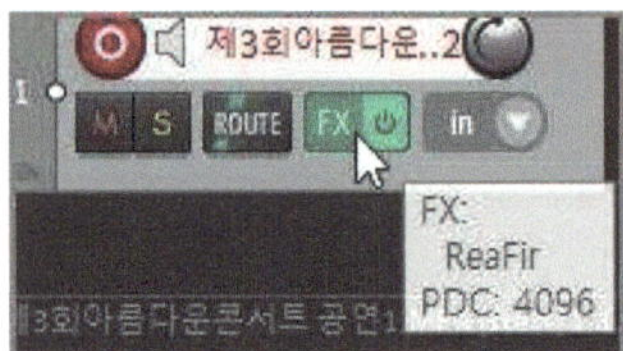

4. ReaFIR 불러와, Mode에서 Subtract 선택하고, 'Automatically build noise profile'을 체크한다.

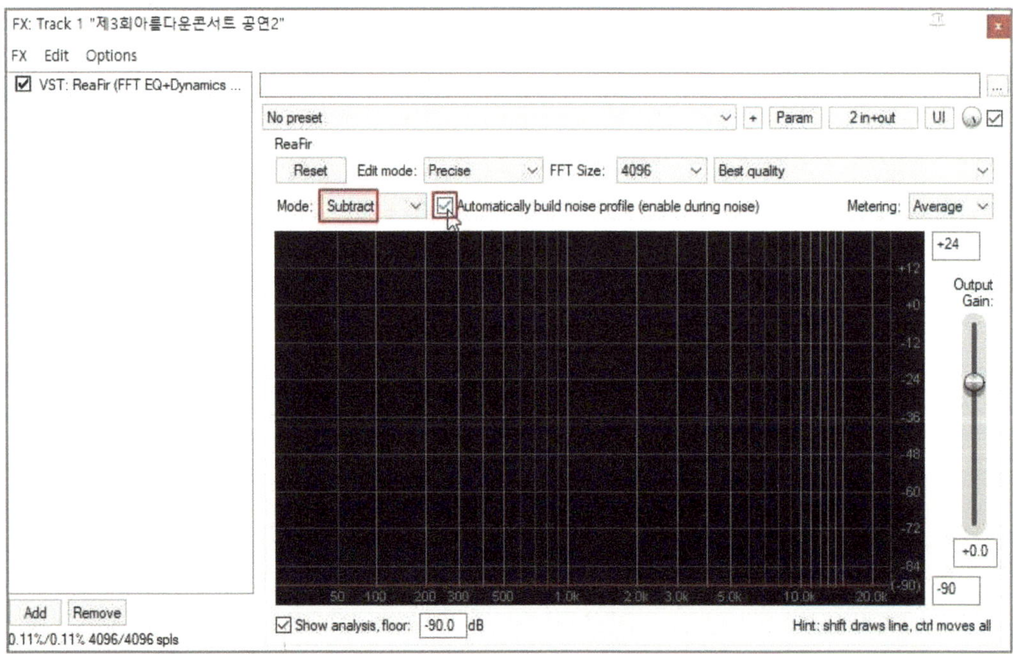

5. [Toggle Repeat: R] 선택하고, 노이즈 구간만 반복해서 재생해주면, 화면에서 빨간 선이 올라오는데 이것이 노이즈 프로파일 정보이다. 노이즈 구간이 안들릴 때까지 반복 재생한다.

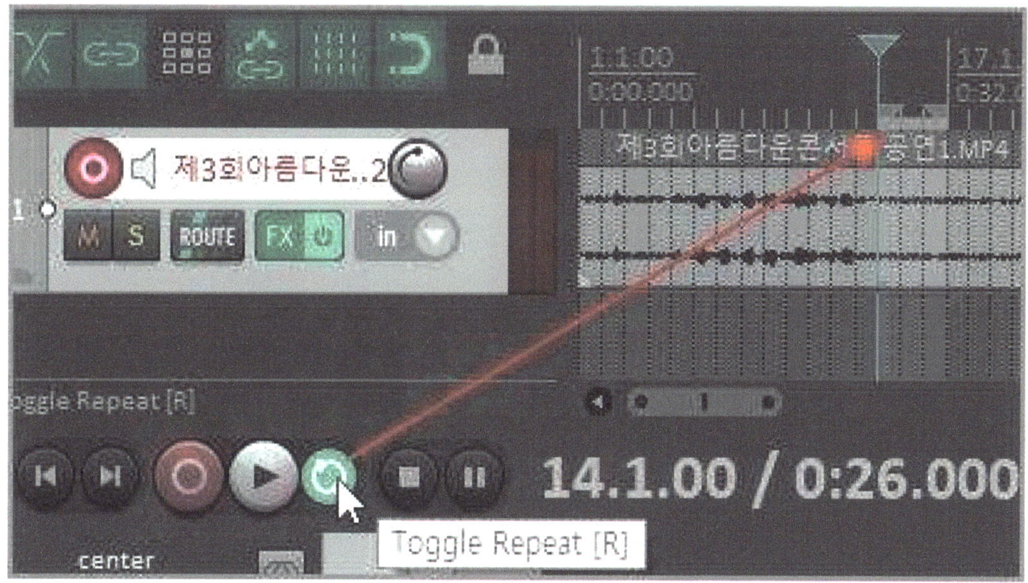

6. 악기 소리가 왜곡되어 들리면 우측 상단의 wet를 드래그하여 90%로 줄인다.

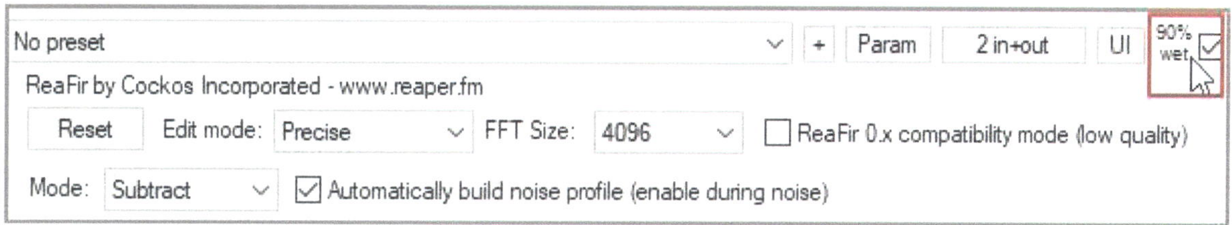

7. Ctrl 누르고 드래그로 빨간 파형을 위아래로 움직여 Reduction 양을 조절한다. 감소량을 늘릴수록 음원에 손상을 준다. 작은 소리에선 좋으나 커지는 부분에선 울렁거리는 소리가 발생한다.

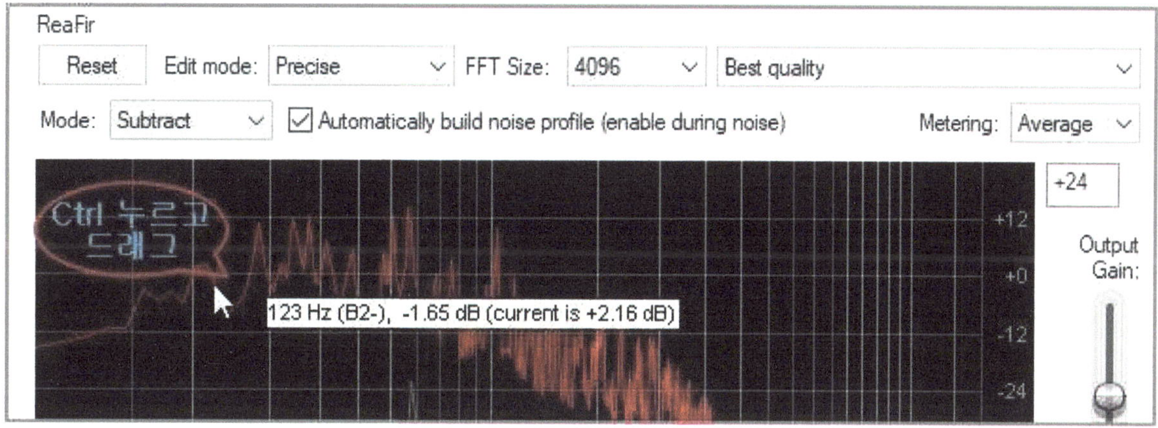

8. 'Automatically build noise profile' 체크 해제하고 음원을 재생해주면 ReaFIR 플러그인을 통해 음원에 포함된 배경 노이즈가 캔슬링된다. 효과는 작지만 음원을 선명하게 다듬어 줄 수 있다.

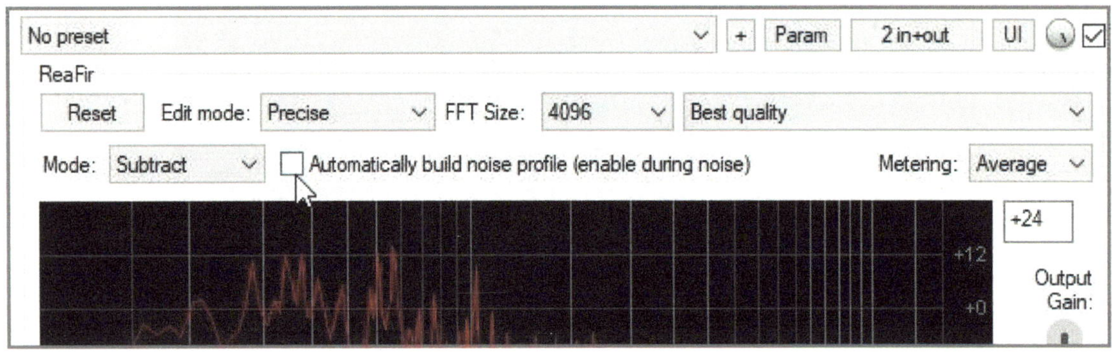

9. 레이턴시 줄이기
EQ APO의 ReaFir 설정에 들어가서 FFT size를 1024로 바꾼다. 기본값은 4096인데 딜레이가 심하게 느껴진다. 소음 제거 퀄리티와 FFT size는 trade-off 관계이므로 맞는 세팅을 고른다.

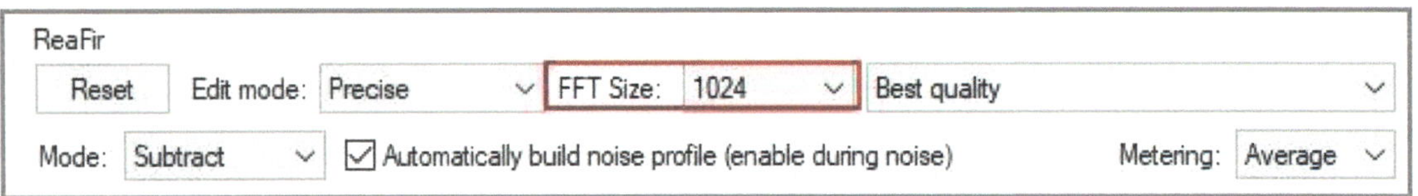

10. 원하는 구간 렌더링하기
1) 드래그하여 구간을 정한다.

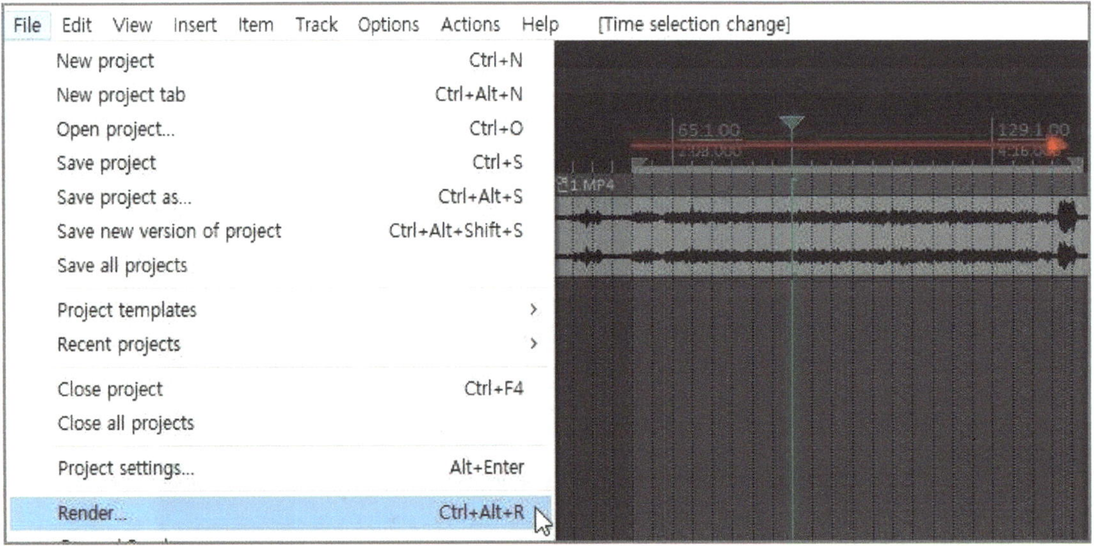

2) Bounds를 [Time selection]으로 정하고, [Render file] 클릭하여 사운드 파일로 저장한다.

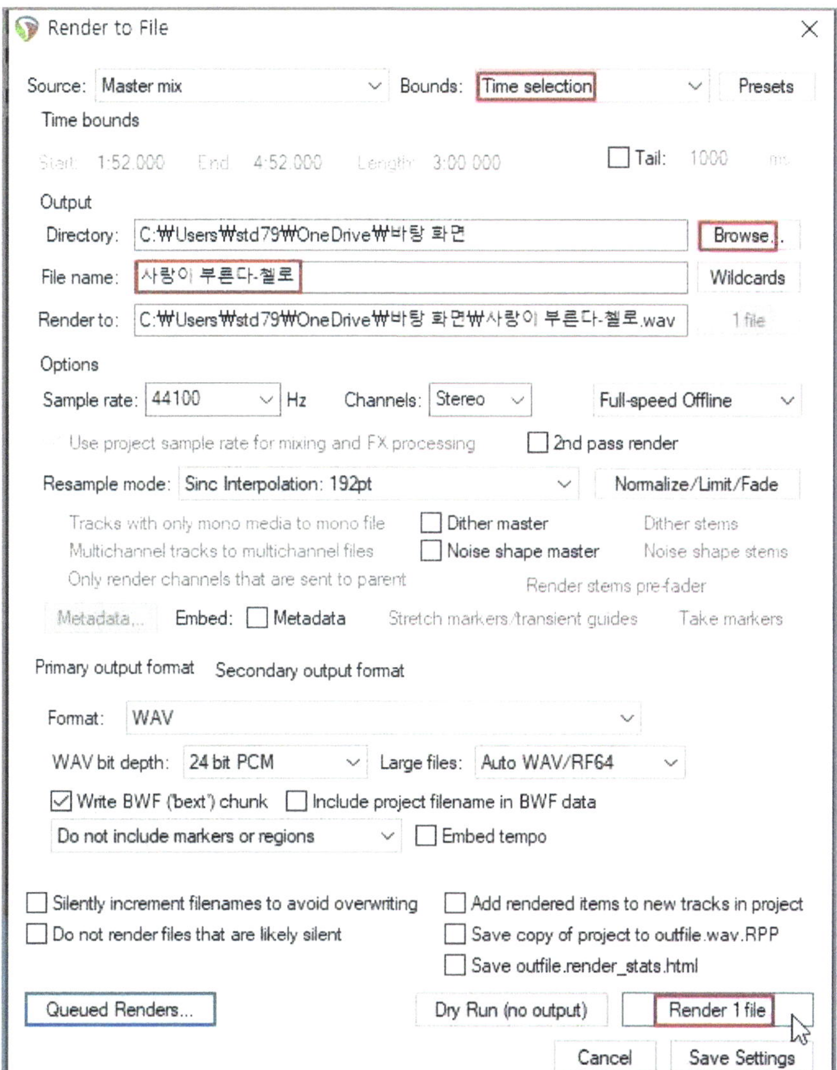

11. 자동으로 소음 제거하기

1)'Automatically build noise profile' 체크 하고 소음 구간을 반복 재생하여 학습시킨다.

2)'Automatically build noise profile' 체크 해제하고 재생하면, 소음이 자동으로 제거된다.

[84] MAutoPitch 플러그인 설치 보컬효과

MAutoPitch는 무료 플러그인으로 오토튠 작업을 통해 퀄리티 높은 보컬 효과를 낸다.
목소리를 기계적으로 튜닝해 음에 딱딱 맞게 만드는 '오토튠 효과'은 'T-Pain' 효과이다.
곡의 키를 맞추면 튠이 키에 맞춰지며 불협이 안나는 자연스럽고 오토튠 작업이 완성된다.

〈다운 설치〉
1. 무료 다운 :

https://www.meldaproduction.com/MAutoPitch
 https://www.meldaproduction.com/downloads

1) [Get it with MFreeFXBundle] 클릭하고 [Free Download] 클릭하고,

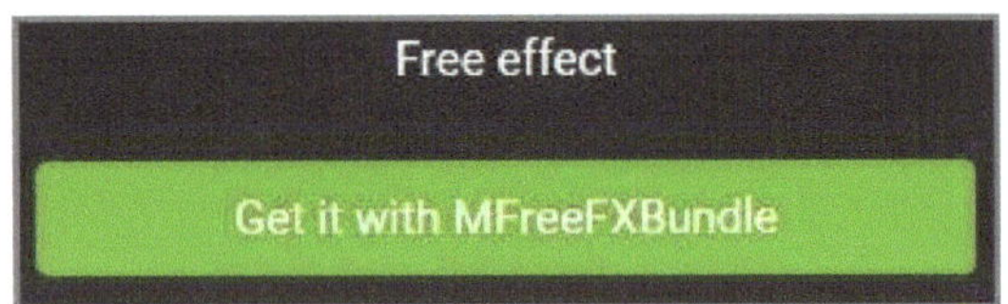

2) [Download(Win)] 클릭하여 다운 받는다.

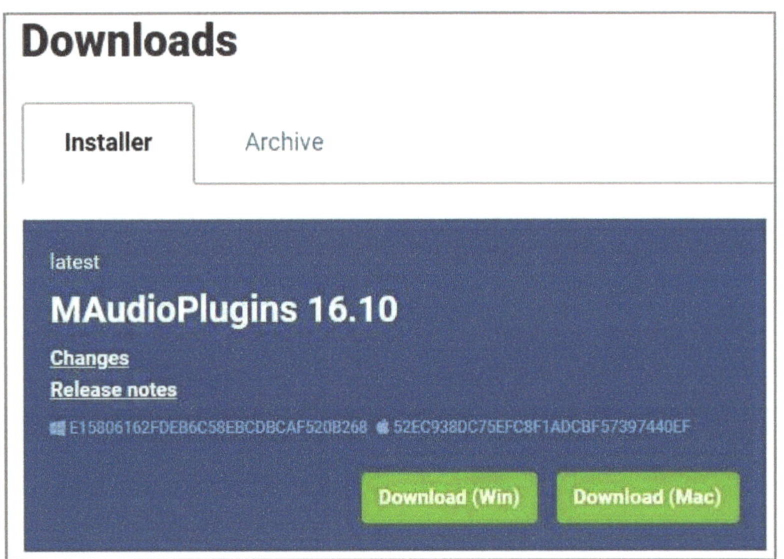

2. Install
1) VST plugins Agree하고 Next 클릭한다.

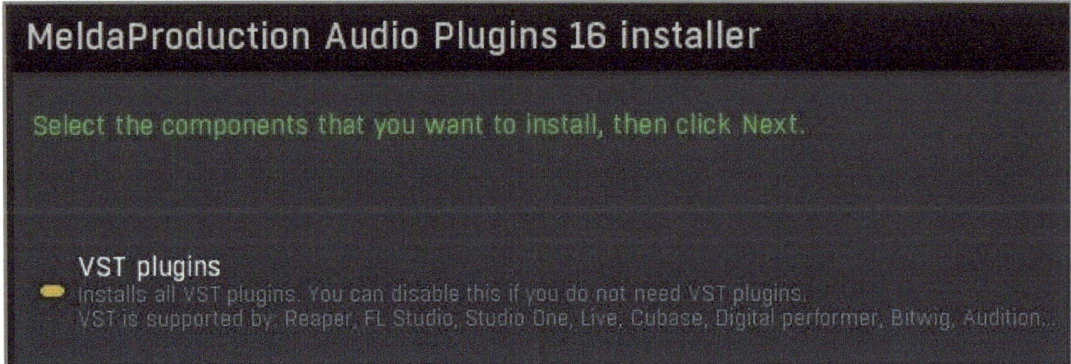

2) FREE EFFECTS에서 [MAutoPitch] 선택하고 Next 클릭한다.

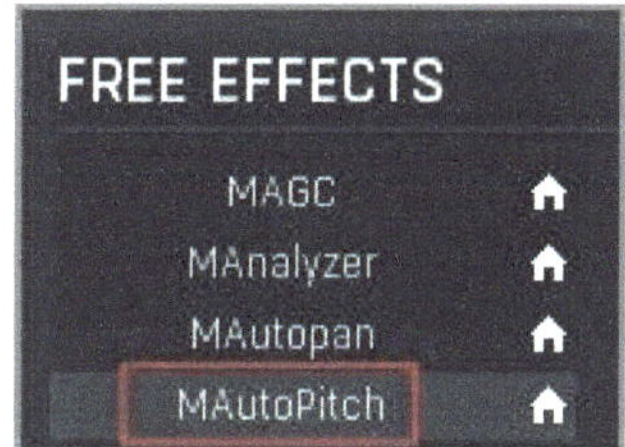

3) Installer 창이 나오면 Next 클릭한다.

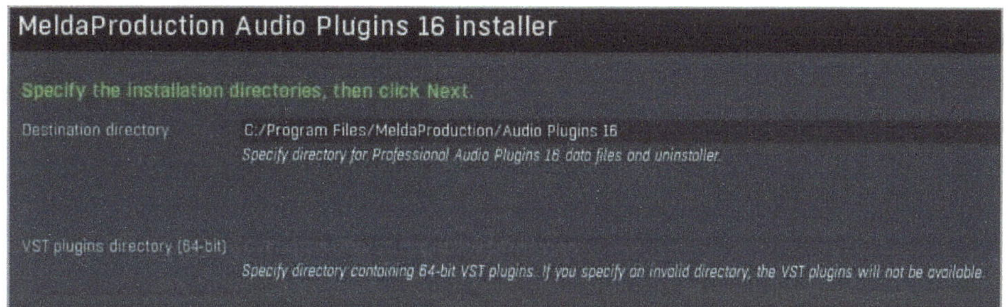

4) 인스톨이 성공했다는 창이 나온다.

5) 보컬 오디오 파일을 불러오면 해당 트랙에 FX 효과로 MAutoPitch를 불러오고, 오디오트랙에서 [FX] 클릭하여 Filter에서 'mauto'검색하여 [VST3: MAutoPitch] 더블클릭하거나 [Add] 클릭한다.

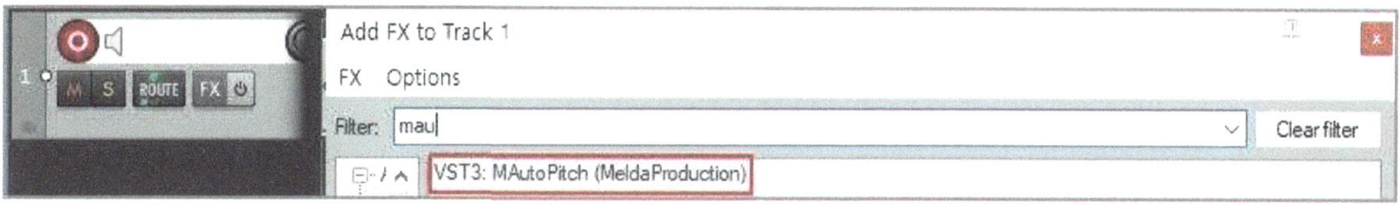

6) MAutoPitch 플러그인이 실행된다.

⟨Automatic Tuning 오토튠 노브 효과 속성⟩

1. Depth

보컬 파일을 불러온 후, Depth 노브를 이용해 오토튠을 건다.

원하는 사운드가 나올 때까지 조절하고, 오토튠이 얼마나 많이 적용되게 할지 정한다.

2. SPEED

스피드 노브는 음의 보정을 얼마나 빨리할 것인지 결정해 주는 역할이며

보정되었다가 원음으로 돌아오는 속도를 결정한다.

3. DRY/WET

기본값은 100%WET, 오토튠 적용이 안 된 소리와 섞이면서 겹치는 소리가 안다.

4. SCALE

곡의 조성을 결정한다. 기본값은 CHROMATIC으로 12음계에 맞춰 오토튠이 된다.

조성을 골라 선택하면 크로매틱 모드 보다는 좀 더 드라마틱하게 음계가 움직일 수 있다.

5. DETUNE

원음과 변형된 음 사이에 음정 변화를 만든다. 50이면 반음이 올라간다.

6. WIDTH

스테레오 이미지를 변경해서 보다 넓은 음정 효과를 만든다.

7. KEEP FORMANTS

포먼트 변경으로 부자연스러워지는 것을 방지하며 이상한 효과를 원한다면 줄인다.

8. FORMANT SHIFT

보컬의 톤을 바꿔준다.

⟨DETUNE 적용⟩

1. 오디오 클립을 드래그하여 선택하고, DETUNE을 더블 클릭한다.

2. 속성 창에서 DETUNE -100cents으로 하면 한음, -50 cents OK면 반음이 내려간다.

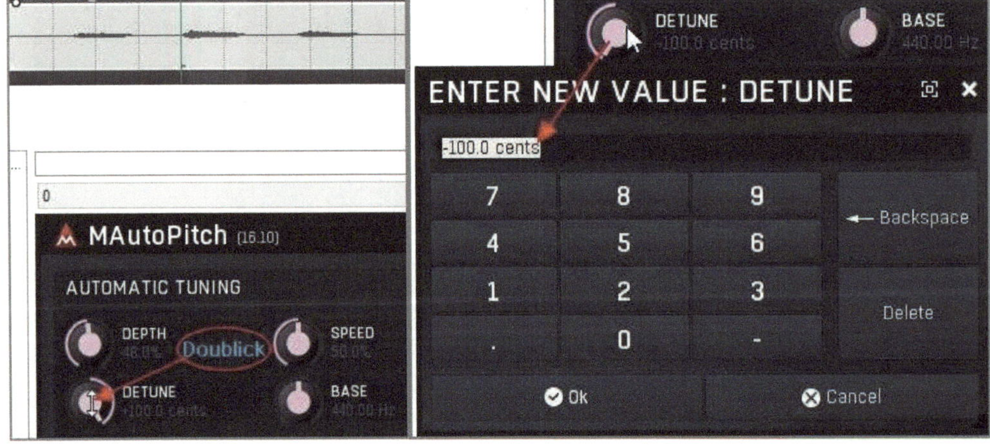

[85] 설정(Preferences), Project Settings

1. 오디오 인터페이스(Audio Device Settings) 설정
   노트북에 USB 마이크를 연결하고 목소리 녹음한다.
 1) Options 〉 Preferences (Ctrl + P) 클릭하고, [Audio 〉 Device] 클릭하고
 2) Audio system을 ASIO, Mode: Shard mode, Input device: 마이크(USB)로 설정한다.

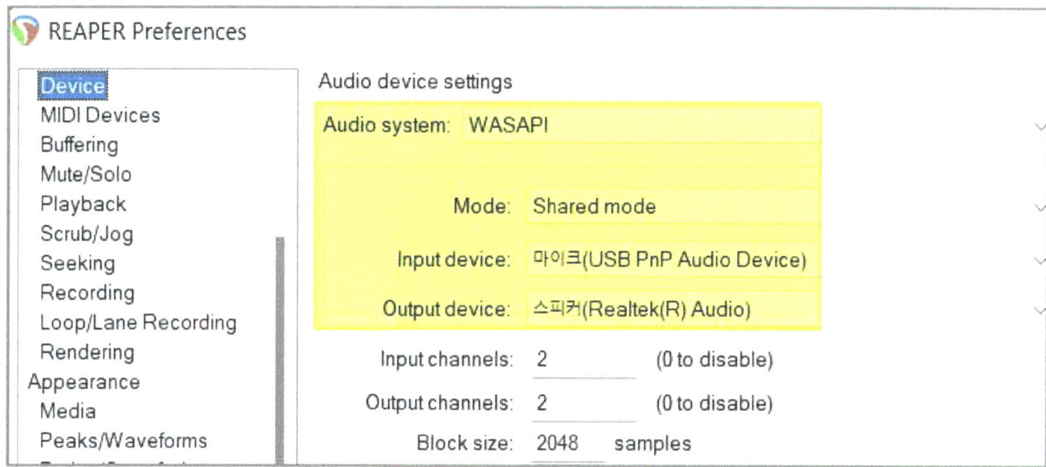

2. Sample Rate와 Bit Depth 설정
높은 샘플레이트와 비트뎁스를 사용하면서 모두 동일한 값을 사용하지 않으면 드롭아웃이 생기거나 소리가 느려지거나 조성이 달라진다.
[Options 〉 Preferences 〉 Device] 클릭하고 Request Sample Rate에 체크 후 값을 설정한다.
 1) Project Sample Rate
 [Alt + Enter] 눌러 Project Settings 탭에서 Project Sample Rate에 체크하고 44100 Hz로한다.

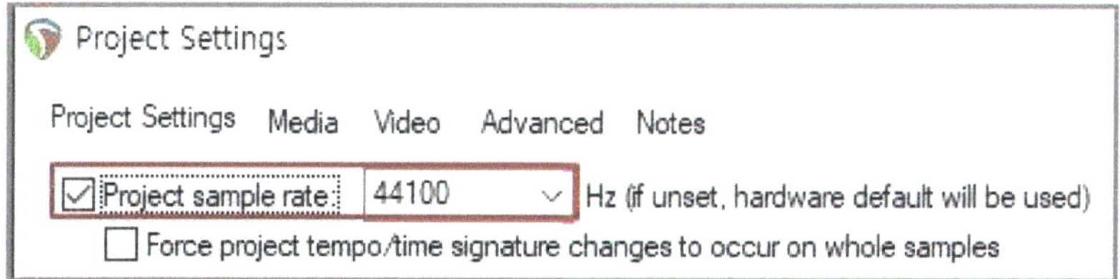

 2) Bit Depth 설정하기
 Projects Settings (Alt + Enter) 〉 Media 〉 Recording 〉 WAV bit depth에서 24bit PCM선택한다.

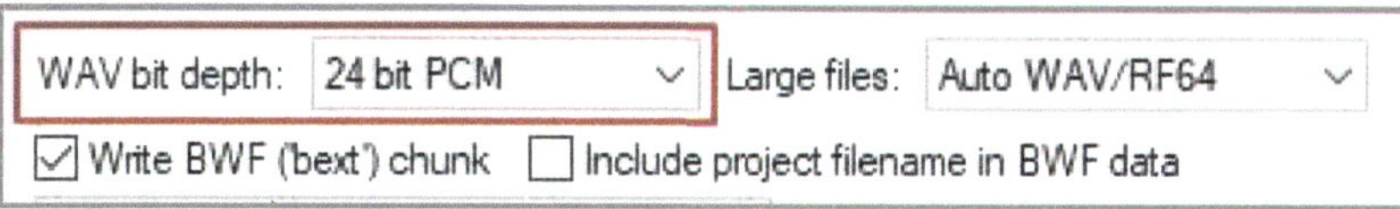

3. 플러그인(VST) 경로 설정
[Options 〉 Preferences] 클릭하고 Plug-ins 〉 VST 에서 경로를 확인한다.

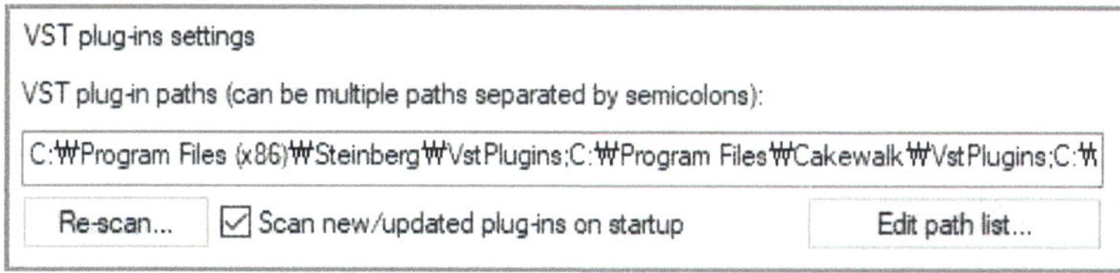

4. Space 바 기능 재설정

Space Bar를 누르면 녹음이 정지되면서 음원 저장, 삭제 기능을 끄려면, Options 〉 Preferences 〉 Audio 〉 Recording 〉 **Prompt to save/delete/rename new file : on stop**에 체크 해제한다.

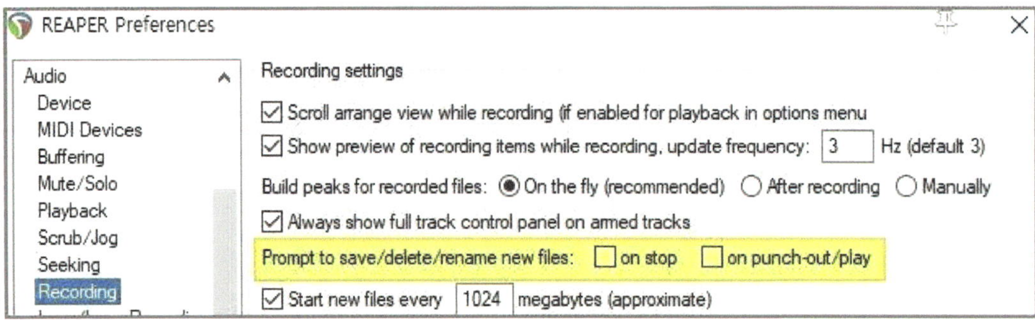

5. Startup settings 변경: [Options 〉 Preferences 〉 General] 클릭하여 Startup settings 에서 Open project(s) on startup 을 **New Project** 로 변경한다.

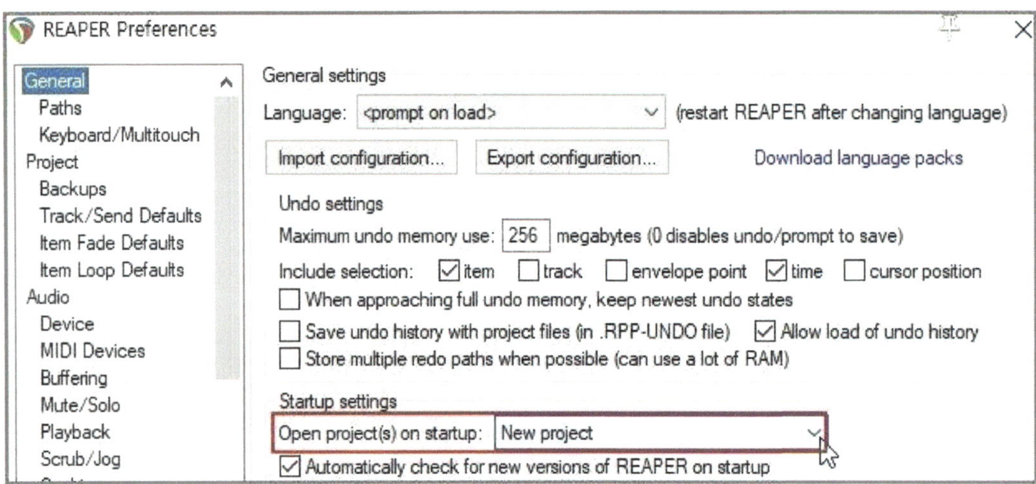

6. Alt 단축키 재설정: [Options 〉 Preferences] 클릭하고, [General 〉 Keyboard〉 Multitouch] 클릭하여 **Prevent ALT key from focusing main menu** 체크한다.

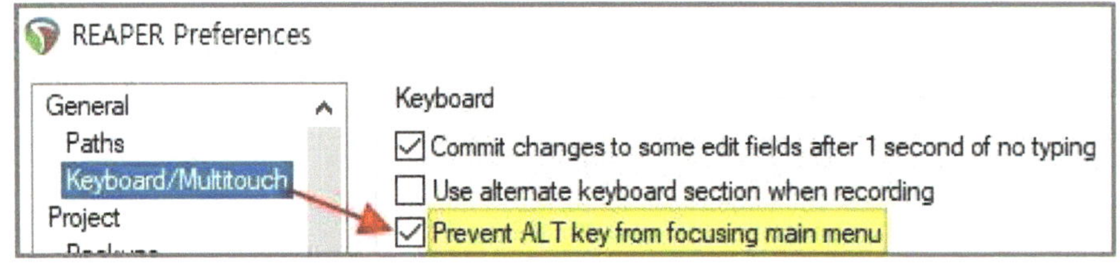

7. 템포 적용: 녹음할 때 템포를 변경하면 음원의 속도가 달라져서 Tim으로 설정한다.

 Save as default project settings 로 저장하면 다음 프로젝트에도 적용된다.

Project Settings 〉 Project Settings 〉 Timebase for items/envelopes/makers 를 **Time**으로 변경한다.

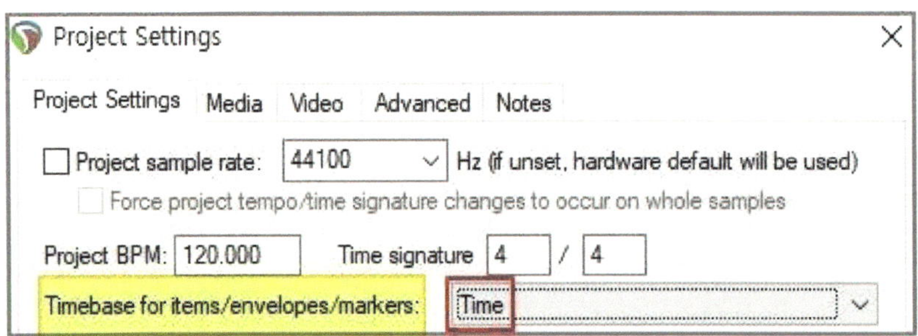

[86] FX, Mixer, Master 마스터링

마스터링은 믹싱에서 소리를 다듬고 곡들의 음의 크기, 곡의 간격을 조절하는 마무리 과정이다. FX로 오디오에 효과를 주어서 믹싱하고, 마스터링을하여 믹서 프로젝트로 저장하고, 여러 사운드를 믹서에 적용한다.

1. ReaComp

1) 트랙 추가하여 [FX] 클릭하고 [ReaComp] 더블클릭하여 효과를 추가한다.

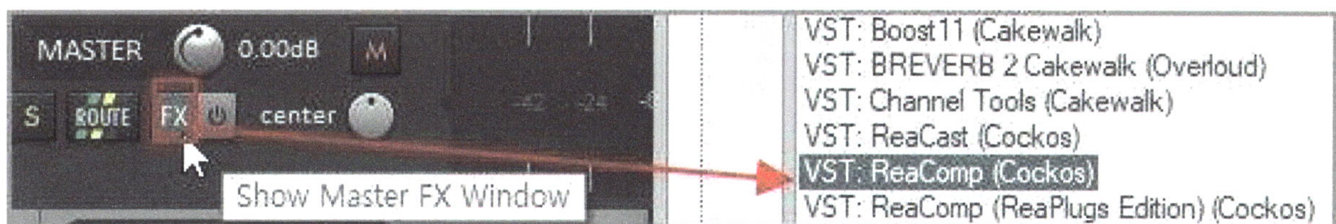

2) Attack(71.9), Release(2419), Knee(12.5) 각각 늘리고, Ratio(1.399)는 줄인다.

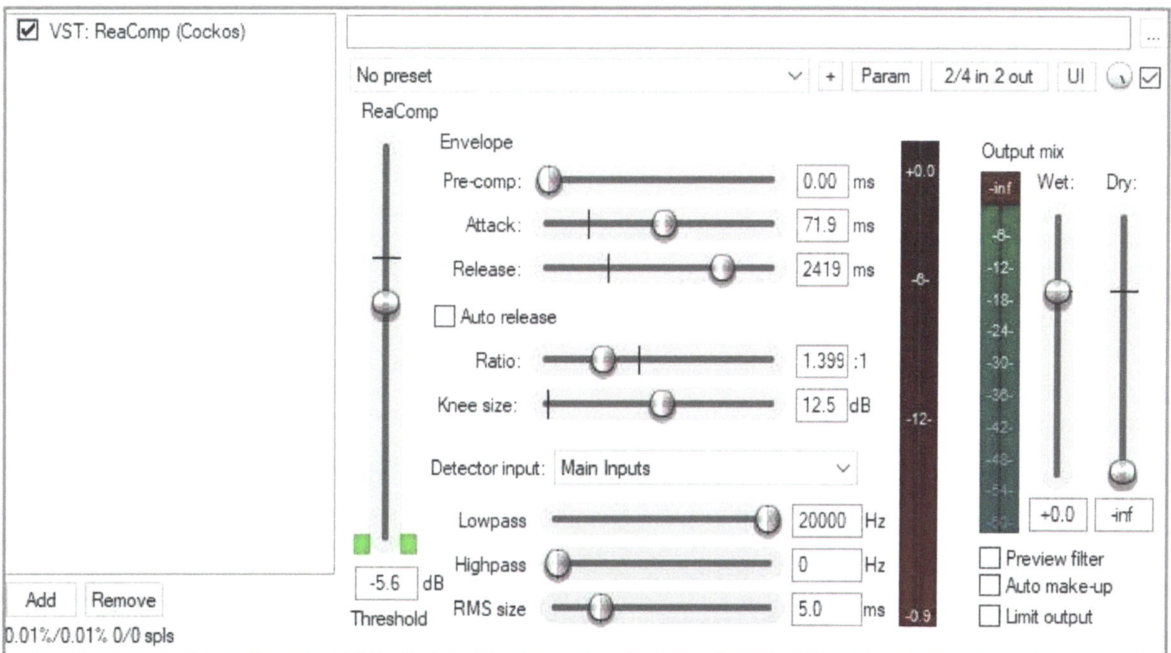

3) ReaXComp를 열고 preset에서 [mastering 3band: smile] 선택하여 적용한다.

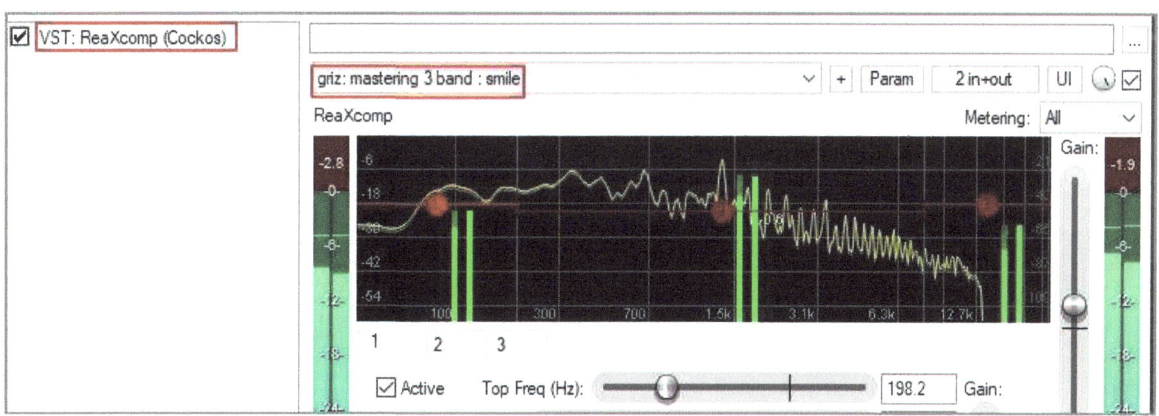

2. Limiter

Filter에서 'Limiter'를 검색하고 리미터를 너무 많이 올리면 피크가 뜨지 않아도 소리가 깨지는 경우가 생긴다. Limiter의 트레숄드(Threshold)를 조금 내린다.

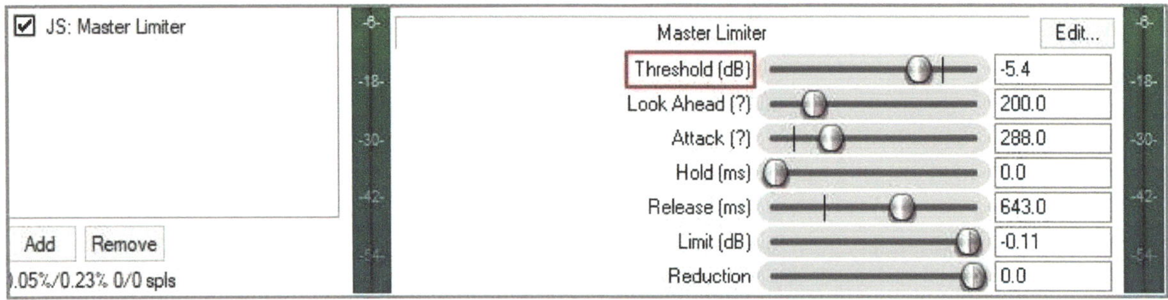

3. ReaEQ

저음역대를 낮추어 저음에 있는 소음을 줄이고, Frequency를 조금 올린다.

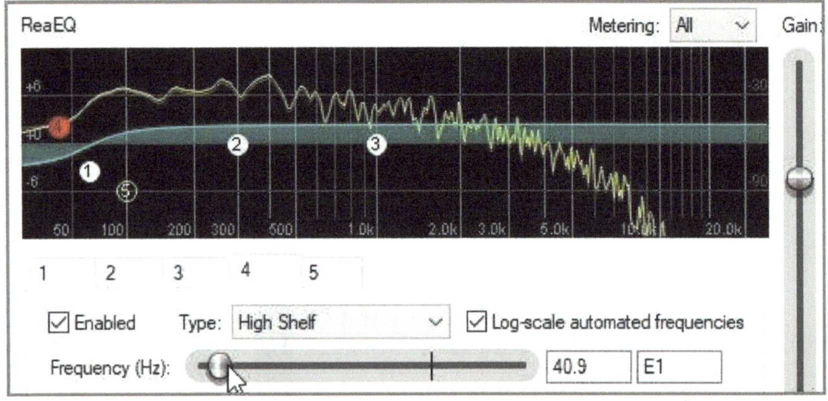

4. Saturation

Amount를 100으로 올린다.

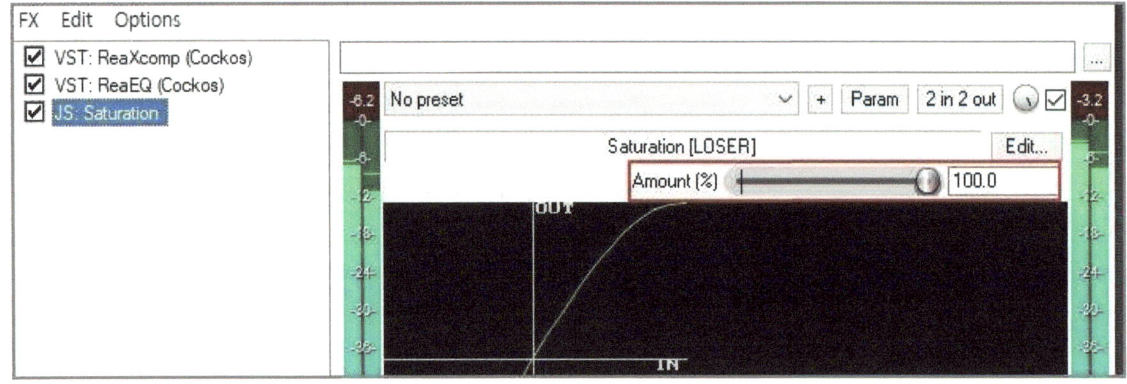

5. 마스터링하기

1) 믹서 효과를 적용한 트랙을 불러온다.

2) 사운드를 불러와 믹서 트랙에 올리면 자동으로 효과가 적용되고 저장하면 마스터링이 된다.

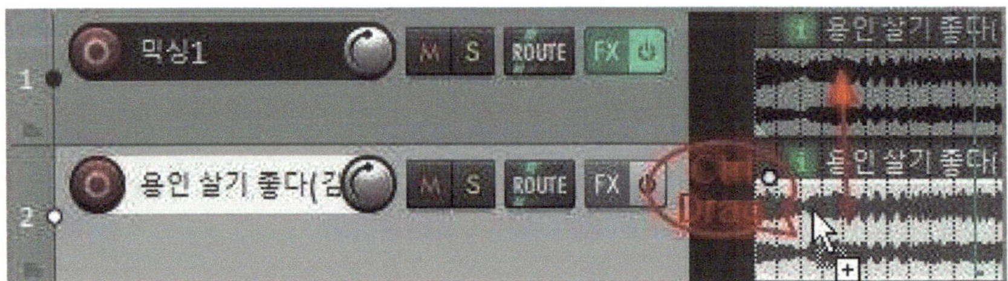

[87] ReaGate 잡음 제거

ReaGate 플러그인은 잡음(noise)을 제거하면서 녹음하거나, 녹음한 클립의 잡음을 제거한다.

〈사운드 파일의 잡음 제거하기〉
1. 트랙의 [FX] 버튼을 눌러 [ReaGate]를 더블클릭하여 실행한다.

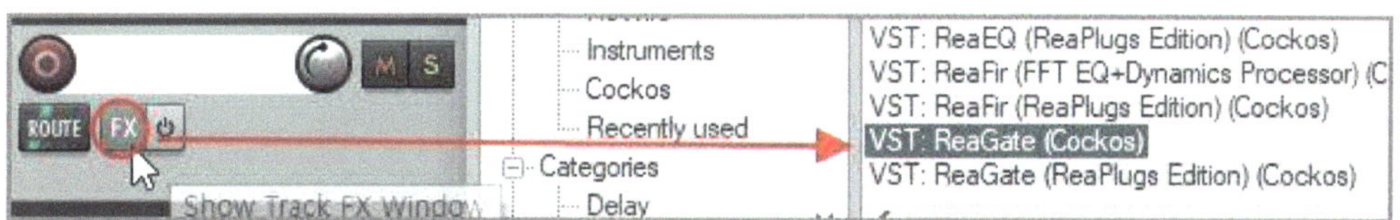

2. 목소리가 안들어간 잡음을 드래그하여 선택하고, [Repeat] 버튼 누르고 반복해서 재생한다.

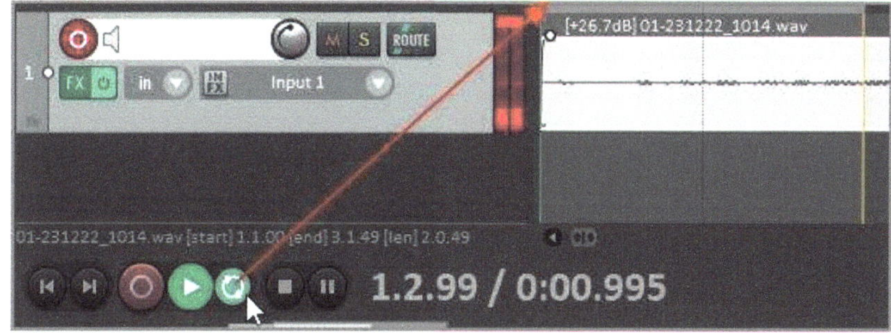

3. 재생하면 Gate의 노이즈(초록색)가 보이는데, 노이즈 임계점인 **트레숄드(Threshold)** 꼭대기까지 레벨을 올리고 재생하면 기본적으로 노이즈가 줄어든다.
4. Attack은 문이 열리는 속도로 레벨 값을 0ms로 한다.

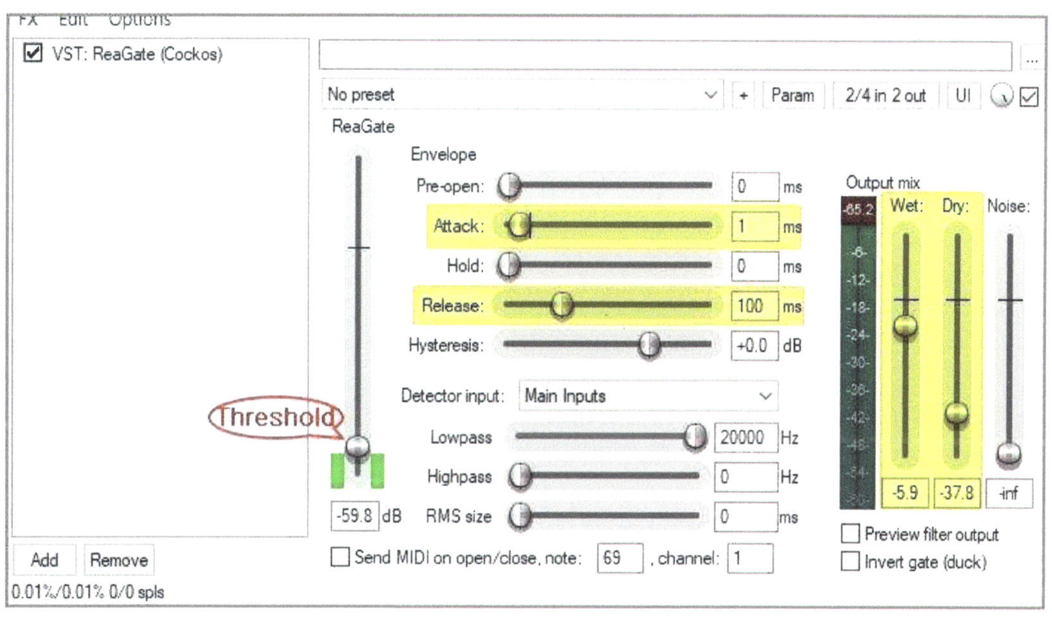

5. Release는 문이 닫히는 속도로 레벨값을 100ms로 한다.
6. Hold는 Gate값을 유지하는 것으로 레벨 값을 0으로 한다.
7. Wet는 플러그인을 거친 소리로 조금(-5.9) 내리고, Dry는 원본 소리로 0으로 하면 씹히므로 조금(-37.8) 올린다.
8. 재생하면 노이즈가 제거된다.

〈마이크 연결하고 잡음(Noise) 제거하기〉

1. 트랙을 생성(Ctrl+T)하고, [FX] 버튼을 클릭한다.

2. Cockos의 [ReaGate]를 더블클릭한다.

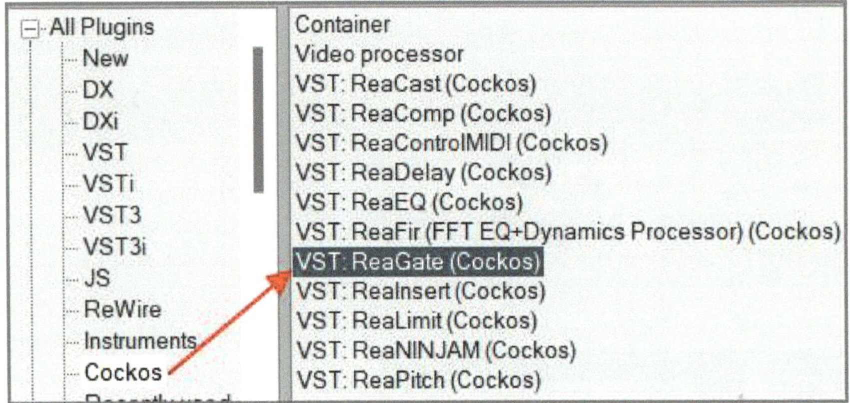

3. 노트북에 마이크를 연결하고 설정하기

 1) 노이즈인 녹색바의 위로 레벨을 이동한다.

 2) Attack을 1로 조절한다.

 * Attack Time : 게이트가 열리는 속도

4. Wet는 -5.3, Dry는 -16.1로 조절한다.

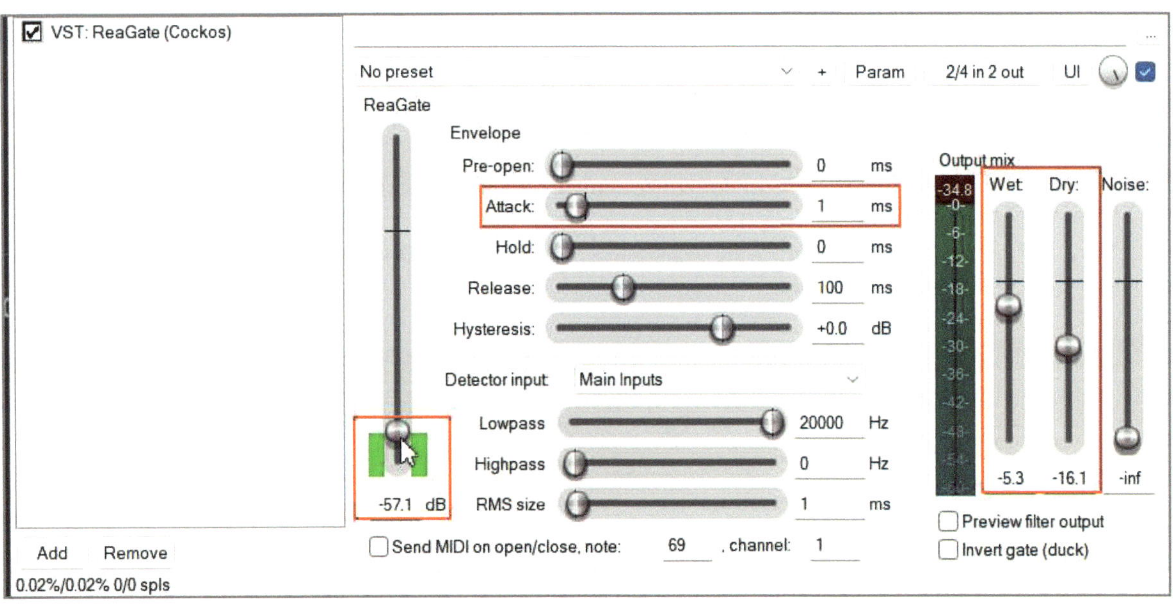

5. 설정 완료하고 마이크로 녹음한다.

[88] 오디오 레코더로 고음질 녹음하기

오디오 레코더, 외장 녹음기(Zoom H1n)와 컴퓨터를 Micro USB cable로 연결하고 Zoom H1n 녹음기에 이어폰을 꽂고 들으면서 고음질로 녹음할 수 있다.

〈리퍼에서 녹음하기〉

1. ZoomH1n녹음기를 작동하고, PC(노트북)에 Micro USB cable을 연결하기.

   1) ZoomH1n녹음기에 [USB Audio I/F]가 보이면 [PC/Mac], [Bus Power] 선택하고,

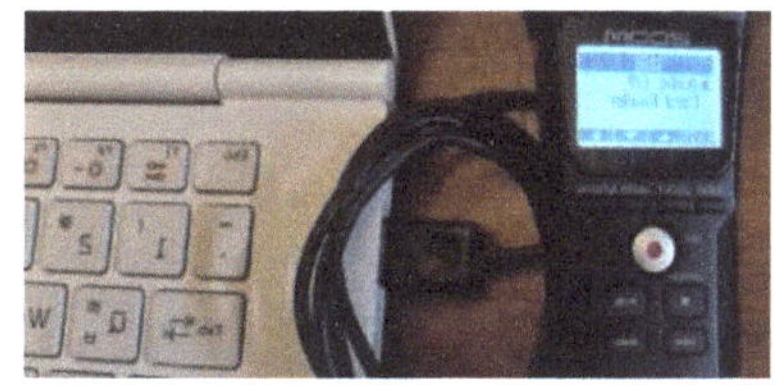

   2)녹음기에 'USB Audio I/F'가 보이면, ZoomH1n녹음기로 들으면서 녹음한다.

2. 리퍼에서 [Options/Preferences(Ctrl+P)] 클릭하고 Device 클릭하고, Audio system: WASAPI, Mode: Exclusive mode, Input device: 마이크(H Series Stereo Track USB Audio)로 선택하고,

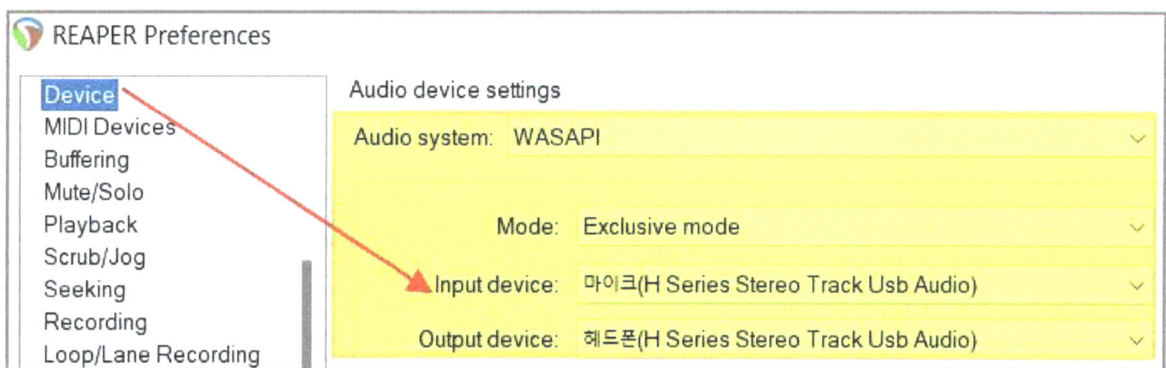

3. Record(Ctrl+R) 버튼 누르고 녹음한다.

〈밴드랩에서 녹음하기〉

1. BandLab Assistant 실행하고, [Mix Editor] 클릭하여 [Voice/Audio] 클릭한다.

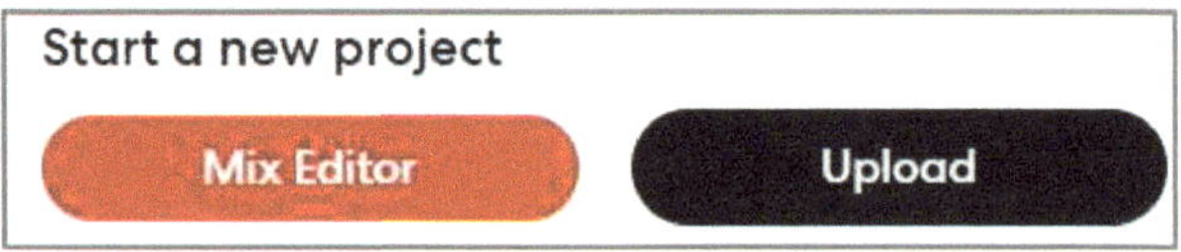

2. 왼쪽 아래 Input에서 '마이크(H Series Stereo Track USB Audio)' 선택하고,

3. Start Recording(R) 버튼 누르고 녹음한다.

[89] 영상 더빙과 커스터마이징(Customizing)

영상에 음성을 녹음하여 더빙하고, Video(비디오) 창과 Big Clock의 위치를 커스터마이징 (Customizing)하고 영상을 렌더링하기

〈영상에 음성을 더빙하기〉
1. 동영상 파일 불러오기
 1)[Insert] 키 클릭하여 영상 파일 불러오면, 작업 창에 사운드 아이템(Items)만 보인다.
 2)[View/Video] 클릭하면 비디오 창이 보인다.

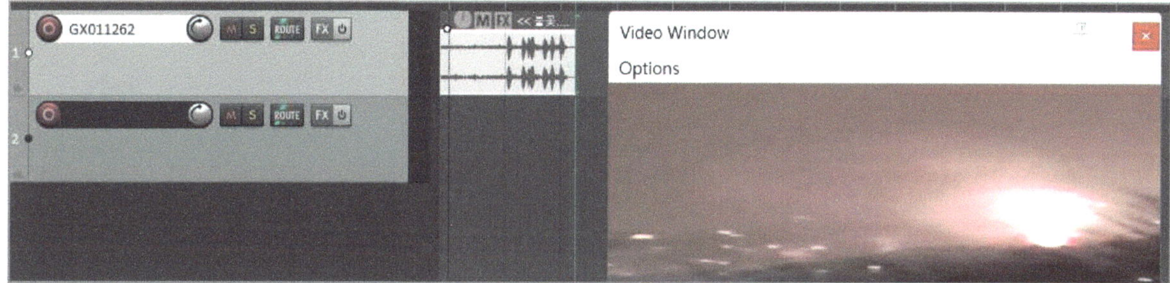

2. 트랙을 추가[Ctrl+R]하고, 영상을 보면서 [Enter] 키 눌러 일시 정지하면서 녹음하고 더빙한다.
*Enter 키 누른 후에 스페이스바 눌러야 녹음이 완료된다.

〈커스터마이징(Customizing)하기〉
1. 비디오 창의 [Options] 클릭하여 [Dock] 선택하여 창을 고정한다.

2. 큰 시계(Big Clock)
 1) [View 〉 Big Clock: Alt + C] 클릭하여 Big Clock을 켜고 끈다.

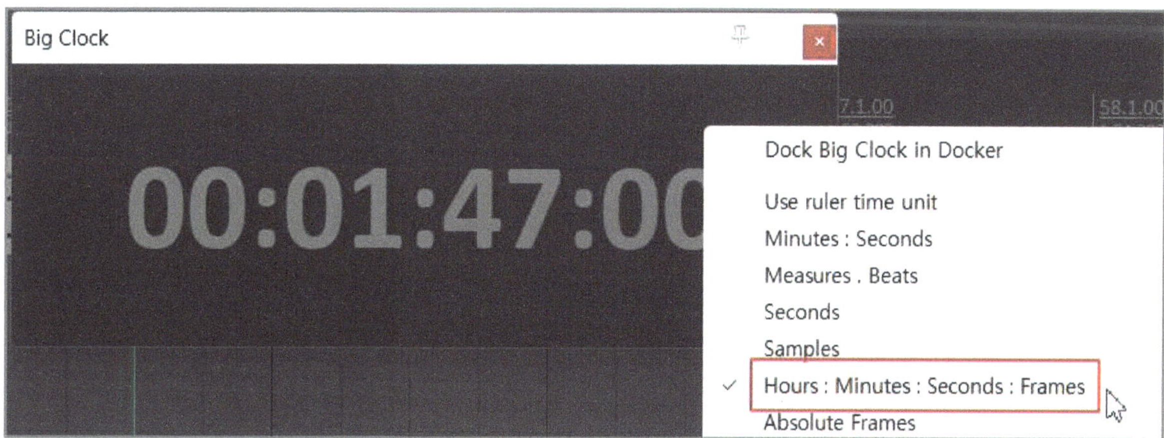

2) 우마우스로 [Dock Big Clock in Docker] 클릭하여 창을 우 상단에 고정한다.

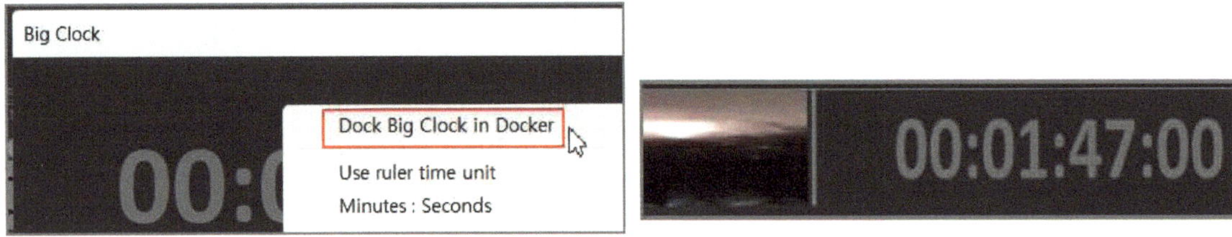

〈Monitor input로 모니터링 해제하기〉

1. 트랙을 생성하면 Record Monitoring이 자동으로 켜지고, 녹음하면 하울링이 생긴다.

2. [Options/Preferences: Ctrl+P] 클릭하고, Project의 [Track/Send Defaults] 클릭하여
[Record Config]의 [Monitor input] 체크를 해제한다.

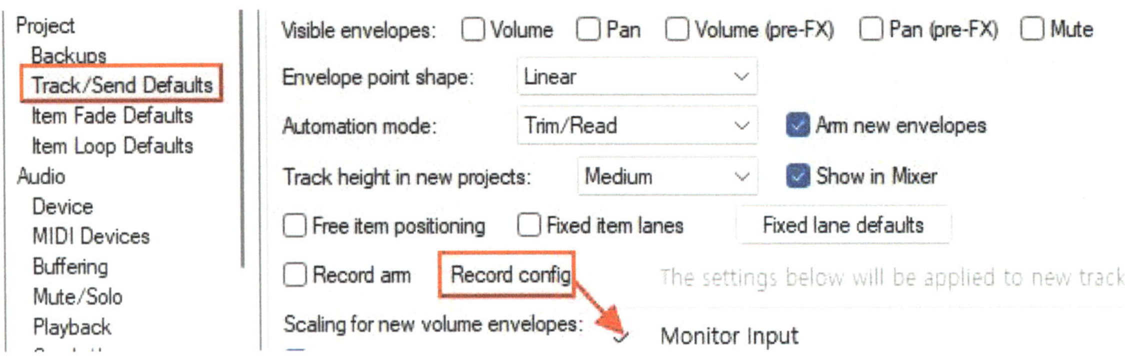

〈FFmpeg 설치와 렌더링〉

FFmpeg은 디지털 음성 스트림과 영상 스트림에 대해 기록하고 변환하는 컴퓨터 프로그램이다.

1. 다운

https://www.gyan.dev/ffmpeg/builds/

2. [Options 〉 Show REAPER resource path in explorer/finder...] 클릭하고,
[UserPlugins] 폴더를 열면 '이 폴더는 비어있습니다' 로 보인다.

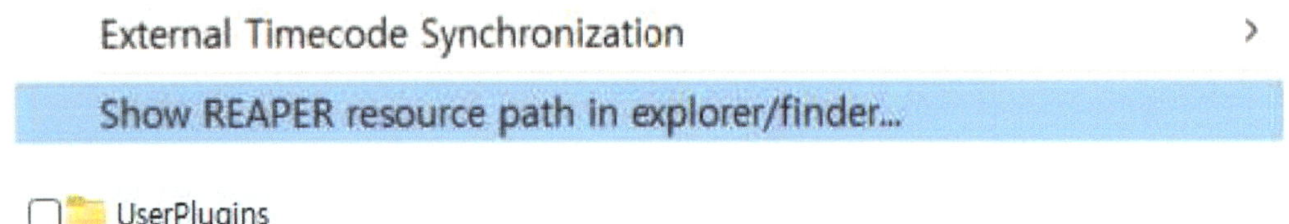

3. 다운받은 [ffmpeg-6.1.1-essentials_build]의 [bin] 파일들을 [UserPlugins]에 붙여넣는다.

4. File 〉[Render: Ctrl + Alt + R] 클릭하고, Primary out format에서 아래와 같이 설정하고,
[Render 1file] 클릭하여 렌더링한다.

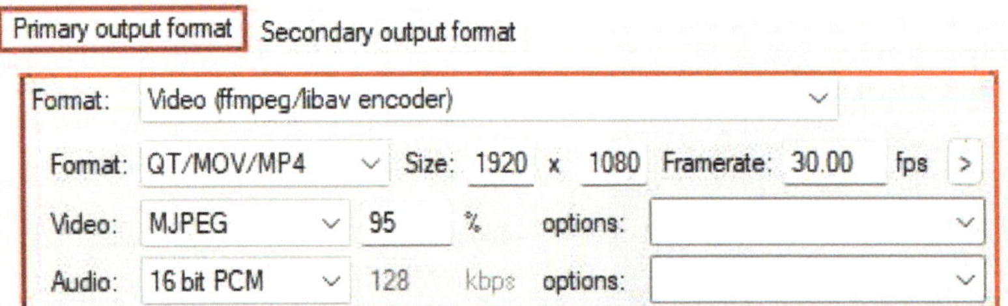

찾아보기(INDEX)

BandLab 밴드랩

Reaper(리퍼), Chrome Music Lab(크롬 뮤직랩),
Goldwave(골드웨이브), Dolby On(돌비 온)

발행인 최우진
발행일 2024년 01월 31일
저자 송택동
편집 · 디자인 편집부
발행처 그래서음악(somusic)
출판등록 2020년 6월 11일 제 2020-000060호

ISBN 979-11-92447-90-2 (03670)

이 도서의 국립중앙도서관 출판예정도서목록(CIP)은
서지정보유통지원시스템 홈페이지(http://seoji.nl.go.kr)와
국가자료종합목록 구축시스템(http://kolis-net.nl.go.kr)에서 이용하실 수 있습니다.